성경적 성가치관 교육 커리큘럼

하나님이 지으신대로

김지연 지음

한성도출판사

차 례

추천사　6

프롤로그　14

I부　이 책을 시작하며　17

1장 들어가며　17
1. 성교육으로 고민하는 기독교 양육자들　18
2. 성가치관 전쟁터가 되어 가는 공교육 현장　21
3. 남자와 여자 외에도 수없이 많은 성별이 있으며
   성별을 바꿀 수 있다고 배우게 된 다음세대　23
4. 성경적 성가치관 교육을 교회와 가정이 담당해야 한다　26

2장 내슈빌 선언　29

3장 아동/청소년의 연령대별 특징　37
1. 미취학 아동에 대한 이해　38
2. 초등 저학년 아동에 대한 이해　41
3. 초등 고학년 아동에 대한 이해　43
4. 중등부 청소년에 대한 이해　45
5. 고등부 청소년에 대한 이해　48

II부　양육자를 위한 자료　51

1장 성경적 성가치관 교육의 개념　51
1. 기독교 세계관 : 구속사적 관점으로 세상을 분별하기　52
2. 성경적 성가치관 교육의 의미　57
3. 성경적 성가치관 교육을 위한 전제　59

4. 1차적 선교와 2차적 선교   61
5. 기독교 양육자의 두 번의 회심, 교차로의 삶   62

2장 인간의 성적 타락 직면과 성교육의 두 흐름   63
1. 성혁명   64
2. 성애화란?   71
3. 성교육의 두 흐름   73
4. 세이프 섹스 교육(또는 외설적 성교육)에 대한 양육자들의 저항   78
5. 일반적인 지식과 성적인 지식의 차이점   81
6. 기독교 성교육   85

3장 음란물   89
1. 눈과 마음의 정결을 요구하는 성경말씀   90
2. 각종 미디어 기기와 함께하는 다음세대   93
3. 음란과 음란물의 개념   98
4. 음란물의 구체적 폐해   99
5. 음란물이 청소년에게 더 치명적인 이유   107
6. 음란물 예방교육을 위해 조성해야 할 환경   112
7. 에스오에스 앤 프레이(SOS & PRAY)   121
8. 하나님의 시선으로 바라보라   123
9. 용서하시고 회복시키시는 하나님, 그리고 뇌가소성(신경가소성)   124

4장 남녀 창조 질서   133
1. 두 종류의 사람을 창조하신 하나님   134
2. 남녀를 다르게 창조하신 하나님의 솜씨   135
3. 사회적 차이로 연결되는 생물학적 차이   147
4. '에제르 케 네그도'의 의미   152
5. 남녀 성별에 대한 성경적 태도   156

5장 젠더 이데올로기   159
1. 젠더 이데올로기란?   160
2. 성평등과 양성평등의 차이점   161

3. 젠더 이데올로기에 타격을 받은 공교육 현장   162
4. 젠더 이데올로기가 청소년에게 미치는 영향   165
5. 공적 영역에 미칠 영향   171
6. 완화되고 있는 성별 정정 요건   174
7. 무책임한 인권 다양성 논리   177
8. 그 외 젠더 이데올로기에 관한 이슈들   178

6장 결혼과 문화명령   185

1. 결혼의 성경적 질서   186
2. 에로스와 아가페   189
3. 부부간 성관계의 의미   189
4. 미성년자의 연애에 대한 고찰   191
5. 가정과 결혼의 개념을 해체하려는 문화   195

7장 동성애   199

1. 동성애란?   200
2. 동성애는 죄인가, 인권인가?   203
3. 동성애(행위)와 동성애자(사람)에 대한 분화   206
4. 동성애 현황   210
5. 동성애의 선천성에 대한 논쟁   211
6. 동성 간 성관계의 의료적 문제   214
7. 동성애 법제화 현황   227
8. 차별금지법이 통과된 나라의 현황   231
9. 동성애를 하는 이웃을 대하는 태도   235

8장 생명과 낙태   239

1. 태아와 생명, 살인에 대한 성경구절들   240
2. 수정의 순간부터 생명인 인간   243
3. 임신 주수별 태아의 특징   244
4. 하나님께서 생명의 통로로 만나게 하신 부모님께 감사하기   246
5. 낙태   246
6. 청소년 임신과 낙태   252

7. 산아제한정책과 낙태	256
8. 남아선호사상과 낙태	259
9. 인구론과 낙태 운동가들이 성교육에 미친 영향	262
10. 낙태의 부작용	265
11. 태아기부터 동참할 수 있는 생명주의 운동(프로라이프)	268

9장 성매매 273

1. 성매매의 개념과 미디어와의 관계	274
2. 성매매와 관련된 성경구절	277
3. 성매매 관련법	278
4. 합의하에 모든 것의 매매가 가능해지는 것의 문제점	278
5. 성매매의 실태	279
6. 성매매에 대한 청소년들의 인식과 양육자가 취해야 할 태도	281
7. 성매매 합법화 국가 현황	284
8. 성매매 합법화를 막아 내기 위한 노력	289

10장 성폭력/디지털 성범죄 291

1. 성폭력이란?	292
2. 성경 속 성폭력 사건과 처리	293
3. 디지털 성범죄란?	295
4. 디지털 성범죄의 유형	296
5. 디지털 성범죄의 특징	303
6. 성범죄 피해 예방	304
7. 성폭력 아동·청소년에 대한 이해와 대처	309
8. 성폭력 예방교육 시 주의할 점	311
9. 위로하시고 치유하시는 하나님	313

Ⅲ부 부록 317

에필로그   342

미주   344

추천사

세상이 발전할수록 우리에게 성경의 음성보다 세상의 가치관이 더 큰 영향력을 끼치고 있지는 않은지 돌아봅니다. 그 영향력에 나 자신을 맡기고, 하나님이 세우신 기준들을 소홀히 여기며 살아오지는 않았는지 돌아봅니다.

이러한 때에 김지연 대표님의 성경적 성가치관 교육 커리큘럼 『하나님이 지으신대로』는 다음세대가 하나님이 주신 말씀에 더 귀를 기울이도록 하는 데 이정표가 될 것입니다.

이 책이 다음세대가 바른 성경적 가치관을 가지고 복음의 사람으로 견실하게 살아가는 데 도움을 줄 것을 믿으며 기쁘게 추천합니다.

⌣ 이순창(대한예수교장로회총회 제107회기 총회장, 연신교회 위임목사)

동성애의 물결이 세계를 덮고 인본주의와 평등이라는 가면을 쓴 채 대한민국에도 상륙했습니다. 김지연 대표님의 저서 『하나님이 지으신대로』는 자녀 양육에 적용할 수 있는 생애주기별 성교육 커리큘럼입니다. 다음세대를 위해 각 단계마다 효율적으로 성경적 성교육을 지도할 수 있는, 시대적으로 꼭 필요한 책이 출판되어 기쁨으로 추천합니다.

⌣ 강성화(순효미래교육원 원장/고양외국어고등학교 초대교장)

하나님은 남자를 창조하시고 혼자 사는 것을 좋지 않게 여겨 여자를 창조하십니다. 그리고 남자가 부모를 떠나 그의 아내와 합하여 둘이 한몸을 이루게 하시며 인류 역사상 첫 결혼과 가정의 아름다운 연합을 성경을 통해 우리에게 말씀하십니다.

오늘날 성의 왜곡은 아름다운 연합인 결혼과 가정을 깨뜨리고 있습니다. 김지연 대표님의 『하나님이 지으신대로』는 성경적 성가치관을 가정에서부터 가르칠 수 있도록 안내해 줍니다. 가정에서부터 성경적 성가치관을 가르치기 원하는 학부모님을 비롯하여 교회학교 선생님들에게 일독을 권합니다.

⌣ 김관성(낮은담교회 담임목사)

모든 생명과 물성을 가진 존재에게는 '오리지널 디자인'이 있습니다. 오리지널 디자인은 존재 이유와 목적을 분명하게 알게 해 주며, 그것은 곧 '정체성'과 연결됩니다. 대한민국 교육의 여러 씬에 있으면서 무너진 교육의 현장에는 꼭 이 정체성의 문제가 연결되어 있음을 보아 왔습니다. 인간(Human Being)이 누구이며 어디서 와서 어디로 가는지에 대한 답을 고찰하는 과정, 즉 존재에 대한 성찰과 그 문제를 해결하지 못한 상태에서의 막무가내성 지식교육은 결코 교육이 진정으로 목적하는 바를 달성하지 못합니다. 이 책은 인간의 '오리지널 디자인'에 내포된 창조주가 부여한 인간의 존재 이유와 정체성을 명쾌하게 드러냅니다. 이 책은 또한 그 어떤 때보다도 치열한 '가치관 전쟁'을 겪을 다음세대에게 꼭 필요한 생존 전략과 전술서입니다. 전쟁의 본질을 아는 것은 전쟁을 이길 수 있는 가장 강력한 무기입니다. 인류의 생존과 번영을 위협하는 여러 전쟁 중에서, 특히 하나님께서 주신 가장 아름다운 선물 '성'을 통해 인류가 지향할 궁극적 방향을 힘있게 이끌어 갈 수 있는 세대를 준비시키기 위한 일종의 전략서라 하겠습니다.

세상의 문화와 하나님의 문화가 만나는 교차로에서 '견디기 힘든 긴장감'을 경험(Craig G. Bartholomew)하고 있는 크리스천 부모에게, 인류 전체의 생존에 대한 위기감과 위협을 느끼고 있는 근래, 시대를 넘어 가르치고 지켜 내야 할 '가치관'을 고민하고 가르치고자 하는 모든 어른들의 두 손에 이 책이 들려 있기를 바랍니다.

⌣ 김수향(네스트포넥스트)

이 책은 왜곡된 성문화가 장악하고 있는 시대의 흐름 속에 성경적 성가치관 교육의 구체적인 내용과 실천적 방법을 참으로 명쾌하게 제시하고 있습니다. 우리는 하나님의 창조 원리에 따라 살아야 함을 반드시 기억하고, 이를 지켜 가야 합니다. 이 책을 통해 많은 이들이 하나님이 기뻐하시는 성경적인 성가치관을 배우고, 다음세대에 전수하여 이 땅에 아름다운 하나님 나라를 이루어 가길 원합니다.

⌣ 김영권(대전신학대학교 총장)

"음행을 피하라 사람이 범하는 죄마다 몸 밖에 있거니와 음행하는 자는 자기 몸에 죄를 범하느니라"(고전 6 : 18)라는 말씀이 귀하게 여겨지는 시대입니다. 요즘 젊은이들은 몸을 돌보고 가꾸는 데 신경을 많이 씁니다. 성경은 한 걸음 더 나아가 몸에 대해 진정한 신경을 써 줍니다. "그런즉 너희 몸으로 하나님께 영광을 돌리라"(고전 6 : 20)는 말씀이야말로, 가장 자기 자신의 몸을 위하는 것이 아닐까요?

⌣ 김윤희(횃불트리니티신학대학원대학교 총장/FWIA 대표)

하나님의 사람들의 사명 중 하나는 다음세대에게 창조의 섭리와 질서에 대해 정확한 가르침을 전수하는 것입니다. 때문에 다음세대가 성경적인 성가치관 아래 건강하고, 거룩한 주의 자녀로 살아갈 수 있도록 도와야 합니다. 그런 의미에서 우리의 다음세대가 하나님의 형상을 회복하길 소망하는 모든 이들의 필독서로 이 책을 추천합니다.

⌣ 김은호(오륜교회 담임목사)

성가치관에 대한 거대한 담론 속, 명쾌하게 성경적 성가치관을 다뤄 줄 책을 만났습니다. 격차의 시대 가운데 성가치관의 격차는 세대를 격렬하게 나누었고, 분열을 넘어 적으로 만들게 했습니다. 과연 누구에게 책임이 있을까요? 하나님이 지으신 것이 원래대로 사용되지 않는 것을 방관한 교회와 부모의 책임입니다.

시대는 이제 성경적 성가치관을 주장하는 이들을 격멸의 표적으로 삼았습니다. 이 격멸의 표적이 사탄의 깊은 것으로 전환될 수 있도록 교회와 기독 부모들이 나서야 합니다.

바라기는 이 책을 접하는 자녀들마다 마지막 때에 음녀의 옷을 입고 세상을 파괴하려는 사탄의 정체와 계략을 알고, 성경적 성가치관을 바로 세우는 영적 싸움을 싸워 나가길 바랍니다. 하나님이 지으신대로 세상이 회복되기를 간절히 바라는 용기로 바른 외침을 남긴 저자를 마음을 다해 응원하며, 그 용기와 소망이 이 땅 가운데 임하기를 기도합니다.

⌣ 김정민(금란교회 담임목사)

성적자기결정권만을 강조하며 신본주의를 떠나 극단적 인본주의로 변질된 성교육 현장을 보며 다음세대를 위한 양육에 목회의 중심을 싣고 달리는 목회자로서, 특별히 이미 비성경적인 공교육을 정치적으로 밀고 있는 캘리포니아 한복판에서 탄식 속에 기도하며 있던 중에 생애주기별 17개년 성경적 성가치관 교육을 정통으로 할 수 있도록 돕는 교재가 나오게 되어 참으로 주님께 감사를 금할 길이 없습니다. 미국에서도 유용하게 쓰이리라 믿습니다. 앞으로 이 책이 가는 곳곳마다 성경적 성가치관 교육이 바르게 자리 잡고 많은 영혼을 옳은 데로 오게 하는 역할을 해 줄 것을 기대합니다.

⌣ 김한요(베델교회 담임목사)

21세기 들어 가치관의 혼란이 가중되고 있습니다. 특히 성(性) 관련 정체성과 가치관의 혼란은 극에 달해 우리 사회를 영적이고 정신적인 아노미 상태에 빠트릴 만큼 파괴적 성향을 띠고 있습니다. 성을 어떻게 인식하고 다루느냐 하는 문제는 교회와 인류의 미래와 직결되는 사안입니다. 하나님의 형상을 파괴하는 젠더 이데올로기와 왜곡된 성교육에 전방위적으로 노출된 다음세대는 불신앙의 대열에 급속히 합류하고 있습니다. 이러한 때 『하나님이 지으신대로』는 성과 관련된 10개의 주요 주제로 구성되어 미취학 자녀부터 청소년까지 성경적 성가치관으로 무장시켜 줄 교재로 사용하기에 더할 나위 없습니다.

⌣ 이상명(미주장로회신학대학교 총장)

최근 인권이라는 이름으로 동성 간의 사랑이 존중되어야 한다고 주장하는 그릇된 성가치관이 대중에게, 특히 미래를 이끌어 나갈 다음세대에 큰 영향을 미치고 있습니다. 이러한 때에 일선에서 성경적 성가치관 확립을 위해 힘쓰고 계신 김지연 대표님에게 깊은 감사를 드리며, 이번 신간을 각 가정과 교회와 교육기관에 적극 추천합니다.

⌣ 이영훈(여의도순복음교회 담임목사)

'기쁨의 별'인 에덴동산에서 창조된 하나님의 최고의 선물은 아담과 하와입니다. 남자와 여자로 창조된 아담과 하와가 결혼하여 한 팀이 되어 살며 일할 때에 하나님께서 창조하신 만물을 위한 최고의 선물이 될 수 있다는 메시지를 담은 이 책은 성 윤리가 혼탁해진 이 시대에 꼭 필요한 지침서이기 때문에 일독을 권합니다.

ᴗ 이은용(선교사/한인세계선교사회〈KWMF〉 대표회장)

36년 동안 중고등학교 학생들과 함께 지내면서, 시간이 흐를수록 성교육의 중요성은 아무리 강조해도 지나치지 않다는 생각이 더욱 확고해졌습니다. 우리 자녀들의 사춘기 시기는 성에 대한 관심이 많은데, 이때 왜곡된 성 개념이 만들어질 위험성이 매우 높기 때문입니다. 안타깝게도 지금의 우리 사회는 아이들에게 성에 대한 잘못된 가치관을 심어 주는 정보가 넘쳐나고 있습니다. 이러한 때에 『하나님이 지으신대로』는 다음세대를 위한 성경적 성가치관 커리큘럼으로, 가정에서 부모가 가르칠 수 있는 책이 나왔다는 것이 매우 기쁩니다. 성교육은 이슬비에 옷이 젖듯이 삶을 통해 스며드는 것이 중요합니다. 그래야 평생 하나님이 기뻐하시는 건강한 성가치관을 가지고 아름답게 성을 누릴 수 있기 때문입니다. 바라기는 대한민국 가정뿐만 아니라 학교 현장에서도 이 책이 성교육 지침서로 교사들의 손에 들려지기를 기대해 봅니다.

ᴗ 이준원(전 덕양중학교 교장/『무엇이 학교를 바꾸는가』, 『내면 아이』의 저자)

김지연 교수는 하나님께서 창조하신 참 인간의 아름다움과 진정한 정체성을 우리 자녀들에게 다시 찾아 주기 위해 불의와 당당하게 맞서는 우리 시대의 전사입니다. 제도와 법의 옷을 입고 창조 질서를 교란하는 시대 정신 앞에 서 있는 오늘의 그리스도인들에게 이 책은 성경적 인간 이해와 세계관에 근거한 성가치관의 확고한 기준과 풍성한 정보, 그리고 거짓에 맞서는 구체적인 대응방법을 제공해 줄 것입니다.

ᴗ 이찬규(프랑크푸르트 한마음교회 담임목사)

"성경 교육이 세상 교육을 압도한다."

영적인 정체성은 신앙의 다음세대가 가져야 할 가장 큰 재산으로, 그 무엇보다 중요합니다. 하지만 안타깝게도 우리는 지금 영적 정체성의 혼란을 겪고 있습니다. 하나님의 자녀로서 창조 질서대로 살아가기보다 세상의 가치관대로 살면서 많은 것들을 포기하지 않는지 스스로 돌아보아야 할 것입니다. 이 책은 우리가 성경적 세계관을 함양하고, 하나님의 자녀로서의 정체성을 회복하는 데 많은 도움을 줍니다. 하나님께서 세우신 아름다운 성경적 성가치관을 통해 다음세대에게 영적인 정체성을 회복하게 하고, 광야에서 홀로 설 수 있도록 도와주는 이 책을 강력히 추천 드립니다.

⌣ 이홍남(목사, 벨국제학교 교장)

우리는 늘 개혁을 논하지만, 실제 우리의 삶에서 비성경적으로 살아온 것을 회개한 적은 얼마나 있었는지 돌아봅니다. 이번에 출간되는 김지연 대표의 성경적 성가치관 교육 커리큘럼 『하나님이 지으신대로』는 세상의 영향으로 자신도 모르게 스며든 비성경적 가치관을 돌아보게 하고, 하나님이 지으신 그대로의 건강한 삶을 살도록 도와줍니다. 성적 영향력이 더욱 거세지는 시대에 다음세대 한 사람, 한 사람이 성경적 성가치관의 올바른 정립과 개혁과 변화를 마주하는 데 이 책이 귀하게 쓰임받기를 바랍니다.

⌣ 정성진(크로스로드 대표, 거룩한빛광성교회 은퇴목사)

성은 하나님께서 인간에게 주신 위대한 선물 중의 하나입니다. 그런데도 성이 인간의 탐욕의 대상으로 전락하고 있는 현실 또한 부정할 수 없는 상황에서 성에 대한 아주 구체적인 주제들을 담아 현실의 삶에서 성경적 가치를 심어 주는 책이 발간되어 말할 수 없는 기쁨이 있습니다. 쉽게 접근할 수 있도록 만들어진 이 책이 많은 분께 도움이 되길 기대합니다.

⌣ 조주희(성암교회 위임목사)

"하나님이 자기 형상 곧 하나님의 형상대로 사람을 창조하시되 남자와 여자를 창조하시고"(창 1 : 27).

우리 인간은 하나님의 형상대로 창조된 존재로서, 하나님께서 주신 창조 질서대로 살아가야 합니다. 그러나 안타깝게도 우리는 이 기본 뿌리가 흔들리는 시대 가운데 살아가고 있습니다. 김지연 대표의 성경적 성가치관 교육 커리큘럼 『하나님이 지으신대로』는 이 기본 뿌리를 바로잡을 수 있는 책입니다. 우리의 다음세대들이 이 뿌리를 바로 세워 하나님의 형상대로 아름답게 세상을 살아가기를 바라며 이 책을 추천합니다.

⌣ 주승중(주안교회 위임목사)

하나님께서 지으신 모든 것이 선하나(딤전 4 : 5), 인간은 많은 것을 역리(逆理)로 변용하였습니다. 오늘날 보편적인 성문화는 타락한 세상과 인간에 대한 정직한 발현입니다. 여러 가지 이유가 있겠지만 그것을 무조건 덮고자 했던 무지가 한몫을 하였습니다. 상식적인 앎을 통해서 인간은 의외로 악과 쉽게 결별할 수 있습니다. 이 저서는 인간 됨의 고귀한 사명을 지키기 위해 무엇을 알아야 하는지, 또 하나님의 문화명령 속에 들어 있는 우리의 사명이 무엇인지 자각할 수 있도록 성을 주제로 한 내용들을 심도 있게 다루고 있습니다.

⌣ 최윤정(미국 World Mission University 실천신학 교수)

처음 성을 만드신 분이 하나님이시기에 우리의 성교육 또한 성경에서 출발해야 합니다. 하나님이 성을 만드신 이유와 목적을 깨닫고 거룩하게 잘 지키도록 교육하고 양육해야 할 책임이 가정과 교회에 있습니다. 이 성이 얼마나 중요한지, 사탄이 이미 다음세대를 성으로 공격하고 있는 것은 국내뿐 아니라 선교현장에서도 절실히 드러나고 있습니다. 특별한 사람만이 교육할 수 있는 성교육이 아니라 모든 부모들과 모든 교회가 함께 거룩한 성에 대해 교육할 수 있는 시대를 열어 주신 모든 분들께 감사드리며 거룩한 다음세대가 되기를 기대합니다.

⌣ 허은영(MKBEAM 대표/전 바울선교회 멤버케어 팀장/전 아프리카 보츠와나 주재 선교사)

하나님이
지으신대로

"너희 몸은 너희가 하나님께로부터 받은 바 너희 가운데 계신 성령의 전인 줄을
알지 못하느냐 너희는 너희 자신의 것이 아니라 값으로 산 것이 되었으니
그런즉 너희 몸으로 하나님께 영광을 돌리라"

(고전 6 : 19-20).

성경은 우리에게 우리의 몸이 성령의 전이며 하나님이 독생자이신 예수님의 피값으로 사신 바 된 것임을 말하고 있다. 크리스천은 자신을 자신의 주인이라고 말하지 않는다. 예수님을 '주'(主)라고 부르며 그분의 주 되심을 시인한다. 그러나 세상의 성교육은 내 몸은 온전히 내가 주인 노릇 해야 하며, 내가 마음대로 하는 것에 대해서 그 어떤 존재도 이래라저래라 개입할 수 없음을 강력히 교육한다. 특히 성적자기결정권에 따라 상대방의 '동의'를 구하여 '성병 예방과 피임'만 잘 해내면 어떤 종류의 성행위도 보장받을 수 있어야 한다고 갈수록 목소리를 높이고 있다. '간음'을 '사랑'이라고 부르고, 선악을 말씀으로 분별하여 선한 길로 이끄시는 하나님의 진정한 '사랑'의 가르침은 오히려 '혐오'라고 부르는 세상 속에서 우리의 다음세대가 자라 가고 있다.

  이러한 때에 우리는 발만 동동 구르지 말고 잘못된 성교육에 저항하되, 저항에 그치지 않고 올바른 성교육의 방향성과 구체적인 커리큘럼을 제공할 수 있어야 한다. 이 책이 그 일에 조금이라도 도움이 되어 많은 영혼을 옳은 데로 오게 하는 일에 일조하기를 기도한다.

2022년 겨울
김지연

I부   이 책을 시작하며

1장
들어가며

"너희 몸은 너희가 하나님께로부터 받은 바

너희 가운데 계신 성령의 전인 줄 알지 못하느냐

너희는 너희 자신의 것이 아니라 값으로 산 것이 되었으니

그런즉 너희 몸으로 하나님께 영광을 돌리라"

(고전 6 : 19-20).

1장. 들어가며

들어가며

1. 성교육으로 고민하는 기독교 양육자들

"너희 몸은 너희가 하나님께로부터 받은 바 너희 가운데 계신 성령의 전인 줄을 알지 못하느냐 너희는 너희 자신의 것이 아니라 값으로 산 것이 되었으니 그런즉 너희 몸으로 하나님께 영광을 돌리라"(고전 6 : 19-20).

성경은 우리의 몸이 성령의 전이며(고전 6 : 19), 하나님이 독생자이신 예수님의 피로 우리를 값없이 의롭다 여기신 것을 말하고 있다(롬 3 : 24-25). 크리스천은 자신의 영, 혼, 육의 주인이 자기 자신이라고 말하지 않는다. 예수님을 '주'(主)라고 부르며, 예수님이 온전한 주인 되심을 시인하고 그것에 감사한다. 그러나 세상의 성교육은 내 몸은 온전히 내가 주인 노릇을 해야 하며(bodily integrity), 내가 마음대로 하는 것에 대해서 그 어떤 존재도 이래라저래라 개입할 수 없다고 교육한다. 특히 성적자기결정권에 따라 상대방의 '동의'를 구하여 '상호존중'(mutual respect)하에 '성병 예방과 피임'만 잘 해내면 어떤 종류의 성행위도 보장받을 수 있어야 한다는 주장이 갈수록 설득력을 얻어 가고 있다.

성경적 성가치관 교육은 성교육의 분야 중 가장 핵심적이고 중요한 부분이다. 피임하는 법, 성관계하는 법, 생식기의 정확한 명칭과 부위별 용도 등 성적인 '지식' 전달에 집착하기보다는 먼저 성경적 세계관으로 중무장하고 성가치관을 바로 세우는 것이 가장 급선무라는 의미이다.

몇 년 전 서울시 A 중학교에 재학 중인 여학생을 자녀로 둔 학부모들로부터 제보가 있었다. 학교 측이 청소년의 성문화를 다루는 센터에 의뢰하여 중학생들을 대상으로 성교육을 했는데, 그 교육이 너무 외설적이어서 그날 교육받았던 학생들의 상당수가 성적 수치심을 느끼거나 성적 죄책감으로 고통스러워한다는 제보였다. 성교육을 받은 여학생들은 해당 성교육 시간에 인조 생식기, 즉 남성 생식기 모양의 구조물에 직접 콘돔을 씌워 보라는 강요를 받았고, 마지못해 구조물에 콘돔을 씌우자 그것을 본 남학생들 중 일부가 환호성을 지르며 "콘돔 잘 씌우네! 쟤는 밝히는 애인가 봐!"라고 외치기도 했다는 것이다. 결국 상당수의 여학생은 수치심을 느꼈다며 하소연했다. 또 어떤 여학생은 '내가 아직 청소년인데 이런 행위를 해도 되는 건가? 죄를 짓는 건 아닌가?'라는 죄책감이 들었다고 말했다.

결국 학부모들은 해당 학교에 전화하여 사실 여부를 확인하고, 학교 측에 항의했다. 몇몇 학부모는 해당 센터에서 실제로 어떤 것을 전시·교육하고 있는지 항의 방문을 하게 되었다. 그런데 놀라운 것은 그 센터에는 동성애를 옹호하는 각종 전시물과 집단 난교를 상징하는 '상징물'들이 있었고, '정액은 맛있나요?', '딸 치면 키가 안 크나요?' 등 자극적인 문구가 도배된 게시판이 있었다고 증언했다. 또한 성교육 진행 과정에서 학생들에게 조별활동을 시키기도 했는데, 조 이름을 '처녀막 조', '동성애 조' 등 민망한 단어로 만들어서 활동을 진행했다는 것이다. 동성 성행위나 문란한 성행동의 문제점에 대해서는 전혀 가르치지 않고, 그것을 옹호하는 교육으로 도배해 놓은 것도 지적되었다. 청소년의 성 문화를 위한 센터라는 곳에 '내 남자친구의 설렘을 배려한 질 수축 광고'라는 문구가 적힌 전단을 비치해 두는 등 '이곳이 도대체 청소년들이 드나드는 곳이 맞는가?' 하는 의구심이 생길 정도로 외설적이어서 학부모들의 낯을 뜨겁게 했다고 한다. 학생들에게 동성애를 받아들이고 다양성으로 인정하자는 동영상을 보여 주기도 했다는 증언도 있었는데, 이 제보는 결국 퍼지고 퍼져서 이후 일부 인터넷 사이트 등에서도 확인되는 사건으로 남았다.[1]

또한 최근에는 충청북도청소년종합진흥원 충청북도청소년성문화센터가 초등학생을 대상으로 '정액 체험', '질 커튼' 등의 활동을 해 질타받기도 했다. 여러 온라인 커뮤니티에는 다음과 같은 내용의 성교육 프로그램 안내문이 공유됐다. 사업명은 "가보자GO고! 마법의 性성"으로, 사업 대상은 충청북도 내 초등학생 3~6학년이었다. 대상이 초등학생임에도 불구하고, 그 구성 내용은 '탄생의 신비'와 '사춘기 변화'라는 주제 아래 '수정 과정 체험'(질 커튼, 천장-정자, 난자), '정액 체험' 등의 활동이 진행된다고 적혀 있었다.[2]

교육주제		구성내용
탄생의신비	탄생 전	[이동형 체험관] 남/여 생식기관의 이해 수정과정 체험(질 커튼, 천장-정자, 난자) 1-10개월 태아 발달과정 영상 시청 영상 내용을 토대로 퀴즈 진행
	탄생 후	[탄생의신비 교실] 태동산모 체험 신생아 안아보기 신생아 외출에 필요한 물건 챙기기 신생아 우유 먹이기
사춘기변화	이론	신체구조의 명칭 찾기 활동 사춘기 관련 영상 시청 신체, 마음의 변화의 이유 자료집 제공
	활동	체험용 정액 체험 월경용품 교구 체험 사춘기 파우치 체험 사춘기 팩브릭 교구 활동

<그림 1-1. 성교육 프로그램 내용>

해당 프로그램이 알려지자 학부모들이 거세게 반발했고, 결국 프로그램이 취소됐다. 해당 센터의 카카오톡 채널에도 "해괴한 짓 철회해라.", "교

육이 아닌 가족 해체, 생명보다 쾌락을 중시하는 곳", "교육 내용 자체가 너무 불쾌하다.", "이상한 성교육 참여로 충격받을 초등학생들과 성적자기결정권을 지나치게 강조하는 교육으로 성적 호기심 유발, 잘못된 행동으로 타인에게 성적 충격과 고통을 가하는 가해자와 피해 학생을 만들 수 있는 이런 교육을 즉각 취소해야 한다."라는 등의 항의 글이 수백 개씩 달리기도 했다.

문제는 이런 외설적이고 급진적인 성교육이 우리나라 공교육 현장 중 한두 군데에서만 이루어지는 것이 아니라는 것이다. 학교 성교육이 윤리와 도덕을 배제한 채 진행되어 충격적이라는 학부모들의 제보가 전국적으로 거의 매일 이어지고 있다.

2. 성가치관 전쟁터가 되어 가는 공교육 현장

캐나다 역시 성교육 문제로 교육 공동체가 혼란을 겪고 있다. 동성애자 총리가 동성애 옹호 등 논란이 되는 성교육을 공교육에 도입한 후 각종 부작용이 나타나자, 결국 2,000명에 가까운 초등학생들이 공립학교를 떠나게 되었다는 보도가 2016년에 있었다.[3] 수많은 학생들이 성교육 때문에 전학을 가거나 자퇴를 선택한 것은 보통 문제가 아니다. 2,000가구가 잘못된 성교육 때문에 고민하고 결정을 내린 것이다. 정든 친구들과 교사, 익숙한 교정을 떠나는 일일 뿐 아니라 경우에 따라 이사를 해야 하는 것이 전학이고 자퇴인데, 일 년에 고작 몇 차례 실시된 성교육이 우려되어 전학이나 자퇴를 선택해야 할 정도였다면 얼마나 심각한 성교육을 했을지 우리는 쉽게 상상하기 어렵다.

2015년 9월, 캐나다에서는 초등생 성교육 과정이 17년 만에 개정되는 과정에서 과도한 자유주의 성교육이 포함되었다. 전체 교과목 중 성교육이 차지하는 비율이 높지 않으나, 이 짧은 성교육 시간에 성품 자체를 망가뜨리는 일들이 벌어지다 보니 학부모들은 울며 겨자 먹기식으로 자퇴나 비싼 사립학교로의 전학을 선택하게 된 것이다. 자신의 생식기를 수시로 들여다보고 만져 보고 느껴 보라고 가르치는 책을 성교육 책으로 사용함으로써, 그 책의 내용대로 한 아이들은 음란물을 보며 자위하거나 친구와의 성관계에 빠지는 등 심각한 성애화(Sexualization, 성애화에 대한 자세한 설명은 2부 2장-② 참조)를 겪었다.

<그림 1-2. 캘리포니아에서 100여 명의 부모와 아이들이 성적 지향과 성별 정체성에 대한 논의를 담은 포괄적 성교육 커리큘럼을 반대하는 시위를 벌였다.>[4]

미국 학부모들 역시 공교육에서 실시되는 성교육에 대해 저항전을 시작했다. 캘리포니아 청소년 건강 법안(California Healthy Youth Act)은 2016년에 만든 법으로, 캘리포니아 공립학교에서 소위 '포괄적 성교육'(Comprehensive sex education)과 함께 에이즈 예방교육의 취지로 소개되었다. 캘리포니아 청소년 건강 법안에 따르면 7학년 이상, 즉 중고등학교에서는 최소 1회씩 성교육을 받게 되며 11회에서 13회에 걸쳐 포괄적 성교육을 이수하게 되어 있다. 이 내용은 동성애, 성전환도 자연스러운 것으로 가르친다. 캘리포니아에서는 2019년 5월에 별도의 성교육 지침서 개정을 발표하였다. 주 정부 측은 "최근 통계에서 9, 10, 11, 12학년 중 성관계를 갖는 학생이 32%다. 더 이상 성 문제를 방치해서는 안 된다."라고 하며 한층 구체화한 피임

방법, 성별 정체성, 성적 취향 등에 대한 내용을 지침서에 추가하였다. 결국 캘리포니아의 학부모들 중 일부는 이 사태를 파악하고 등교거부운동(Sit Out 캠페인)까지 하면서 강력히 저항했다.[5]

한 기독교 양육자가 던진 "윤리와 도덕을 배제한 채 음란물 수준으로 전락한 성교육을 공교육의 이름으로 시행하는 것이 아동의 성적 학대 혹은 성적 착취와 무엇이 다른가요?"라는 질문은 결코 간과할 수 없다. 성에 중독되고 탐닉하게 만드는 성교육을 받은 아이들은 생명의 출발이 된 자신의 부모를 오히려 대적하고, 하나님을 대적하며, 유물론적인 인간관을 가지게 된다. 그뿐만 아니라 이러한 성교육은 "프리섹스를 일삼지 말고 하나님께서 짝지어 주신 배우자를 만나 결혼을 하고 이 땅에서 번성하고 충만하자."라고 말하는 부모들과 기존 기독교적 질서에 대적하게 함으로써 세대를 이간하며 하나님과의 관계를 이간한다. 성적 쾌락과 방종한 성문화를 일반화하는 성교육을 받은 아이들은 그 나이에 마땅히 성화(sanctification)되고 성장해야 할 부분들을 상실하게 된다. 지금 전 세계는 이러한 선정적인 성문화와 그것이 옳다고 쐐기를 박는 성교육으로 몸살을 앓고 있다.

3. 남자와 여자 외에도 수없이 많은 성별이 있으며 성별을 바꿀 수 있다고 배우게 된 다음세대

아이들은 중고등학교에서 타고난 성별은 남자와 여자만 있는 것이 아니라 셀 수 없이 많고, 자신이 결정한 성 인식대로 성의 개념을 확장시키고 다양화를 추구하라는 교육을 받고 있다.

"하나님이 자기 형상 곧 하나님의 형상대로 사람을 창조하시되 남자와 여자를 창조하시고"(창 1 : 27)라는 성경말씀을 뒤로하고 하나님의 형상대로 지음 받은 성별이 남자와 여자 두 가지라면 나머지 성별은 하나님의 형상이 아니라는 것이냐, 혹은 왜 수십, 수백 가지의 다양한 성적 소수자의 성별, 즉 남자도 여자도 아닌 성별들은 왜 창세기에서 배제하는 것이냐며 성경 자체에 대한 불신을 품게 하는 성교육인 셈이다.

다음의 그림은 미국의 아이들이 성교육 시간에 자신의 성별이 어디쯤인지 적도록 암묵적인 강요 속에서 교육받고 있는 모습이다. 남자로서 혹은 여자로서 자신의 타고난 성별에 의구심 없이 살아가던 아이들이 이런 성교육을 받은 후에는 자신의 성별 정체성에 관해 송두리째 혼란을 겪는다.

특히, 캘리포니아 현지의 성교육 강사가 보여 준 다트 모양의 성교육 자료는 스펙트럼이나 무지개의 색처럼 무한한 종류의 성별을 결정하는 기준으로 성적 표현, 성별 정체성, 성적 취향 등을 강조하며, 이들을 통해 자신의 성별을 추측해(guess) 보라는 교육을 위한 도구로 매우 치밀하게 활용되고 있었다.

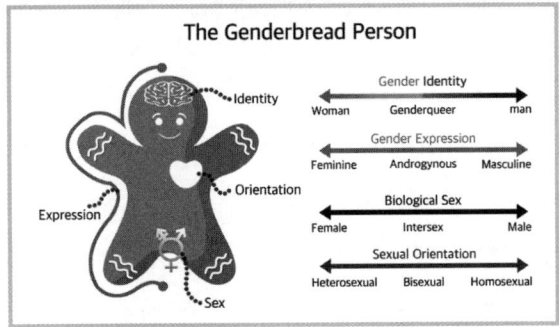

<그림 1-3. 성별 정체성을 탐색하는 도구들>[6]

타고난 성별을 의심하게 만들고, 성별은 남녀만 있는 것이 아니라 트랜스젠더를 포함해 수십 가지가 있으니 자신의 성별 정체성을 잘 '탐색'해 보고 '선택'하라고 종용하는 교육의 결과는 여실히 드러나고 있다. 바로 트랜스젠더 아동 수의 증가이다. 2018년 9월, 영국의 언론『익스프레스』(EXPRESS)는 매우 놀라운 뉴스를 보도했다. 영국 내에서 호르몬 주사와 같은 '성전환 처치'(gender treatment)를 의뢰한 전체 청소년의 수가 2009~2010년에는 97명에 불과했는데, 2017~2018년 사이에는 2,519명으로 늘어났다는 것이다. 10년이 채 되지 않은 사이 2,587% 증가한 수치이다. 여학생 기준으로는 해당 기간 성전환 치료에 의뢰된 아동 수가 40명에서 1,806명으로 4,515%나 증가했다.[7] 더욱 심각한 것은 2017년에서 2018년까지 성전환 치료를 의뢰한 아동 중 45명이 6세 이하였고, 그중에는 4세도 있었다는 사실이다.[8]

이에 대해 또 다른 영국 언론인『텔레그래프』(The Telegraph)에서는 교육 전문가들이 학교에서 성전환 이슈를 홍보하는 것이 청소년들에게 혼란을 준다고 경고했다고 보도하였다. 즉, 학교가 어린 학생들에게 자신의 타고난 성을 의심하도록 교육한다는 것이다. 영국 교육부의 전(前) 고문인 크리스 맥거번(Chris McGovern)은 이에 대해 "아이가 아이로서 있어야 할 시기에 자신의 성별에 대해 질문하도록 장려하는 것이 오히려 아이들로 하여금 혼란스러워지거나 불행해지며 트라우마를 겪게 할 수도 있다."고 말하며 "그것은 산업(industry)이 되었다."고 말했다.[9] 곧 성전환 수술을 받고, 평생 에스트로겐이나 테스토스테론 주사를 맞으며 심지어 보정 수술까지 지속적으로 받아야 하는 인구가 늘어나는 것은 확실히 돈이 된다는 것이다.

실제로 영국에서는 2017년 한 해에만 성전환을 원하는 800명의 아동이 사춘기가 오는 것을 막는 약물을 투여받았고, 그중에는 10세밖에 안 된 어린 학생도 포함되어 있었다.[10] 2017년 4월 캘리포니아 중학교 1학년 학부모들은 이렇게 타고난 성별을 의심하게 만드는 비과학적이고 혼돈을 주는 성교육 커리큘럼에 반대하는 투쟁을 했고, 1,600명 이상의 부모들과 지역 주민들이 해당 성교육 커리큘럼 폐지 서명에 동참했다.[11]

4. 성경적 성가치관 교육을 교회와 가정이 담당해야 한다

성교육을 세상에 맡기고 방임했을 때 그 결과가 이처럼 반성경적으로 흐름을 보면서 우리는 "그렇다면 누가 성교육을 해야 하는가?"라는 질문을 던지게 된다.

원래 성교육은 가정에서 보호자가 일대일로, 생활 속에서 필요에 따라 반드시 알아야 하는 내용을 가르치는 것이 가장 안전하다. 즉, 진정으로 아이의 인생과 영육 간의 강건함을 위해 기도하고 애쓰는 자가 성교육을 담당하는 것이 맞다. 그러므로 성경적으로 바른 성교육을 하기 위해서는 부모가 먼저 이를 알아야 한다. 가장 건강한 성교육은 아이들을 키우는, 청소년을 가르치는 부모와 교사의 바른 성가치관 교육에서 시작되어야 한다. 부모가 일차적으로 성경적 성가치관 교육을 받고, 이차적으로 아이들과 생활하는 가운데 자연스럽게 일대일로 개인의 상황과 수준에 맞게 가르치는 성교육은 굉장히 중요하다. 아이들 중에는 성에 일찍 눈을 뜬 경우도 있고, 그렇지 않은 경우도 있다. 이와 상관없이 고도로 성애화시키는 급진적 성교육을 집단으로 실시하는 현재의 교육은 굉장한 부작용을 낳고 있다.

크리스천 학부모들은 제대로 된 성경적 성교육의 필요성을 깨우쳐 가고 있다. 기존 세상 성교육에 성경구절을 얹는다고 해서 성경적 성교육이 완성된다는 것은 착각이다. 정통 성경적 성교육은 가정을 치유하고 개인의 영적 자산을 증가시키며, 바른 그리스도인의 성품을 갖게 만들어 준다. 표면적으로만 성경적 성교육이 아닌 제대로 된 정통 성경적 성교육은 죄악된 성문화의 쓰나미를 넘어서는 중요한 무기이며, 치유, 회개, 자유, 질서, 평강, 용서, 분별력을 안겨 준다. 그리고 무엇보다 영성을 높여 주고 그리스도인으로서 실천적인 삶을 살도록 도와준다.

하나님은 창조 때부터 성관계가 '결혼'이라는 지평 안에서 남녀 부부간에만 이루어지도록 질서를 주셨고, 그 질서 속에서 인간은 자녀 출산으로서의 성, 부부간의 희락으로서의 성, 부부간 정조의 약속을 선포하는 성의 기능을 누릴 수 있다. 이것은 하나님이 자신의 형상대로 창조하신 하나님의 자녀들에게 주신 질서이다. 즉, 성관계는 인간 모두가 누구나와 하는 것이 아니다. 성관계는 성경적으로 부부만이 할 수 있는 것이며, 침소를 더럽혀서는 안 된다. 그러나 세상은 결혼 이외에도 얼마든지 간음해도 되는 성문화를 말하며, 결혼에 대한 대안으로 성매매나 음란물을 대중화하고 심지어 성관계용 로봇까지 만들겠다고 한다.

우리는 하나님의 말씀에 기반한 성경적인 성가치관을 다시 한번 정비하고, 이성 교제나 결혼, 임신, 출산, 생명과 가족 등 이른바 창조 질서에 관련된 모든 것들을 성경에 근거하여 먼저 가르치고 양육해야 한다. '성경적 성가치관 교육'을 통해 아이들에게 창세기 1장에서부터의 순종, 곧 '이 땅에 번성하고 충만하며 이 땅을 다스리고 경영'하는 그 시작을 주님 안에서 시작하게 함으로써 생명의 소중함과 하나님의 사랑 그리고 가정의 가치, 부부의 사랑, 형제 사랑, 인간 전반에 걸친 성품과 관련한 거룩한 담론을 세워 가야 한다. 교회와 가정에 의해 교육이 이루어질 때 많은 영혼들이 옳은 데로 오는 것을 정통 기독교 성가치관 교육의 현장에서 보게 된다.

'인권' 혹은 '다양성'이라는 이름으로 다가온 외설적인 성교육은 다음세대의 영혼에 "네 영·혼·육의 온전한 주인은 반드시 바로 너 자신이니, 더 이상 예수님을 네 삶의 주인으로 고백하지 마라."라는 메시지를 주입한다.

그러나 성경은 불완전한 우리가 우리 삶의 주인이 아니라, 온전하신 하나님이 우리 영·혼·육의 주인이심을 선포하는 참사랑을 드러낸다. 우리는 성경적 성교육을 위한 전문 훈련을 받고 우리의 다음세대를 주님을 위한 선한 군사로 양육해야 할 것이다. 그러므로 양육자들이 먼저 성경적 성가치관 교육을 위한 기본적인 내용들을 숙지하고 내면화한 뒤, 그것을 기초로 아이의 수준과 환경, 성숙도, 소통 능력, 처한 상황에 맞게 생활 속에서 성교육을 진행할 수 있도록 그 교육 내용이 제공되어야 한다.

이 길은 혼자 가려고 하지 말아야 한다. 우리는 함께 힘을 모아 서로 지원하고 격려하는 교사들이 되어야 한다. 이 커리큘럼은 세상에는 없는, 기독교만이 만들 수 있는 것이다. 외롭지만 하나님의 공의와 정의를 이루어가는 사역을 만들어 내기 때문이다. 모든 연령의 학생들이 영적 성장과 발전을 이루도록 기독교 공동체의 노력으로 이 사명과 목표를 이루어 나가야 한다.

I부 이 책을 시작하며

2장
내슈빌 선언

"여호와가 우리 하나님이신 줄 너희는 알지어다
그는 우리를 지으신 이요 우리는 그의 것이니
그의 백성이요 그의 기르시는 양이로다"
(시 100 : 3).

2장. 내슈빌 선언

    2017년, 150여 명의 미국 복음주의계 목회자들이 결혼, 가정, 성적 부도덕 등에 대한 성경적인 기준 및 성도의 신념을 담은 선언문을 발표하였다. 선언문의 이름은 이 선언문을 발표한 장소에서 비롯된 것으로, 내슈빌에서 개최된 남침례교윤리와종교위원회 연차 총회에서 공개되었다.

    이 선언문은 남침례교윤리와종교위원회의 러셀 무어(Russell D. Moore) 회장, '성서적 남성성과 여성성 위원회'(CBMW : The Council on Biblical Manhood and Womanhood)의 공동 창립자인 존 파이퍼(John Piper) 목사 등 미국 전역의 크리스천 리더, 목회자, 학자들이 회합을 열고 토의를 거친 뒤 공개한 선언문이다. 이 선언문은 14개 조항으로 이루어져 있으며, 각 조항은 기독교의 전통적인 성가치관을 담고 있다.[1]

    '인간의 성가치관에 관한 기독교 선언'이라고도 불리는 이 선언문의 내용과 성경적 기준을 명확히 인식하는 것이 성경적 성교육을 하는 데 유익하기에 전문을 소개한다.

내슈빌 선언(Nashville Statement, 2017)[2]

"여호와가 우리 하나님이신 줄 너희는 알지어다 그는 우리를 지으신 이요 우리는 그의 것이니 그의 백성이요 그의 기르시는 양이로다"(시 100 : 3).

제1항

우리는 하나님께서 한 남자와 한 여자가 남편과 아내로서 언약적, 성적 그리고 출산에 있어 평생 연합하도록 결혼을 계획하셨음을 선언한다. 이는 예수님과 그의 신부 된 교회 사이에 언약적 사랑을 의미한다.

우리는 하나님께서 동성, 일부다처 또는 비독점적 다자연애 등의 관계를 허락하셨다는 것을 거부하며, 또한 결혼이 하나님 앞에서의 엄숙한 언약이 아니라 그저 인간과 인간 사이의 단순한 계약에 불과하다는 것을 거부한다.

제2항

우리는 하나님께서 나타내신 뜻이 결혼생활 이외의 정절과 결혼생활 안에서의 충실임을 선언한다.

우리는 어떠한 애정, 욕망 또는 약속이 결혼 전 또는 혼인관계 이외의 성 관계를 정당화하는 것을 거부한다. 그것들은 어떠한 형태의 성적 부도덕도 정당화하지 못한다.

제3항

우리는 하나님이 최초의 인간인 아담과 하와를 그 자신의 형상대로, 하나님 앞에서 인간으로서는 평등하고 남성과 여성으로서는 뚜렷이 구별되게 창조하셨다는 사실을 선언한다.

우리는 남성과 여성에게 거룩하게 부여된 차이점으로 인해 그들의 존엄성이나 가치가 불평등하게 여겨지는 것을 거부한다.

제4항

우리는 거룩하게 정해진 남성과 여성 사이의 차이점이 하나님의 본래 창조 계획을 반영하고 인류의 선과 번영을 의미한다는 것을 선언한다.

우리는 그러한 차이가 타락의 결과이거나 극복되어야 할 비극이라는 것을 거부한다.

제5항

우리는 남성과 여성의 생식 구조의 차이는 남성 또는 여성으로서의 자아개념, 누구도 바꿀 수 없는 하나님의 설계임을 선언한다.

우리는 신체적 이상이나 심리적 상태가 여성 또는 남성으로서의 생물학적 성별과 그 성별을 받아들이는 자아인식 사이의 관계에 대해 하나님께서 모태에서부터 정하신 뜻을 취소한다는 주장을 거부한다.

제6항

우리는 신체적 성발달의 장애를 갖고 태어난 사람들도 하나님의 형상대로 창조되었고, 하나님의 형상대로 지음 받은 다른 모든 사람들과 동일한 존엄성과 가치를 가진다는 것을 선언한다. 우리 주 예수님은 말씀을 통해 "어머니의 태로부터 된 고자"(마 19:12)에 대해 인정하고 계시므로 그들은 다른 모든 사람들과 함께 예수 그리스도를 신실하게 따르는 자들로서 환대받으며, 이미 알려진 바대로 그들의 생물학적 성별을 받아들여야 한다.

우리는 사람의 생물학적 생식기와 관련된 모호성이 그리스도께 기쁨으로 순종하며 유익한 삶을 살 수 없게 한다는 것을 거부한다.

제7항

우리는 남성 또는 여성으로서의 자아개념은 성경에서 계시하고 있는 바와 같이 하나님의 거룩하신 창조 목적과 구속사역에 의해 정의되어야 한다고 믿음으로 선언한다.

우리는 동성애 또는 트랜스젠더로서의 자아개념을 취하는 것이 하나님의 거룩하신 창조 목적과 구속사역에 일치한다는 것을 거부한다.

제8항

우리는 동성 간에 성적 매력을 경험한 사람들이 삶의 순결을 지키면서 다른 모든 그리스도인들이 그러하듯이 믿음으로 말미암아 그리스도 예수 안에서 하나님을 기쁘시게 하며 풍성하고 유익한 삶을 살 수 있을 것이라고 선언한다.

우리는 동성에 대한 성적 매력이 하나님의 원래 피조물에 대한 자연스러운 선의의 한 부분이라거나 또는 인간을 복음의 소망 밖에 두는 것을 거부한다.

제9항

죄란 이성애와 동성애 양쪽 모두의 부도덕함을 포함하여 왜곡된 성행위를 함으로써 결혼서약에 위배되고 성적으로 부도덕한 방향으로 인도함으로써 성적 욕망을 왜곡하는 것임을 선언한다.

우리는 부도덕한 성적 욕구의 지속적인 패턴이 성적으로 부도덕한 행동을 정당화할 수 있다는 것을 거부한다.

제10항

우리는 동성애의 부도덕함이나 트랜스젠더주의를 인정하는 것이 죄가 되며, 그러한 인정이 신실함과 증인 된 그리스도인의 삶으로부터 근본적으로 멀어지게 한다고 선언한다.

우리는 동성애의 부도덕함 또는 트랜스젠더주의를 용인하는 것에 대해 신실한 그리스도인들이 동의하지 않아야 할 것에 동의하는 도덕적 무관심의 문제라는 것을 거부한다.

제11항

우리는 남성이나 여성으로서 서로에 대해 이야기하는 것을 포함하여 언제나 사랑 안에서 진실을 말하는 것이 우리의 의무임을 선언한다.

우리는 남성과 여성으로서 그 자신의 형상대로 지으신 하나님의 계획을 욕되게 하는 방법으로 이야기하는 어떠한 당위성도 거부한다.

제12항

우리는 그리스도 안에서 하나님의 은혜가 자비로운 용서와 함께 죄인을 변화시키는 힘을 주며, 이 용서와 권세로 예수님을 따르는 사람들이 육체의 정욕을 죽이고 주께 합당하게 행할 수 있다고 선언한다.

우리는 그리스도 안에 있는 하나님의 은혜가 모든 성적인 범죄를 용서하고 성적인 죄악에 빠진 모든 믿는 자에게 거룩함을 회복하게 하기 위한 권능이 충분하지 않다는 것을 거부한다.

제13항

우리는 그리스도 예수 안에 있는 하나님의 은혜로 죄인들이 트랜스젠더라는 자기 개념을 버리고 거룩한 인내로써 하나님이 정하신 인간의 생물학적 성별과 남성 또는 여성으로서의 자아개념을 받아들여야 한다고 선언한다.

우리는 그리스도 예수 안에 있는 하나님의 은혜가 하나님께서 보이신 뜻에 정면으로 대치하는 자기 개념을 방해한다는 것을 거부한다.

제14항

우리는 그리스도 예수께서 죄인들을 구원하시려고 세상에 임하셨다는 것과 예수 그리스도만이 구세주이며 주인이시며, 존귀한 보배로서 죽음과 부활을 통해 죄 사함과 회개하는 모든 사람들에게 영원한 생명을 주신다는 것을 선언한다.

우리는 주님의 팔이 죄인을 구원하기에는 너무 짧다거나 어떤 죄인이라도 구원에 이를 수 없다는 것을 거부한다.

내슈빌 선언의 참조 성경구절

창세기 1 : 26~28, 2 : 15~25, 3 : 1~24
출애굽기 20 : 14, 17
레위기 18 : 22, 20 : 13
신명기 5 : 18, 21, 22 : 5
사사기 19 : 22
사무엘하 11 : 1~12 : 15
욥기 31 : 1
시편 51 : 1~19
잠언 5 : 1~23, 6 : 20~35, 7 : 1~27
이사야 59 : 1
말라기 2 : 14

마태복음 5 : 27~30, 19 : 4~6, 8~9, 12
사도행전 15 : 20, 29
로마서 1 : 26~27, 32
고린도전서 6 : 9~11, 18~20, 7 : 1~7
고린도후서 5 : 17
갈라디아서 5 : 24
에베소서 4 : 15, 20~24, 5 : 31~32
골로새서 3 : 5
데살로니가전서 4 : 3~8
디모데전서 1 : 9~10, 15
디모데후서 2 : 22
디도서 2 : 11~12
히브리서 13 : 4
야고보서 1 : 14~15
베드로전서 2 : 11
유다서 1 : 7

I부   이 책을 시작하며

3장
아동/청소년의 연령대별 특징

"내가 너를 구속하였고 내가 너를 지명하여 불렀나니

너는 내 것이라"

(사 43 : 1하).

3장. 아동/청소년의 연령대별 특징

성교육 커리큘럼을 운영하기 위해서는 이를 듣는 아동/청소년의 연령대별 특징을 먼저 살펴보아야 한다. 각 연령대의 특징을 살펴봄으로써 각 시기에 맞는 가르침을 적용할 수 있다.

1. 미취학 아동에 대한 이해[1]

1) 발달 특징

4세 아동은 신장이 출생 시의 약 두 배에 달하게 되고, 성장 속도는 이전과 비슷하다. 이 시기의 아동은 근육과 협응 능력이 발달하여 계단을 한 발자국씩 교대로 내려가는 것, 한 발로 깡충깡충 뛰는 것, 공을 머리 위로 던지고 잡는 것 등이 가능해진다. 또한 사람과 같은 대상을 그림으로 그릴 수 있고, 서투르기는 하나 어느 정도 가위질도 할 수 있게 된다.

이때는 어휘력이 풍부해지는 시기로, 새로운 단어를 잘 습득한다. '지금' 또는 '곧' 등과 같이 자주 사용되는 시간적 의미를 포함한 말도 이해하고 사용할 수 있게 된다. 색깔도 두세 개 정도 구별해서 표현할 수 있고 대명사를 사용할 수도 있다. 하지만, 여전히 발음이나 표현하는 문장의 수준이 미숙하기 때문에 다른 사람과 잘 소통이 되지 않으면 화를 내거나 좌절할 수 있다. 따라서 양육자는 아동과 소통할 때 아동이 잘 이해할 수 있는 쉬운 단어로 설명해 주어야 한다.

또한 이 시기의 아동은 다소 복합적인 지시도 이해하고 수행할 수 있게 되어 놀이를 통한 대화와 소통이 가능해진다. 점차 집중력이 늘고 친구들과의 놀이도 가능해지는데, 인지능력과 사회성이 급속하게 늘면서 사회적인 관계에 대해 점차 학습해 나가게 된다.

5세 아동은 보통 18kg 전후, 110cm 정도의 신장으로 자라난다. 이때도 역시 근육 사용이 계속 발달하여 깡충거리며 뛰기, 뒤로 걷기, 눈 감고 한발로 서기 등이 가능해지며 스케이트와 같이 균형을 유지해야 하는 운동을 배울 수도 있다. 자신의 이름이나 숫자 쓰기가 가능해지고, 가위 등의 도구를 사용할 수 있게 된다. 그뿐만 아니라 6~8개 정도의 단어를 사용한 문장을 이야기하거나 4개 이상의 색깔의 이름을 이야기하는 등 언어능력도 발달한다. 연속적인 세 가지의 지시를 수행할 수도 있으며, 그림을 보며 자기의 생각과 느낌을 말할 수 있을 정도로 표현력이 발달한다.

6~7세 아동은 시력이 거의 발달하고, 뇌의 크기가 어른 뇌 크기의 90퍼센트에 달하게 되지만 뇌는 여전히 미숙하다. 그림을 보고 예쁘다, 또는 못생겼다 등을 구분해서 표현하며, 손의 사용 시에도 오른손과 왼손을 구분해서 사용할 수 있게 된다. 이러한 구분은 사물에 대한 정보를 수집하고, 기준에 따라 분류하고 순서를 정하는 것으로 나타날 수 있다. 또한 글자를 학습할 수도 있으며, 공간과 시간의 관계를 결합해서 배우는 것도 가능해진다. 숫자 개념이 생기기 시작하고 때때로 숫자 놀이에 흥미를 느끼기도 한다.

이 시기의 아동이 가지는 또 하나의 특징은 협동을 잘할 수 있게 된다는 것이다. 친구들과 함께 놀이하면서 다소 거친 놀이를 시도해 보기도 하고, 이를 반복하면서 조금씩 자기만의 놀이 방법을 터득하게 된다. 사회성도 계속 발달하여 친구들과 함께하는 시간을 좋아하게 된다. 또한 독립심이 발달하고 아동에 따라 보호자 없이 혼자서 목욕이 가능해지기도 한다. 비록 서툴지만, 바느질이 가능하게 될 정도로 소근육도 발달한다. 또한 어린

이집이나 유치원에서 다양한 기술을 습득하게 되고, 때때로 어른들이 하는 말과 행동을 그대로 모방한다.

하지만, 이처럼 독립심과 인지능력이 향상되는 것의 이면에는 사회적으로 바람직하지 않은 행동을 할 가능성도 있다는 것을 유념해야 한다. 예를 들어, 자신이 가지고 싶은 물건을 훔치는 등의 행동이 드러나면 잘못을 인정하기 힘들어하는 것 등이다. 따라서 이 시기의 아동에게는 바람직한 행동의 기준을 명확히 제시하고, 성경적 가이드라인을 주어 성경적인 규칙 안에서 자율성을 길러 가도록 돕는 것이 중요하다.

2) 성교육 시 참고할 사항

대부분의 미취학 아동은 그림 그리는 것을 좋아하고 손동작 기술도 발달하기 때문에 다양한 만들기 활동을 겸하는 성가치관 교육이 가능하다. 비록 미숙하기는 하지만, 인지기능을 비롯한 여러 능력이 발달하기 때문에 노래하기, 율동, 미술 활동, 인형극 등 다양한 형태의 성가치관 교육 시간을 가져 보는 것이 좋다.

4세경의 아동은 이미 가족 안에서 성별에 따른 역할과 기능을 인식하게 된다. 이에 따라 자신의 성별과 같은 부모의 행동을 동일시하려는 모습이 관찰되며 형제애가 발달하기도 한다. 6~7세로 성장할 때 같은 성의 부모와 자신을 동일시하는 면이 이전보다 더 강해지고, 같은 행동을 따라 하거나 협동하는 일에 즐거움을 느끼게 된다. 또한 세상에 대한 호기심이 많아지기 때문에 부모와의 깊은 애착 속에서 세상을 잘 탐색할 수 있도록 지지해 주는 것이 필요하다. 자신의 생각과 외부 세계의 실재가 어떻게 차이가 나는지 이해할 수 있도록 여러 상황을 소개해 주고, 아동의 생각을 적극적으로 묻고 답하는 형태로 성가치관 교육을 할 수 있다.

6~7세가 되면 사회적 규칙과 도덕에 관한 관심이 늘고, 공정하고 정의

로운 것에 대한 의미를 점차 알게 된다. 또한 기억력과 판단력도 점차 자라기 때문에 미취학 아동을 교육할 때는 성적인 지식을 주입하기보다 성경에 기초한 바른 가치관을 정립해 주고, 부모의 신앙 습관을 관찰함으로써 습득하는 신앙 성장이 가능하다는 것을 유념하여 양육자가 먼저 거룩한 삶의 모범을 보여 주는 것이 중요하다.

2. 초등 저학년 아동에 대한 이해[2)]

1) 발달 특징

1학년(8세)은 신체 전반에 균형감이 생기고 신체 발달 면에서 힘이 생기는 시기이다. 소근육도 정밀하게 발달하는 시기로, 신체 각 부위를 고르게 발달시켜 주는 신체활동이 필요하다. 이 시기에는 새로운 것에 대한 호기심이 왕성하고 상상력도 발달하며 기억력도 좋아진다. 따라서 사회 현상에 관심을 두도록 다양한 체험 활동을 경험하게 하고, 독서를 꾸준히 할 수 있도록 돕는 것이 좋다. 또한 자아개념이 형성되는 시기이기 때문에 자아개념이 긍정적으로 형성되도록 지도해야 한다. 이 시기에는 모방을 잘하며 때때로 의도하지 않은 거짓말을 하기도 한다. 이는 상상과 실제를 잘 구별하지 못하여 기억의 왜곡이 올 수 있기 때문이다. 그러므로 이때부터 일기 쓰기 습관을 기르는 것도 좋다.

2학년(9세)이 되면 꽤 긴 거리를 걸을 수 있을 정도로 체력이 향상되고, 손동작도 더 미세하게 발달하여 작은 부분을 색칠하거나 어려운 모양을 오릴 수 있게 된다. 1학년에 비해 학교 생활이 익숙해지고 이해력도 많이 향상되어 확연하게 달라진 면모를 느낄 수 있다. 이 시기의 아동은 칭찬과 꾸중에 민감하여 타인에게 인정을 받으려고 노력한다. 부모님뿐 아니라 사회 속에서 만나는 윗사람, 즉 선생님에게 칭찬과 인정을 받으려는 욕구가 강해진다. 따라서 꾸중보다는 칭찬을 하는 것이 행동의 변화를 유도하는 데 더 효과적이다. 또래 관계에서 무리가 생겨나고 따돌림 현상이 나타나기도 하여 이에 대한 지도와 격려가 필요하다.

3학년(10세)은 신체 발달에 있어 개인별로 차이가 두드러질 수 있다. 신장 차이가 벌어지거나 비만아가 느는 것을 볼 수 있다. 정서적으로는 감성이 자라는 시기로, 삶 속에서 우러나오는 감정을 느끼는 것이 활발해진다. 공격적인 인터넷 게임이나 운동을 즐기는 남학생, 외모 또는 가수에 빠져 사는 여학생 등 성별에 따른 관심사의 차이를 보이기 시작한다. 주변에 대한 관심이 높아지고 새로운 일에 대해 의욕적이고 호기심도 많다. 미숙하기는 하지만 공동체 생활에서 질서나 도덕적인 행동에 대한 분별이 생겨나기 시작한다. 또래집단의 영향을 많이 받으며, 그룹 활동에서 역할을 나누고 협동하는 노력이 생겨난다.

2) 성교육 시 참고할 사항

이 시기의 아동은 신체 동작이 빨라지고 몸을 움직이는 것을 좋아하기 때문에 박수 치기, 율동 등 신체 에너지를 분출할 수 있는 활동을 활용하면 좋다. 놀이를 좋아하고 에너지 수준이 높지만 집중력은 아직 짧기 때문에 교육 시 게임처럼 즐겁게 활동할 수 있는 학습 거리를 제공하거나 다양한 활동을 적절하게 구성하는 것이 좋다.

주의할 점은 아이들이 이 시기부터 인터넷 게임 등에 몰두하기 쉬우므로 자극적인 매체보다 하나님의 창조 세계 그 자체를 감상하고 즐기는 시간을 갖도록 교육하는 것이 좋다. 또한 매체를 이용할 때 그 안에 악한 것들이 존재한다는 것을 알리고 함부로 보지 않도록 교육하는 것이 중요하다.

이 시기에는 자신의 성기에 관해 관심을 갖기 시작하고 자신의 성기를 보거나 만지기도 한다. 이성에 관한 관심이 서서히 생겨나서 우정과 다른 사랑이라는 감정을 느끼게 되고, 더러는 연애편지를 주고받는 경우가 생기기도 한다. 따라서 양육자는 가정, 결혼 등 생명 잉태와 관련된 모든 것은 하나님께서 창조하신 것이며, 우리를 위한 하나님의 특별한 계획 속에 주신 아름다운 선물인 것을 가르쳐 주어야 한다. 동시에 남자와 여자의 차이점, 결혼과 생명의 소중함을 가르쳐 주어야 한다. 무엇보다 성에 대한 지식은 인터넷이나 친구들을 통해서가 아니라 오직 성경말씀과 부모님을 통해 얻어야 함을 지도해 주어야 한다.

3. 초등 고학년 아동에 대한 이해[3]

1) 발달 특징

초등 고학년은 사춘기에 들어서는 시기로, 개인마다 신체적인 면, 학습적인 면에서 점점 차이가 벌어진다. 자신의 신체 변화를 자연스럽게 받아들이기도 하지만 불만을 품기도 하는 등 자신의 신체를 인식하는 데 있어 다양한 양상을 나타낸다. 이 시기는 스마트폰 소지율이 높아지면서 미디어 노출이 급격하게 증가하는 시기이기도 하다. 학습량이 증가하고 어려워지면서 학습을 벅차 하거나 포기하려는 아이들도 있다.

4학년(11세)은 이차성징이 발현되기 시작하는 나이로, 성숙한 여자아이는 이미 이때부터 초경을 하고 체형이 변화되기 시작한다. 남자아이 중에는 급격한 성장으로 인해 성장통을 앓는 일도 있다. 타인과 자신을 비교하기 시작하고, 외모, 공책 정리, 글씨체 등 사소한 문제까지 유행에 민감해지기 시작한다. 여자아이들은 무리를 지어 쇼핑을 하러 가는 등 또래끼리 몰려다니고, 남자아이들은 소위 맞짱을 떠서 힘의 우열을 가리는 등의 행동을 하기도 한다. 무리 속에 소속되는 것을 중요하게 여기는 동시에 자신을 인정받고 싶어 하는 욕구가 강하게 생겨난다. 질서를 지키려 하고 교사 등 사회적 위치의 윗사람에게 잘 보이려는 사회성이 발달하므로 비교적 손쉬운 학년이라고 불리기도 한다. 자신은 잘 들여다보지 못하고 남에게 높은 도덕적 잣대를 들이대기도 하는데, 어른들에 대한 비판적인 시각이 생겨나면서 이전에 없던 반항적인 태도를 보이기도 한다. 자기주장을 강하게 펼치지만, 그에 따른 이유를 적절하게 제시하지 못하는 경우가 많다.

5학년(12세)은 거의 절반 이상에서 이차성징이 나타난다. 여자아이들의 경우 월경을 시작하는 아이들이 증가하며, 신체 변화를 부끄러워하고 숨기려고 하는 경향이 있다. 남자아이들은 변성기를 경험하기도 한다. 이처럼 남녀의 이차성징이 뚜렷해지므로 남녀가 같이 섞여서 할 수 있는 활동이나 운동이 줄어든다. 논리적인 의견 제시도 가능해지고, 부모를 설득하거나 논쟁하는 일도 일어난다. 사회 이슈에 관해 관심을 보이게 되고 책임감과 도덕성을 중요시하게 된다. 또한 유능하고 똑똑한 친구를 선호하는 경향이 나타나고, 모르는 것이 있거나 고민이 있어도 잘 표현하지 않으려고 한다.

6학년(13세)은 급격한 신체 변화를 경험하게 되는데, 신체적 변화를 두려워하고 낯설어하는 일도 있다. 지적으로는 객관적인 자료로 귀납적인 추론이 가능해지고 논리적인 사고력이 높아진다. 기억력도 최고조에 달하며 공부 방법에 있어서도 자신만의 방법을 발전시켜 나간다. 자립심이 생겨나 자신만의 시간과 공간의 필요성을 느끼고 이를 요구하기도 한다. 또래 관계 또는 아래 학년과의 관계에서 서열이나 상하관계를 중요시한다. 편애, 차별에 민감하고 외모에 관한 관심도 여전히 높다. 어른 대접을 받고 싶어 하며 때때로 부모나 선생님에게 따지듯이 질문하는 경우도 있다. 작은 일로도 화를 내기 쉬운데, 감정 조절이 잘되지 않아 친구와 과하게 친밀해지거나 어느 날 갑자기 절교하는 행동을 보이기도 한다.

2) 성교육 시 참고할 사항

초등학교 고학년이 되면 신체적으로, 정서적으로 아이들 스스로가 남녀의 차이를 느끼기 시작한다. 그리고 이성에 대한 관심을 숨기기보다 솔직하게 자신의 감정을 구체적이고 적극적으로 표현하게 된다. 여자친구나 남자친구가 있지 않은 경우에도 이성에 대한 관심이 고조되어 있으므로 이성 친구에 대한 대화와 소통이 늘어난다. 때때로 화이트데이를 챙기는 등 성인을 따라 하는 놀이를 하려는 경향이 있고, 포르노 영상을 접하고, 이를 대화 중 흉내 내면서 우쭐해 하거나 섹스, 피임 등의 단어를 사용하는 경우도 있다. 일부 아동은 자위를 시작하기도 한다.

양육자는 아동이 유해매체 등을 통해 이미 왜곡된 성가치관을 가지고 있을 수 있다는 점을 고려하여 성에 대한 아동의 생각과 의견을 충분히 이야기할 수 있도록 도와야 한다. 그리고 그 이야기를 충분히 경청한 후에 성경적 기준을 제시하여 가르칠 수 있어야 한다. 이때 아동이 양육자에게 솔직하고 편안하게 성에 관해 이야기할 수 있는 환경을 만들어 주어야 하는데, 이는 양육자와 아동이 어떤 유대관계를 맺고 있는지, 얼마나 열린 소통을 하고 있는지가 많은 영향을 미친다. 따라서 양육자가 아동과 충분한 신뢰를 형성하는 것이 무엇보다 중요하다. 또한 양육자와 아동이 성에 대해 대화할 수 있다는 것만으로도 매우 의미가 있으므로 대화의 기회를 감사하며 상호 신뢰를 잃지 않으면서 단계적으로 성에 관한 중요한 주제들에 대해 교육해 나가야 한다.

4. 중등부 청소년에 대한 이해[4)]

1) 발달 특징

중등부 청소년들은 이전의 발달 속도보다 훨씬 급격한 신체 발달과 변화를 경험하는데, 확연해진 이차성징으로 인해 거의 성인의 모습에 가깝게 된다. 여자 청소년은 대부분 초경을 하며 음모와 가슴이 발달한다. 초경 발현의 1년 정도 사이에 신장도 최대로 발육한다. 남자 청소년은 턱수염이 나고 음경과 고환이 발달하며 사정을 하기도 한다.

이차성징을 가져오는 호르몬은 신체뿐만 아니라 기분과 정서적인 부분에도 영향을 주게 된다. 따라서 이 시기의 청소년은 정서적으로 불안정하여 자주 기분이 바뀌고 작은 자극에도 예민하게 반응한다. 이에 따라 충동적이고 위험한 행동이 늘어날 수도 있다. 양육자와의 관계에서 양육자가 세심한 관심을 보이면 '어린아이 취급한다.'고 생각하면서도, 거리를 두고 지켜보면 '무관심하다.'고 느끼는 등 독립심과 의존성 사이에서 혼란스러워한다. 또한 감정의 강도가 강해서 감정 표현이 격하고, 자신의 감정을 공유할 수 없다는 점에서 고립감을 느끼기도 한다. 일반적으로 이러한 정서적인 변화를 처리하는 방식은 성별에 따라 차이가 날 수 있는데, 남자 청소년은 외향적인 활동을 하면서 정서를 억누르는 방식으로, 여자 청소년은 더 자신만의 세계에 집중하는 형태로 나타나는 경향이 있다. 일부 청소년은 자신이 느끼는 부정적인 정서를 지나치게 억압해서 우울증과 같이 정신 건강을 해치는 일도 있다. 따라서 양육자는 이러한 청소년의 정서를 잘 살피고, 감정을 건강한 방식으로 표현하며 해소할 수 있도록 관심과 지원을 제공해야 한다.

인지적으로는 기억, 추리, 창조, 이해, 새로운 사고방식 등 그 능력이 확대된다. 비현실적인 상황에 대해서 논리적인 추론이 가능해지고 종교, 죽음, 미래 등에 대한 추상적인 문제에 대해서도 체계적으로 사고하고 결과를 일반화하는 것 역시 가능해진다. 이전보다 상대적인 관점에서 타인과 세상을 이해할 수 있게 되고, 사고의 유연성도 증가한다. 자기 자신과 이전 세대의 모습에 대해서도 조금 더 비판적으로 분석할 수 있게 된다. 그러나 이러한 지적 능력이 증가함에도 불구하고 여전히 자기중심적인 사고를 하며, 주변인과의 갈등을 빈번하게 경험하게 된다. '나는 특별하다.'라는 생각을 가지고 주변인이 자신을 주목하고 있다는 믿음이 생겨서 작은 실수에도 크게 낙심하거나 타인에게 인정을 받고 눈에 띄고 싶은 마음에 과한 언행을 하기도 한다. 학업에 있어서도 중학교에 진학하면서 치열해진 경쟁, 상대적인 평가 등 달라진 환경으로 인해 학습에 의한 자기 효능감이 급격하게 저하되기도 한다. 이 시기에 청소년의 지적 발달은 최고조에 달하지만 동시에 정체성을 찾아가는 시기이기도 하므로 건강한 정체성을 형성해 나가도록 돕는 것이 중요하다. 그렇지 않으면 정체성을 찾아가는 과정을 회피하거나, 허구적인 정체성을 가질 수 있다.

2) 성교육 시 참고할 사항

양육자는 청소년 스스로가 독립적인 사고를 할 수 있는 환경을 인정해 주고 격려해 주되, 다 자랐다고 생각하는 태도를 가져서는 안 된다. 청소년이 성경적인 기준 안에서 그들의 세계관과 인생관을 이해하고 발달시켜 나갈 수 있도록 계속 지원해 주어야 한다. 여러 가지 내면의 갈등과 혼돈을 반복하는 청소년에게 신체와 자아가 어떻게 조화를 이루며 발달해야 하는지, 남성 또는 여성으로서 성역할을 어떻게 인식하고 받아들여야 하는지, 도덕성과 성격, 관계의 발달에서 어떻게 균형을 이룰 수 있을지 등에 대해 지속적으로 관심을 보이고 돌보아 주어야 한다. 전술한 바대로 중등부 시기에는 추리, 이해, 사고의 통합 등 인지적인 능력이 확대되기 때문에 과학적이고 객관적인 정보를 제시하면서 성경적인 성가치관이 옳다는 것을 명료화해 주는 것도 도움이 된다.

"중학생의 성 경험 영향 요인"이라는 보고서에 의하면 제8차 청소년건강행태온라인조사 자료를 이용한 분석(중학생 37,297명 대상)에서 남학생의 경우 성 경험률이 2.5%, 여학생은 1.6%로 조사된 바 있다. 이는 비록 서구 사회에 비해서는 낮은 수치이지만, 이른 시기의 성 경험이 갖는 부정적인 결과들을 고려할 때 성경적인 성교육이 시급하고 간절함을 간과할 수 없다. 성교육은 청소년을 가장 사랑하고 잘 이해하고 있는 양육자가 때에 맞게 생활 속에서 자연스럽게 가르치는 것이 이상적이므로 성교육을 하는 것을 주저하거나 검증되지 않는 성교육 단체에 이를 떠맡기는 일이 없도록 해야 한다.

5. 고등부 청소년에 대한 이해[5]

1) 발달 특징

고등부 청소년은 대개 17~19세로, 성인의 진입 전 시기이다. 이때는 개인별 발달 속도에 따라 약간의 차이는 있으나 대부분 신체적 발달이 거의 완성된 시기라고 할 수 있다. 자신의 육체에 대한 관심의 정도는 개인마다 차이가 있는데, 중학교 때 시작된 신체의 변화에 대한 관심이 지속되거나 강화되는 경우가 있고 반대로 약화되는 경우가 있다. 대부분의 청소년들이 자신의 신체상에 대해 부정적이며 스트레스를 느끼는 경우가 많기 때문에 타고난 성별과 신체에 대한 긍정적인 인식과 감사를 가질 수 있도록 돕는 것이 필요하다.

고등학생 때는 중학생 시기에 겪는 급격한 신체적, 정서적 변화는 감소하지만, 내면의 감정과 생각이 더 복잡해지고 깊어지는 시간을 거친다. 고등학교 시기에는 중학교 시기에 이어서 사고력, 판단력, 기억력 등 종합적인 사고 기능을 담당하는 전두엽이 더욱 활성화된다. 인권, 자유 등 추상적이고 어려운 주제에 대해서 성인과 대화를 나누고 합의를 끌어낼 수 있을 정도로 사고력이 계속 발달한다. 이를 통해 자신이 추구하는 이상적인 기준에 따라 타인의 생각과 자신의 생각이 어떻게 공통되고 다른지 비교하고 분석할 수 있는 능력도 갖추게 된다. 종종 고등학생들이 사회 문제나 정치에 대해 비판하고 적극적으로 행동하는 것을 볼 수 있는 것도 이 때문이다. 이처럼 고등학생은 자신의 발달하는 사고 능력을 사용하여 옳고 그름을 판단하는 경험을 함으로써 이전에 느껴 보지 못한 희열을 느끼거나, 자신이 이성적이고 논리적이라 믿으며 자만하는 태도를 보이기도 한다.

고등학생이 되면 자아정체감의 형성도 거의 완성에 가깝게 된다. 가정, 경제적 안정, 건강 등 자신의 삶에서 중요한 가치관을 형성해 나가며, 이유 없는 반항이 점점 줄고 정신적으로 홀로 서는 일에도 어느 정도 성공하게 된다. 자신의 미래와 진로에 대해 설계하며 건설적인 생각으로 때때로 깊은 고민에 빠지기도 한다.

또한 여러 가지 생각은 많으나 실제적인 경험이 적기 때문에 자신의 눈에 비치는 세계를 단순하게 판단하거나 거부하는 일 또한 빈번하게 일어난다. 대부분 이 시기의 청소년은 상당히 현실주의적이므로 자신의 이익이나 손해와 상관없는 일에는 무관심하려고 한다. 또 허무주의적인 생각이 강하게 들면서 그동안 해 오던 일을 포기하거나 일탈행위를 하고 심지어 자살과 같은 극단적인 행동을 하기도 한다. 특히 입시와 진로 문제로 인한 고민이 커지고 현실과 욕구 사이에서 많은 좌절과 갈등을 겪게 된다.

이처럼 고등학생이 되면 성인 수준에 가까울 정도로 추상적인 사고가 가능해지지만, 뇌 발달은 여전히 완성되지 않았고 계속 발달 중이기 때문에 여전히 의사결정이나 정서적인 반응에서의 미성숙한 부분이 남아 있다. 성인은 사고할 때 합리적인 판단과 감정 표현을 선택하는 전두엽을 사용하지만, 고등학생은 아직 전두엽보다는 공격성을 담당하는 편도체를 사용한다. 따라서 중학생보다 감정적인 반응이 감소하기는 하지만, 성인보다는 충동적인 모습을 나타내기 쉽다.

2) 성교육 시 참고할 사항

고등부 청소년 시기에는 심리적 독립심이 자라면서도 여전히 또래집단을 통해 외로움을 해소하려는 욕구가 지속되고, 성적 호기심과 이성에 대한 관심도 여전히 높다. "서울시 청소년 성문화 연구조사"(2013)에 따르면, 중학생 때보다 고등학생 때 이성 교제, 키스와 같은 신체접촉 시도, 성관계 경험 등의 비율이 높게 조사된 바 있어, 이 시기 역시 성경적인 성교육이 절실하다는 것을 잊지 않아야 한다.

고등학생 시기는 부모나 교사가 아이들이 성인이 되기 전 마지막으로 지원하고 지도할 수 있는 기간이라고 해도 과언이 아니므로, 청소년이 건강한 성인기로 무리 없이 진입할 수 있도록 양육자가 좋은 상담가의 역할을 지속해야 한다. 무엇보다 인지와 사고능력이 상당히 발달한 고등부 청소년은 옳고 그름에 대한 판단을 양육자의 실제 모습을 통해 기준 삼기 때문에 양육자는 하나님의 창조 질서, 결혼과 생명의 소중함, 말씀에 대한 순종과 절제 등 중요한 가치를 삶을 통해 보여 주어야 한다. 즉, 아무리 풍부한 성경 지식과 성 지식으로 청소년을 교육한다 하더라도 실제 삶과 동떨어진 것이라면 아무 영향을 미치지 못할 뿐 아니라 오히려 왜곡된 인식과 혼란을 심어 주게 된다. 양육자는 언어뿐 아니라 삶으로 교육된 성경적인 성가치관이야말로 그 어떤 것보다 견고하고 강력하다는 것을 잊지 말아야 할 것이다.

Ⅱ부   양육자를 위한 자료

1장
성경적 성가치관 교육의 개념

"모든 성경은 하나님의 감동으로 된 것으로

교훈과 책망과 바르게 함과 의로 교육하기에 유익하니

이는 하나님의 사람으로 온전하게 하며

모든 선한 일을 행할 능력을 갖추게 하려 함이라"

(딤후 3 : 16-17).

1장. 성경적 성가치관 교육의 개념

> **학습목표**
>
> 1. 기독교적 세계관에 입각한 성경적 성가치관 교육의 의미를 인식하고, 구속사적 관점으로 바라볼 수 있도록 격려한다.
> 2. 성경적 성가치관 교육의 기준이 성경임을 알고, 선교적 실천을 함양한다.

1. 기독교 세계관 : 구속사적 관점으로 세상을 분별하기

1) 기독교 세계관의 개념과 기독교 세계관 교육

기독교 세계관에 입각한 삶이란 어떤 오류도, 편견도, 왜곡도, 과장도, 거짓도 없이 세상의 현상과 대상을 꿰뚫어 볼 수 있는 능력과 관점, 그리고 그 관점(perspective)대로 사는 삶을 말한다. "복음이란 우리에 갇힌 사자와 같아서 변호는 필요 없고 해방만 필요하다."(The Bible is like a lion. It does not need to be defended. Just let it loose and it will defend itself.)라고 말한 마틴 루터(Martin Luther)의 선포는 기독교 세계관 운동의 필요성을 간접적으로 지지한다.[1]

특히 기독교 세계관 교육에 있어서 성가치관 교육은 매우 핵심적인 부분을 차지한다. 현재 공교육 현장에서 벌어지고 있는 반기독교적 교육의 상당 부분이 바로 생명과 결혼, 가정 등 성가치관에 대한 부분이다. 이 책에서 기독교 세계관 교육은 하나님의 피조세계 전 영역을 '창조-타락-구속-성화'의 구조로 바라보고 분별하여, 참된 이웃 사랑을 실천하도록 지정의(知

情意) 세 가지 성장 분야에 걸쳐 교육하는 것을 기본 프로토콜로 삼는다.

2) 구속사적 관점으로 분별하기

하나님께서는 하나님께서 보시기에 좋은, 즉 선한 세계를 창조하셨지만 천사와 인간의 불순종과 반역으로 그 창조세계가 더럽혀지고 타락의 길로 들어서게 되었다. 그러나 하나님은 포기하지 않으시고 예수 그리스도를 보내어 십자가의 죽음과 부활을 통해 신자를 구원하신다. 그리고 우리를 성화의 길로 이끄시며 그리스도의 재림과 죽은 자의 부활, 심판을 거쳐 창조세계를 새롭게 하신다. 이런 구속사적 관점 곧 '창조-타락-구속-성화'의 길을 '원래-그러나-그래서-그러므로'라고 도식화해 보면서 세상의 현상들을 기독교 세계관으로 바라보게 훈련시키는 것이 기독교 세계관 교육에 큰 도움을 준다. 전술한 바와 같이 기독교 세계관이란 어떤 오류도, 편견도, 왜곡도, 과장도, 거짓도 없이 세상의 현상과 대상을 꿰뚫어 볼 수 있는 능력과 관점, 그리고 삶을 말한다. 그리고 이것을 위해 우리는 성경을 유일한 가이드라인으로 인정하면서 '원래-그러나-그러므로-결국' 구조로 세상 분별하기와 이웃 사랑하기를 구체적으로 실천할 수 있다.

기독교 세계관이 이 세상의 모든 현상을 '창조-타락-구속-완성'의 패러다임으로 본다는 것은?			
원래	그러나	그러므로	결국
하나님께서 선한(보시기에 좋은) 세계를 창조하심	천사와 인간의 불순종과 반역으로 더럽혀짐	하나님은 예수 그리스도를 보내셔서 십자가의 죽음과 부활을 통해 신자를 구원하심	그리스도의 재림과 죽은 자의 부활, 심판을 거쳐 온 세계를 새롭게 회복하시고 하나님 나라를 완성하심
창조	타락	구속	성화

<표 1-1. 기독교 세계관의 패러다임>

'생명'에 대해서 구속사적 관점으로 기독교 세계관 교육방식을 채택하여 설명하는 경우의 예를 들어 보자.

"(원래) 하나님이 만드신 생명은 매우 소중해. (그러나) 낙태, 즉 복중의 자녀를 죽이는 것을 인권이라고 말하는 문화와 법을 만들고 있으며, 이 모든 죄의 삯은 사망일 뿐이야. (그러므로) 하나님은 포기하지 않으시고 예수 그리스도를 보내셔서 십자가의 죽음과 부활을 통해 신자를 구원하신단다. (결국) 우리는 죄에서 돌이켜 성화의 길로 가며 생명주의 운동 등을 통해 좁더라도 생명으로 인도하는 그 문으로 들어가는 삶을 살아 내야 한단다."

원래	그러나	그러므로	결국
생명	낙태	타락한 인류를 구원하기 위해 오신 예수 그리스도를 믿고 회개	생명주의 운동 낙태 반대 운동
창조	타락	구속	성화

<표 1-2. '생명'을 기독교 세계관의 패러다임으로 바라보기>

이것은 단순히 원형만을 언급하는 생명주의와 격이 다른 이른바 하나님의 공의와 사랑이 그대로 드러나는 기독교 세계관 교육의 한 틀이 된다.

'남녀 성별'에 대해서 교육할 때도 마찬가지다. "남녀 성별은 남성, 여성 두 가지로 창조되었고, 과학적으로도 입증이 된단다." 정도의 교육은 원형인 창조세계의 샬롬, 곧 창조세계가 본래 지녔던 모습만을 언급한 교육에 해당하므로, 엄밀하게 말하자면 완성된 기독교 세계관 교육으로는 부족한 면이 있다.

'남녀 성별'에 대해서 구속사적 관점으로 기독교 세계관 교육방식을 채택하여 설명하는 경우의 예를 들어 보자. "(원래) 하나님이 만드신 남녀 성별은 너무나 소중한 하나님의 선물이며 하나님이 정해 주시는 거란다. (그러나) 하나님이 주신 성별을 마음대로 고치기 위해 스스로와 남을 속이거나 신체를 훼손하는 것이 인권이라고 말하는 문화와 법을 만들고 있는데, 이 모든 죄의 삯은 사망일 뿐이야. (그러므로) 하나님은 포기하지 않으시고 예수 그리스도를 보내셔서 십자가의 죽음과 부활을 통해 신자를 구원하신단다. (결국) 우리는 죄에서 돌이켜 성화의 길로 가며 탈성전환하려는 이들을 돕고, 성별 감사 운동 등을 통해 좁더라도 생명으로 인도하는 그 문으로 들어가는 삶을 살아 내야 한단다."

원래	그러나	그러므로	결국
성별	트랜스젠더리즘	타락한 인류를 구원하기 위해 오신 예수 그리스도를 믿고 회개	제자화의 길을 가며 성별 감사 운동 탈트젠 운동 등
창조	타락	구속	성화

<표 1-3. '남녀 성별'을 기독교 세계관의 패러다임으로 바라보기>

'결혼'에 대해서 구속사적 관점으로 기독교 세계관 교육방식을 채택하여 설명하는 경우의 예를 들어 보자. "(원래) 하나님이 만드신 결혼 제도는 매우 소중한 하나님의 선물이야. 성경은 결혼을 한 남자와 한 여자의 연합으로 말씀하고 있단다. (그러나) 하나님이 주신 결혼을 마음대로 왜곡하고 남자끼리, 혹은 여자끼리의 간음인 동성결혼을 제도화하려는 죄를 범하는 나라들이 생겨나고 있단다. 이 모든 죄의 삯은 사망일 뿐이야. (그러므로) 하나님은 포기하지 않으시고 예수 그리스도를 보내셔서 십자가의 죽음과 부활을 통해 신자를 구원하신단다. (결국) 우리는 죄에서 돌이켜 성화의 길로 가며 동성결혼 반대 운동, 성경적 결혼 장려와 가정 세우기 교

육 등을 통해 좁더라도 생명으로 인도하는 그 문으로 들어가는 삶을 살아내야 한단다."

원래	그러나	그러므로	결국
결혼	동성결혼 성매매	타락한 인류를 구원하기 위해 오신 예수 그리스도를 믿고 회개	동성결혼 반대 운동 성경적 결혼 장려 가정 세우기 교육
창조	타락	구속	성화

<표 1-4. '결혼'을 기독교 세계관의 패러다임으로 바라보기>

이렇게 구속사적 관점으로 결혼, 미디어, 기업, 재정 등을 모두 투사해서 바라보고, 이에 대한 구체적인 성경말씀과 기도로 우리는 진정한 하나님 사랑, 이웃 사랑을 실천하는 데 도움을 받을 수 있다.

원래	그러나	그러므로	결국
기업	물질만능주의	타락한 인류를 구원하기 위해 오신 예수 그리스도를 믿고 회개	정직한 생산 이웃 사랑 공의로운 분배
창조	타락	구속	성화

<표 1-5. '기업'을 기독교 세계관의 패러다임으로 바라보기>

타락과 죄에 대해 말하는 크리스천 교육자는 반드시 공격받게 된다. 우리는 원형만을 말하는 것에서 그치려는 경향이 크다. 그러나 영혼을 구하고 복음을 전하는 일에는 반드시 죄에 대한 직면과 그에 대한 답을 구하는 과정이 진행되어야 한다.

2. 성경적 성가치관 교육의 의미

"모든 성경은 하나님의 감동으로 된 것으로 교훈과 책망과 바르게 함과 의로 교육하기에 유익하니 이는 하나님의 사람으로 온전하게 하며 모든 선한 일을 행할 능력을 갖추게 하려 함이라"(딤후 3 : 16-17).

성경적 성가치관 교육이란 성경적 세계관 교육에 있어 중요한 부분으로서 생명, 결혼, 가정 등 창세기부터 요한계시록까지 드러나는 하나님의 문화명령(생육, 번성, 충만, 정복, 다스림)을 이 땅에서 준행함에 있어 성경말씀만을 기준으로 삼아 교육하는 것을 말한다.

인간에게 내재한 각종 충동은 인간의 행동을 끌어내는 엔진 역할을 한다. 성적 충동 역시 그러하다. 성적 충동은 성령 안에서 잘 조절되고 절제되어야 하며, 결혼을 통해 그 지평이 열려야 함을 성경을 통해 알 수 있다.

세상에서 이루어지고 있는 성교육에 성경구절을 얹거나 혹은 성경적으로 재해석하여 교육하는 것이 성경적 성교육이라고 생각한다면 큰 착각이다. 성경적 성가치관 교육은 그 전달하려는 가치 자체가 성경적이어야 하며, 성적인 지식 전달이 우선시되기보다는 성경적 통찰, 즉 가치관을 심어주는 것을 우선으로 한다.

예를 들어 기독교 양육자들은 "인간의 성적 욕구는 결혼이라고 하는 지평 속에서 배우자와의 성관계를 통해 펼쳐지는 것만이 옳다. 결혼 이외의 경위로 성적 행위를 하는 것은 간음이다."라는 것을 다음세대에게 명료하게 교육해야 한다. 결혼을 귀히 여기고 침소를 더럽히지 말라 하신 말씀(히 13 : 4)에 순종하기로 결단하는 것은 성경적 성가치관 교육의 한 축으로서, 이러한 결단 앞에서 죄 많은 인간의 심령에 파고드는 죄악 된 사고는 점차 힘을 잃기 때문이다. 이때 정죄하는 태도나 권위적인 태도가 아닌 사랑과 포용의 태도를 보이되 간명하게 교육하는 것이 중요하다.

그리고 만일 이를 이미 어긴 청소년, 곧 이미 간음하였음을 상담해 오는 청소년을 만난다면 그들이 정죄감에 머무르게 내버려 둘 것이 아니라, 진정한 회개를 하는 자를 용서하시는 사랑의 하나님을 전하고 회개하도록 인도해서 죄책감의 노예가 되지 않도록 도와주어야 한다. 성적 죄악을 지었다 하더라도 바른 성경적 성가치관 교육과 신앙훈련을 통해 이를 바로잡을 수 있는 기준과 사랑하시고 용서하시는 하나님을 함께 제시해야 한다. 즉, 성경을 기준으로 분별하는 것이 최종 목표가 아니라 그 분별을 통해 진정한 사랑의 길로 진입할 수 있도록 도와야 한다는 것이다.

탕자의 비유를 떠올려 보자. 탕자의 비유(눅 15 : 11-32)는 예수님이 제자들과 바리새인들에게 한 비유 중 하나다. 한 아버지에게 두 명의 아들이 있었는데, 둘째 아들이 아버지에게 유산을 요구했고, 아버지는 이 요청을 들어주었다. 그러나 그 아들은 방탕한 탕자의 삶을 살다가 물려받은 재산을 탕진하고, 결국 거지 신세나 다름없게 된다. 궁핍을 더 이상 버티지 못한 탕자는 아버지께 돌아가서 자기를 종으로 받아 달라고 부탁한다. 아버지는 돌아온 아들을 야단치거나 벌주지 않고, 오히려 그를 끌어안으며 사랑과 용서의 모습을 보인다. 또한 아들에게 반지를 끼우고 크게 잔치를 열어 반겨 준다. 이에 질투를 느낀 형이 잔치에 참석하기를 거부할 정도로 잃어버린 줄 알았던 아들에 대한 아버지의 사랑은 크고 변함없었다. 아버지는 큰아들을 향해 "모든 것이 네 것이며, 둘째 아들은 잃어버렸다가 다시 찾아왔으니 잔치를 하는 것이 마땅하다."라고 말한다.

이 아버지의 모습이 우리 하나님 아버지의 모습이다. 우리가 진정으로 회개하고 낮은 모습으로 주님 앞에 죄를 자백하며 나아갈 때 하나님은 우리의 죄를 용서하시고 안아 주시는 분임을 다음세대에게 교육하여 자칫 죄를 멀리하려다가 하나님을 멀리하는 일이 없도록 인도해야 할 것이다.

이처럼 성경적 성가치관 교육은 사랑과 공의의 하나님과 더욱 가까워지도록 돕고 성화(sanctification)의 길로 갈 수 있도록 돕는 신앙과 성품의 교육이라고 할 수 있다.

3. 성경적 성가치관 교육을 위한 전제

성경적 성가치관 교육을 위한 전제는 바로 모든 분별의 기준이 오로지 하나님의 말씀인 성경이라는 것이다. 전지하시고 전능하시며 이 세상 모든 만물을 창조하신 하나님께서 선악 간에 분별하시며 그 분별에는 오류가 없음을 전제한다.

우리는 보통 자신의 치아 개수도 헷갈려 한다. 하루도 치아를 사용하지 않는 날이 없는데도 우리의 처지는 그렇다. 성경은 이러한 우리의 모습을 두고 부분적으로만 알고 부분적으로만 예언하는 상태라고 표현한다.

"우리는 부분적으로 알고 부분적으로 예언하니 온전한 것이 올 때에는 부분적으로 하던 것이 폐하리라"(고전 13 : 9-10).

그러나 성경은 하나님이 우리의 머리털까지 세신 바 되시고, 우리의 중심까지도 꿰뚫어 보시는 전지하신 분임을 말하고 있다. 즉, 하나님의 지혜와 지식은 정확하며 틀림이 없다.

"여호와여 주께서 나를 살펴보셨으므로 나를 아시나이다 주께서 내가 앉고 일어섬을 아시고 멀리서도 나의 생각을 밝히 아시오며 나의 모든 길과 내가 눕는 것을 살펴보셨으므로 나의 모든 행위를 익히 아시오니 여호와여 내 혀의 말을 알지 못하시는 것이 하나도 없으시니이다"(시 139 : 1-4).

하나님이 말씀을 통해 죄악이라고 명징하게 규정하시는 행동이 내가 보기에는 죄악이 아니라고 느껴질 때가 있다면, '내가 틀렸구나.' 하고 인정할 수 있어야 한다. 그래야 회개의 통로로 나아갈 수 있다. 성경은 나의 악한 주장을 관철하기 위해 성경을 변개하는 자는 징계를 받게 된다고 기록하고 있다.

"내가 이 두루마리의 예언의 말씀을 듣는 모든 사람에게 증언하노니 만일 누구든지 이것들 외에 더하면 하나님이 이 두루마리에 기록된 재앙들을 그에게 더하실 것이요 만일 누구든지 이 두루마리의 예언의 말씀에서 제하여 버리면 하나님이 이 두루마리에 기록된 생명나무와 및 거룩한 성에 참여함을 제하여 버리시리라"(계 22 : 18-19).

"악을 선하다 하며 선을 악하다 하며 흑암으로 광명을 삼으며 광명으로 흑암을 삼으며 쓴 것으로 단것을 삼으며 단것으로 쓴 것을 삼는 자들은 화 있을진저"(사 5 : 20).

하나님은 무오하시며 전지하신 분이기에 하나님과 나의 뜻이 충돌한다면 그것은 나의 뜻이 바르지 못한 것이다. 세상의 인본주의는 인간이 서로 합의하여 타인의 성적자기결정권을 침해하지 않는 것이라면 죄가 아니라고 교육한다. 즉, 인간 사이의 합의가 있었고 남에게 피해를 주지 않은 행위라면 죄가 아니며, 인간이 누릴 권리라는 논리가 성가치관 교육의 주류가 되어 있다. 이러한 잘못된 공리주의, 인본주의가 자리를 잡지 못하도록 미취학 시기부터 미리 말씀의 권위, 특히 모든 분별의 기준이 성경말씀임을 알려 주는 것이 중요하다. 타인에게 끼친 피해 여부, 합의 여부, 법적 처벌 여부, 양심의 가책 여부를 떠나 하나님이 죄라고 하면 죄임을 인정하도록 교육해야 한다.

성경적 성가치관 교육을 위한 전제는 바로 모든 분별의 기준이 오로지 하나님의 말씀인 성경이며, 성경을 통해서 예수님을 따르는 참 제자의 길을 배우게 되고, 성령 충만한 삶을 살 수 있음을 선포하며, 어떤 세상의 기준과 가치도 이를 훼손할 수 없다는 뜻이다.

4. 1차적 선교와 2차적 선교

1차적 선교는 복음 전도를 통한 영혼 구원을 말하며, 2차적 선교는 복음을 모든 삶의 영역에 적용하여 하나님 나라를 제시하는 것을 말한다. 진정 세계관의 변화가 온 사람은 아는 것에 그치지 않고 삶의 변화를 통해 그를 드러낸다. 이것은 그가 사는 사회·정치·경제·문화 등의 모든 영역을 2차적 선교의 장소로 보는 것이다. 그러므로 기독교 세계관으로 중무장한 그리스도인들이 사는 동네는 반드시 그에 따른 변화가 온다. 그 변화로의 부르심을 우리는 '빛과 소금의 역할' 혹은 '제자화' 등의 용어로 생각해 볼 수 있다.

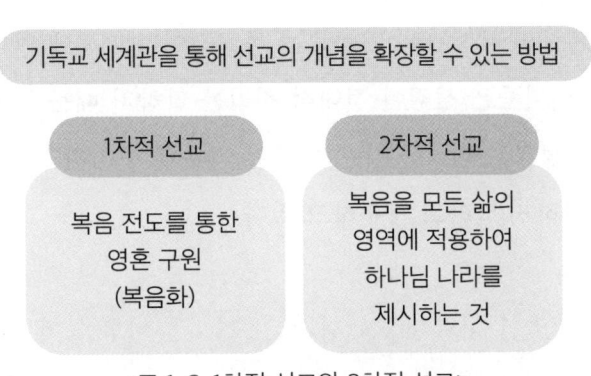

<표 1-6. 1차적 선교와 2차적 선교>

"…… 하늘과 땅의 모든 권세를 내게 주셨으니 그러므로 너희는 가서 모

든 민족을 제자로 삼아 아버지와 아들과 성령의 이름으로 세례를 베풀고 내가 너희에게 분부한 모든 것을 가르쳐 지키게 하라 볼지어다 내가 세상 끝날까지 너희와 항상 함께 있으리라"(마 28 : 18-20) 하신 말씀은 기독교 세계관 교육의 필요성을 지지하는 성경구절로 많이 인용된다.

5. 기독교 양육자의 두 번의 회심, 교차로의 삶

마이클 고힌(Michael W. Goheen)과 크레이그 바르톨로뮤(Craig G. Bartholomew)는 기독교 세계관 운동에 있어서 두 번의 회심을 언급하고 있다.[2] 첫 번째 회심은 하나님께 돌아가는 것이며, 두 번째 회심은 문화적 소명으로 돌아가 교차로에서 많은 영혼들을 만나며 구하는 삶으로의 귀환을 말한다.

크레이그는 우리가 세상의 문화와 하나님의 문화가 만나는 교차로에 서 있다고 하였다.[3] 그래서 그리스도인이 그 교차로에 선다면 때로 '견디기 힘든 긴장감'을 겪게 된다고 한다. 하지만 이것은 당연하다는 것이다. 우리가 죄를 짓지 않기 위해 골방에만 머문다면 그것은 거룩한 삶이 아니다. 우리는 세상으로 기꺼이 뛰어들어 하나님의 거룩한 가치와 사랑을 베풀어야 한다. 인본주의 세계관은 기독교는 종교적이기 때문에 안 된다고 말하고, 포스트모더니즘은 성경이 절대적 진리를 말하기 때문에 안 된다고 말한다. 그러나 성경은 진리를 사수하는 삶 가운데 주어지는 불같은 연단도 이상하게 생각하지 말라고 당부하고 있다.

"사랑하는 자들아 너희를 연단하려고 오는 불 시험을 이상한 일 당하는 것같이 이상히 여기지 말고 오히려 너희가 그리스도의 고난에 참여하는 것으로 즐거워하라 이는 그의 영광을 나타내실 때에 너희로 즐거워하고 기뻐하게 하려 함이라"(벧전 4 : 12-13).

Ⅱ부   양육자를 위한 자료

2장
인간의 성적 타락 직면과 성교육의 두 흐름

"오직 너 하나님의 사람아 이것들을 피하고

의와 경건과 믿음과 사랑과 인내와 온유를 따르며

믿음의 선한 싸움을 싸우라 영생을 취하라……"

(딤전 6 : 11-12).

2장. 인간의 성적 타락 직면과 성교육의 두 흐름

> **학습목표**
> 1. 성적 타락으로 형성된 성혁명과 성애화를 이해하고, 이를 통해 나타난 잘못된 성교육의 특징을 인식한다.
> 2. 기독교 성교육의 필요성을 공유하여 바른 성가치관 확립을 위한 교육의 필요성을 고취한다.

1. 성혁명

1) 성혁명이란 무엇인가?

세상도 성경도 '사랑'이 최고라고 말하고 있다. 그러나 성경이 말하는 진정한 사랑의 의미가 무엇인지 정의해 주지 않은 상태에서 그저 "사랑이 최고다."라고 말하는 것은 자칫 간음이나 성적 끌림을 사랑이라고 미화하거나 도덕률 폐기론에 가까운 낭만주의로 치우칠 수 있다. 기독교 양육자들은 다음 세대에게 성경이 말하는 진정한 '사랑'의 의미를 짚어 주고, 그들이 사랑을 실천할 수 있도록 책임감을 가지고 양육해야 한다. 특히 성가치관에 있어서 악한 혁명이 일어나고 있는 지금과 같은 상황 속에서는 더욱 그러하다.

영어로 '성혁명'은 'sexual revolution'이다. 말 그대로 성적인 영역에서의 혁명을 말한다. 단순히 개인적인 성적 죄악이 관영해지는 것을 성혁명이라고 일컫지 않는다. 기독교적 규범에 따라 당연히 죄라고 여기던 것들을 죄가 아니라고 인식하게 만드는 제도와 법이 제정되는 현상이 뚜렷해짐으로,

성적인 분야에 선과 악의 경계가 사라질 뿐 아니라 오히려 악을 선이라 규정하고 선을 악이라 규정하는 현상이 나타나는 것을 성혁명이라고 할 수 있다.

인류의 역사 속에서 기독교적 세계관에 입각한 건전한 성가치관은 주류로 인식되어 왔다. 성 문제에서 선악을 구별하는 기준에 있어 성경이 다림줄 역할을 해 준 것이다. 예를 들어, 창세기의 말씀대로 성별은 남자와 여자 두 가지이며(창 1 : 27, 2 : 22), 마태복음의 말씀대로 결혼은 한 명의 남자와 한 명의 여자가 연합하여 한몸을 이루는 것이고(마 19 : 4-6), 십계명에 따라 간음을 죄라고 인식하는 것(출 20 : 14) 등이다. '성매매하는 것은 죄다'(레 19 : 29, 고전 6 : 15-17), '성관계는 부부끼리만 하는 것이다'(히 13 : 4, 고전 7 : 3-5), '동성애는 죄다'(딤전 1 : 10, 롬 1 : 26-27), '근친상간해서는 안 된다'(레 18 : 6-18, 20 : 11-17, 19-21) 등의 인식도 성경적 성가치관의 한 예이며 교육과 문화, 그리고 인간의 모든 삶의 영역에서 면면히 그 맥을 이어왔다.

그런데 지금은 이런 기본적인 질서가 흔들리고 있다. "성별은 남녀 두 가지만 있는 것이 아니라 여자, 남자, 트랜스젠더, 중성, 양성동체 등 수십 가지가 있다."라고 주장하는 급진적 페미니스트, 동성애 옹호론자, 인권활동가, 정치인들이 늘어나고 있다.

네덜란드를 시작으로 동성결혼을 합법화시킨 나라가 30개국에 육박한다.[1] 간통죄 처벌법을 폐지하고 간통을 성적자기결정권으로 인정하는 나라도 증가하고 있다.[2] 또한 돈으로 얼마든지 성을 사고팔아도 된다며 성매매를 합법화한 나라가 독일, 네덜란드 등 50개국을 넘겼다. 심지어 "동성애가 죄가 아니라 동성애를 죄라고 말하는 행위가 오히려 죄다."라는 이른바 포괄적 차별금지법을 통과시킨 나라가 50개국 이상이다. 최근에는 소아성애도 정상적인 성적 취향으로 인정해 달라고 당당히 요구하는 B4U-ACT와 같은 자칭 소아성애 인권단체가 북미에 등장했다.[3]

이처럼 기존에는 성적인 타락이나 죄악으로 여기던 것을 이제는 '죄'가 아니라 오히려 인간의 '권리'이자 '선택권'이라며 법을 통해 강제하려는 움직임이 일고 있다. 존중과 배려, 다양성이라는 이름으로 죄를 선으로 둔갑시키는 혁명, 이것이 성혁명이다.

성윤리와 성도덕을 파괴하는 법을 반대하는 선량한 시민을 오히려 소송하고 비난하는 국가와 사회가 생겨나고, 고도로 음란에 빠진 사람들이 그 국가와 사회를 채워 가는 현상을 보며 부유하지만 음란했던 소돔과 고모라의 이야기가 당대로 끝나 버린 사건이 아님을 현실 속에서 체감하게 된다. "성관계는 부부간에만 해야 한다."라는 교육이 오히려 질타를 받고, 동성 간 성행위를 반대하는 사람이 혐오자로 몰리는 현상을 보게 된다. 이렇게 성경적 성가치관이 무너지는 상황에서는 교회도 아무런 영향을 받지 않을 수 없고, 이것은 영적 부흥의 걸림돌이 될 수 있다.

<표 2-1. 성혁명의 결과에 따른 인식의 변화>

2) 흔들리는 성가치관

하나님은 인간이 죄를 짓기 전에, 즉 아담과 하와가 선악과를 따 먹기 전에 이미 결혼 제도를 주셨다. '배필'이라는 정체성은 그들이 에덴동산에서 쫓겨난 것과 무관하게 하나님으로부터 부여받은 위상이다. 즉, 타락이 에덴동산을 침범하기 전, 하나님께서 보시기에 온전한 샬롬의 세상에 이미 결혼 제도는 주어져 있었다. 성경은 이 땅에서 "생육·번성·충만하며 정복하고 다스리라." 하신 이른바 문화명령을 논함에 있어, 남녀 간의 연합인 '결혼'을 통해 공동체로 존재하는 것을 문화명령의 첫 단추로 꼽는다.

그러나 어느덧 교회 안으로도 이상한 성가치관 교육이 흘러 들어오고 있다. "성관계를 함에 있어서는 사랑이 가장 중요한 거야. 그러니 성관계는 서로 사랑하고 서로를 책임질 수 있다는 확신이 들었을 때만 가져야 해. 성관계는 책임을 질 수 있을 때 가져야 해. 사랑에 대한 확신도 없이 혹은 책임을 질 수 없을 때는 성관계하는 게 아니야. 충동적으로 성관계해서는 안 돼. 그리고 상대방의 동의가 없다면 절대로 성적인 행위를 시도해서는 안 돼." 이 말은 굉장히 설득력 있게 들릴 수 있다. 그러나 정통 기독교 성교육에서 사랑과 합의가 성관계를 위한 충분한 전제라는 식의 메시지는 금물이다.

"성관계는 결혼한 부부끼리만 하는 거야. 그 외의 경로로 성관계를 가지면 그것은 간음이야. 우리가 만일 간음죄를 저지른다면 하나님 앞에 진정으로 회개해야 해. 그러면 하나님의 용서와 회복시키시는 은혜가 임한단다." 이렇게 모호하지 않게 교육하는 것이 바른 기독교 성교육이다.

사랑은 불의를 기뻐하지 아니하고, 진리와 함께 기뻐하며, 악한 것을 생각하지 않는 것(고전 13 : 5-6)을 포함한다. 그러나 세상 문화는 두 사람이 '사랑의 감정을 느낀다면' 성관계를 해도 된다고 말한다. 안타깝게도 사랑을 단순한 감정의 끌림이라고 정의해 버리는 세상 문화 앞에서, 사랑을 전제로 한 성관계는 타당하다는 식의 표현은 매우 위험한 교육으로 치달을 수 있다. 즉, 사랑의 조건과 의미를 어떻게 변질시키느냐에 따라 "사랑이 가장 중요하다."라는 말조차도 도덕률 폐기론과 똑같은 결과를 낳게 된다. 곧 간음을 죄라고 말하지 않고, 오히려 간음을 사랑이라고 말하며 철저한 상황주의를 일반화하려는 세상의 성문화 앞에서 우리는 악한 문화가 사랑을 함부로 재정의하고 결혼의 의미를 무너뜨리지 못하도록 전략적으로 교육해야 한다.

『교회의 성(性) 잠금 해제? : 기독 청년들의 성의식과 성 경험 보고서』[4]에서는 한국 미혼 젊은이들이 갖고 있는 성가치관의 일면을 보여 준다. 1,000명의 20~30대 크리스천 청년을 대상으로 성 윤리 의식을 설문조사한 결과 약 52%가 "성관계를 가졌다."라고 답했고, 약 61%는 "혼전에 성관계를 가지는 것이 가능하다."라고 답해 충격을 주었다. 혼전 성관계를 가진 기독 청년의 약 50%가 "사랑의 확신을 주기 위해서", 32.7%는 "성적인 충동과 욕구를 해소하기 위해서" 성관계를 했다고 답변했다. 상당수의 기독 청년들이 간음이 사랑을 확신시켜 줄 것이라 생각한다는 사실을 알 수 있다.

결혼 계획에 대해서는 "반드시 결혼할 것이다."라는 응답이 54.5%에 불과했다. 규칙적인 말씀 묵상과 교회 예배 출석, 청년부 활동 등 개인 신앙 생활을 잘하는 청년일수록 혼외 성관계 비율이 낮았다. 해당 보고서는 신앙 성숙도가 높은 경우, 혼외 성관계, 즉 간음에 대한 저항감이 있다고 요약하고 있다. 개인 신앙 성숙을 위해 노력하는 청년들의 경우, 동성애나 낙태 등의 사회적 논란이 있는 주제에 대해 더 성경적인 입장을 고수하는 것으로 나타났다.

해당 보고서에서 20~30대 기독 청년들이 교회에서 기독교 성교육을 받은 경험은 17.7%에 불과함이 드러났다. 그들은 기존 기독교 성교육에 대해 구체적이지 않고(29.3%), 현실적이지 않으며(12.2%), 지나치게 종교적이고(12.2%), 혼전 순결만 강조한다(7.3%)는 등의 불만족 이유를 피력했다.

실제로 많은 기독교 성교육자들이 하는 실수 중 하나가 하나님께서 인간이 성애의 희락(pleasure)을 누리도록 합법적인 결혼의 지평을 열어 두셨음을 확고히 제시하지 않는다는 것이다. 즉, 기독교 성교육자들마저 결혼의 중요성을 더 이상 강조하지 않고, 인간의 성적 욕구에 대한 답을 제시하지 않는 교육을 하는 것이다.

성관계는 하나님이 만들어 두신 결혼 제도 안에서만 타당하며 온전하다는 교육, 인간에게 내재된 성적 욕구는 그 자체가 죄가 아니며 음욕의 죄로 치닫도록 놔두는 것이 죄임을 말해 주는 교육을 해야 한다. 인간의 성적 충동과 욕구는 결혼이라는 제도 안에서 보장받음을 알려, 결혼이 주는 안정감을 가르치는 교육을 해야 한다. 즉, 인간의 성적인 욕구는 인간으로 하여금 음욕의 죄악으로 치닫도록 하거나, 반대로 결혼을 통해 문화명령을 수행하는 트리거(trigger) 역할을 감당하게 하는 양면성이 있음을 교육해야 한다.

3) 성경적 성가치관 확립

우리는 다음세대에게 하나님 나라가 어떤 것인지 보여 주고 무엇이 선이고 악인지 성경에 근거해서 가르쳐야 한다. 특히 성경적 성가치관을 반드시 가르쳐야 한다.

마지막 때 악한 영들이 다음세대를 실족하게 하려고 사용하는 도구가 성혁명이다. 우리는 모두 불완전하며 연약하다. 고린도전서 13장이 말하듯 우리는 아직 부분적으로 알고 부분적으로 예언한다. 그러므로 온전하신 주님의 지혜만을 의지해야 한다. "은혜로운 청년 캠프를 잘 마쳤습니다. 거기서 찬양을 드리며 눈물, 콧물 다 쏟고 주를 위해 죽겠노라 맹세까지 했습니다."라며 캠프 후기를 쓴 청년들이 막상 "동성애는 죄다. 동성애 차별금지법을 막자."라는 목사님의 설교에 "왜 동성애가 죄인가요? 설마 성경 그대로 동성애가 죄라고 믿으시나요? 저는 인권 혐오적인 기독교인이 아니에요."라며 항변하는 모습에 충격을 받은 목회자도 있다. 다행히 그런 청년들도 동성애에 대한 구체적인 통계 및 바른 성경적 성가치관 교육을 받고 나면 태도가 바뀌고 회개한다. 심지어 그 강의 자리에서 탈동성애를 결심하기도 한다. 이렇게 성경적 성가치관 교육이 정통으로, 그리고 눈높이에 맞게 진행되었을 때 맺게 되는 놀라운 열매는 그 한계가 없을 정도다.

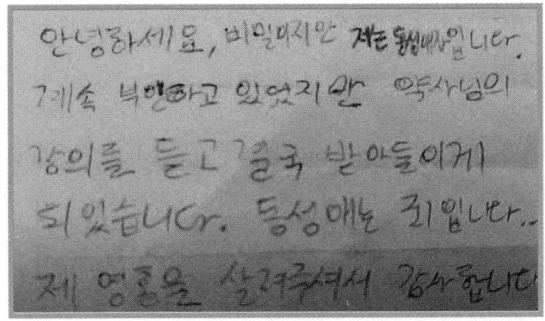

<그림 2-1. 탈동성애자의 고백>

우리는 더욱 성경말씀대로 살고자 노력하며 죄와 싸우고 진리 안에 거하며 감사하는 훈련을 해야 한다. 또한 스스로 '성경적 성교육 강사'라고 타이틀을 붙인 강사들이 프리섹스를 인정하거나 동성애를 옹호하고, 외부 성기와 성행위 위주의 외설적인 성교육, 성적 충동과 호기심만 자극하는 무책임한 성교육을 부지불식간에 하지 않도록 주의해야 한다. 특히 '상호존중'(mutual respect)이 인간의 성관계에 필요충분조건인 양 교육되는 순간, 그 교육은 인본주의 교육이 될 수 있다. 성매매, 동성애, 불륜, 원나잇 등 각종 간음은 모두 상호존중하에 일어나지만, 그렇다고 해서 면죄부를 받을 수 있는 것은 아니다. 그러므로 상호존중을 성교육의 최종 아젠다로

잡아서는 안 된다.

세상은 "불륜, 동성애, 성매매, 수간 등이 불의한지 의로운지는 전혀 중요하지 않으니 구별하지 말자."라고 한다. 또한 이러한 부도덕한 행위조차 '사랑'이라는 이름으로 부르며 원하는 대로 다 누리자고 한다. 하지만 세상의 불법 앞에서 성경은 단호하게 그와는 정반대의 메시지를 주고 있다.

"사랑은······ 악한 것을 생각하지 아니하며 불의를 기뻐하지 아니하며 진리와 함께 기뻐하고"(고전 13 : 4-6).

2. 성애화란?

성애화(sexualization)는 무엇일까? 성애화란 성적이지 않은 현상이나 대상을 성적으로 바라보게 만드는 현상이 뚜렷해지고 성적인 이슈에 함몰되는 현상을 말한다. 사람을 성적인 이용의 대상으로 삼고, 그의 존엄성과 성격의 특성을 무시하여 그의 가치를 성적인 매력의 차원에서 측정하며 이용 대상으로 삼는 것이다(도구화).

특히 어린 시절부터 시작된 성애화, 즉 조기 성애화는 음란 행위로 연결되기 쉽다. 조기 성애화란 아동의 전반적인 사고가 성(sexuality)에 함몰되어 전혀 성적이지 않은 일반적인 대상을 성적인 대상으로 대하는 것이다. 또한 전혀 성적으로 해석할 상황이 아닌 것을 성적으로 해석하는 현상이 뚜렷해지는 것을 말한다.

성애화는 남자와 여자, 즉 이성 간에만 일어나는 것이 아니다. 성애화가 심각하게 진행될수록 성적 대상화(sexual objectification)의 범주는 매우 광범위해지며, 때에 따라서는 동성조차 성애화의 대상이 되거나 사람이 아닌 것(동물, 사물 등)도 그 대상이 될 수 있다.

하나님과 나의 관계, 삶과 죽음의 의미, 시간과 공간의 개념, 인생의 방향성 등 삶의 주요 영역에 대한 통찰이 전혀 열려 있지 않은 어린 자녀가 외설적인 문화, 교육, 미디어에 노출되어 성적 충동과 모방적 성행위에 함몰되길 바라는 양육자는 없을 것이다.

외설적 성애화 성교육에 노출된 아이들은 자신이 그 교육의 피해자인 것도 인식하지 못한 채 '성적자기결정권', '합의 만능주의', '콘돔 만능주의'를 앞세워 혼외 성관계와 낙태의 길에 스스로 내몰리기도 한다. 실제로 인간의 조기 성애화는 성중독, 가정 파괴, 자살 등 신앙을 저버리는 일로 연결될 수 있다.

조기 성애화는 하나님이 창조하신 세상 만물과 인간 사이의 건강한 역동을 파괴하고 인간 사이의 아름다운 관계 형성에 치명적인 문제를 일으킨다. 또한 무엇보다 성령 안에서 거룩한 길로 나아가는 성화의 길을 훼방한다. 즉, 영혼 파괴의 지름길 중 하나가 조기 성애화가 될 수 있다는 말이다.

어린 나이에 성적인 호기심을 자극해 성충동에 시달리게 만드는 성애화 방법은 의외로 간단하다. 성 경험을 하는 직접적인 인체의 부위(생식기 등)에 대해 어릴 적부터 끝없이 호기심을 품게 만들고, 각종 성적 경험을 갖게 만드는 것이다. 생식기를 손으로 자꾸 만져 보고 자극하도록 유도해 자위에 중독되도록 간접적으로 유도하는 것, 성관계하는 방법을 시각적 자료로 적나라하게 가르쳐 그대로 따라 해 보고 싶은 충동을 일으키는 것도 대표적인 조기 성애화 교육이다.

인간에게 내재한 각종 충동은 인간의 행동을 끌어내는 엔진 기능을 담당한다. 성경은 청년의 정욕을 피하고 의와 믿음과 사랑과 화평을 따르라고 말씀한다(딤후 2:22). 기독교 양육자들은 "인간의 성적인 욕구는 결혼이라는 지평 속에서 배우자와의 성관계를 통해 펼쳐지는 것이 옳다."는 것을 다음세대에게 분명하게 교육해야 한다.

성경은 성적인 욕구 자체를 죄악시하는 것이 아니라 음욕의 죄악, 곧 각종 간음을 죄악으로 간주한다(출 20 : 14, 신 5 : 18). 성적인 욕구는 '결혼'이라는 지평을 통해 생육·번성·충만·정복·다스림의 문화명령을 준행하며 나아가도록 명하고 있다. 그러므로 결혼을 하기 전까지는 절제와 인내의 열매를 거두며 청년의 정욕대로 살지 않는 훈련의 기간으로 삼아야 한다.

3. 성교육의 두 흐름

공교육에서 진행되고 있는 성교육은 크게 두 가지 흐름으로 나타난다. 그중 하나는 성적자기결정권에 따라 합의를 했다면 청소년 성관계를 인정하라는 자유방임적 교육이다. 이는 이른바 프리섹스를 인정하되 원하지 않는 임신과 성병을 예방하기 위해 콘돔과 피임약 사용을 적극 권장하는 '세이프 섹스(safe sex) 교육' 혹은 '세이퍼 섹스(safer sex) 교육'이라고 불린다. 또 다른 흐름은 청소년들에게 결혼과 책임, 생명의 중요성을 알리는 훈육을 통해 혼외 성관계를 금하여 절제력 향상에 포인트를 두고 있는 '앱스티넌스(abstinence) 교육'이다.

1) 세이프 섹스 교육

세이프 섹스 교육이란 "청소년의 원하지 않는 임신이 낙태 등 심각한 문제로 연결된다. 따라서 각종 피임법을 어려서부터 상세히 가르치는 교육이 최선의 교육이다."라는 성교육 논리를 주장하는 것이다. 그래서 콘돔, 월경주기법, 먹는 피임약, 응급 피임법, 기초 체온법, 점액 관찰법, 자궁 내 장치, 살정제, 정관 수술, 난관 수술, 질외 사정법 등 열 가지가 넘는 피임법을 가르친다.

국내 중학교 보건 교과서 중에는 정관 수술을 통한 피임 방법이 포함되어 있다. 질외 사정법에 대해서는 '사정 직전에 음경을 질 밖으로 빼내어 사정하는 방법'이라며 "쿠퍼선액에도 정자가 들어 있어 실패할 확률이 높으므로 피임 방법으로 적절하지 않다."고 주의시킨다.

성관계 후 복용하는 응급 피임약에 대해서는 "성관계 후 72시간 이내에 먹어야 하고 구매할 때 의사 처방이 필요하며…… 반복 사용하면 피임 효과가 떨어진다."고 상세히 교육하고 있다. 그리고 "만약 내가 피임을 한다면 어떤 피임 방법을 선택할 것이며, 그 이유가 무엇인지 이야기해 보자."라며 학습과제를 제시한다. 중학교 1학년 교과서에 나오는 내용이다.[5]

이와 같은 피임 교육 방식에 대해 우려의 목소리를 내는 학부모와 교사들이 많다. 이와 같은 세이프섹스 교육은 청소년도 성관계를 가질 권리가 있다는 잘못된 전제하에 서구의 피임 교육을 비판 없이 답습한다. 또한 피임의 불완전성과 부작용에 대한 부족한 정보를 전달할 뿐 아니라 생명에 대한 왜곡된 인식을 형성하게 한다.

특히 남자친구나 여자친구가 적절한 피임법을 준비하지 못했을 때를 대비하여 스스로 개인 파우치에 늘 콘돔을 잘 챙기고 다니는 청소년이 되어야 한다며 이른바 섹스 파우치 교육을 하는 성교육 단체들이 많은데, 이 교육 역시 성관계를 부부 중심으로 전제하지 않고 합의한 두 청소년을 전제로 하기에 학부모들의 항의와 제보가 이어지고 있다.

2) 앱스티넌스 교육

앱스티넌스 교육은 말 그대로 결혼 전까지 인간 내면의 성적 욕구와 충동을 잘 절제하고, 승화하고, 조절하는 능력을 키우고 결혼을 통해서 성관계의 지평을 열도록 교육하는 성교육이다.

헤리티지 재단의 설립자이자 대표를 지낸 에드윈 풀너(Edwin Feulner)는 성적 충동에 그대로 끌려다니는 성애화 교육이 아닌 성적 충동을 적절하게 절제하도록 훈육하는 앱스티넌스 교육의 성과에 대해 보고했다. 그는 5,000명의 십 대를 조사한 결과, 혼외 성관계를 하지 않을 것을 서약한 청소년은 서약식 후 성적 행위가 3분의 1로 감소했으며, 부모가 이를 지지할 때 성관계 가능성이 75% 하락했다고 보고했다.[6]

"한국 전체 청소년의 첫 성관계 경험 연령이 평균 13.6세이므로 성윤리교육 및 혼외 성관계의 문제점을 알리는 교육은 아무 효과가 없다. 차라리 어릴 때부터 안전한 성관계 방법, 즉 피임법을 교육해야 한다."

성교육과 관련해 어떤 사람들은 이처럼 절제 교육 무용론을 주장하며 피임 교육의 중요성만 강조하는데, 우리나라 청소년의 대부분이 평균 13.6세에 성관계를 한다는 소문은 전혀 사실이 아니다. 질병관리청 "제14차(2018년) 청소년건강행태조사" 보고서[7]에 따르면 한국 청소년 중 약 94.3%는 성관계를 경험하지 않았다고 답했다(60,040명을 대상으로 익명으로 조사). 그러나 5.7%의 청소년은 이미 성관계를 했다고 답했다. 즉, 성적인 일탈을 한 5.7%의 첫 성 경험 평균 연령이 13.6세였다. 그러므로 마치 '우리나라 전체 청소년이 평균 13세에 성관계를 하기 때문에 피임 위주의 성교육이 답'이라고 주장하는 성교육은 그 전제 자체가 잘못된 성교육이라고 할 수 있다.

해외에서도 이렇게 성적 일탈에 대한 통계를 부풀려 이를 일반화하려는 시도가 허다하다. 미국 역시 대부분의 청소년이 성관계를 즐기고 있다는 언론 조작이 있었다. 그러나 가족성장국가조사(National Survey of Family Growth)에 따르면 한국에 비해 성적으로 매우 자유방임적이라는 미국에서조차 15~19세 미혼 여자 청소년 중 약 60%는 한 번도 성관계를 하지 않고 절제하며 생활한다는 사실이 드러났다(2006-2008년).[8]

지킬 것은 지키자는 성교육, 즉 성도덕과 결혼의 소중함을 가르치는 교육을 더 이상 실효성 없는 성교육으로 치부하며, 십 대들에게 콘돔과 피임약을 성 문제의 해결책으로 제시하는 것이 유일한 답이라고 주장하는 세이프 섹스 성교육자들의 논리는 꽤 설득력 있게 보일 수 있다. 그러나 미국 헤리티지 재단의 보고서는 그렇게 말하지 않는다. "절제력을 함양하는 교육의 효과에 대한 증거" 보고서[9]에 따르면 전인적인 절제력과 자기 조절 능력을 고취하는 성교육은 신체적·정신적 웰빙 및 청소년이 미래 목표를 달성하는 데 필요하다고 보고하고 있다. "성적인 충동에 마냥 끌려다니지 않도록 절제력을 함양하고, 지켜 낼 것은 지키자."라는 취지의 건강한 성교육이 젊은이들에게 필요하다는 것이다. 또 십 대부터의 활발한 성행위는 건강상의 심각한 문제를 남기거나 정신적·정서적 웰빙을 감소시키며 낮은 학업성취도, 혼외 출산 등을 초래하는 경향이 높다고 보고서는 밝히고 있다.

이 보고서는 프리섹스를 조장하는 외설적 성교육에 대항하는 총 22가지의 절제력 함양 성교육 프로그램들의 효과를 다루었다. 이들 22개 프로그램 중 17개에서 십 대가 충동적으로 성교를 시작하는 시점이 지연되고 조기 성행위가 감소하는 긍정적 결과가 있었다고 보고했다.

예를 들어 뉴욕 먼로 카운티에서 진행된 십 대 성교육 프로그램 "나는 아직 성관계할 나이가 아닙니다"(Not Me, Not Now)는 라디오·TV 광고, 부모·학생 교육 등의 캠페인으로 진행되었다(2001년). 그 기간 동안 15세의 성행위 비율이 46.6%에서 31.6%로 떨어졌고, 15~17세 소녀의 임신율은 1,000명당 63.4명에서 49.5명으로 낮아지는 효과가 나타났다.[10] 아칸소 주의 20개 학교에서 시행된 "앱스티넌스 바이 초이스"(2001년) 교육 역시 비슷한 결과를 보였다. 아칸소 주 리틀록에서도 절제력 향상 성교육인 '자발적인 절제'(Abstinence by Choice) 프로그램을 매년 20개 학교 4,000여 명의 7~9학년 학생을 대상으로 실시했다. 그 결과 교육받지 않은 학생에 비해 절제교육을 받은 학생의 성행위 시작 사례가 대폭 줄었다는 보고가 있다.[11]

미국 중서부의 5개 도시 중학교에서 진행된 "지킬 것은 지키자"(2005년)

교육은 인성 함양과 절제의 이점을 알리는 성교육 프로그램이었다. 이 교육을 받은 학생 역시 혼외 성관계 감소, 성관계 파트너 감소 경향을 보였다.[12]

"헤리티지 키퍼스"(2008년) 교육 프로그램을 받은 중고생을 대상으로 1년 뒤 조사한 결과, 해당 교육을 받은 학생은 14.5%가 성관계를 시작했지만, 교육을 받지 않은 학생은 26.5%가 성관계를 시작했다고 보고했다. 거의 두 배 가까운 수치다.[13]

"앱스티넌스 온리 인터벤션"(2010년) 교육을 받은 학생의 3분의 1도 다른 학생들에 비해 성관계 시작 연령이 늦춰지는 효과가 나타났다.[14] 5개 공립학교에서는 "리즌 오브 하트"(2008년)라는 절제력 함양 성교육 후 1년 뒤 해당 교육을 받은 학생의 9.2%가 성관계를 시작했지만, 교육받지 않은 학생은 16.4%가 혼외 성관계를 시작했다고 보고했다. 이어 헤리티지 재단은 미국 부모의 80%가 학교에서 자녀에게 성관계할 권리 및 피임을 강조하는 세이프 섹스 교육보다는 절제력을 함양하는 성교육을 시행하기를 원한다고 밝혔다. 절제력 함양의 이점을 배울 필요가 있는 십 대들이 절제의 이점을 전혀 듣지 못하게 가로막는 성교육 현실을 지적하며 "십 대의 성행위는 본인과 사회에 값비싼 대가를 치르게 한다."라고 지적했다.[15]

전술한 바와 같이 성교육은 크게 두 가지 흐름으로 나타난다. 성적자기결정권에 따라 합의를 했다면 청소년 성관계를 인정하라는 일명 세이프 섹스 교육과 이와는 달리 결혼과 책임, 생명의 중요성을 알리는 훈육을 통해 절제력을 길러 청소년이 결혼할 때까지 혼외 성관계, 즉 성적인 일탈을 일삼지 않도록 돕는 앱스티넌스 교육이다. 결혼이라는 울타리 외의 성관계는 간음임을 가르치는 성경적 성교육은 후자인 앱스티넌스 교육과 다소 통하는 면이 있다. 그러나 성경적 성교육은 이미 간음을 한 청소년이 죄책감에 머물게 내버려 두지 않고 성령 안에서 진정한 회개를 통해 사랑의 하나님과 더 가까워지도록 도우며, 궁극적으로는 모든 사람이 성숙한 크리스천으로 성장하도록 하는 것이 목표라는 점에서 앱스티넌스 교육과는 차이가 있다.

4. 세이프 섹스 교육(또는 외설적 성교육)에 대한 양육자들의 저항

청소년들이 비교적 TV를 많이 시청하는 시간대에는 청소년들을 보호하기 위해 주류 광고를 할 수 없게 제한하고 있다. 2021년 6월 30일부터는 7~22시 주류 광고 송출 금지 대상이 전면 확대되어, TV는 물론 데이터 방송, IPTV, DMB, 옥외 전광판에서도 주류 광고를 보기 어려워졌다. 보건복지부는 "주류 광고 기준의 개정은 매체 다변화로 인한 주류 광고 규제 사각지대 문제를 해소해 주류 광고로부터 아동·청소년을 보호하기 위해 이루어졌다."라고 밝혔다. 청소년기부터 알코올을 접한 경우 어른이 되어 알코올의존증이 될 확률이 높기에 청소년 대상 주류 판매 금지뿐 아니라 광고 시간대까지 제한하며 국가가 청소년 보호에 적극적으로 나선 것이다.[16]

청소년들의 담배 구매 역시 법적으로 제한하고 있다. 청소년에게 담배를 판매한 소매업자는 처벌받는다. 청소년인지 모르고 팔았다고 하더라도 처벌을 피할 수는 없다. 청소년 시기에 흡연을 시작한 사람은 평생 니코틴 중독이 될 확률이 성인의 시기부터 담배를 피우기 시작한 사람보다 2.4배나 높다. 그래서 청소년 잡지나 청소년을 대상으로 하는 미디어에서는 담배 광고를 엄격히 금지한다.[17]

어린아이에게 권총의 각 부위, 명칭을 알려 주고 그 기능과 권총 쏘는 방법을 가르치며 그것이 얼마나 재미있는지 알려 준다면 그 아이는 그런 교육을 받지 않은 아이들보다 총을 쏘고 싶은 마음이 가득해질 가능성이 높다. 그나마 우리 아이들에게는 권총이 주어져 있지 않기에 직접 쏠 가능성은 낮다. 또한 인간 내면에 총을 쏴 보고 싶은 마음이 수시로 올라올 만큼 기본적인 욕구가 내재화되어 있지도 않다.

그러나 생식기는 다르다. 생식기는 총과 달리 아이들에게 이미 주어져 있다. 성적인 충동과 호기심은 인간의 내면에 본능적으로 가득히 존재한다. 교육부장관과 교육감, 학교장, 여성가족부장관은 무분별한 성충동을 일으키는 성교육에 반대하는 교사들의 목소리를 경청해야 한다.

조기 성애화 교육에 학부모들이 반발하는 것은 당연하다

사례 1. 2018년 3월 미국 샌디에이고 공교육 현장에서는 학부모들이 사춘기 자녀들의 과도한 성충동 및 성적 호기심을 시각적으로 자극하는 성교육을 멈춰 달라고 집단적으로 요구했다. "부모들이 샌디에이고 학교의 시각적으로 자극하는 성교육에 항의하다"(Parents protest graphic sex ed in San Diego public schools)라는 기사[18]에 따르면 학부모들이 성교육 자체의 필요성을 부인하는 것은 아니었다. 성적 호기심과 충동은 크지만, 삶에 대한 전반적인 인식과 통찰, 인내력과 절제력이 부족한 미성년자에게 필요 이상의 자극적 성교육을 하지 말아 달라는 것이었다. 특히 시각적 잔상을 오랫동안 남겨 아이들을 힘들게 하는 성교육에 대해 학부모의 강력한 반발이 있었다.

사례 2. 최근 울산시교원단체총연합회(울산교총)가 울산시교육청이 추진하는 이른바 '포괄적 성교육'의 문제점을 지적하고 나섰다. 청소년의 발달 과정에 맞지 않는 '조기 성애화'의 우려가 있다고 했다.

울산교총은 보도자료를 통해 "동성애, 동성혼, 혼전 동거, 청소년들의 성관계할 권리 등에 대해 성적자기결정권이라고 가르치는 것은 올바른 교육적 가치와 사회통념에 맞지 않는 교육"이라며 "조기 성애화가 되지 않도록 학생들의 발달 시기에 맞춰 성교육이 이루어져야 한다."고 주장했다.[19]

사례 3. 최근 여성가족부가 선정하고 일부 초등학교에 배포한 '나다움 어린이책'이 문제가 되어 갈등이 발생했다.

> 나쁜 교육에 분노한 학부모 연합(분학연) 등의 시민단체는 기자회견을 열고 동성과 이성 간 청소년 성관계를 인권인 양 부추기는 성애화 도서를 초등학생용으로 배포한 여성가족부에 항의했다.[20] 학부모들은 여성가족부 추천 도서들을 기자회견이 열리고 있는 길바닥에 펼쳐놓고 청소년 성관계와 동성애·동성혼을 지나치게 미화하는 내용을 포함하고 있다며 맹렬한 항의를 했다.
> 어린 자녀를 둔 한 국회의원은 국회 교육위원회 전체 회의에서 "여성가족부가 배포한 책이 초등학생에게 동성애와 조기 성애화를 노골적으로 부추기는 내용을 담고 있다."고 비판했다.[21]
> 청와대 국민청원게시판에도 "여성가족부가 제공한 동성애를 조장하고 성관계를 외설적으로 묘사하는 동화책의 전량 수거 및 배포를 금지해 달라."는 청원이 올라왔고, 게시 이틀 만에 5만 명의 국민 동의를 얻었다.[22] 심지어 "교육이라는 이름으로 충격적인 내용을 담은 '나다움 어린이책'을 배포한 여성가족부의 폐지를 요청한다."라는 청원까지 등장했다. 결국, 여성가족부는 문제가 된 도서 7권을 모두 수거하기로 했다.[23]
> 무엇보다 부모들은 학교에서 시행되는 성교육이 어떤 내용을 담고 있는지 항상 관심을 갖고, 그 내용이 반성경적이고 외설적인 경우 적극적으로 의사를 표현할 수 있어야 한다. 그 방법과 예시를 부록 4와 5에 자세하게 설명하였으니 참고하기 바란다.

한국도 서구의 일부 잘못된 성교육 사조를 그대로 답습할 것이 아니라 한국 실정과 정서에 맞는 성교육을 해야 한다. 조기 성애화 교육은 위험한 성행위를 조장해 각종 청소년 성범죄와 성병, 성중독의 결과를 가져온다는 사실을 알아야 한다.

5. 일반적인 지식과 성적인 지식의 차이점

어릴 적부터 성적인 지식들을 아이들에게 그대로 노출하고, 있는 그대로 가감 없이 교육하는 것이 성폭력 예방에 유익하다며 미취학 시기부터 성관계 방법, 생식기의 각 부위별 세부 명칭과 기능을 알리고, 특히 성적인 유희를 느끼는 부위가 어디인지까지 세세히 가르치는 성교육이 필요하다며 이를 위한 각종 성교육 책자가 이미 시중에 나와 있다. 이 중 상당수는 해외 성교육 책자를 그대로 번역해 온 것이다. 일반적인 지식과 성적인 지식을 굳이 구별할 필요 없이 어릴 적부터 적나라하게 교육하자는 것이 최근 성교육 사조가 되어 가고 있다. 그러나 이는 일반 사회과학적 지식과 성적인 지식의 차이점을 잘 모르는 무지에서 나오는 주장이다.

일반 사회과학적 지식은 지식 혹은 정보로서 받아들여짐으로 끝난다. 예를 들어, 사칙연산, 아이작 뉴턴의 작용 반작용의 법칙, 베이컨의 경험론, 조선시대 왕들의 이름, 대한민국의 지리 등 일반적인 정보를 교육받은 경우 이런 정보에 대한 심화된 지식을 갖고자 하는 지식적 욕구가 생길 수 있지만, 충동 혹은 이러한 정보를 받아들인 것에 대한 죄책감, 수치심, 새로운 신념의 역동적 발생은 일어나지 않는다. 각종 과학적, 수학적, 인문학적 지식을 우리가 학교와 가정과 교회에서 배우지만 그러한 일반적인 지식들에 대해 강한 충동을 갖거나 모방적 행위를 하지 않는다는 말이다.

만약 조선 왕들의 이름을 배운 후 조선왕조실록을 읽어 보고 싶고, 조선 왕들의 업적을 세세히 알아보고 싶어 이를 행동으로 옮겨 조선 시대의 각종 유적지를 가 보고자 하는 행동화가 수반되는 아이가 있다면 그 분야에 천재 기질을 가지고 있을 가능성이 높다. 그러나 보통은 조선 왕들의 이름을 순서대로 배웠다고 해서 심화된 과정으로 나아가기 위한 욕구, 충동, 호기심, 행동화, 모방이 바로 연결되지는 않는다는 말이다.

그러나 성적인 지식은 다르다. 성적인 지식은 단순히 지식을 받아들이는 것으로 끝나지 않는다. 성적인 지식은 인간의 성적인 욕구, 호기심, 중독성, 행동화, 가치관, 정체성 등과 역동을 일으킨다. 어린 시절 성적인 지식이 과하게 제공된 경우, 조기 성애화와 연결된다는 측면에서 이를 확인할 수 있다. 성찰과 통찰, 배경지식 등이 부족한 상태의 어린 자녀들에게 과하게 성적인 지식을 주는 것이 오히려 건강하지 않은 자극을 준다는 뜻이다.

그러므로 일반적인 지식의 언급과 달리 성적인 지식의 언급은 그것이 사실 그 자체이고 정보일 뿐이라고 하더라도 성적 수치심이나 호기심, 욕구 등 각종 내면과의 역동을 일으키기에 매우 구별해서 다루어야 한다.

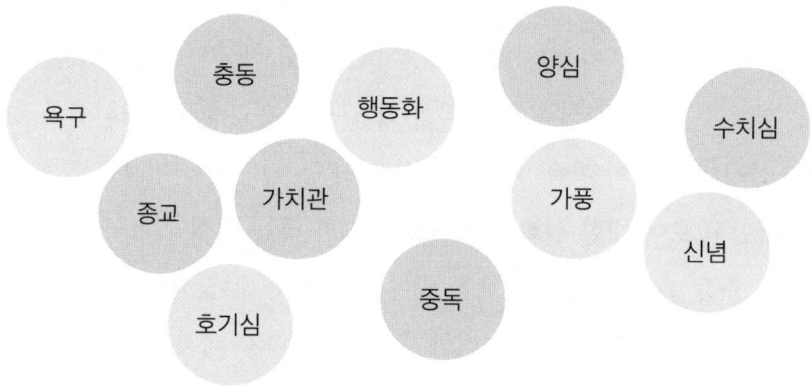

<그림 2-2. 일반 사회과학적 지식과 달리 성 관련 지식은 인간의 성적인 욕구, 충동, 수치심, 행동화로 연결된다.>

생활 속에서의 예를 들어 보자. 어느 장로님이 교회 자매에게 "자매님, 자매님은 양쪽에 두 눈이 있고, 그 사이에 코가 있으며, 두 눈 옆으로는 양쪽에 각각 오른쪽 귀와 왼쪽 귀가 있어요."라는 사실을 언급하는 것과 "자매님, 자매님의 생식기는 질, 요도, 항문 순서로 통로가 나 있고, 질의 양쪽에는 소음순, 대음순이 있으며, 요도 위에는 클리토리스가 있고 치모가

그 위를 덮고 있어요."라는 사실을 언급하는 것은 전혀 다른 상황이라는 것이다. 전자와 후자 모두 인체에 대한 정보이고 사실이지만 성적인 지식의 언급을 일반적인 지식의 언급과 동일시할 수 없다. 후자의 경우 성희롱으로 고발당할 수 있다. 아무리 사실을 언급한 것이라고 할지라도 말이다.

또 다른 예를 들어 볼 수 있다. 운동장에서 체육시간에 학생들이 걷어찬 공이 지나가던 선생님의 얼굴에 맞았다고 해 보자. 체육 선생님은 얼른 달려가 "어머나, 선생님, 정말 죄송해요. 아이들이 찬 공에 맞으셨네요. 왼쪽 눈과 이마 쪽에 맞으신 것 같은데 괜찮으세요?"라고 묻게 될 것이다. 그런데 만일 생식기에 맞았다면 어떨까? "어머나, 선생님, 정말 죄송해요. 아이들이 찬 공이 음경을 쳤네요. 왼쪽 고환과 전립선 쪽에도 충격이 갔을 것 같은데 괜찮으세요?"라고 묻겠는가? 그렇지 않다. 보통 성적인 언어에 대해서는 꼭 필요한 경우가 아니라면 우회적인 표현을 하게 된다. "어머나, 선생님, 정말 죄송해요. 아이들이 찬 공에 맞으셨네요. 괜찮으신가요?" 정도로 말하게 된다는 뜻이다. 이유는 전술한 바와 같이 성 관련 용어나 지식 전달은 인간의 성적인 충동이나 수치심, 욕구 등 여러 가지와 역동을 일으키므로 더욱 신중해야 하기 때문이다.

특히, 욕구 조절 능력은 약하고 모방 행동 경향은 강한 어린 나이에 성적인 정보와 용어에 지속적으로 노출되는 성교육은 아이들을 쉽게 성애화시킬 수 있다.

남녀 차이에 대한 성교육 과정에서 기독 교사들이 공통으로 범하는 실수가 있다. 어린 자녀들에게 하나님이 남녀를 얼마나 다르게 창조하셨는지를 교육하기 위해 다짜고짜 남아와 여아의 속옷 차림, 벗은 몸 그림을 프레젠테이션 화면에 띄워 남녀 외부 생식기의 차이를 집중적으로 가르치고는 그다음 주제로 넘어가 버림으로써 남녀의 수많은 차이점을 간과하게 만드는 것이다. 이는 기독교 성교육이 아닌 세상의 성교육에서 거의 정석처럼 벌어지는 광경인데, 이것을 기독교 양육자들이 그대로 답습한다. '세상 성교육에서는 생식기 명칭으로 가르치지만, 기독교에서는 이 생식기를 하나님이 만들어 준 생식기라고 가르치니까 성경적'이라고 말한다면 반쪽짜리 교육에 그친다.

외부 생식기의 명칭과 각 부위의 기능을 나열하는 것으로 끝나는 남녀 차이 성교육은 어떤 문제점을 가져올까?

생식기만 제거하면 남녀가 바뀔 수도 있다는 착각을 하게 만들기 쉽다. 생식기라는 단어 혹은 그 세부 명칭 교육에는 병적으로 집착하면서도 창조 질서 속에 정연하게 드러나는 남녀의 폭넓은 차이점을 가르치지 않는다면 결국 '남녀 성별의 차이는 생식기의 차이가 전부인 거네!'라고 무의식적으로 오해하게 할 것이다.

남녀는 성염색체부터 성호르몬, 세포의 기능, 6,500개가 넘는 유전자, 근골격계, 뇌 기능, 임신·출산 가능 여부, 모발과 피부, 질병별 유병률, 골수의 조혈 기능, 생식기 등 많은 차이를 갖고 있다. 이런 것을 종합적으로 가르치지 않은 채 외부 생식기만 교육하고 "자, 이제 남녀의 차이를 잘 알겠지?"라고 하면서 성교육을 끝내면 절대 안 된다. 이때 아이들의 수준을 고려해서 눈높이에 맞춰 '기다려 주는 성교육'을 하는 것이 유익하다. 예를 들어 성염색체가 무엇인지 모르는 아이들에게는 '하나님이 우리 몸의 세포 속에 남자와 여자를 구별해 놓은 표시' 정도로 설명하면 된다.

이 정도 설명으로도 아이들은 자신의 성별을 정확하게 인지한다. 그리고 남녀 성별은 우리가 고르는 것이 아니며 하나님께서 정해 주신 선물이라는 것에 감사하게 된다. 이럴 때 혹여 생식기 제거와 호르몬 주입 등의 노력으로 인간이 타고난 성별을 바꿀 수 있다는 잘못된 정보에 노출되었더라도 그 정보가 허위임을 알고 거짓 메시지에 속지 않게 된다.

6. 기독교 성교육

1) 기독교 성교육 돌아보기

-성경적 기준
-절제 성교육
-성경적 세계관으로 무장
성경적 기준

-인본주의적 기준
-합의하에 어떤 누구와도 성관계 가능
-반성경적 세계관으로 무장
세속적 기준

<그림 2-3. 성경적 기준과 세속적 기준>

    교회에서의 성경적 세계관 혹은 성가치관 교육은 매우 중요하다. 그런데 기독교 혹은 성경적 성교육이라는 제목이 붙어 있다고 해서, 혹은 하나님, 예수님, 성령님 등 기독교 용어가 등장하거나 성경구절이 인용되는 성교육이라고 해서 그것만으로 안심하고 들을 만한 기독교 성교육이라고 할 수는 없다. 혹은 낙태를 반대하고 동성애를 반대하는 등 시의성 있는 내용을 다루고 있다고 해서 기독교 성교육의 필요충분조건이 갖추어진 것이 아니다. 오히려 이러한 것들을 가르치는 과정에서 부지불식간에 성적 충동이나 호기심을 자극하는 시각적 자료나 용어를 사용하는 우를 범하지는 않는지 살펴야 한다. 즉, 성애화하는 자료나 용어를 사용하지 않도록 주의해야 한다. 가능하다면 커리큘럼 제목만 보기보다는 직접 해당 강사의 강의 전체를 수강하고 점검하는 부지런함이 필요하다.

    성경적으로 바른 성가치관을 가르친다고 하면서도 막상 강의 내용 중 사용한 용어나 자료 혹은 도서가 아동의 성애화를 유발하는 것에 해당하는 것임을 모른 채 교육을 하는 양육자가 많기 때문이다. 특히, 프로이트 이론에 근거한 세속적 성교육 이론을 정확히 분별하지 못하고 이에 성경구절을 얹어서 가르치는 방식을 채택한 채 성경적 성교육이라고 잘못 가르치는 상황이 허다하다. 기독교 양육자는 세속적 성교육의 내용 및 교수법을 답습하여 세속적 성 심리 이론을 풀어내거나, 소위 일반 성교육 자료에 기독교 용어만 붙여서 교육하는 '불안한 기독교 성교육'을 하지 않도록 조심해야 한다.

이러한 잘못된 기독교 성교육을 접한 성도들은 혼선 가운데 놓여 많은 제보를 해 오기도 한다. 다음은 경기도 화성에서 진행했던 성경적 성교육 강사 양성 아카데미에서 성교육 단체 대표가 눈물을 흘리면서 간증했던 말이다.

"저도 성교육 강사로서 10년 이상 활동했고 나름대로 거룩함을 외치며 성경적 성교육을 해 왔다고 생각했습니다. 그런데 정말 저도 모르게 성애화 자료를 사용했고, 용어와 전제 자체가 이미 세속적인 성교육을 답습하고 있었습니다. 그런데도 바른 성교육이라고 믿으며 아이들에게 교육해 왔음을 알게 되었습니다. 제 잘못을 회개합니다."

기독교 성교육자들은 동성애, 성전환, 낙태, 음란물 등 악한 것에 대한 자각과 회개, 그리고 죄와의 거룩한 싸움을 가르칠수록 정통한 기독교 성가치관 교육법을 익혀야 한다. 또한 결혼의 의미, 생명의 소중함을 교육하고 동성애와 낙태, 성전환, 급진적 페미니즘의 문제점을 가르치는 데 있어서 성애화를 일으키지 않으면서도 지혜롭고 예리하게 문제점을 교육하는 것이 필요하다. 그래서 다음세대를 바른길로 인도하는 성가치관 교육을 꾸준히 해야 한다. 지금 우리는 하나님이 주시는 전략과 지혜로 싸워야 한다.

"너는 전략으로 싸우라 승리는 지략이 많음에 있느니라"(잠 24 : 6).

2) 성적 정보 전달보다 가치관 확립이 우선

아동들은 통상 삶에 대한 통찰, 인내심과 절제력이 부족하고, 자신의 행동에 대해 책임질 수 있는 성숙도가 낮다. 또한 사물에 대한 배경지식과 경험이 충분하지 못하고, 실패와 성공을 통한 인생철학 등이 아직 성숙하지 않은 상태에 있다. 따라서 양육자는 아동이 성적인 자극에 일찍부터 노출되고, 이를 탐닉하도록 성적 자극과 충동이 유발된다면 아이들의 동심이 파괴될 수 있음을 간과해서는 안 된다.

양육자는 자녀가 정신적·육체적으로 잘 성장해서 사회 구성원으로 잘 적응하도록 도와야 한다. 이를 위해 행복하고 통합적인 삶을 살아 낼 수 있도록 적극적인 도움과 사랑을 제공해야 한다. 그래서 세계인권선언 26조 3항은 "부모는 자녀가 어떤 교육을 받을지를 '우선적으로 선택할 권리'가 있다."(Parents have a prior right to choose the kind of education that shall be given to their children)라고 선언한다.[24]

바른 성교육은 생명을 잉태하는 소중한 행위에 있어 순결을 지키고, 청소년기에는 절제해야 한다고 가르치는 것이다. 여성가족부와 교육부 등 청소년 성교육에 관여하는 모든 정부 부처와 단체, 성교육 강사들은 학부모의 외침을 귀담아들어야 한다. 성적인 지식 전달에 조급해하지 말고, 성경을 기준으로 하여 나이에 맞는 바른 성가치관 확립에 주력해야 한다. 또한 학부모들은 무조건 서구의 성교육을 그대로 받아들이려는 문화 사대주의를 버리고 성경적인 분별 능력을 키워야 한다. 진정한 복음주의자는 악한 교육과 문화에 저항함을 기억해야 한다.

"오직 너 하나님의 사람아 이것들을 피하고 의와 경건과 믿음과 사랑과 인내와 온유를 따르며 믿음의 선한 싸움을 싸우라 영생을 취하라 이를 위하여 네가 부르심을 받았고 많은 증인 앞에서 선한 증언을 하였도다 만물을 살게 하신 하나님 앞과 본디오 빌라도를 향하여 선한 증언을 하신 그리스도 예수 앞에서 내가 너를 명하노니 우리 주 예수 그리스도께서 나타나실 때까지 흠도 없고 책망받을 것도 없이 이 명령을 지키라"(딤전 6 : 11-14).

"내가 너희에게 뱀과 전갈을 밟으며 원수의 모든 능력을 제어할 권능을 주었으니 너희를 해칠 자가 결코 없으리라 그러나 귀신들이 너희에게 항복하는 것으로 기뻐하지 말고 너희 이름이 하늘에 기록된 것으로 기뻐하라 하시니라"(눅 10 : 19-20).

"여호와를 경외하는 것은 악을 미워하는 것이라……"(잠 8 : 13).

"너희가 죄와 싸우되 아직 피 흘리기까지는 대항하지 아니하고"(히 12 : 4).

세상이 어두워져 갈수록 그리스도인들은 빛과 소금의 역할을 하며 선한 일을 감당해야 한다. 우리는 "성교육이 이 지경이 되다니 난 성교육에서 손을 떼야겠어. 그것이 신앙을 지키는 길이야. 세상이 썩든 말든 신경 쓸 바가 못 돼."라는 식의 말세적 패배주의를 배격해야 한다. 우리는 세상이 썩어 가고 어두워져 갈 때 골방으로 숨어 들어갈 것이 아니라 오히려 빛을 발하여 한 영혼이라도 옳은 데로 오게 하며 예수님의 양 떼를 먹여야 한다.

"일어나라 빛을 발하라 이는 네 빛이 이르렀고 여호와의 영광이 네 위에 임하였음이니라 보라 어둠이 땅을 덮을 것이며 캄캄함이 만민을 가리려니와 오직 여호와께서 네 위에 임하실 것이며 그의 영광이 네 위에 나타나리니 나라들은 네 빛으로, 왕들은 비치는 네 광명으로 나아오리라"(사 60 : 1-3).

Ⅱ부 양육자를 위한 자료

3장
음란물

"선악을 알게 하는 나무의 열매는 먹지 말라
네가 먹는 날에는 반드시 죽으리라 하시니라"
(창 2 : 17).

3장. 음란물

> **학습목표**
> 1. 성경적 관점에서 음란의 개념을 이해하고, 음란물이 끼치는 위험성과 폐해를 인식한다.
> 2. 용서하시고 회복시키시는 하나님을 이해하고 음란물 예방을 위한 환경 조성과 구체적인 대처 방법을 공유한다.

1. 눈과 마음의 정결을 요구하는 성경말씀

하나님은 우리에게 오감을 느낄 수 있는 기능과 장기를 주셨다. 우리는 이 세상 피조물들을 육체의 오감을 통해 만지고, 듣고, 맛보고, 보고, 냄새를 맡을 수 있다. 우리는 이를 통해 하나님을 영화롭게 하고, 이웃을 섬기며, 하나님의 창조 솜씨를 만끽하고 찬양하며 기쁨과 샬롬의 삶을 살아갈 수 있다.

비록 불완전하긴 하나 우리가 이 땅 가운데서 이미 영적인 천국의 삶을 살아가며 하나님의 은혜의 자유를 '느낄 수' 있고, 성령님이 말씀하시는 증거를 '들을 수' 있고, 예수님이 완성하신 사역을 '볼 수' 있으며, 그리스도인의 향기를 '맡을 수' 있고, 또한 하나님의 선하심을 '맛볼 수' 있다.

우리가 독을 먹으면 독이 육체에 퍼지고, 영양제를 먹으면 영양제가 몸에 퍼지듯이 우리가 보고 듣고 느끼는 것이 우리에게 영향을 줄 수밖에 없음을 인정하고 교육에 적용해야 한다. 즉, 음란하고 폭력적이고 악한 것을 보고 즐기는데, 거룩함이 솟아오르는 것이 아니라는 것이다. 거룩의 통로는 이미 성경에 명확하게 명시되어 있다.

"하나님의 말씀과 기도로 거룩하여짐이라"(딤전 4 : 5).

우리는 우리의 자유의지대로 행한 결과로 악을 쏟을 수도 있고 그리스도의 존귀함을 드러낼 수도 있다. 우리는 우리를 통해 그리스도의 존귀함이 드러날 만큼 성화를 위해 나아가야 함을 성경은 말씀하고 있다.

"나의 간절한 기대와 소망을 따라 아무 일에든지 부끄러워하지 아니하고 지금도 전과 같이 온전히 담대하여 살든지 죽든지 내 몸에서 그리스도가 존귀하게 되게 하려 하나니"(빌 1 : 20).

"아무도 모르는데, 내가 스마트폰 앞에서 죄짓지 않기 위해 노력하는 게 도대체 무슨 유익을 주나요?"라고 청소년이 질문해 올 수 있다. 아무도 모르는 어둠 속, 미디어 앞에서 정결하고자 노력하는 것은 영적인 성장을 주며, 무엇보다도 주님을 기쁘시게 하는 일이기에 환산할 수 없는 유익과 가치가 있음을 말해 주어야 한다.

"만일 네 눈이 너를 범죄하게 하거든 빼 버리라 한 눈으로 하나님의 나라에 들어가는 것이 두 눈을 가지고 지옥에 던져지는 것보다 나으니라"(막 9 : 47, 참조. 마 18 : 9).

"만일 네 발이 너를 범죄하게 하거든 찍어 버리라 다리 저는 자로 영생에 들어가는 것이 두 발을 가지고 지옥에 던져지는 것보다 나으니라"(막 9 : 45).

"만일 네 손이 너를 범죄하게 하거든 찍어 버리라 장애인으로 영생에 들어가는 것이 두 손을 가지고 지옥 곧 꺼지지 않는 불에 들어가는 것보다 나으니라"(막 9 : 43, 참조. 마 5 : 30, 18 : 8).

"마땅히 두려워할 자를 내가 너희에게 보이리니 곧 죽인 후에 또한 지옥에 던져 넣는 권세 있는 그를 두려워하라 내가 참으로 너희에게 이르노니 그를 두려워하라"(눅 12 : 5, 참조. 벧후 2 : 4).

"사람이 내 안에 거하지 아니하면 가지처럼 밖에 버려져 마르나니 사람들이 그것을 모아다가 불에 던져 사르느니라"(요 15 : 6).

이 말씀을 얼핏 보면 예수님이 율법주의자나 행위 구원론자가 아닌가 하고 오해할 수도 있다. 하지만 이는 우리를 사랑하시어 우리를 대속하고자 이 땅에 성육신하신 예수님의 간절한 당부이다. 성경에 예언된 대로 순종해 죽으시고 부활하신 예수님이 우리에게 하시는 진실한 사랑의 말씀이다. 죄에 질질 끌려다니며 종 노릇 하지 않고 피 흘리며 죄와 싸우고 싶어질 만큼 성화하라는 당부이다. 이는 창조주의 '사랑의 콜링(calling)'이다. 사랑은 불의를 기뻐하지 않고 진리와 함께 기뻐하는 것이다.

우리가 눈으로 보고 귀로 들으며 즐긴 것은 반드시 우리의 영성에 영향을 준다. 우리가 먹은 음식이 우리 육신에 영향을 끼치는 것과 같은 원리다. 그러므로 남이 알아주든 알아주지 않든 우리는 간음을 부추기는 매체와 싸워야 한다. 이러한 노력은 무익한 것이 아니라 영적 '근력'을 키워 주며, 성화의 선물로 이어진다는 것을 다음세대에게 가르쳐야 한다.

2. 각종 미디어 기기와 함께하는 다음세대

1) 디지털 시대를 살아가는 다음세대[1]

태어나 보니 이미 세상이 디지털에 둘러싸인 세대, 태어나 보니 손안에 스마트기기가 쥐어진 세대, 이러한 우리의 자녀들을 일컫는 신조어가 있다. 바로 '디지털 네이티브'(digital native)라는 용어다.

불과 30년 전만 해도 개인 컴퓨터가 없다고 해서 삶이 그다지 불편하거나 답답하지 않았다. 그러나 디지털 네이티브들은 미디어와 상호소통이 없던 TV나 라디오 세대와는 전혀 다른 시대를 살아가고 있다.

<그림 3-1. 디지털 네이티브>

이 디지털 네이티브들은 손쉽게 엄청난 양의 지식을 얻을 수 있을 뿐만 아니라, 자신의 삶을 사이버 세상에 노출하는 경향이 높다. 인터넷 세상에서 정보나 감정을 공유하는 일이 갈수록 늘어나는 반면에 실제 대면하는 삶에서 쌓아 가야 할 인간관계는 등한시하는 경우가 많다. 바로 옆에 사람이 있는데도 직접 대화하지 않고, 문자나 사회관계망서비스(이하 SNS)를 통해 주고받는 방식으로 대화하는 모습을 흔히 볼 수 있다. 또한 자신의 주양육자가 주는 정보보다 인터넷을 통해 얻은 정보를 더 신뢰하는 경향을 보인다. 디지털 네이티브들은 사이버 공간에서 주어지는 비대면성 및 익명

성을 무기로 삼아 상대방에게 악플 등으로 언어폭력을 가하거나, 음란물 등 각종 유해 사이트에 접속하기도 한다. 이는 현실과 사이버 세상을 구별하지 못하게 하고, 현실 속에서 실제 성폭력의 가해자가 되는 등 반사회적 행위를 유발할 수도 있다. 즉, 사이버 일탈이 실제 삶에서의 일탈로 가는 관문이 될 수 있다는 의미에서 이것은 청소년 발달에 악영향을 미칠 가능성이 매우 높다. 디지털 네이티브의 장점을 극대화하되 단점을 극복하도록 교회와 가정이 다음세대를 잘 이끌어야 할 것이다.

2) 디지털 미디어의 현상
① 인터넷 우상화

각종 디지털기기를 활용하는 것 자체가 비난거리는 아니다. 그리스도인이 추구해야 할 최고의 가치, 즉 진리를 성경이 아닌 인터넷에서 찾으려는 '인터넷 우상화'가 문제다. 현 세대는 성경을 덮고 인터넷 검색을 통해 만난 정보만 신뢰하는 세대가 되어 가고 있다.

"그의 신기한 능력으로 생명과 경건에 속한 모든 것을 우리에게 주셨으니 이는 자기의 영광과 덕으로써 우리를 부르신 이를 앎으로 말미암음이라"(벧후 1 : 3).

성경은 우리가 예수를 앎으로써 생명과 경건에 속한 모든 것들을 이미 받았다고 분명히 선포한다.

진화론이 공교육의 기본 커리큘럼에 탑재된 이후 다음세대들은 '성경이 누락한' 진리가 있을 것이라는 강한 오해를 품게 됐다. 진화론이 하나님과 성도 간에 가장 효과적인 이간질을 시작한 것이다. 참 진리와 자유는 포털 검색창이나 댓글을 통해 얻는 것이 아니다. 오로지 예수 그리스도를 통해서만 얻을 수 있다. 이 사실을 성령 안에서 아이들에게 교육해야 한다. 그래야만 디지털 네이티브의 장점은 강화하고 단점은 최소화할 수 있다. 무언가를 지식으로 취하고 결정하거나 실행할 때 주와 동행하며 주께 묻는 것이 아니라 포털과 동행하며 포털에 물어야 한다는 강박감이 지금의 디지털 네이티브를 덮지 못하게 해야 한다.

그렇다고 성경적 성교육이 성경만 읽고 그 외의 모든 세상적 지식에 대해 등을 돌리자는 뜻은 아니다. 하나님이 우리에게 주신 모든 지혜와 지식을 총동원해 복음을 전하는 일에 쓸 수 있어야 한다. 포털도 예외는 아니다.

② 팬픽 : 음란물의 소비자이자 재생산자가 된 청소년

가요 문화의 부산물인 팬픽은 가요보다 훨씬 많은 문제를 양산하고 있다. 아이돌에게 열광하는 청소년들 사이에는 그들만의 문화가 있다. 팬들이 쓰고 읽는 픽션(Fan+Fiction), 즉 팬픽(Fanfic) 문화다.

팬픽은 팬들이 기존의 만화, 소설, 영화, TV 드라마 작품 등의 캐릭터나 세계관 혹은 설정을 차용해 자신이 원하는 대로 이야기를 만들어 내는 2차 창작물을 통칭한다. 인터넷 소설이 발전하면서 팬픽 역시 크게 성장했다.

문제는 대부분의 팬픽이 혼외 성관계나 동성애를 그림으로써 성적 환상을 왜곡된 방향으로 자극한다는 것이다. 남자 아이돌 그룹을 팬픽의 주제로 삼은 경우, 그 팬픽 속에서는 남자 아이돌 그룹 멤버들이 서로 동성애를 한다는 설정이 주를 이룬다. 주로 여학생들이 팬픽 소설을 쓰고, 소비도 주로 여학생들이 한다. 학생들이 쓰는 것이니만큼 노골적인 음란물 수준의 시각적 자극을 주지는 않지만, 각종 혼외 성관계와 동성 간 성행위를 상당히 미화한다.

여성가족부는 2016년 전국 17개 시·도 초등학교 4학년부터 고등학교 3학년에 재학 중인 청소년 1만 5,646명을 대상으로 "2016 청소년 매체 이용 및 유해환경 실태조사"를 실시한 적이 있다. "최근 1년 동안 성인용 영상물을 본 적이 있다."라는 질문에 '그렇다'는 응답은 41.5%였는데, 남자 51.7%, 여자 30.5%로 남자가 21.2% 높게 나타났다.[2]

이것만 봐서는 남학생이 여학생보다 음란물을 많이 보는 것처럼 보이지만 팬픽의 상당수가 실질적으로는 음란물이라고 봐야 하기에 여학생이 남학생보다 음란물을 적게 본다고 단정 지을 수는 없다.

③ 음란물의 바다가 되어 가는 온라인

왜 성과 관련된 단어를 검색하지 않았는데도 검색을 계속하다 보면 최종적으로 음란물이 나오는 경우가 많을까? 영국의 유력한 데이터 분석회사가 밝힌 인터넷 시장 조사에 따르면 1998년 미국과 유럽에서 음란물 사이트가 벌어들인 돈은 9억 7,000만 달러였다. 이는 유료 인터넷 콘텐츠 시장 매출 총액(14억 달러)의 70%에 육박한다.[3] 이 회사는 인터넷 관련 모든 사업 매출액의 상당수를 음란물이 차지하리라 예측했다.

굳이 각종 음란물 잡지를 구하기 위해 어렵게 발품 팔 필요 없이 스마트폰 기기를 지닌 청소년의 손안으로 시도 때도 없이 '찾아가는 서비스'가 본격화된 것이다.

우리 아이들이 인터넷 서핑을 하다 보면 광고나 검색어 등 어떤 형태로든 음란물에 노출되기 쉽다. 부모들은 인터넷 서핑의 결과가 깔때기처럼 결국에는 음란물에 도달하기 쉽다는 사실을 인지해야 한다. 음란물에 대한 접근성이 쓰나미처럼 커지고 있다는 사실과 인간의 성적인 호기심과 욕구가 만들어 내는 결과물이 결국 음란물 시청으로 귀결되기 쉽다는 의미다. 그러므로 어린 자녀가 홀로 인터넷을 사용하는 것을 제재하고, 꼭 이용해야 할 때는 양육자가 함께하는 것이 중요하다. 교육현장에서도 가급적이면 인터넷 검색을 통한 과제물 부과를 최대한 늦추는 것이 유익하다.

얼마 전 세간을 떠들썩하게 한 N번방 사건을 단순히 과도한 성적 호기심의 발로나 음란성의 결과물로만 보는 것은 오산이다. 대부분의 중독 전문가는 N번방 사건을 성중독 된 사람들이 집단적으로 발각된 하나의 사건으로 간주했다. 즉, 음란물에 중독된 현세대의 모습이 매우 도식적으로 드러난 사건이다.

연령과 상관없이 무분별하게 접하게 되는 음란물

어린아이를 양육 중인 성도들의 푸념과 제보가 잇따른다. 어린 아들이 초등학교에서 내준 숙제를 검색하다가 성인 광고를 접하게 된 사연이었다. 학교에서 숙제를 냈는데, 그 숙제에 관해 유튜브를 시청하던 중 중간 광고로 음란물이 나온 것이다.

유아와 유튜브를 시청한 후 연관 영상으로 음란물이 노출된 사례도 있다. 애니메이션을 시청했는데, 이후 노출이 심한 섬네일(thumbnail)의 애니메이션이 뜬 것이다. 해당 양육자는 "엄마로서 너무 화가 나고 안타깝다. 요즘에는 게임 광고조차 신체 노출이 너무 심하다."라고 한탄했다.

2020년, 한국언론진흥재단의 조사 결과에 따르면 어린이가 스마트폰으로 가장 많이 이용한 서비스는 온라인 동영상 플랫폼(78.7%)인데, 이 중 유튜브 이용자가 94.8%라는 응답이 나왔다.[4] 그러나 유튜브를 사용하는 어린이들 중 '유튜브 키즈'를 사용하지 않고, 모든 연령대를 대상으로 한 일반 유튜브를 사용하는 어린이는 약 40%가 넘는다.[5] 또한 십 대 청소년 미디어 이용 실태를 조사했을 때도 유튜브 사용 비율이 매우 높았으며, 이 중 15.3%가 선정적인 영상에 노출되었다고 답했다.[6]

간음을 사랑이라고 가르치는 대중가요

간음을 사랑이라고 가르치는 대표적인 매체는 대중가요다. 처음 만난 사람과도 마음만 끌린다면 갈 데까지 가는 것이 이 시대라고 말하고, 다양

> 한 성적 은유를 나타내는 대중가요가 즐비하다. 이러한 대중가요를 아무 생각 없이 반복적으로 듣는 것은 간음을 사랑으로 곡해하게 만든다는 것을 아동들에게 경고해야 한다. 어릴 적부터 대중가요에 노출되는 것의 위험성을 양육자가 잘 인지하고, 양육자부터 간음과 허탄한 세상의 가치를 노래하는 대중가요를 멀리하는 모습을 보여 주는 것이 필요하다.

세상은 "인내와 절제는 필요 없어. 그저 네가 끌리는 대로 원하는 대로 다 하는 게 사랑이야!"라고 말하며 간음과 사랑을 동일시하는 가요를 쏟아 내고 있다. 이를 접하는 대중은 점점 간음의 욕구에 적극적으로 반응하도록 가치관과 성품이 변하고 있다. 간음을 사랑이라고 믿게 만드는 왜곡된 성문화는 화려한 멜로디, 감성적인 가사, 매력적인 아이돌을 내세워 아이들의 심령 속으로 매우 쉽게 찾아오고 있다.

3. 음란과 음란물의 개념

'음란'이란 사회 통념상 일반인의 성욕을 자극해 성적 흥분을 유발하고 정상적인 성적 수치심을 해하여 성적 도의관념에 반하는 것을 뜻한다(대법원 2013도6345 판결).[7] 이것은 단순히 저속하다거나 문란한 느낌을 준다는 정도를 넘어선다. 존중받고 보호되어야 할 인격을 갖춘 존재인 사람의 존엄성과 가치를 심각하게 훼손하고 왜곡했다고 평가할 정도로 노골적인 방법으로 성적 부위나 행위를 적나라하게 표현하거나 묘사한 것을 말한다.

'음란물'은 사회 통념에 비춰 전적으로 또는 지배적으로 성적 흥미에만 호소하고 하등의 문학적·예술적·사상적·과학적·의학적·교육적 가치를 지니지 않는 것을 뜻한다(대법원 2006도3558 판결).[8] 성경적으로 봤을 때 음란물 시청은 눈으로 범하게 되는 간음이다.

2015년 3월, 교육부는 처음으로 "국가 수준 학교 성교육 표준안"[9]을 만들어 학교에 배포했다. 학교에서 성교육을 제대로 해야 한다는 사회적 요구에 따른 것이다. 이 표준안에 따르면 현장에서 교사는 '야한 동영상'의 준말인 '야동' 대신에 '음란물'이라는 용어를 써야 한다. '야동'이라는 가벼운 표현이 음란물의 파괴적인 영향을 희화화하므로 일그러진 성의식을 직시하고, 그로 인해 발생하는 문제들에 직면하기 위해서는 정확한 용어를 사용해야 한다는 것이다.

4. 음란물의 구체적 폐해

1) 모방 감정을 일으키는 음란물

우리는 내가 듣고 보는 것이 곧 내가 된다는 사실을 명심해야 한다. 내가 보고 듣고 즐긴 것이 결국 나의 심령 깊숙한 곳을 구성하게 되고, 결국 그 심령이 외부로 드러나는 것은 시간 문제다. 그래서 음란물 시청은 근절되어야 한다. 이렇게 교육을 해도 아이들이 결국 음란물에 노출되는 상황에 놓이는 것은 사실이나, 그렇다고 해서 "음란물을 보고 즐겨도 된다."라고 교육의 기준을 두어서는 안 된다.

음란물을 즐기다 보면 자신이 음란물에 의해 성애화된 상태에서 상대방도 자신과 같을 것이라는 일반화를 겪는다. 그리고 자신의 성애화된 내면을 세상과 상대방에게 투사한다. 즉, 음란물로 지배된 자신의 내면만큼 다른 사람들 역시 그럴 것이라는 착각에 이른다. 음란물을 SNS로 상대방에게 보냈는데, 그것을 보고 성적 수치심을 느낀 상대방의 고발로 이어져 성희롱 가해자가 되기도 한다. 음란물을 자주 접함으로 그 자극이 일반화되고 체화되어 별일이 아니라고 생각하게 된 것이다. 이렇게 음란물은 인간을 대하는 태도에 큰 영향을 준다.

음란물이 끼치는 악영향과 그 현실은 이루 말할 수 없을 정도로 심각하다. 2011년 "고등학생들의 사이버 음란물 접촉과 성범죄와의 관계성 분석" 보고서에 따르면 음란물을 많이 볼수록 각종 성범죄를 일으키는 비율도 높은 것으로 나타났다.[10]

2011년, 충북 7개 학교의 고등학생 1,537명을 대상으로 설문조사한 결과, 음란물을 매일 3시간 이상 보는 학생 중 47.6%는 성추행을, 35.7%는 강간이나 준강간에 해당하는 행위를 저질렀다고 답했다.[11] 즉, 음란물이 성범죄자를 양산하는 것이다. 음란물을 매일 30분 이내로 보거나 전혀 보지 않는 청소년의 성범죄 비율은 2.9%에 그쳤다.

2012년에는 행정안전부가 전국 청소년 12,251명을 대상으로 실시한 "청소년 성인물 이용 실태조사" 결과를 발표했다.[12]

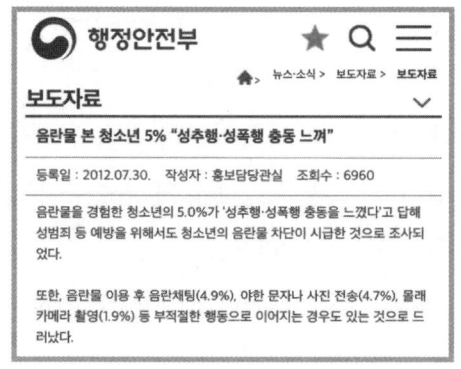

항목	비율
피곤함	19.3%
변태적인 장면도 자연스럽게 여기게 되었다.	16.5%
안 보면 허전하다.	16.1%
더 자극적인 성인물에 집착하게 되었다.	14.0%
집중력 감소	11.2%
이성 친구가 성적 대상으로 보인다.	7.9%

성추행·성폭행 충동을 느꼈다.	5%
음란 채팅	4.9%
음란 문자나 사진 전송	4.7%
몰래 카메라 촬영	1.9%

<표 3-1. 2012년 행정안전부 "청소년 성인물 이용 실태조사" 발표>

이에 따르면 음란물을 이용하는 청소년은 '변태적인 장면도 자연스럽게 여기게 되었다'(16.5%), '더 자극적인 성인물에 집착하게 되었다'(14.0%), '집중력 감소'(11.2%), '이성 친구가 성적 대상으로 보인다'(7.9%) 등 음란물의 폐해를 고스란히 답했다. 더 충격적인 것은 '성추행·성폭행 충동을 느낀다'(5%), '음란 채팅'(4.9%), '음란 문자나 사진 전송'(4.7%), '몰래 카메라 촬영'(1.9%) 등 약 17%가 성범죄에 대한 충동을 경험했거나 일부는 실제로 성범죄를 저질렀다는 사실이다.

2016년 8월 충남지방경찰청 사이버수사대는 SNS를 이용해 아동 청소년 이용 음란물을 전시·배포한 혐의로 십 대 청소년 20명을 불구속 입건했다.[13] 이들은 중고등학교에 재학 중인 15~19세로, 같은 해 2월부터 스마트폰 무료 채팅 앱을 통해 음란물 공유방을 운영하면서 자신들이 소유한 음란물을 업로드했다. 음란물을 즐기는 것에 그치지 않고 직접 음란물 사이트를 개설한 사례다. 청소년이 음란물의 소비자이자 재생산자가 되어 가고 있다. 그러므로 음란물을 인간의 성적 충동과 욕구를 충족시켜 주는 건강한 해방구로 보는 것은 틀린 견해다.

2) 음란물 중독과 뇌

100세 시대에 성령의 역사 없이, 예수님을 아는 지식 없이 그저 눈에 보이는 것들을 좇으며 수목같이 긴 인생을 살다 보면, 쾌락에 중독된 삶으로 치닫는 것은 시간 문제다. 이른바 중독의 시대가 활짝 열리고 있다. 알코올이나 니코틴, 마약 중독을 소위 '물질 중독'이라 부른다. 최근에는 쇼핑 중독, 도박 중독, 게임 중독, 음란물 중독 같은 '행위 중독'(눈에 보이지 않는 것들에 대한 중독)이 사회적 문제로 대두하고 있다. 행위 중독은 물질 중독과 달리 눈에 보이는 흔적(술병, 꽁초 등)이 남지 않는다. 그래서 '나는 게임을 조금 더 할 뿐이야. 남들도 그래.'라고 생각하기 쉽다.

내성(약물을 반복 사용하다 보면 효과가 떨어지는 현상)과 금단증상 같은 생리적 의존성을 동반하는 충동조절장애는 도박, 섹스, 쇼핑 등의 행위 중독에서도 나타난다. 이렇게 습관화된 특정 행동이 갈망, 내성, 금단증상, 사회부적응으로 연결될 때 중독으로 간주한다.

알코올이나 마약중독처럼 성 중독자도 행위 자극 강도를 점점 높여야 하며 중단할 경우 불안·초조를 느끼는 금단증상을 겪는다. 이를 단순히 습관 정도로 여기고 넘어가서는 안 된다. 중독된 뇌는 물질 중독이든, 행위 중독이든 심리적 문제로 끝나지 않고 뇌에 심각한 변화를 일으킨다. 뇌가 쪼그라들고, 기억력과 집중력이 감퇴한다. 이러한 현상은 청소년의 뇌에서 더 뚜렷하게 발견된다.

① 전두엽 손상

1954년 캐나다 맥길 대학의 피터 밀너(Peter Milner)와 제임스 올즈(James Olds)는 쥐의 뇌에 전극을 꽂고 뇌의 어떤 부위가 전기 자극을 받으면 불쾌감을 유발하는지 실험했다.[14] 놀랍게도 쥐들은 자신의 뇌를 자극하기 위해 시간당 무려 7,000번이나 지렛대를 눌렀다. 심지어 음식과 물은 쳐다보지도 않고 죽을 때까지 지렛대를 누른 쥐도 있었다. 전기 자극이 가해진 뇌 부위는 쾌감중추에 해당하는 측좌핵이었다. 이후 연구를 통해 신경과학자들은 측좌핵과 복측피개 영역을 포함하는 보상회로(reward circuit)를 밝혀냈다. 아주 강한 자극에 노출이 되면 보상회로 자체가 망가지게 된다.

2012년 독일 뒤스부르크-에센 대학교 연구진은 독일 성인 남성 28명(평균 연령 26세)을 대상으로 음란물이 기억력에 미치는 영향을 실험했다.[15] 자극적인 성인물 이미지와 일반적인 이미지를 번갈아 보여 주었고, 이후 어떤 사진이었는지 적어 보는 간단한 테스트였다. 이를 통해 성적인 자극을 주는 사진을 보고 난 후 일반 사진에 대한 기억력이 현저하게 떨어진다는 사실이 밝혀졌다.

2014년 7월에는 포르노 중독자의 뇌에 관한 연구가 발표됐다. 케임브리지 대학교 심리분석학 연구팀인 발레리 분(Valerie Voon) 박사는 니코틴이나 알코올에 중독된 사람의 뇌 특징이 성 중독자의 뇌에서도 동일하게 발견됐다고 발표했다.[16] 연구팀은 포르노 중독 현상을 보이는 19명의 남성 환자의 뇌 활동과 19명의 건강한 자원봉사자의 뇌 활동을 MRI를 통해 모니터링했다. 그 결과, 포르노 중독자 19명이 포르노를 볼 때 이들의 뇌의 세 군데에서 알코올·마약 중독자의 뇌처럼 과도한 활성화 반응이 나타나는 것을 발견했다.

2014년 독일에서는 음란물을 즐기면 뇌가 쪼그라든다는 연구 결과도 나왔다. 포르노를 많이 본 사람일수록 자극과 보상 반응을 담당하는 뇌 부위, 즉 대뇌의 바닥핵 가운데 있는 선조체(striatum)가 작아져 있다는 것이다.[17]

음란물 시청은 치명적인 전두엽 손상을 불러올 수도 있다. 2013년 9월 캐나다 라발 대학교의 레이첼 앤 바르(Rachel Anne Barr) 신경과학 연구원은 포르노를 정기적으로 시청한 사람들에게서 전체 피질(뇌 표면 신경세포들의 집합)의 29%가량을 차지하는 전전두엽 피질의 손상이 관측됐다고 발표했다. 이 부분이 손상되면 충동을 조절하지 못하거나 강박적 행위, 의지력 약화, 우울증, 발기부전 같은 성기능 저하가 생기기도 한다. 바르 연구원

은 음란물이 전두엽을 '부식(erosion)시킨다'고까지 언급했다.[18]

전두엽은 상황 판단, 사고, 계획, 자기 인식, 위험요인 자각, 통찰하는 능력 등을 제공한다. 인간이 동물과 달리 인간다운 성숙한 사고와 판단을 하게 만드는 부위가 바로 뇌, 그중에서도 전두엽이다.

전두엽이 망가지면 우발적인 범죄를 저지르기 쉽고, 심해지면 사이코패스적인 성향으로 진행된다. N번방 사건과 같은 사례는 이렇게 음란물에 집단으로 중독되어 뇌의 보상체계와 전두엽이 망가진 세대들의 한 단면이 드러난 사건이다.

② 도파민 수용체 고장

하나님은 인간에게 도파민이라는 신경조절물질(neuromodulator), 천연의 에너지 자산을 주셨다. 무언가를 하겠다고 결심하거나 하고 싶다는 의욕을 느끼게 해 주는 것이 이 도파민이다. 인간이 일을 해내어 얻는 쾌락, 즉 성취감이나 도취감 또한 도파민과 관련되어 있다.

도파민은 분비가 많이 될수록 쾌락을 더 강하게 느끼고, 두뇌 활동이 일시적으로 증가하며, 작업 속도, 정확도, 목표지향적 행동, 인내, 끈기 등에 지대한 영향을 준다. 일중독처럼 보이기도 하지만 투자 시간 대비 높은 효율을 보이는 사람들을 보면 도파민의 분비와 수용체 작용이 매우 활발하게 진행된다.

무기력감을 제거하고 작업 능률을 올릴 목적으로 사용되는 약물, 이른바 각성제는 기본적으로 도파민의 역동을 늘린다. 도파민 분비 자체를 촉진하거나 도파민의 재흡수를 막아서 도파민의 지속 시간과 양을 늘리는 것이다.

문제는 음란물을 즐기면서 자위행위를 하고 이에 따라 도파민을 소모하는 성중독에 빠지는 사람이 늘어나고 있다는 것이다. 중독 행위로 도파민이 과도하게 분비되면 우리 몸은 항상성(homeostasis)을 유지하기 위해 시냅스 후 신경세포에 있는 도파민 수용체가 일시적으로 감소하다가(down-regulation) 일정 시간이 지나면 도파민 수용체가 다시 복구되어 증가하는 상향 조정(up-regulation) 과정을 겪게 된다. 이 과정이 끝난 시점은 중독 행위가 중단되면서 도파민이 폭발적으로 분출되는 것이 끝난 상태이기 때문에 여러 금단증상이 나타나게 되는 것이다.

이처럼 음란물 중독은 소중한 신경전달물질인 도파민을 도리어 우리를 파멸시키는 물질로 바꾸어 버린다. 부부관계 속에서 아름답게 사용되어야 할 도파민을 잘못된 곳에 사용하게 되면서 도파민 수용체가 고장 나고 뇌와 심신이 망가지게 되는 것이다.

③ 음란물과의 유대감 형성

성관계 시 방출되는 각종 신경조절물질과 신경전달물질, 호르몬 종류로는 도파민(긴장, 집중, 적극성, 기분 좋음), 엔도르핀(행복감, 해방감), 세로토닌(평온함, 만족감), 노르에피네프린(성적 흥분), 옥시토신(친밀감, 유대감), 바소프레신(친밀감, 유대감) 등이 있다.

이러한 물질 중 특히 성행위 시 증가하는 옥시토신이나 바소프레신은 성적 흥분을 유발한 상대방에게 친밀감을 느끼도록 하는 호르몬이다. 옥시토신은 분만 시 자궁수축에 관여하고, 아기와의 유대감을 형성하며, 수유가 원만하게 이루어질 수 있도록 돕는 호르몬이기도 하다. 항이뇨 호르몬으로 불리기도 하는 바소프레신 또한 유대감과 친밀감을 형성하는 중요한 호르몬이다. 과거 일부다처제인 들쥐 실험에서 이 들쥐에게 바소프레신 수용체 유전자를 투입하면 일부일처제를 고수하다가, 바소프레신 수용체 억제제를 투여하면 다시 일부다처제로 되돌아가는 현상이 발견되기도 하였다.[19]

그런데 소중한 호르몬을 음란물 앞에서 남용하게 되면 인간관계가 오히려 파괴되고 성중독에 빠지게 된다. 음란물 앞에서 자위하며 각종 호르몬을 뿜어내며 유대감을 갖는 뇌는 결국 결혼 상대자와의 정상적인 성 행태 속에서 제대로 기능을 발휘하지 못하게 된다. 앞서 언급한 캐나다 라발 대학교의 신경과학 연구원 레이첼 앤 바르 연구원은 포르노 중독이 되면 배우자와의 정상적인 성관계에서는 발기부전을 보이기도 한다고 경고한다.[20] 더 큰 성적인 자극을 갈망하도록 이미 보상체계가 망가질 대로 망가져 있기 때문이다.

또한 비정상적이고 과도한 자극을 유발하는 포르노와 유대감 및 친밀감을 형성하는 현상을 보이게 된다. 바로 음란물을 즐기기 위해 스마트폰과 컴퓨터를 켜는 순간부터 친밀감과 유대감, 안도감을 느끼게 되는 것이다. 음란물을 즐기지 못하는 상황에서는 불안하고 안절부절못하며 지내다가 일을 마치고 어두운 방에서 홀로 음란물을 즐길 준비를 하게 되면, 그때부터 비로소 편안함을 느끼고 몸이 반응하는 중독 현상이 나타나는 것이다. 음란물과의 유대감 형성, 이는 어떤 측면에서 보면 도파민의 폭발적인 분출로 인한 내성 현상이나 수용체가 고장 나 금단현상이 나타나는 것보다 더 무섭고 벗어나기 힘든 성중독의 기전으로 보인다.

특히 음란물은 청소년에게 악영향을 미칠 수 있다. 성장기에 있는 청소년은 "나는 나를 조절할 수 있고 재미 삼아 내가 한 일들에 중독되거나 빠져들게 되지는 않아. 난 언제든 이것을 끊을 수 있어."라며 자기를 과신하는 경향이 있다. 이런 태도는 중독으로 들어가는 지름길이다.

그런 아이들에게 음란물의 구체적인 폐단을 알려야 한다. 정죄하지 않되 사랑을 담아 단호하고 명료하게 가르쳐야 한다. "음란물을 지금처럼 보다 보면 중독에 빠지고 너의 뇌 자체가 망가질 수 있어."

④ 공격성 증가

음란물은 인간을 대하는 태도에 영향을 준다. 공격성을 띠게 되는 것이다. 음란물은 사람을 존귀하게 보고 만든 것이 아님을 기억해야 한다. EBS "다큐프라임-아이의 사생활"에서는 남자 대학생 120명을 대상으로 다음과 같은 실험을 했다.[21] 실험 참여자를 세 그룹으로 나누어 자연 다큐멘터리와 일반 포르노, 폭력적 포르노 등 세 가지 영상물을 15분간 시청하게 한 뒤 그룹별로 사람 및 사물 표적 중 사람 표적에 다트를 던지는 빈도를 측정하여 공격성을 살펴보았다. 그 결과 폭력적 음란물을 시청한 그룹이 자연 다큐멘터리를 시청한 그룹보다 사람 이미지에 다트를 던진 횟수가 최대 8배나 높게 나타났다.[22]

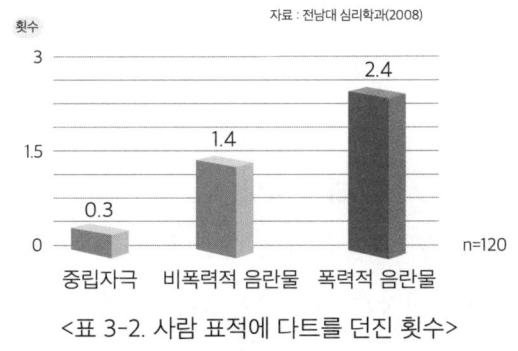

<표 3-2. 사람 표적에 다트를 던진 횟수>

5. 음란물이 청소년에게 더 치명적인 이유

음란물은 청소년에게 더 치명적인 영향을 끼친다. 청소년은 정서적인 면과 뇌의 발달에서 어른과 큰 차이를 보인다. 미성년자와 성인의 차이점을 인지시키는 것은 미성년자를 차별하자는 말이 아니다. 이 차이를 인지하는 것은 음란물이 청소년에게 더 치명적인 영향을 끼친다는 것을 인식하는 데 중요한 전제가 된다. 나아가 이를 통해 음란물을 대하는 청소년에게 어떻게 반응해야 하는지 생각해 보자.

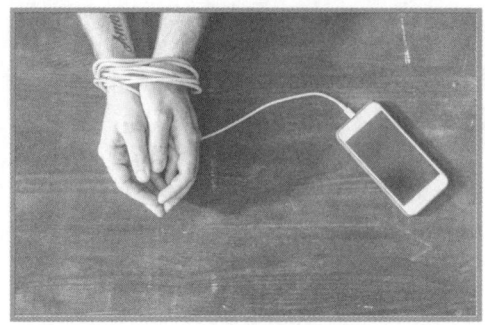

<그림 3-2. 음란물에 치명적 영향을 받는 청소년>

1) 정서적으로 미성숙한 청소년

최근 성교육에 있어서 미성년자에게도 성인만큼의 자기결정권을 주자는 분위기가 팽배해지고 있다. 특히 성적자기결정권이라는 이름으로 청소년도 성적 자유를 누리도록 방임하자는 분위기가 퍼지고 있다. 이는 학생인권조례에도 영향을 끼쳐 동성애, 이성애, 양성애 등 각종 성적 지향을 청소년의 권리로 인정하는 상황까지 왔다(서울시 학생인권조례 제5조).[23]

성인을 압도하는 체구와 힘을 가진 청소년이 많아진 것은 사실이다. 우리나라 청소년의 평균 신장과 체중 등은 최근 크게 성장했다. 영국 임페리얼 칼리지 런던 연구팀은 1985~2019년 전 세계 193개국 6,500만 명 이상의 5~19세 어린이 및 청소년의 키와 체질량지수(BMI) 등을 분석해 의학 저널 『랜싯』(The Lancet)에 게재했다.[24]

35년 전만 해도 한국의 19세 청소년의 평균 키는 세계 130위권 수준이었다. 이후 청소년의 신체 조건은 큰 개선을 이뤘고, 최근에는 세계 60위권에 진입했다. 보고서는 중국과 한국에서 지난 35년간 청소년 평균 키가 가장 큰 개선을 보였다고 설명했다. 그럼에도 미성년자에게는 여전히 성인의 보호와 보살핌, 훈육이 필요하다. 아직 정서적으로 미성숙하기 때문이다. 기독교 양육자들은 이 점을 간과해서는 안 된다.

형사처벌을 받을 만한 죄는 지었지만 실제로 형사처벌을 받지 않는, 만 14세 미만의 청소년을 '촉법소년'이라고 한다. 최근 이 연령대의 범죄가 늘고 청소년 범죄로 보기 힘들 정도의 계획적 수법까지 등장하고 있다. 이 때문에 촉법소년의 나이를 낮춰서라도 처벌해야 한다는 목소리가 나오고 있다. 그러나 여전히 성인만큼 준엄한 법의 잣대를 적용하지 않는 것은 청소년의 '미성숙함'을 인정하기 때문이다. 사회 지도자의 자리에 서기에는 아직 부족한 면이 있기에 미성년자의 참정권에도 제한을 둔다.

심지어 성인이라 할지라도 어느 정도 인생의 경륜과 지혜를 갖춘 나이가 됐을 때 입법자의 위치에 설 수 있도록 나이 제한을 두는 나라도 있다. 미국은 헌법상 하원의원이 되려면 최하 25세가 되어야 한다. 상원의원이 되려면 최하 30세가 되어야 한다. 성인 중에서도 어느 정도 사회적 경험과 사회, 정치, 경제, 문화에 대한 통찰이 기대되는 나이에 이르렀을 때 입법자의 자리에 설 수 있다는 말이다. 입법이라는 중요 활동에서 충동과 호기심, 혈기가 충만한 인물보다 삶의 성숙, 노련미, 책임감 등을 두루 갖춘 인물이 적절하다고 본 것이다. 이처럼 성인이라 해도 나이를 기준으로 참여 및 권리를 제한하는 경우가 많다. 이런 마당에 십 대에게 성인에 준하는 각종 성적결정권을 주자는 발상은 매우 무책임한 사고라고 할 수 있다.

일반적으로 개인의 연수가 쌓여 간다는 말은 물리적 나이만 누적됨을 의미하지 않는다. 한 개인의 경륜과 체험, 성찰이 함께 축적됨을 뜻한다. 그러므로 선거 연령 제한, 술·담배 이용의 제한, 형사처벌 제한 등 청소년에게만 적용되는 몇 가지 제한은 청소년을 차별하는 것이 아니다.

대부분의 나라가 미성년자에 대한 처벌이 관대하다. 한국도 성인이었다면 무기징역형에 해당하는 중범죄를 저질렀어도 만 18세 미만의 소년에게는 무기징역형을 선고할 수 없다고 규정한다. 미성년자의 경우 15년형이 법정최고형이다(소년법 제59조).[25] 청소년이 미성숙하기 때문이다.

이런 측면에서 봤을 때 청소년에게 모든 성적 권리와 자유를 비판 없이 허용하고 권리를 확장하자는 시도는 매우 위험하다. 영국에서는 십 대가 술이나 담배를 소비할 선택권은 용인하지 않는다. 그런데 타고난 성별을 교체할 권리는 인정해 준다. 기괴한 상황이 아닐 수 없다.

영국의 탈성전환 네트워크 리더인 찰리 에반스는 십 대 때 성별 교체를 섣불리 결정했다가 크게 후회하고 진실을 알리는 운동에 힘쓰고 있다. 그는 타고난 성별의 몸으로 돌아가기 위해 사투를 벌이는 십 대가 증가하는 영국의 현실을 알리고 있다.[26]

물리적인 나이가 한 개인의 성숙도를 가늠하는 절대 기준이 될 수는 없을 것이다. 다니엘과 그의 친구들은 그들보다 나이와 경륜이 많은 왕과 그 주변 권세자들이 감히 흉내조차 낼 수 없는 신앙과 통찰력을 가졌다. 여호와를 아는 것이 지식의 근본이며 인본주의 경륜이나 지혜와는 견줄 수 없는 가치를 준다는 사실을 다시 한번 깨닫게 해 준다. 즉, 나이와 상관없이 개인적 성숙도에는 차이가 존재한다. 그러나 연령에 따라 보편적으로 존재하는 특성이 있기에 미성년자와 성인 간 차이를 둔다. 특히 청소년은 미성숙함 때문에 성인이 될 때까지 사회적으로 여러 제도를 통해 배려하고 보호한다. 기독교 양육자는 이런 점을 잘 인지하고 자녀들에게 바른 권리, 차별이 아닌 구분과 배려의 가치를 제대로 알려야 한다.

"평강의 하나님이 친히 너희를 온전히 거룩하게 하시고 또 너희의 온 영과 혼과 몸이 우리 주 예수 그리스도께서 강림하실 때에 흠 없게 보전되기를 원하노라"(살전 5 : 23).

사도 바울은 영혼이 중요하니 육은 어찌 되든 상관없다고 선포하지 않았다. 영과 혼과 몸이 모두 흠 없게 보존되기를 원한다고 선포했다. 이처럼 영혼과 육체는 이분법적으로 따로 돌아가는 것이 아니라 상호 매우 밀접하게 역동하고 있다. 특히 인간의 육체 중에서 뇌는 중요하기도 하고, 한편으로는 신비롭기도 한 곳이다.

2) 성장 중인 청소년의 뇌

하나님은 '온몸에 영향력을 행사하는 1,500g의 장기'라 불리는 뇌를 인간에게 주셨다. 정신과 의사이자 영성 지도자인 제럴드 메이(Gerald May)는 그의 저서 『영성 지도와 상담』에서 하나님이 인간에게 주신 뇌가 인간의 영혼과 육체의 중간지대로 역할 하는 중요한 지점일 것이라고 말했다.[27]

기독 양육자들은 십 대 자녀들의 뇌가 성인의 뇌와 다른 성숙도를 보인다는 것을 잘 인지해야 한다. 그리고 청소년과 성인 간 뇌의 차이가 정신적 성숙도나 전 행동(total behavior)의 차이로 연결됨을 알고 있어야 한다. 뇌의 성숙과 발달에 있어 청소년은 여러모로 어른과 차이를 보인다. 특히 청소년의 전두엽은 충분히 성숙하지 않은 채로 한창 발달하는 시기다.

최근 10년간 미국국립보건원(National Institutes of Health)이 생애 첫 21년 동안 뇌 영역이 어떻게 활성화되는지를 연구했다. 그 결과 뇌의 발달, 즉 뇌신경의 연결은 뇌 뒤쪽(후두엽)에서 앞쪽(전두엽) 방향으로 진행한다는 사실을 밝혀냈다. 즉, 마지막으로 신경 연결이 완결되는 부위가 전두엽이었다. 사고의 성숙과 관련된 부위인 전두엽의 발달이 뇌 부위 중 가장 늦게 이루어지다 보니 어른과 청소년의 정신적 성숙도는 차이를 보일 수밖에 없다. 반면 가장 먼저 발달하는 후두엽은 생애 중 가장 먼저 발달하는 부위이기 때문에 청소년이나 어른이 유사했다. 뇌 부위 중 변연계는 인간의 각종 본능, 욕구, 충동과 관련된 영역이다. 청소년은 전두엽 발달과는 달리 변연계 발달이 상당히 이뤄진 상태라 본능적 욕구와 충동이 활발하다.

종합하자면 십 대의 뇌에서 생각하고 판단하고 조절하는 전두엽은 아직 전선이 연결되지 않은 상태에 있다. 반면 충동과 본능적 욕구의 부위인 후두엽은 상당한 기능을 한다. 즉, 청소년 시기 종합적인 상황 판단, 인내, 절제, 오래 참음의 기능을 담당하는 전두엽에서 충동과 호기심, 욱하는 변연계의 역동을 누르는 기능이 통상적으로 부족한 것이다.

그래서 전문가들은 십 대의 뇌는 어른에 비해 80% 정도밖에 성숙하지 못한 상태라고 말하곤 한다. 십 대 자녀들이 감정 기복이 심하고, 화를 잘 내고, 충동적인 말이나 행동을 하는 것에는 이유가 있다. 시작은 거창했지만 끝까지 마무리하지 못한 채 그만두거나, 담배나 알코올의 유혹에 쉽게 빠지고 위험한 행동을 하는 등 당혹스러운 모습을 보이는 이유를 뇌과학이 상당 부분 설명해 준다.

6. 음란물 예방교육을 위해 조성해야 할 환경

대한민국 국민 대다수는 음란물의 범람이 매우 심각한 수준에 도달했다고 생각한다. 영상물등급위원회가 2006년 전국의 15세 이상 남녀 1,500명을 대상으로 실시한 "영상물 등급 분류에 대한 제3차 국민여론조사"에 따르면, 전체 응답자의 86.8%가 한국에서 유통되는 영상물의 음란성·폭력성·선정성이 '심각하다'고 답했다.[28] 십수 년이 지난 지금은 그 정도가 훨씬 심해졌을 텐데 왜 교회와 가정에서는 음란물 근절 교육을 하지 않을까? 그 이유에 대해 기독교 양육자들은 다음과 같은 답변을 했다.

첫 번째, 아이들이 당연히 음란물이 죄라는 것 정도는 알고 있을 것이라고 여겨서 이에 대해 교육하지 않는다고 하였다. 그러나 성경은 "마땅히 행할 길을 아이에게 가르치라 그리하면 늙어도 그것을 떠나지 아니하리라"(잠 22 : 6)라고 하면서 우리가 자녀들에게 부지런히 마땅히 행할 것들을 가르쳐야 한다고 명령한다. 부모가 자녀에게 마땅한 것을 가르치지 않고 내버려 두면 '마땅히 행할 길을 배우지 못한 채' 청소년기가 끝나 버리게 된다.

두 번째, 디지털 네이티브들에게 음란물은 이미 보편화되고 일상적인 볼거리가 되었기 때문에 교육을 하기에는 너무 늦었다는 것이다. 교육을 해 봤자 아무 효과가 없을 것이라는 패배주의가 교육을 시도조차 하지 않게 만드는 요인이 되는 것이다. 하지만, 실제로 음란물 예방교육을 받았던 대부분의 청소년이 "너무 중요한 강의를 들었다."라며 긍정적으로 반응했다.

세 번째, 양육자 자신도 음란물을 끊지 못하고 있는데 '어떻게 아이들에게 음란물을 보는 것이 죄라고 가르칠 수 있을까?'라고 생각하며 자책감과 수치심으로 성교육을 하지 않는 것이다. 그러나 완전무결한 자만이 말씀을 가르치고 바른 기준을 제시할 수 있는 것이 아니다. '도둑질은 죄'라고 가르칠 수 있는 것은 한 번도 도둑질을 해 본 적이 없는 양육자만이 할 수 있는 말이 아니다. 비록 양육자가 도둑질한 적이 있어도 성경에서 도둑질은 죄라고 하기 때문에 도둑질을 하지 않도록 힘써야 하고, 만일 도둑질을 했다면 회개하고 돌이키자고 말할 수 있다는 것이다. 이 은혜로 인해 여전히 주님은 연약하고 실수투성이인 우리에게 자녀를 향해 옳은 것을 가르치고 훈육할 권세를 주셨다. 양육자는 과거의 잘못으로 인해 위축감과 죄책감에 빠져 자녀 교육을 망설이지 말고, 이 문제에 대해 회개하고 아이들과 함께 거룩한 길을 향해 나아가야 할 것이다.

네 번째, 양육자가 음란물의 폐해를 정확히 인식하지 못하기 때문에 성경적인 성교육에 어려움을 겪는다. 이는 음란물의 문제점에 대해 과학적이고 정확한 정보를 제공하는 여러 연구 결과와 통계 자료를 습득한다면 극복될 수 있는 문제이다.

다섯 번째, 음란물 이용을 제지하면 오히려 역효과가 난다는 생각에 말조차 꺼내기 조심스러워한다는 것이다. 도리어 부모와 자녀가 나란히 앉아서 음란물을 볼 수 있어야 한다고 말하거나, 인간의 성욕은 자연스러운 본능이므로 음란물을 통해 이를 해소하는 라이프 스타일 자체를 문제시할 수 없다고 말하는 이들도 있다. 그러나 이것은 매우 잘못된 생각이다. 행정안전부에서도 청소년 음란물 근절 캠페인을 통해 아이들이 음란물을 시청하는 문제를 자연스러운 일로 방치하지 말고 항상 관심을 가지고 자녀와의 소통을 통해 잘못된 선택을 바로잡아 주는 것이 중요하다고 권유한 바 있다.[29] 물론 음란물 예방교육을 하면서 성경말씀으로 아이들을 정죄하거나 겁박하는 것에 그치면 오히려 역효과를 가져올 수 있다. 반드시 전문적이고 과학적인 정보에 근거해 정확한 교육을 제공하는 동시에, 회개하는 자를 용서하시는 사랑의 하나님을 제시하면서 회개를 촉구하고 음란물에서 돌이킬 수 있도록 지도해야 한다.

1) 적당히 보는 건 괜찮다?

행정안전부는 2012년 "청소년 성인물 이용 실태조사" 결과를 발표했다. 결론은 "음란물은 일상생활에 지장이 없을 정도로 적당히 봐도 된다."라는 것이 아니라 "음란물을 아예 차단하라."는 것이었다.[30] 즉, 요즘 말로 음란물이 주는 유익은 '1도 없다'라고 본 것이다.

음란물은 성충동이나 성욕 해소에도 도움이 되지 않고, 오히려 더 강화한다. 일례로 성폭행범의 컴퓨터와 휴대전화에서는 늘 다수의 음란물이 쏟아져 나온다. 음란물을 보는 것이 성욕 해소에 도움이 된다면 그렇게 많이 보고도 왜 범죄를 저지르겠는가? 유타 대학교 심리학과 빅터 클라인(Victor B. Cline) 명예교수는 음란물을 오히려 너무 많이 봐서 실제로 모방해 보고 싶은 욕구에 빠지는 것이라고 말하며, 음란물 접촉 후 겪게 되는 4단계 변화를 발표한 바 있다.[31]

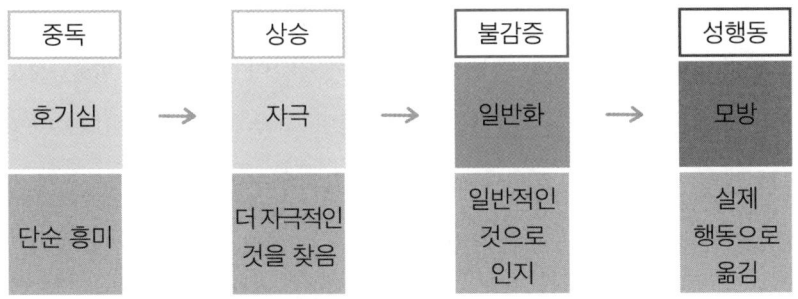

<표 3-3. 음란물 4단계 증상 변화(빅터 클라인)>

그에 따르면 1단계는 호기심으로 음란물을 접하고 자극을 받게 된다. 2단계는 그것에 지속성을 갖게 되어 계속 보게 되는 단계를 거친다. 문제는 갈수록 일반 음란물이 싱겁고 재미없게 느껴지는 무감각 상태가 되어 더 자극적인 음란물을 찾게 된다는 것이다. 3단계는 그 음란물의 내용을 보편적인 성으로 인식하는 일반화 단계를 거친다. 4단계는 본 것을 그대로 실행함으로써 성폭력 범죄자가 되거나 혹은 변태성욕으로 남에게 피해를 주게 된다. 또한 스스로도 고통받는 삶을 살게 된다는 것이다.

2006년 안양 초등학생 납치 살해 사건의 범인 정성현의 개인 컴퓨터에서는 포르노 700여 편이 쏟아져 나왔다. 2010년 여중생을 아파트 옥상으로 납치해 성폭행한 당시 14세의 이 모 군은 "야동에서 본 것을 따라 하고 싶었다."라고 진술했다. 2010년 초등학생 납치 성폭행 사건의 범인 김수철은 범행 전날 오전 9시부터 밤 10시까지 십 대 여성이 등장하는 음란 동영상 52편을 시청했다. 그리고 그다음 날 아동을 성폭행했다. 2012년 경남 통영 초등학생 성폭행 및 납치 살해 사건의 범인은 김정덕이었다. 그가 쓰는 컴퓨터에서는 아동 포르노를 비롯한 음란 동영상 70여 편, 음란 소설과 사진 130여 점이 발견되었다. 2018년 이른바 수원 토막살인 사건의 범인 오원춘 역시 조사 결과 하루 3~4번씩 스마트폰으로 내려받은 음란 사진이

700여 장에 달했다. 검찰 조사에서 그는 "컴퓨터로 음란 동영상을 자주 시청해 왔다."라고 진술했다. 이러한 사례는 일일이 열거하기 힘들 정도다. 결론은 음란물은 왜곡된 성관념과 폭력성만 부추긴다는 것이다. 만일 음란물이 성욕 해소를 해 준다면 사건이 일어나지 않았을 것이다.

음란물의 악영향을 차단하려면 음란물을 적당히 보라고 하지 말고 차단하라고 가르쳐야 한다. 예수님도 이렇게 말씀하셨다.

"또 간음하지 말라 하였다는 것을 너희가 들었으나 나는 너희에게 이르노니 음욕을 품고 여자를 보는 자마다 마음에 이미 간음하였느니라 만일 네 오른눈이 너로 실족하게 하거든 빼어 내버리라 네 백체 중 하나가 없어지고 온몸이 지옥에 던져지지 않는 것이 유익하며 또한 만일 네 오른손이 너로 실족하게 하거든 찍어 내버리라 네 백체 중 하나가 없어지고 온몸이 지옥에 던져지지 않는 것이 유익하니라"(마 5 : 27-30).

죽기까지 우리를 사랑하신 주님이 이처럼 단호하게 말씀하셨다. 이분은 "우리가 아직 죄인 되었을 때에…… 우리를 위하여 죽으심으로 하나님께서 우리에 대한 자기의 사랑을 확증"하신 분이 아닌가?(롬 5 : 8) 그러나 주님은 죄에 관해서는 당장 맞서 싸우라고 말씀하신다. 싸우다 싸우다 안 되면, 자기 눈을 뽑아서라도 죄를 버리라고 말씀하신다. 예수님이 행위로 구원을 받는다고 말씀하신 적이 있는가? 예수님이 율법주의자였는가? 아니다. 그런데 죄에 대해서는 단호하게 맞서고 죄와 싸우라고 말씀하셨다. 음란물도 마찬가지다.

아무도 보는 이 없는 곳에서 내 의지에 따라 스스로 클릭한 그것, 내 눈앞에 나온 그 영상이 내 영성의 현주소다. 그 현장에서 죄 앞에 무릎 꿇지 않고자 피 흘리는 영적 전쟁을 치러 내고 승리하는 자에게 하나님은 천하의 영혼을 옳은 길로 오게 하는 큰일을 맡기실 것이다.

우리는 다음세대에게 사랑의 마음으로 다음과 같이 강조해야 한다. "음란물을 끊어라. 보지 않아도 사는 데 아무런 지장이 없다. 오히려 영적으로 성장하고, 머리가 좋아지고, 마침내 이웃을 옳은 데로 오게 하는 일꾼이 될 것이다." 이렇게 가르쳤을 때 많은 청소년이 "바른 기준을 가르쳐 주셔서 감사하다."라고 인사한다. 이 나라의 교육 현장에 아직 희망이 있다는 말이다.

2) 음란물 예방교육 방법

자녀가 음란물을 즐기는 상태임을 처음 알게 됐을 때 부모는 어떤 태도를 보여야 할까? 죄인이나 원수를 사랑하라는 말이 그들이 행한 악행마저도 사랑하라는 말은 아니다. 악한 일을 저지른 사람과 함께 그가 저지른 악까지 관용을 베풀라는 말로 착각해서는 안 된다.

그러나 아이에게 직접적으로 "네가 음란물을 보았느냐, 보지 않았느냐?"라며 시청 여부를 밝혀내려는 질문은 하지 않는 것이 좋다. "오늘 엄마가 책을 읽었는데 음란물의 문제점을 잘 다루고 있었어." 대화의 시작은 이처럼 자연스러워야 한다. 다짜고짜 성경말씀으로 정죄하며 "너 음란물 봤지? 정말 큰일이네. 엄마가 잘못 키웠나 보네."라는 식의 대화방식은 아이의 마음 문을 닫게 한다. 오히려 음란물의 심리적·의과학적 문제점에 대해서 자연스럽게, 그러나 반복적으로 언급해 주는 교육이 필요하다.

가정예배를 드리는 가정이라면 이런 과정 없이 예배의 주제를 음란물로 정해도 좋다. 마태복음 5장의 눈으로 짓는 간음죄 구절을 함께 암송하고 음란물의 문제를 설명하면 좋다. 자녀의 음란물 시청 실태를 본인 스스로 인정하고 솔직하게 양육자와 함께 마음을 나누고 회개기도를 하는 시간을 갖고, 양육자는 음란물을 보지 않도록 도와주겠다는 다짐을 한다. 이후

"나는 너를 사랑하는 부모이며, 안전기지란다."라는 고백과 표현이 필요하다. 또한 양육자가 음란물은 끊을 수 있다고 명료하게 말해 주어야 한다. 그리고 육을 입고 있는 이 세상에서 호기심과 충동을 동반한 음란물 시청 욕구가 또 다가올 수 있음을 알리고 싸워 이겨야 함을 잘 교육해야 한다.

음란물 예방교육 이렇게!

성교육 현장은 조용하면서도 치열한 전쟁터와 같다. 음란물을 예방하고 끊게 하는 명료한 방법을 제시하는 것이 절실한 상황이다. 자녀들이 음란물의 유혹에 노출되지 않도록 예방하는 기본 방법을 소개한다.

첫째, 집 안 곳곳의 눈길 가기 좋은 곳에 성경말씀을 붙여 놓는다. 그 말씀을 보며 수시로 암송한다. 암송을 위해 말씀을 벽에 붙이는 부모를 보며 자녀는 심령 깊은 곳에 성경말씀이 진리이고 생명임을 새기게 된다.

둘째, 가족이 함께 기도하는 시간에 다음과 같이 음란물 등 각종 불건전한 미디어로부터 지켜 주실 것을 기도한다. "오늘 하루도 휴대전화, 노트북, PC 앞에서 경건을 입증하는 하루가 되게 하여 주시옵소서.", "상습적으로 죄 앞에 무릎 꿇지 않게 하시고 오로지 예수님의 은혜 앞에만 무릎을 꿇는 하루가 되게 하여 주시옵소서.", "우리의 눈과 귀를 주님께서 주관하시고 아무것에나 내주어 사탄이 틈타는 어리석은 죄를 범하지 않게 하여 주시옵소서."

셋째, 양육자가 자녀와 소통하기를 멈추지 마라. 공감을 통해 아이들과 소통의 길을 확보하고 성경말씀과 기도로 하나되는 가정을 이루라.

넷째, 양육자가 자녀와의 소통과 10초 허깅을 꾸준히 하라. 가족 간의 허깅은 비정상적인 스킨십과 성관계가 난무하는 혼란스러운 상황에서 음란물과 싸울 힘을 준다. 거꾸로 음란물에 젖어 있는 아이들은 양육자나 형제·자매와 정상적인 허깅을 회피하는 경향을 보인다. 비정상적인 성 접촉을 지속하면, 친밀감에 의한 정상적 신체접촉에 대해 과민해지거나 거부감을 느끼게 된다.

다섯째, 독을 먹으면 독이 몸에 퍼지고 물을 마시면 물이 몸에 퍼진다. 마찬가지로 음란물을 보거나 들으면 음란이 심령에 퍼지는 원리를 가르쳐야 한다.

여섯째, 집 안에 있는 음란물을 모두 없애야 한다. 혹시 자녀가 인터넷 유해 사이트에 노출되어 있는지 꼼꼼히 모니터링하고 발견 시 탈퇴하도록 지도한다.

2012년 한 유해정보 차단 서비스 전문 업체가 유해 사이트 데이터베이스를 분석한 바에 따르면 세계적으로 음란, 폭력 등의 유해 사이트가 하루 평균 1,600개씩 늘어나는 것으로 조사되었다. 2012년 6월 말까지 집계된 세계 유해 사이트는 총 563만 개로, 유해 사이트의 유형별로는 98.5%가 음란 사이트였다. 더 우려스러운 것은 매년 유해 사이트가 폭증하고 있고, 음란 사이트는 2007년부터 전체 유해 사이트의 98% 이상을 차지하고 있다는 점이다. 따라서 양육자는 자녀가 유해 사이트로부터 안전한지 항상 점검해야 한다.[32]

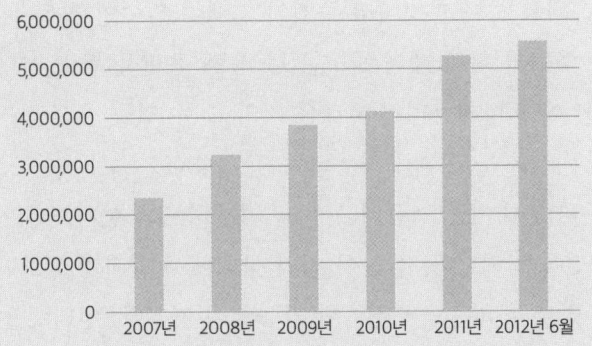

2007년	2008년	2009년	2010년	2011년	2012년 6월
241만 2,363개	323만 842개	379만 2,472개	413만 3,892개	532만 4,787개	563만 2,225개

<표 3-4. 연도별 유해 사이트 DB 현황>

일곱째, 음란을 조장하는 드라마 등 TV 프로그램을 시청하지 않는다. 아이들은 불륜 혹은 패륜적인 소재를 포함한 막장 드라마 앞에서 시간을 보내는 부모를 보며 영적 혼란을 겪는다. 부모는 오히려 그런 것이 TV를 통해 안방극장으로 들어왔을 때 휴대폰을 들고 방송국에 전화하는 모습을 보여야 한다. "불륜을 조장하는 소재로 드라마를 제작하셨군요. 시청자로서 잘못된 남녀 애정행각을 미화한 부분이 상당히 불쾌하고, 아이들이 보고 배울까 봐 걱정됩니다. 소재를 바꿔 주시길 정중히 부탁드립니다." 이렇게 전화하는 모습은 "신앙과 삶을 일치시키라."고 천 번 강론하는 것보다 더 큰 교육 효과를 가져온다.

여덟째, 미성년자인 자녀가 부모 허락 없이 인터넷 유료 사이트에 가입하지 않도록 한다. 유해하든, 유해하지 않든 모든 유료 사이트는 금전을 요구한다. 상당수 유해 사이트가 유료 사이트라는 사실을 잊어서는 안 된다.

아홉째, 컴퓨터 사용은 반드시 가정 안에서 공용으로 사용한다. 컴퓨터는 가족이 함께 쓰는 공간인 거실 등에서 사용하도록 규칙을 세워야 한다. 학교 숙제를 하는 과정에서 주제어 검색이 필수인 경우가 많다. 인터넷 서핑을 하다가 각종 배너 광고 등을 통해 음란물 관련 사이트에 들어갈 수 있다. 이를 방지하려면 서로를 지켜 줄 수 있는 공간인 거실에서 가족 공용 컴퓨터를 두고 함께 사용하는 것이 좋다.

열째, 늦은 시간대에는 컴퓨터 사용을 자제하도록 한다. 늦은 밤 컴퓨터 사용은 숙면을 방해한다. 심신이 지친 상태에서 인터넷을 보면 감정적으로 치우친 정보나 음란물에 접속할 가능성이 커진다. 인터넷을 사용할 경우 가급적 낮에, 늦어도 초저녁까지 사용을 마무리하고 취침하도록 지도해야 한다.

열한째, 익명의 대상과 온라인상 채팅을 피해야 한다. 온라인으로만 접근하려는 상대방과의 채팅은 위험하다. 상대방이 불건전한 말을 걸면, 즉시 대화방에서 나오도록 지도한다. 낯선 사람에게 함부로 자신의 신분이나 연락처를 건네지 않도록 교육해야 한다.

열두째, 스마트폰은 가급적 늦게 사 주는 것이 좋다. 미성년자가 원하는 모든 것을 제공하는 것이 능사가 아니다. 양육자는 성경말씀에 근거해 미성년자인 자녀가 누릴 만한 것만을 선별해서 주는 것이 좋다. 하나님께서도 우리가 달라고 요구하는 모든 것에 '예스'(Yes)라고 응답하시지 않는다. '노'(No)라고 응답하시거나 기다릴 것을 요구하신다.

열셋째, 스마트폰 사용을 절제할 수 있도록 좋은 습관과 취미생활을 갖도록 지도해야 한다. 스포츠 활동, 악기 연주, 찬양대 참여, 청소년 선교단체 활동, 독서, 보드게임 등 여가를 선용할 수 있도록 한다. 적당한 취미생활, 특기 개발을 할 수 있도록 지도하는 것은 영성 관리와 뇌 건강, 신체 건강에 유익하다.

열넷째, 음란물 근절을 위한 환경을 조성했는데도 음란물 사이트에 우연히 접속했거나 음란물 메일을 받았을 때는 일단 위기 상황이라 판단하고, 현재 특허 출원 중인 음란물 예방 프로그램인 일명 '에스오에스 앤 프레이'(SOS & PRAY) 대처를 해야 한다.

이와 같이 자녀가 음란물을 가까이하지 못하도록 건강한 환경을 조성하는 것은 매우 중요하다. 한편 자녀는 교우 관계를 통해서도 영향을 받기 때문에 교우 관계에서도 거룩함을 좇고 신앙 성장을 이루도록 도와야 한다. 이에 대한 자세한 내용은 부록 1에 소개하였으니 참고하기 바란다.

7. 에스오에스 앤 프레이(SOS & PRAY)

준비편

실전편

양육자들이 음란물 예방교육 및 환경조성을 했음에도 불구하고 자녀들이 의도하지 않게 음란물을 접했을 때는 다음의 방법을 권한다. 일명 '에스오에스 앤 프레이'(SOS & PRAY) 대처법이다. 이는 음란물 노출 시 어떻게 대처해야 하는지 도식화시킨 일종의 트레이닝 방법이다.

에스오에스 앤 프레이(SOS & PRAY)

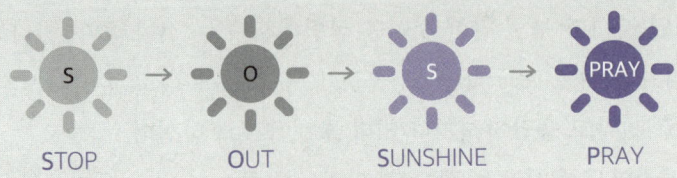

<그림 3-3. SOS & PRAY>

첫째, 멈추라(Stop). 음란물을 부지불식간에 접하게 되는 순간, 즉시 스마트폰을 끄는 것이다. 또는 노트북이나 컴퓨터를 꺼서 그 상황을 중단시켜야 한다는 뜻이다. '음란물을 본 뒤 분별해 보겠다.'라는 생각은 처음부터 버려야 한다. 보디발의 아내가 요셉을 성적으로 유혹했을 때, 요셉은 성적인 일탈을 겪은 뒤 판단하지 않았다. 유혹의 그 순간, 즉각 필사적으로 피했다.

둘째, 나가라(Out). 음란물이 눈앞에서 재생될 뻔한 노트북이나 스마트폰, 개인용 컴퓨터 등을 그대로 두고 그 장소에서 나옴으로써 일단 물리적 차폐를 시도해야 한다.

셋째, 햇빛이 있는 곳으로 가라(Sunshine). 밤이라서 햇빛이 없다면 내 영혼의 '햇빛'인 부모나 양육자, 형제자매에게 달려가라. 일단 영·혼·육이 밝아지는 곳으로 나가야 한다. 죄악은 어두운 데서 싹트는 법이다. 또 음란물 시청을 대체할 다른 행동인 운동(Sports), 찬양 등 노래하기(Song)처럼 세로토닌 분비를 촉진하는 행동을 하는 것도 좋다.

넷째, 감사의 기도를 드려라(Pray). 나를 도우시는 하나님의 은혜에 감사 기도를 드려라. 음란물에 빠지게 만드는 악한 영이 떠나도록 나사렛 예수의 이름으로 선포하는 기도를 하라. 이렇게 외치는 데 10초 정도밖에 걸리지 않는다. 수시로 외치다 보면, 어느새 외칠 필요가 없어질 것이다. 그러면 이기는 것이다. 예수 그리스도의 이름에 능력이 있다.

8. 하나님의 시선으로 바라보라

성경은 여러 곳에서 하나님을 사랑하는 것에는 악을 미워하는 것이 반드시 포함되어 있음을 계시한다.

"여호와를 경외하는 것은 악을 미워하는 것이라……"(잠 8 : 13).

악한 음란물과 싸우는 것은 당장 눈에 보이는 이득이 있든지, 없든지 하나님을 사랑하는 성도의 마땅한 태도이다.

"사랑은…… 불의를 기뻐하지 아니하며 진리와 함께 기뻐하고"(고전 13 : 4-6).

누군가를 진정 사랑하게 되면 그 사랑하는 존재가 기뻐하는 것을 나도 기뻐하게 되고, 그가 싫어하는 것은 나도 싫어하게 된다. 하나님을 사랑하기에 세상 사람들이 알아주든 알아주지 않든 우리는 어디서나 하나님께서 기뻐하시는 일을 성취하기 위해 작은 일에도 순종해야 한다.

음란물이라는 반복적인 유혹은 끊기 힘들기 때문에, 지혜로운 음란물 예방교육을 수시로 하는 것이 좋다. 음란물에 대해 교육을 받지 못했을 때는 회복과 회개의 길이 열리지 않고, 음란물에 매몰된다. 하지만 음란물의 폐해에 대해 확실하게 교육을 받으면 '메타인지'가 열린다. 메타인지(metacognition)란 1970년대 발달심리학자인 존 플라벨(J. H. Flavell)에 의해 만들어진 용어로, '자신의 생각에 대해 판단하는 능력'을 의미한다. '인식에 대한 인식', '생각에 대한 생각', '다른 사람의 의식에 대해 의식', 그리고 '더 높은 차원의 생각하는 기술'이다.[33]

즉, 나의 시선 속에 음란물을 바라보는 나 자신을 보면서, 내가 무엇이 망가져 가는지 인식해 간다는 것이다. 그렇게 되면 음란물에 대한 몰입도가 점점 떨어진다. 음란물에 몰입되면 가해자가 되기 쉽다. 하지만 자기 자신에 대한 몰입도 곧 메타인지력이 높아질수록 음란물을 점점 멀리하고 끊을 수 있으며, 스마트폰과 PC 앞에서 경건을 유지할 수 있다. 나아가 궁극의 메타인지는 하나님의 시선으로 바라보는 것임을 기억해야 한다.

9. 용서하시고 회복시키시는 하나님, 그리고 뇌가소성(신경가소성)

음란물을 즐기거나 조기에 성 경험을 했어도 교육과 신앙훈련의 현장에서 이를 바로잡을 수 있는 기준을 제시해야 한다. 회개와 성화를 위한 지평을 열어 준다면, 조기 성애화된 부분도 얼마든지 교정할 수 있다.

1) 용서하시고 회복시키시는 하나님

음란물을 즐긴 것에 대해 죄책감에 머물면서 하나님을 멀리하는 일이 없도록 지도하는 것이 중요하다.

"내 이름으로 일컫는 내 백성이 그들의 악한 길에서 떠나 스스로 낮추고 기도하여 내 얼굴을 찾으면 내가 하늘에서 듣고 그들의 죄를 사하고 그들의 땅을 고칠지라"(대하 7 : 14).

"나 곧 나는 나를 위하여 네 허물을 도말하는 자니 네 죄를 기억하지 아니하리라"(사 43 : 25).

"우리는 그리스도 안에서 그의 은혜의 풍성함을 따라 그의 피로 말미암아 속량 곧 죄 사함을 받았느니라"(엡 1 : 7).

"여호와께서 말씀하시되 오라 우리가 서로 변론하자 너희의 죄가 주홍 같을지라도 눈과 같이 희어질 것이요 진홍같이 붉을지라도 양털같이 희게 되리라"(사 1 : 18).

"주의 약속은 어떤 이들이 더디다고 생각하는 것같이 더딘 것이 아니라 오직 주께서는 너희를 대하여 오래 참으사 아무도 멸망하지 아니하고 다 회개하기에 이르기를 원하시느니라"(벧후 3 : 9).

"여호와는 긍휼이 많으시고 은혜로우시며 노하기를 더디 하시고 인자하심이 풍부하시도다 자주 경책하지 아니하시며 노를 영원히 품지 아니하시리로다 우리의 죄를 따라 우리를 처벌하지는 아니하시며 우리의 죄악을 따라 우리에게 그대로 갚지는 아니하셨으니 이는 하늘이 땅에서 높음같이 그를 경외하는 자에게 그의 인자하심이 크심이로다 동이 서에서 먼 것같이 우리의 죄과를 우리에게서 멀리 옮기셨으며"(시 103 : 8-12).

"우리에게 명하사 백성에게 전도하되 하나님이 살아 있는 자와 죽은 자의 재판장으로 정하신 자가 곧 이 사람인 것을 증언하게 하셨고 그에 대하여 모든 선지자도 증언하되 그를 믿는 사람들이 다 그의 이름을 힘입어 죄 사함을 받는다 하였느니라"(행 10 : 42-43).

"오늘 우리에게 일용할 양식을 주시옵고 우리가 우리에게 죄지은 자를 사하여 준 것같이 우리 죄를 사하여 주시옵고 우리를 시험에 들게 하지 마시옵고 다만 악에서 구하시옵소서……"(마 6 : 11-13).

"우리는 그리스도 안에서 그의 은혜의 풍성함을 따라 그의 피로 말미암아 속량 곧 죄 사함을 받았느니라 이는 그가 모든 지혜와 총명을 우리에게 넘치게 하사 그 뜻의 비밀을 우리에게 알리신 것이요 그의 기뻐하심을 따라 그리스도 안에서 때가 찬 경륜을 위하여 예정하신 것이니 하늘에 있는 것이나 땅에 있는 것이 다 그리스도 안에서 통일되게 하려 하심이라"(엡 1 : 7-10).

"그가 우리를 흑암의 권세에서 건져내사 그의 사랑의 아들의 나라로 옮기셨으니 그 아들 안에서 우리가 속량 곧 죄 사함을 얻었도다"(골 1 : 13-14).

"너희는 모든 악독과 노함과 분냄과 떠드는 것과 비방하는 것을 모든 악의와 함께 버리고 서로 친절하게 하며 불쌍히 여기며 서로 용서하기를 하나님이 그리스도 안에서 너희를 용서하심과 같이 하라"(엡 4 : 31-32).

"너희가 사람의 잘못을 용서하면 너희 하늘 아버지께서도 너희 잘못을 용서하시려니와"(마 6 : 14).

"그러나 사유하심이 주께 있음은 주를 경외하게 하심이니이다"(시 130 : 4).

"그가 찔림은 우리의 허물 때문이요 그가 상함은 우리의 죄악 때문이라 그가 징계를 받으므로 우리는 평화를 누리고 그가 채찍에 맞으므로 우리는 나음을 받았도다"(사 53 : 5).

2) 뇌가소성(신경가소성, neuroplasticity)

"음란물을 이미 많이 보고 즐긴 내 뇌는 망가졌겠군요."라며 절망감을 표현해 오는 청소년에게는 뇌가소성, 즉 신경가소성을 설명해 주는 것이 필요하다.

뇌가소성은 환경의 변화나 학습 등을 통해 뇌세포가 계속 성장하거나 또는 반대로 쇠퇴함으로 인해 뇌세포와 뇌 부위가 유동적으로 변하는 것을 말한다. 곧 뇌의 신경망들이 외부의 자극 등으로 구조적·기능적으로 변화하고 재조직되는 현상이다. 과거에는 뇌가 성장을 멈추면 그대로 유지된다고 여겼지만, 1990년대부터 활발하게 이어져 온 뇌과학 연구로 인해 뇌도 조건과 환경에 따라 변화할 수 있다는 것이 밝혀지고 있다. 물론 모든 뇌세포가 변화하는 것은 아니지만 해마와 같은 경우 매우 활발하게 증식한다.

뇌가소성을 증명하는 사례는 여러 가지가 있다. 예를 들어, 독서를 열심히 하면 전두엽의 브로카 영역(말하기 기관), 우측 소뇌(감정 조절과 언어 인지 담당 기관), 측두엽 베르니케 영역(텍스트를 이해하고 해석하는 기관) 등 6개의 뇌 기능이 활성화되고 강화된다.[34]

손상된 뇌의 기능을 다른 뇌의 영역이 담당하는 경우도 쉽게 볼 수 있다. 심각한 뇌염을 앓아 뇌의 절반을 제거한 조디 밀러(당시 3세)는 꾸준한 물리치료를 받으며 건강하게 성장하여 대학도 졸업하고 일상을 행복하게 보내고 있다고 한다.[35] 알렉스(당시 8세)라는 영국 소년 역시 비정상적으로 엉긴 뇌혈관에 의해 언어장애, 일부 시각장애, 반신마비 상태에 있다가 왼쪽 대뇌의 반구를 완전히 제거하는 수술을 받았다. 그럼에도 불구하고 그는 점차 언어 능력이 발달하여 16세가 되어서는 유창한 언어를 구사하게 되었다.[36] 즉, 뇌도 잃어버린 기능을 회복하기 위해 스스로 연결 경로를 수정하는 등의 방법으로 재창조되고 재활이 가능해진다는 뜻이다. 영육 간의 강건을 도모할 수 있는 건강한 활동, 거룩한 삶으로 습관을 재편성하는 과정에서 뇌는 상당 부분 회생이 되고 돌아올 수 있음을 알 수 있다.

"음란물을 즐기는 것은 좋지도, 옳지도 않다."라고 아이들에게 지도할 때는 그와 동시에 "음란물보다 더 재미있고 보람 있는 것들이 아주 많단다."라고 확신 있게 제시해 주는 것이 좋다. 인간은 무엇을 하지 말 것인가를 배울 때 그 대신 무엇을 할 것인가를 동시에 배우지 못하면, 하지 말아야 할 그 행동으로 다시 돌아갈 수 있기 때문이다. 따라서 음란물에 의해서 망가진 심신과 뇌를 회복하기 위해서는 청소년 시기의 에너지를 잘 활용하고 승화하여 다른 활동에 집중할 수 있도록 구체적인 방법들을 제시해 주어야 한다.

학자들은 뇌의 건강을 되찾기 위한 활동으로 신앙생활, 감사의 제목을 적고 나누는 것, 건강한 독서, 보드게임(윷놀이, 체스 등), 악기 연주, 운동, 햇볕 쬐기, 가족 간의 건강한 신체접촉과 대화, 우정 쌓기 등을 제시한다. 악기 연주도 뇌 회복에 도움이 된다.

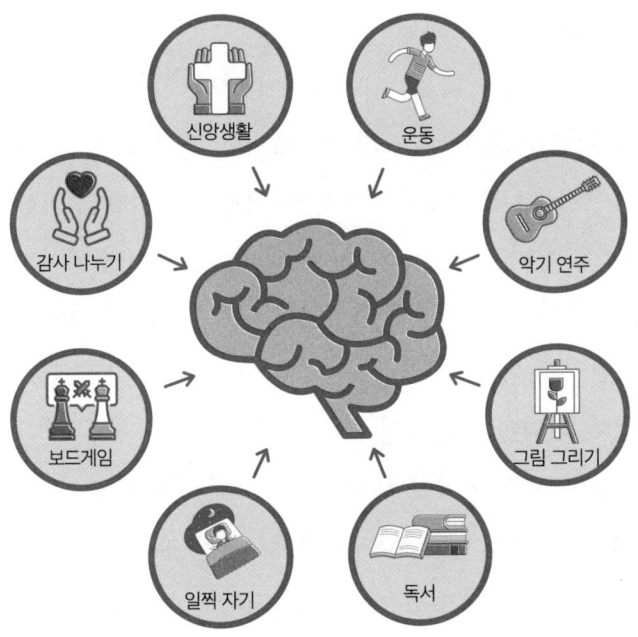

<그림 3-4. 뇌가소성을 촉진시키는 활동들>

- **신앙생활** : 국내 최고의 뇌 치유 상담 권위자로 모두 11권의 뇌 치유 관련 서적을 출간한 한국상담개발원장 손매남 박사는 "기독교 신앙이 주는 감사와 평안, 기쁨과 은혜, 긍정의 자세야말로 뇌 속 지휘자로 불리는 진정한 세로토닌이 아닐 수 없다."라며 뇌 건강과 뇌 치유를 위해 신앙생활의 유익을 누릴 것을 강조했다.[37] "뇌는 호흡이나 체온 조절 등 생존에 필수적인 활동은 물론, 논리적으로 생각하고 기분을 조절하는 기능까지 도맡아요. 심지어 잠을 잘 때조차 1초도 쉬지 않고 일하죠. 폐나 심장보다도 더 많은 산소 에너지가 필요하답니다. 어른 뇌는 평균 1.2~1.4kg으로 전체 몸무게의 2%밖에 되지 않지만 심장에서 온몸으로 보내는 피의 15%를 공급받아요."

- **운동** : 뇌세포가 쓸 수 있는 에너지가 많아지면 손상된 뇌 신경세포도 회복된다. 특히 뇌 부위 중 기억과 학습을 담당하는 '해마'라는 곳은 운동했을 때 도움을 더 많이 받는 부위로 알려져 있다. 해마는 예민해서 우울하거나 불안하면 세포들이 쪼그라들기도 하는 부위인데, 꾸준한 운동이 손상된 해마 세포를 다시 자라게 하고 오랫동안 운동한 사람들의 뇌 사진을 보면 줄어들었던 해마가 다시 그 크기를 회복하기도 한다고 보고된다. 엔도르핀, 도파민, 세로토닌 등이 운동을 통해서 그 분비가 정상화되고 뇌를 정상화시키며 업무에 대한 의욕을 북돋아 주는 역할까지 한다.[38]

- **악기 연주** : 뇌 건강과 뇌 기능 회복에 악기 연주가 큰 도움이 된다. 악기 연주는 인지능력을 증가시킨다. 악기를 연주해 온 사람들은 그렇지 않은 사람들보다 더 높은 인지능력을 보여 주곤 한다. 특히 65세 이상의 사람들에게 4~5개월 동안 일주일에 한 시간씩 악기를 연주하게 한 결과, 두뇌에 큰 변화가 있었다. 청각과 기억을 관장하는 부분과 양손의 움직임을 통제하는 두뇌 부분이 활성화되었다. 또한 악기 연주는 기억할 수 있는 두뇌의 용량도 증가시키며, 외국어를 배우는 데 긍정적인 영향을 주기도 한다. 65~80세의 노인들 중 1년 이상 악기를 연주한 사람들은 단어 기억,

비언어 기억, 인지 유연성에서 더 높은 능력을 보였다. 특히 악기 연주는 IQ를 7점이나 올려 주는 결과를 가져온다고 밝혀지기도 했다.[39]

- **그림 그리기** : 해마, 전두엽 등 기억을 관장하는 뇌의 중요한 부위의 기능이 떨어지기 때문에 일반적으로 새로운 정보를 기억하는 능력은 나이가 들면 쇠퇴한다. 반면 이미지와 그림 등을 표현하는 데 관련된 뇌의 시각 및 공간 처리 영역은 노화 또는 치매에 큰 영향을 받지 않는다. 캐나다 워털루 대학교 연구진은 그림 그리기는 시각적, 공간적, 언어적인 요소는 물론, 운동적 요소까지 포함된 공감각적인 표현 방식이어서 다른 기억법보다 우월하며, 그리기를 통한 기억법은 아직 손상되지 않은 뇌 부위를 활용하기 때문에 기억력 장애와 함께 언어능력이 급속하게 쇠퇴하는 치매 환자에게도 도움이 된다고 발표했다.[40]

- **독서** : 뇌는 백색질과 회색질로 나뉜다. 창의력이나 사고력에 결정적 영향을 끼치는 것은 백색질이다. 미국 카네기멜런 대학교 연구원들은 독서를 많이 한 아이들의 백색질에 신경망이 더 많이 형성된 것을 발견했다. 이러면 뇌 전체를 사용하는 능력이 향상된다. 특히 문학 작품을 묵독할 때 뇌 전체가 활성화되면서 백색질에 구조적 변화가 일어났다. 음란물로 망가진 백색질의 활성화를 위해 반드시 독서를 해야 하는 이유가 여기에 있다.[41]

- **일찍 자기** : 꿀잠을 자는 것은 치매 예방과 뇌 회복을 위해 매우 중요하다. 특히 자기를 인식하고, 행동을 계획하며, 불필요한 행동을 억제하고, 문제 해결을 위한 전략을 수립하고, 의사결정을 하는 등 인간을 인간답게 하는 뇌라고 불리는 전전두엽은 숙면을 통해서 회복된다. 따라서 양육자들은 반드시 숙면을 할 수 있도록 청소년 자녀의 수면 패턴을 위해 노력해야 한다.[42] 전술한 바와 같이 음란물의 해악 중 하나가 바로 전전두엽의 파괴이다.[43]

- **보드게임** : 치매 환자 19명이 8주 동안 보드게임을 했더니, 평균 한 단어

를 6분 동안 기억하던 환자들이 세 단어를 24분 동안 기억했다는 연구 결과가 있다. 기억력이 3~4배 좋아진 것이다.[44] 보드게임은 규칙을 이해하고 기억해야 하므로, 전두엽을 자극한다. 특히 카드를 엎어 놓고 한 장씩 뒤집으며 같은 그림을 맞히는 간단한 게임이 도움이 된다. 전문가들은 혼자서 흑백 바둑돌을 번갈아 쓰며 오목을 두는 것도 좋은 뇌 활용법이라고 말한다. 또한 윷놀이는 상대방과의 심리전, 예측, 경우의 수 등을 생각하며 다양한 감정의 역동을 일으키고 뇌 순환을 시킬 수 있는 좋은 보드게임이다.

- **감사 나누기** : 긍정적이고 새로운 생각은 신경회로도 새롭게 바꾼다. 그리고 자주 활성화되는 뉴런은 서로 연결되기 때문에 뇌의 회복을 촉진한다. 또한 감사하는 마음은 세로토닌을 생성하여 기분을 좋게 하며 우울, 불안 등 정신건강을 위협하는 요소로부터 뇌 건강을 지켜 주어 더 행복한 삶을 살도록 도와준다. 실제로 영국의 한 연구에 따르면 감사를 많이 하는 사람들이 더 빨리 잠들고 수면의 질과 지속 시간이 더 좋다는 결과가 나왔다.[45] 즉, 감사하는 마음은 숙면을 통해 그다음 날 더 민첩하고 활력 있게 지낼 수 있도록 도와준다는 것이다. 더불어 감사하는 마음을 가진 이들은 이타적인 뇌를 갖게 되며 전전두엽 피질이 활성화된다는 연구 결과도 있다.[46] 이렇듯 감사하는 생활이 가져오는 뇌 건강의 효과가 여러 연구를 통해 검증되면서 감사운동이 일어나기도 하였다.

II부   양육자를 위한 자료

4장
남녀 창조 질서

"하나님이 자기 형상 곧 하나님의 형상대로 사람을 창조하시되

남자와 여자를 창조하시고"

(창 1 : 27).

4장. 남녀 창조 질서

> **학습목표**
> 1. 하나님께서 남자와 여자를 창조하심을 알고, 남자와 여자의 생물학적, 사회적 차이를 배운다.
> 2. 성경에서 말하는 남자와 여자의 차이와 질서가 있음을 인식한다.
> 3. 남녀 성별에 대한 성경적 관점을 고취하여 올바른 성교육과 양육 태도를 함양한다.

1. 두 종류의 사람을 창조하신 하나님

하나님은 말씀으로 만물을 창조하셨다. 모든 동물과 식물은 오직 말씀으로 창조된 피조물이다. 하지만, 하나님은 사람만큼은 직접 손으로 하나님의 형상을 따라 창조하셨다. 이미 만들어 놓으신 만물 중의 하나인 흙으로 하나님의 형상대로 만드시고, 생기를 직접 불어넣어 주심으로써 처음 사람인 아담을 만드셨다. 하나님께서 자신의 형상을 구현하는 방식으로 창조하신 인간이 바로 남자와 여자인 것이다. 그러나 하나님은 남자와 여자를 만드신 시기와 재료를 모두 다르게 선택하셨다. 즉, 남자는 흙으로, 여자는 먼저 창조된 남자의 뼈로 만드신 것이다.

그리고 이 남녀의 구별은 결혼을 통해 배필이라는 정체성을 가질 뿐 아니라 가정을 형성하고, 자녀를 낳고, 진정한 사랑과 연합의 관계를 경험하고, 이웃으로 그 사랑을 확장해 가는 문화명령의 시작점이 되게 하셨다.

성경은 하나님이 남녀를 분별하여 창조하셨음을 다음과 같이 드러내고 있다.

"여호와 하나님이 땅의 흙으로 사람을 지으시고 생기를 그 코에 불어넣으시니 사람이 생령이 되니라"(창 2 : 7).

"하나님이 자기 형상 곧 하나님의 형상대로 사람을 창조하시되 남자와 여자를 창조하시고"(창 1 : 27).

"여호와 하나님이 아담에게서 취하신 그 갈빗대로 여자를 만드시고 그를 아담에게로 이끌어 오시니"(창 2 : 22).

2. 남녀를 다르게 창조하신 하나님의 솜씨

최근 성교육의 문제점 중 하나는 남자와 여자의 차이점을 폭넓고 깊이 있게 가르치지 않는다는 것이다. 다른 점을 무시해도 된다고 훈육하거나 남녀 간 엄연히 존재하는 천부적 차이까지 통째로 부정하는 교육을 하기도 한다. 최근에는 타고난 '생물학적 성별'보다 오히려 개인이 느끼고 원하는 '성별 정체성'이 더 중요하다고 강조하는 사조가 갈수록 강해지고 있다.

이러한 성교육은 하나님의 남녀 창조원리에 대한 통찰의 기회를 상실하게 만든다. 먼저 하나님이 남자와 여자의 몸에 두 성별의 차이를 얼마나 크고, 뚜렷하게, 그리고 섬세하게 나타내셨는지 살펴보자.

1) 남녀의 염색체
사람의 성별은 언제 결정되는 것일까? 놀랍게도 정자와 난자가 수정되는 그 순간에 이미 성별이 결정된다. 염색체는 쉽게 말해 세포핵 안에 있는 실과 같은 구조로 된 유전 인자를 운반하는 핵심 물질이다. 정자는 X염색체나 Y염색체를 운반하는 반면, 난자는 모두 X염색체를 운반한다. 난자가 X염색체 정자와 수정되면 태아는 X염색체가 두 개인 태아, 즉 XX염색체를 가진 여자가 된다. 반대로 난자가 Y염색체 정자와 수정되면 X염색체와 Y염색체가 각각 1개씩인 태아, 즉 XY염색체를 가진 남자가 되는 것이다. 모든 태아에게는 23쌍의 염색체가 있는데, 그 가운데 22쌍은 남자와 여자가 동일하다. 하지만 성별을 결정하는 23번째 염색체의 경우, 여자는 XX, 남자는 XY로 서로 다르며, 우리는 이것을 '성염색체'(性染色體, chromosome)라고 구분하여 부른다. 그리고 이 성염색체인 X염색체와 Y염색체는 완전히 다르다. 생물학적 성별의 결정이라고 부를 정도로 성염색체는 남녀의 뚜렷한 차이를 드러낸다.

　이 성염색체는 현미경으로도 쉽게 관찰할 수 있다. Y염색체 안에 있는 특별한 유전자는 남성의 성적 발달과 관련된 모든 정보를 가지고 있어서 생물학적 남성성을 결정한다. 또한 성염색체는 태아 발생 초기에 난소와 고환의 생성을 결정하고 발달시킨다. 즉, 남녀의 생식선에서 분비되는 호르몬으로 인해 남녀의 성징(性徵)이 뚜렷하고 질서 정연하게 나타나게 되는 것이다.

　하나님은 염색체를 통해 남자에게는 남자임을, 여자에게는 여자임을 나타내는 표식을 신체에 뚜렷하게 심어 놓으셨다. 이것은 인간이 어떤 기술로도 도저히 흉내 낼 수 없는 고도의 창조 원리다. 그러므로 자녀들에게 하나님의 창조 이야기를 들려줄 때는 남녀의 성염색체 이야기를 해 줄 것을 권한다. 성인의 신체를 구성하는 세포의 개수는 약 37~100조 개에 이른다. 적혈구와 같은 특수 세포를 제외한 '핵'을 가진 모든 체세포 '핵'마다 XX 또는 XY 염색체가 있고, 이것들을 송두리째 갈아끼울 의술은 없다고 설명해 주는 것이 필요하다.

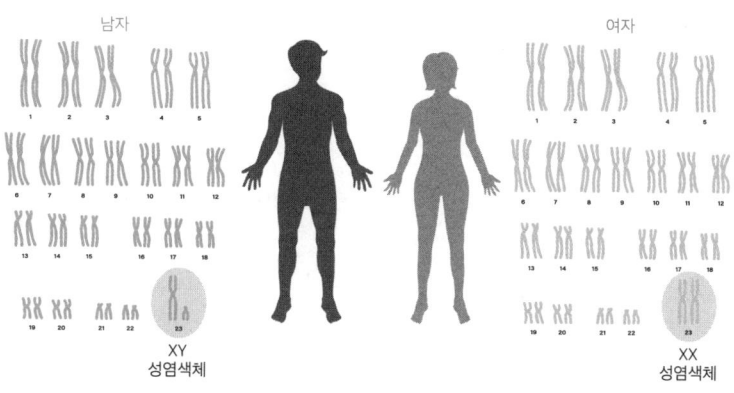

<그림 4-1. 남녀 염색체>

2) 남녀의 세포

인체를 구성하는 기본 단위인 세포(cell) 수준에서도 남녀를 다르게 만드신 하나님의 창조 손길이 드러난다. 어린 자녀들에게는 세포란 건물을 이루는 기본 재료인 벽돌 같은 것이라고 설명해 주면 쉽게 이해할 수 있다.

최근에 남녀의 중요한 생물학적 차이가 세포 수준에서도 뚜렷하게 존재한다는 것이 과학적으로 입증되었다. 세포의 나노입자 흡수율이 성별에 따라 큰 차이를 나타낸다는 것이 대표적인 예다.[1]

미국 하버드 의대의 수련 기관인 브리검 여성병원과 UC버클리 대학교, 스탠퍼드 대학교 등으로 구성된 연구팀은 나노입자를 흡수하는 데 있어 성별에 따른 세포 차이가 어떤 영향을 미치는지 연구했다. 나노입자는 나노의학에서 약물 전달에 활용되는 핵심 매체다. 연구팀은 세포의 성(性)이 나노입자를 흡수하는 데 매우 큰 영향을 미치고, 세포의 다양한 분화 능력 향상을 위한 재프로그램에 있어 남성과 여성의 세포가 서로 다르게 반응한다는 사실을 발견했다. 이 논문의 공동 저자이자 의사인 모르테자 마무디(Morteza Mahmoudi) 박사는 남녀 세포가 의학적으로 각각 다른 반응을 보인다는 중요한 사실을 간과한 채 장기간 나노 연구를 해 온 것이 의학계의 실수라고 주장하기도 했다.

3) 남녀의 생식기관

하나님이 수정 당시 남자 아기와 여자 아기에게 부여하신 고유의 성염색체는 태아 발생 초기에 정소(일명 고환) 또는 난소의 발생을 결정한다. 태아가 발육하는 동안 이러한 생식선, 즉 난소와 정소에서 분비되는 호르몬에 따라 나머지 모든 성징의 발현이 이루어지게 된다.

여성에게는 자궁과 난소가 있다. 한 쌍의 난소는 두 개의 나팔관 끝에 붙어 있는데, 이 난소는 자궁과 연결되어 있다. 자궁의 아래쪽, 질의 윗부분과 연결되어 있는 부분에는 자궁 경부가 있다. 질은 신체 외부와 연결되는 10cm가량의 통로이다. 여성에게만 있는 난소에서는 여성호르몬인 에스트로겐(estrogen)과 난자를 만들어 낸다. 이로 인해 여성만이 임신과 출산이 가능하다. 난소는 또한 프로게스테론(progesterone)도 분비한다.

반면, 남성은 정자를 생산하는 정소와 정낭, 전립선 등을 가지고 있다. 고환을 가지고 있는 남성만이 정자를 생산할 수 있다. 남성호르몬인 테스토스테론(testosterone)도 고환에서 생성된다.

4) 남녀의 성호르몬

성호르몬은 남성과 여성의 신체적인 차이에 결정적인 영향을 준다. 에스트로겐과 테스토스테론은 여성과 남성 각각의 고유하고 대표적인 성호르몬이다. 난소에서 분비되는 여성호르몬, 고환에서 분비되는 남성호르몬은 뇌하수체 전엽의 생식샘 자극 호르몬의 영향을 받는다. 그리고 생식기관 발육, 기능 유지, 이차성징 발현 등에 관여한다. 이뿐만 아니라 성호르몬은 특유의 작용으로 인해 성별에 따른 정신적인 차이도 유발한다.

물론 부신(副腎)이라고 하는 기관에서 남녀 모두 테스토스테론과 에스트로겐을 소량씩 분비하기도 한다. 차이점은 부신피질 호르몬이 분비되는 속도가 남성에게서 좀 더 빨리 분비되기도 한다는 것이다. 성호르몬은 헤모글로빈의 생성 속도, 근육의 생성 속도, 피하 지방의 양 등 신체 곳곳에 무수히 많은 부분에서 영향을 끼치면서 작용한다. 프로게스테론은 부신에 의해 생성되어 여성이 임신하고, 임신을 유지하는 데 중요한 기능을 한다.

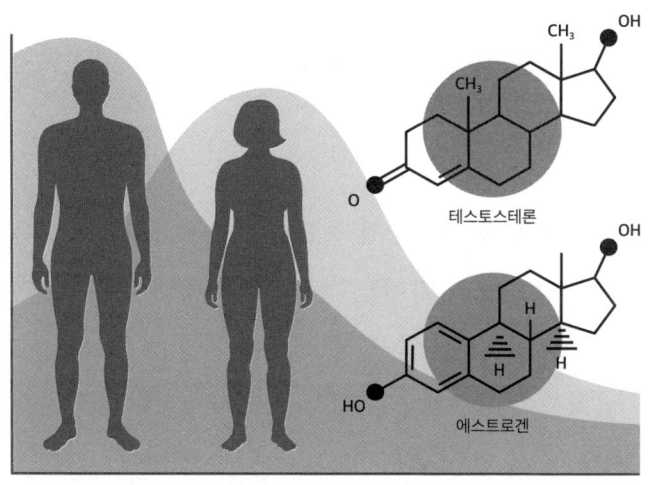

<그림 4-2. 남녀 호르몬>

5) 남녀의 키[2)]

한국인들의 영양 상태 개선 등으로 인해 남자, 여자 할 것 없이 평균 키가 계속 커지고 있다. 산업통상자원부 국가기술표준원은 꾸준히 한국인의 인체치수조사를 실시하고 있는데, 근래 "제8차 한국인 인체치수조사" 결과를 공개했다. 2020년 5월부터 2021년 12월까지 진행된 1, 2차 조사에는 20~69세 한국인 6,839명이 참여했다. 이번 조사를 통해 발표된 20~69세 성인 전체 측정치를 평균 낸 값을 보면 우리나라 남성 평균 키는 172.5cm며, 여성은 159.6cm다.

1979년 1차 조사와 비교하면 남성은 6.4cm, 여성은 5.3cm 커졌으며,

2015년에 비해서도 평균 키가 0.5cm, 1.3cm씩 증가한 것으로 나타났다. 모든 연령이 마찬가지로 뚜렷하게 평균 키 상승이 나타나고 있다.

이처럼 남녀가 뚜렷하게 평균 키 상승을 이루고 있지만, 남녀 간의 키는 차이가 분명하다. 30대를 기준으로 보면 남자의 평균 키가 174.9cm이고, 여자는 161.9cm다. 남녀의 평균 키 차이가 13cm나 나는 것이다.

남자와 여자의 평균 키가 이렇게 뚜렷하게 차이가 나다 보니 남녀의 옷 생산라인 등 키와 관련된 모든 영역에 영향을 준다.

6) 남녀의 체중

교육부의 "2019년도 학생건강검사 표본통계 분석결과"[3]에 따르면 남자와 여자의 평균적인 체중의 차이는 초등학교 저학년에서부터 현저히 드러난다. 초등학교 1학년 남학생은 평균 25.5kg, 여학생은 24kg이다. 초등학교 4학년은 남학생이 약 38kg, 여학생은 35.4kg이며, 6학년은 남학생이 약 49kg, 여학생 46kg 정도였다.

중학생이 되면 남자와 여자의 체중 차이가 좀 더 벌어진다. 중학생 남자 기준 1학년 약 55kg, 2학년 61kg, 3학년 65kg 정도이며, 여자 기준으로는 1학년 50.5kg, 2학년이 약 53kg, 3학년이 약 55kg으로 나타났다. 고등학생의 경우, 남자 기준 1학년이 약 68kg, 2학년이 약 70kg, 3학년 71.5kg이었으며, 여자는 1학년 56.4kg, 2~3학년이 약 57kg으로 확인된다.

어른들의 경우, 남성은 신장 178cm를 기준으로 20대의 평균 몸무게가 63.79kg이었으며, 30대는 71.1kg, 40대는 69.9kg, 50대는 68.4kg으로 확인되었다. 여성의 경우 키 160cm를 기준으로 20대의 평균 몸무게는 52.17kg, 30대는 54.3kg, 40대는 55.87kg, 50대는 55.97kg으로 나타났다.

이렇듯 남자와 여자의 체중 차이는 남녀의 평균 키, 남녀의 평균 근육량, 남녀의 평균 피하지방량의 차이 등에 기인한다.

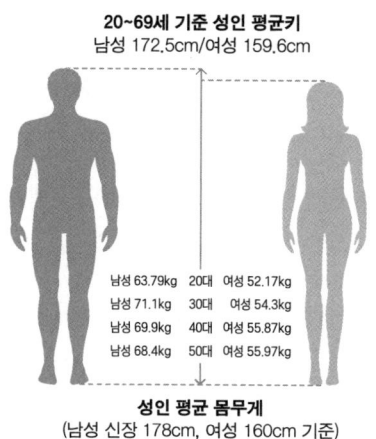

<그림 4-3. 남녀의 체격 차이>

7) 남녀의 근육

성경에는 힘센 장수들이 더러 등장하는데, 기드온이나 삼손이나 여로보암같이 놀라운 힘을 발휘하며 '큰 용사'로 불리던 인물들은 하나같이 남자들이다. 실제로 주변을 살펴보면, 키와 체중 등이 비슷한 두 남녀가 팔씨름을 해도 십중팔구 남자들이 이기는 것을 볼 수 있다.

일반적으로 남자는 테스토스테론 등의 영향으로 같은 양의 근육운동을 하더라도 여자보다 근육이 더 쉽게 발달한다. 남자는 체중 대비 근육량이 여자보다 10% 이상 많다.

남녀의 신체적 차이, 특히 일상사에서 쉽게 직면하는 근력 하나만 봐도 그 차이를 쉽게 알 수 있다. 남자와 여자는 각종 상황이나 대상 앞에서의 힘에 관련된 역동이 다르다. 한 예로 무거운 택배가 집에 배달됐을 때 남자와 여자가 그 택배 앞에서 일으키는 역동은 다르다. '어떻게 이것을 집 안으로 들여놓을까?' 하는 생각은 근력의 차이와 유관하게 나타난다. 택배뿐 아니라 모든 집기류 혹은 세상의 모든 무게 나가는 것들에 대한 느낌이 다를 수밖에 없다.

8) 남녀의 뇌

하나님은 사람의 중요한 장기로 두뇌를 창조하셨다. 신체 중 가장 높은 곳에 위치한 머릿속에 안전을 위한 단단한 두개골을 만드셨다. 두개골 안에 아무 물질이나 쉽게 침범하지 못하도록 혈액뇌장벽(BBB, Blood-Brain Barrier)까지 장치해 놓으시고, 그 안에 뇌를 조성해 놓으셨다.

모든 장기가 중요하지만 뇌의 중요성은 아무리 강조해도 지나치지 않다. 뇌는 셀 수 없이 다양하게 연결된 수십억 개의 신경세포들로 구성되어 있다. 외곽을 둘러싼 세포층인 피질은 감각, 지각, 사고, 기억의 저장고이며, 몸의 운동을 관장한다. 뇌의 안쪽에는 감정, 육체적 욕구, 체온, 대사율, 각성 수준을 관장하는 다른 세포 체계들이 자리 잡고 있다. 이 모든 영역은 촉진, 금지, 피드백 작용의 놀랍도록 복합적인 조합을 통해 상호 연결되어 영향을 주고받는다. 최근 많은 뇌 과학자가 두뇌 기능에 있어서 남녀 차이가 크다는 사실이 관찰되었다고 발표하고 있다. 영성 상담학으로 유명한 목회자이자 의학자인 제럴드 메이(Gerald May)는 "뇌는 아마도 인간의 영적 경험에 대한 육체적인 매개체일 것이다."라고 언급하기도 했다.[4]

성호르몬은 이차성징의 일환으로 뇌 기능에도 영향을 끼치는 것으로 밝혀졌다. 미국의 베데스다에 있는 국립정신건강연구소(National Institute of Mental Health)의 연구원들은 남녀의 뇌 스캔을 비교하는 대규모 연구를 수행했다. 그들은 Human Connectome Project(HCP)의 일환으로 976명의 뇌의 형태와 활동을 조사하고 성인 남녀에 대한 뇌 스캔을 평가했다. 과학자들은 "성인 뇌는 뇌의 회백질(활성화 부위)에서 국소적으로 성별 차이의 일정한 패턴을 가지고 있다는 것을 발견되었다."고 말했다. 여성의 회백질의 부피는 전전두엽 피질 부분, 상부 안와 전두엽 피질 및 정수리 및 측두엽의 일부에서 더 큰 반면, 남성의 경우 대뇌 피질은 기본 시각 중추를 포함해 뇌 뒤쪽에서 더 두껍다는 것이다. 남성에게서 뇌의 회백질의 양이 많은 부위, 즉 뇌 뒤쪽은 대부분 물체 인식과 얼굴 처리에 관여하고 있다. 반면, 여성의 두드러진 대뇌 피질 영역인 전전두엽 및 정수리 부위는 작업 제어, 충동 제어 및 갈등 처리와 관련이 있다.[5]

미국 펜실베니아 대학교 의대 라지니 버마(Ragini Verma) 교수 연구팀 역시 남녀 간에 뇌의 뚜렷한 차이가 발견되었다고 발표했다.[6] 8~22세 남성 428명, 여성 521명의 뇌 구조를 비교해 본 결과, 여성의 뇌는 대뇌 좌반구와 우반구를 오가는 연결망 구조가 발달한 반면, 남성의 뇌에서는 각 대뇌 반구의 내부 연결이 여성보다 상대적으로 발달한 것이 관찰되었다는 것이다.

이러한 뇌 연결망 구조의 차이는 남녀 간 사고방식, 즉 분석 위주의 사고 혹은 공감 위주의 사고 등 여러 가지 사고와 행동의 차이로 나타난다. 연구팀은 남자 뇌의 구조는 감각인지(perception)와 통합 행동(coordinated action)에, 여자 뇌는 기억이나 직관이나 사회성 등에 더 역동적일 수 있다고 발표했다. 물론 성별을 넘어 개인 차이가 클 수는 있으나 이것은 남녀 뇌에 대한 평균적인 차이점을 언급하고 있는 연구들이다.

이러한 뇌의 차이는 뇌질환에도 영향을 준다. 대표적으로 질병관리청은 보도자료를 통해 치매 예방을 위해 남녀별 다른 관리가 필요하다고 하였다.[7] 여성은 비만, 고혈압, 당뇨병, 남성은 저체중이 대뇌피질 두께 감소의 요인이라고 했다.

9) 여자의 임신과 출산, 남자는 불가능

여성은 남자와 달리 아기가 자라는 집인 자궁이 있고, 월경 주기에 따라 한 달에 한 번 난자가 난소에서 배출되기 때문에 다달이 임신을 할 수 있다. 그리고 출산 후에 모유를 먹일 수 있는 유방도 있다. 남성은 임신과 출산이 불가능하다.

남자도 임신이 가능하게 되었다고?

남성도 임신이 가능해진 것이 아니냐는 질문을 해 오는 아이들이 있다. 트랜스젠더 남자들이 임신을 한 기사를 보았다는 것이다. 실제로 해당 기사들을 보면 트랜스젠더 남자들이 임신한 사진과 함께 그 기쁨을 전하고 있다. 그러나 이것은 사실이 아니다. 생물학적으로 남자인 사람이 임신을 한 것이 아니고 생물학적으로는 여성, 즉 여자로 태어난 사람들의 임신이다. 그런데 수염이 수북하고 근육이 발달한 모습 때문에 남자가 임신한 것처럼 보일 수 있다. 이들이 생물학적으로는 여자이지만, 트랜스젠더 남자로 살아가는 성전환자들이기 때문에 그렇다. 오랜 시간 동안 성전환 호르몬 등을 주입해 근육이 자라고 수염이 수북해졌으나 세포핵마다 여전히 여성 염색체, 즉 XX가 있으며 자궁과 난소를 가지고 있는 여자라는 말이다. 그런데 언론들은 마치 정상적인 남자가 임신을 한 것처럼 보도를 일삼고 있어서 분별력이 미숙한 사람들은 그러한 기사에 그대로 미혹되기 쉽다.[8]

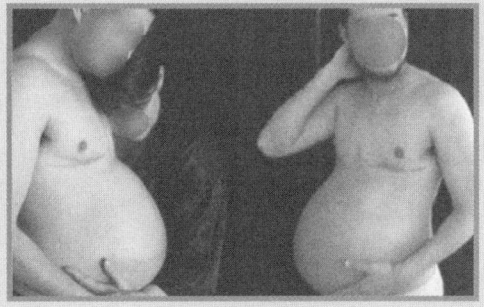

<그림 4-4. 생식기 제거 수술을 하지 않은 여성 트랜스젠더의 임신>

10) 그 외의 차이점

남자와 여자는 목소리의 높낮이와 굵기 면에서도 차이를 크게 보인다. 변성기에는 성대 길이가 성인 수준으로 점차 바뀌어 가는데, 보통 남자는 변성기 전과 비교하여 약 60%, 여자는 약 30% 정도 성대가 길어진다.[9] 호르몬의 차이가 성대 길이의 차이로, 그리고 목소리의 차이로 연결되는 것이다.

또한 체지방량에 있어서도 남자와 여자는 확연한 차이를 보인다. 남성호르몬은 근육을 증가시키고 지방의 비율을 낮추는 반면, 여성호르몬은 이와 반대 작용을 한다. 사춘기 이전에는 남녀 모두 신체에서 지방이 차지하는 비율이 15% 정도이지만, 사춘기가 되어 성호르몬의 분비가 뚜렷해지면 지방 비율에서 차이가 난다. 대체로 남자는 10%로 낮아지지만, 여자는 22%로 높아진다. 여성호르몬이 계속 분비되는 한 여성의 신체는 지방이 증가하는 성질을 갖게 된다.[10]

망막 역시 남자와 여자가 차이점을 보인다. 대부분의 남자는 여자보다 두꺼운 망막을 가진다. 그리고 그 망막에 분포한 세포 중 남자는 움직임이나 방향, 속도들을 감지하는 데 더 역동적인 M세포가 많고, 여자는 색깔이나 질감을 식별하는 데 더 역동적인 P세포가 많다. 그러다 보니 남자아이들은 움직이는 것과 관련된 장난감을 선호하는 경향이 있다.[11]

체수분율에 있어서도 차이를 보인다. 최근의 연구 조사에 의하면 남자의 몸은 체수분이 62% 정도, 여자는 52% 정도밖에 안 된다. 물론 개체별 차이는 존재한다. 그러나 평균값을 볼 때 여자가 남자보다 체수분율이 훨씬 적다.[12]

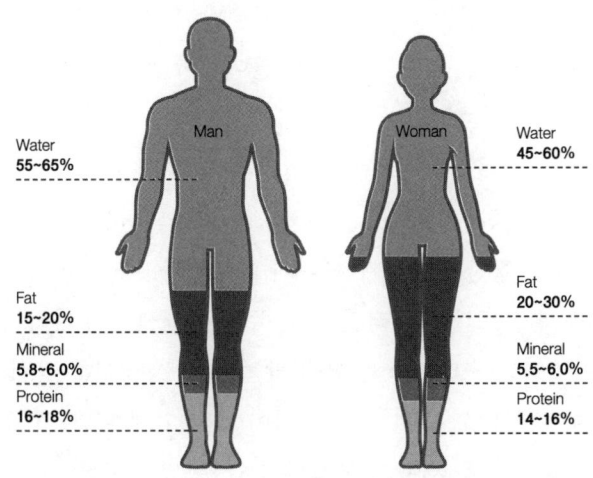

<그림 4-5. 남녀의 체수분율>

"수정된 지 6주간은 남녀 내부 생식기의 구조가 동일하므로 수정될 때 성별이 정해지는 것이 아니라, 원래 인간은 암수 동체로 만들어졌다."라고 주장하는 퀴어 성교육

남녀 태아는 수정 6주까지 볼프관(Wolffian duct)과 뮐러관(Mullerian duct)을 동시에 가지고 있으므로, 남자와 여자는 사실상 근본적인 구별이 없이 암수 동체의 형태로 태중에 생성되는 것으로 보아야 하며, 남녀를 뚜렷하게 구별하는 것 자체가 잘못되었다는 주장을 과감하게 펼치는 이른바 퀴어 성교육자들이 활개를 치고 있다. 그러나 이것은 매우 비과학적일 뿐 아니라 아이들의 성별 정체성을 흔드는 위험한 교육이다.

남녀의 내부 생식기 자체는 볼프관과 뮐러관의 발달로 최종 완성된다. 남녀 태아 모두 임신 6주까지는 볼프관과 뮐러관을 동시에 가지고 있는 것이 사실이나, 타고난 성염색체에 따라서 테스토스테론이 우세하면 뮐러관의 발달이 정지된다. 반대로 테스토스테론이 관여하지 않고, COUP-TFII라고 하는 특수 단백질이 관여하는 경우에는 볼프관의 발달이 정지된다. 보건복지부 질병관리청 홈페이지는 "고환결정인자(TDF), 뮐러관 억제인자(MIF, AMH를 가리킴), 테스토스테론, 세 가지가 작용해 배아의 생식원기가 남성으로 성분화되고, 이것이 작용하지 않으면 여성으로 성분화된다."는 기존 학계 정설을 인용해 왔는데, 최근 연구에 따르면 COUP-TFII라고 하는 특수 단백질이 관여해야 여성 생식기의 완성이 가능하다고 보고 있다.[13]

그러나 이러한 표현들을 악용하여 남녀 성별의 결정이 수정 당시 정해진다는 사실을 부인하는 것으로 오인하도록 교육되어서는 안 된다. 생식기의 완성이 성별 결정의 전부가 아니기 때문이다. 즉, 임신 6주 이후 성기 발달 과정에서 볼프관과 뮐러관 중 한쪽은 성염색체에 따라 거의 사라지고, 한쪽은 발달되어 타고난 성별에 맞는 내부 생식기를 갖게 된다. 한쪽 관의 발달이 정지되고 나면 일부 흔적이 남아 있게 된다. 중요한 것은 볼프관이나 뮐러관 모두 세포로 구성되어 있고, 그 세포핵마다 이미 남자는

> XY, 여자는 XX 염색체가 자리 잡고 있기에 수정 3주든, 6주든, 6개월이든 이미 성별은 하나님이 수정 당시 정해 주신 것이며, 성별이 사회적 분위기와 문화에 의한 학습이나 진화로 뒤바뀌거나 결정되는 것이 아니라는 것이다.
>
> 태아의 세포핵마다 존재하는 성별 염색체와 유전자, 그리고 세포의 차이는 무시한 채 오로지 볼프관, 뮐러관에 집착하며 수정 6주까지 남녀 구별이 모호한 암수 동체 혹은 중성적 존재로 남녀 성별을 설명하는 퀴어 성교육자들의 위험한 성교육에 미혹되지 않도록, 양육자들도 이 부분을 분명하게 알고 있어야 한다.

3. 사회적 차이로 연결되는 생물학적 차이

남녀의 생물학적 차이는 사회적으로 여러 가지 차이를 가져온다. 여기서는 그 예시로 소방공무원과 성차의학, 직업 분포의 예를 살펴보고자 한다.

1) 소방공무원의 합격 기준이 왜 다를까?

종목	성별	1	2	3	4	5	6	7	8	9	10
악력 (kg)	남	34.0 이하	34.1-36.8	36.9-39.6	39.7-42.4	42.5-45.2	45.3-49.2	49.3-52.4	52.5-55.4	55.5-58.0	58.1 이상
	여	20.6 이하	20.7-22.3	22.4-24.0	24.1-25.7	25.8-27.5	27.6-29.7	29.8-31.7	31.8-33.7	33.8-35.7	35.8 이상
배근력 (kg)	남	93 이하	94-106	107-119	120-133	134-146	147-156	157-167	168-178	179-194	195 이상
	여	51 이하	52-59	60-67	68-76	77-84	85-91	92-99	100-107	108-114	115 이상

<표 4-1. 소방공무원 체력검정 점수 기준표(시행 2021. 3. 8)>[14]

소방공무원 체력 시험 점수표를 보면 남자와 여자의 근육 차이를 확실하게 알 수 있다. 소방공무원은 위기 상황 속에서 생명과 재산을 구하는 특수한 임무를 한다. 소방관은 절체절명의 순간에 25kg 이상의 복장과 장비를 장착하고, 사람을 구하러 불 앞에 서야 하는 극한 직업이다. 강한 지구력과 근력이 필수이기에 악력(握力)과 배근력(背筋力, backmusclestrength), 윗몸 일으키기, 제자리멀리뛰기, 왕복 오래달리기, 앉아 윗몸 앞으로 굽히기 등 총 6가지 체력시험을 본다. 6종목 70점 만점에서 30점 이상을 받아야만 시험에 통과할 수 있다.

소방직의 경우, 성별, 나이, 학력, 경력 등에 상관없이 오로지 실력으로만 진행되기 때문에 여자 소방직과 남자 소방직 모두를 채용하는 것이 기본이지만, 특수한 임무를 하는 만큼 여자 소방직을 아예 뽑지 않는 곳도 있다. 왜 그럴까?

소방공무원 체력검정 점수 기준표를 보면 남녀의 차이를 확연히 알 수 있다. 남자의 악력 테스트에서 최하 점수가 여자에게는 9점의 점수이다. 비슷한 체중과 건강 상태의 두 사람이라 할지라도 성별이 다르면 손아귀의 근육 힘, 즉 악력이 상당히 다르다. 물건을 손아귀로 쥐는 힘에서 남녀가 큰 차이를 보인다. 보통 남자의 악력은 여자의 두 배 혹은 그 이상이다.

시험 항목 중 배근력 테스트 역시 큰 차이가 있다. 배근력은 허리와 등의 근군(筋群)의 척주를 후굴(後屈)시키는 수축력 강도를 말하며, 배근력계로 잰다. 배근력 테스트에서도 남자의 최하위점이 여자의 7점에 해당한다. 남녀의 근골격계 차이를 인정한 것이다. 신체의 차이가 물리적인 힘의 차이로 드러난다는 뜻이다.

2) 성별의 차이를 고려한 '성차의학'의 발달

최근 들어 의학 등 생명과학 분야에서는 남녀 간 차이점, 즉 성차(性差)

가 과거보다 중시되는 경향을 보인다. 물론 의학에서 남녀뿐 아니라 개인차를 고려해 진단하고 치료하는 것은 당연한 일이다. 그런데 최근에는 성별이라는 분명한 차이에 따라 질병의 진단과 치료를 달리해야 한다는 주장이 주목받고 있다.

"남자와 여자의 신체적 차이는 사회적·문화적 학습에 의한 것이다.", "이러한 차이는 애초에 과학적으로 밝혀지지 않은 것이다."라고 억지 주장을 펼치는 이들이 있다. 성별에 따른 차이를 거부하는 사람들이다. 이러한 이들이 굉장히 불편해하는 대목이 있다. 바로 성차의학이다.

최근 미국 국립보건원(NIH)은 생명과학 분야를 연구할 때, 연구대상이 되는 사람이나 동물의 성별 차이를 고려해야 한다는 가이드라인을 만들었다.[15] 이처럼 의학자들이 병을 진단하거나 치료할 때, 남자와 여자의 차이점을 고려해야 한다고 주장하는 이유는 간단하다. 남녀의 신체적 차이가 너무나 뚜렷한데, 그 차이점을 고려하지 않고 같은 진단법이나 치료법을 사용했을 때 심한 부작용이 생기는 사례가 빈번하게 발생하기 때문이다. 남자와 여자의 차이점을 인정하는 것은 생명을 보호하는 데 있어 매우 중요한 관점인 셈이다.

1997~2000년 미국에서 치명적인 건강상 문제를 일으켜 판매가 중단된 10개 약물이 있다. 이를 분석한 연구 결과에 따르면, 8개 약물이 남성보다 여성에게 더 치명적인 부작용을 일으킨 것으로 나타났다.[16] 미국에서 흔히 사용되는 약물 668개 중 307개의 약에서 성별 간 부작용 차이가 발생했다는 논문도 있다.[17] 똑같은 약품인데도 부작용이 여성에게 더 많이 나타난 것이다.

과거에는 성차의학이 그다지 눈길을 끌지 못했다. 인문학에서조차 최근 반세기 동안 남녀의 근본적 차이를 부정하고자 애쓰는 경향이 역력했다. 그러나 최근 생명과학, 의학 분야에서는 성별에 따라 의학적·약학적 적용을 달리해야 한다는 목소리가 커지고 있다.

특히 협심증, 뇌졸중, 위·식도 역류 질환, 소화불량, 편두통 등 많은 질환에서 남녀 차이가 뚜렷하게 나타난다. 식품의약품안전평가원의 의약품심사부 종양약품과가 2015년 12월 발간한 "의약품 임상시험 시 성별 고려사항 가이드라인"에 따르면, 남녀 성차에 따라 약물동력학적 차이를 보이는 의약품이 명시되어 있다.[18]

가이드라인은 세포의 흡수율이 다르면 치료 효과도 다르고, 안전성이나 임상 데이터에서도 중요한 차이가 발생한다고 덧붙이고 있다. 『사이언스 온』(Science On)은 남녀 간에 뚜렷하게 나타나는 세포 간의 차이점을 보도하며 '남녀유별'이라는 단어를 사용하기도 했다.[19]

3) 직업 분포에서도 드러나는 남녀 차이

성별의 차이는 직업군에서도 나타난다. 한국노동사회연구소는 성별에 따라 남성 15대 직업과 여성 15대 직업을 분류하였다. 그리고 남성과 여성에게서 공통되는 직업군을 파악하고, 각 성별이 어떤 직업에 종사하고 있는지 분석하였다.[20]

그 결과 2017년을 기준으로 여성 15대 직업과 남성 15대 직업에 공통된 직업은 경영 관련 사무원, 매장 판매 종사자, 청소원 및 환경미화원, 행정사무원으로 4개였다. 그러나 11개의 직업은 남녀에게 서로 공통되지 않았으며, 성별에 따라 편중된 것으로 나타났다.

여성은 사회복지 관련 서비스 종사자, 의료복지 관련 서비스 종사자가 많으며, 학교 교사, 간호사, 보건의료 관련 부분에도 남성에 비해 많이 종사하고 있는 것으로 나타났다. 반면, 남성은 자동차 운전, 건설현장 종사, 배달 등 여성에게서는 찾기 힘든 직업군에 많이 분포되어 있었다. 즉, 여성은 상대방과 소통하면서 서비스를 제공하는 직업을 더 많이 가지는 반면,

남성은 육체적인 힘을 사용하거나 남성에게서 발달한 공간 능력을 발휘할 수 있는 직업을 더 많이 가지고 있었다.

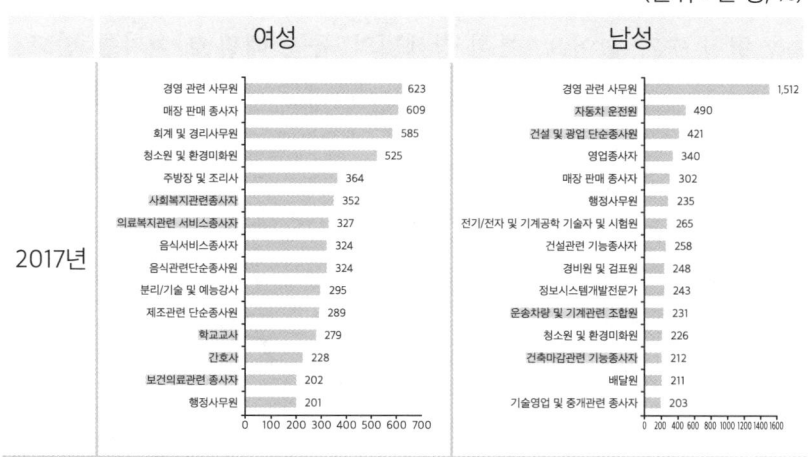

<표 4-2. 임금노동자 성별 15대 직업(2017년 기준)>[21]

　　신경정신과 의사이자 신경정신분석학자인 루안 브리젠딘(Louann Brizendine)은 언어와 청각에 관련된 뇌중추의 경우, 여성이 남성보다 11%나 많은 신경세포를 가지고 있으며, 정서와 기억을 형성하고 유지하는 해마상 융기도 남성에 비해 더 크다고 하였다. 이로 인해 여성이 남성보다 더 미세한 정서적 경험을 잘 기억하고 세밀하게 감정을 잘 표현할 수 있다는 것이다. 또한 남성은 하루에 약 7천 개의 단어를 사용하는 반면, 여성은 약 2만 개의 단어를 사용한다.[22] 여성이 상담이나 교육, 간호 서비스를 제공하는 직업을 많이 가지게 되는 이유이다. 반면, 체력 소모가 크고 지구력과 담력이 많이 요구되는 카레이서의 경우 남성이 96%인 점,[23] 여객기 조종사의 경우 95%가 남성인 점[24] 등도 직업 분포에서 드러나는 남녀의 차이를 말해 준다.

4. '에제르 케 네그도'의 의미

"저는 성경을 읽다 보면 하나님이 남녀 성별에 따라 사람을 차별한다는 생각을 떨칠 수가 없어요. 특히 창세기의 '돕는 배필'로 여자를 만드셨다는 부분에서는 화가 나요. 하나님은 저를 남자의 하녀로 만드셨나요? 저만 이런 생각을 하는 게 아니에요. 많은 기독교 여학생들이 이런 생각을 하고 있어요. 여자는 남자를 위해 지어진 부수적인 존재인가요?"

이것은 많은 여성 크리스천이 자주 하는 질문이기도 하다. 하나님은 여자에게 '돕는 배필'(창 2 : 18, 20)이라는 칭호를 주셨다. 적지 않은 사람들이 여자의 첫 번째 정체성으로 주신 '돕는 배필'이라는 단어를 통해 '남성 절대 우위' 혹은 '여성 절대 열등'을 떠올린다. 돕는 위치를 열등하고 종속적인 존재로 보는 것이 일반적이기 때문이다. '돕는 배필'이라는 표현이 하나님이 남자와 여자를 차별하고, 여자를 하나님 나라의 원칙상 열등한 존재임을 낙인찍고자 하신 말씀이 아니라는 것은 이 용어의 원어를 살펴볼 때 확실히 알 수 있다.

'돕는 배필'로 번역된 히브리어 '에제르 케 네그도'(עֵזֶר כְּנֶגְדּוֹ)를 직역하면 '돕는, 마주 보는 것처럼'이라는 의미이다. 오랜 기간 우리는 여성을 남성의 부수적인 존재로 보거나, 남성을 보조하는 어시스트(assist)나 헬퍼(helper)의 개념으로 잘못 이해해 왔다. 하지만 '돕는 배필'에 해당하는 히브리어와 그 단어들의 성경적 용례를 살펴볼 때 여성은 남성과 동등한 위치, 즉 그의 앞에서 그를 바라보며 함께 돕는 자임을 알 수 있다.

시편 기자는 하나님을 부를 때 '돕는 자'라는 뜻의 히브리어 '에제르'를 사용했다(시 54 : 4, 118 : 7). 신약에서는 성령님을 '보혜사'로 번역되는 헬라어 '파라클레토스'로 표현하는데(요 14 : 16, 26, 15 : 26, 16 : 7), 이는 구약의 '에제르'에 해당하는 표현이다. 보혜사 성령님이 단순히 성도에게 조력하는 도우미나 종속적인 존재가 아니시듯, '에제르'로 불리는 여성 역시 남성에게 종속된 열등한 조력자나 도우미를 의미하는 것이 아니다.

구약성경에는 하나님을 묘사하는 '에제르'가 상당수 등장한다. 사무엘상 7장에는 이스라엘이 블레셋과의 전투에서 하나님의 도우심으로 큰 승리를 거둔 이야기가 나온다. 이때 선지자 사무엘이 미스바와 센 사이에 돌을 세우고 "여호와께서 여기까지 우리를 도우셨다."라고 하며 그 이름을 에벤에셀이라고 했다(삼상 7:12). 에벤에셀(אבן העזר)이란 '도움의 돌'이라는 뜻으로, 선지자 사무엘이 하나님의 은혜를 기억하며 세운 기념비를 가리킨다. 그런데 '에셀'이라고 발음하며 읽는 단어가 바로 '돕는 자'의 '에제르'와 같은 단어다. 이 외에도 '돕는 자'라는 뜻의 '에제르'를 성경의 여러 곳에서 찾아볼 수 있다(출 18:4, 신 33:7, 26, 시 20:2 등).

"하나님은 우리의 피난처시요 힘이시니 환난 중에 만날 큰 도움이시라"(시 46:1)라는 말씀에서도 '도움'으로 번역된 히브리어에 '에제르'가 쓰였다. 즉, '에제르'라는 단어는 하나님 없이는 아무것도 아닌 우리에게 필수불가결한 존재이신 하나님의 속성을 표현하는 것임을 알 수 있다.

이처럼 하나님께서 여성의 정체성을 고스란히 표현하는 데 이 단어를 사용하셨다는 것은 매우 놀라운 일이 아닐 수 없다. 그러므로 '에제르'란 '있으면 좋고 없으면 말고' 정도의 존재를 의미하는 것이 아니다. 후에 '에제르'는 영어 단어 'essential'의 어근이 되었다. 즉, '본질적인, 극히 중요한, 필수적인'이란 뜻의, 없어서는 안 되는 것을 의미하는 단어의 기초가 된 것이다. 예를 들어, 필수 아미노산(essential amino acid)은 외부에서 반드시 공급되어야 하는 아미노산으로, 이것이 결핍되면 사망까지 이르게 되는 너무나 중요한 물질이다. 있으면 좋고 없어도 그만인 물질이 아니라는 의미이다. 따라서 하나님께서 여성에게 '에제르'라고 표현하신 것은 그만큼 여성에게 주어진 사명이 필수불가결하고 위대하며 중요한 것임을 뜻한다.

동시에 남성이 여성을 권위의식으로 억압해서는 안 됨을 알려 주시는 단어이기도 하다.

남자에게도 여자에게도 구원의 길은 동일하게 예수 그리스도이시다. 남자가 구원받는 법, 여자가 구원받는 법을 달리 두지 않으셨다. 그러나 남자와 여자의 순기능에 관해서는 여러 가지 차이점을 두고 남녀를 구별하셨으며, 그에 따라 기능적 질서를 부여해 주셨다.

우리는 우리 자녀들에게 하나님이 남녀를 어떻게 다르게 만드셨는지 잘 설명함으로써 부부간의 화평, 형제자매 간의 화평, 남녀 간의 화평을 더욱 잘 도모할 수 있으며, 자신의 성별에 감사하도록 도울 수 있다. 하나님께서 여성을 '돕는 자'로 세우신 것은 남녀 간에 건강한 다양성을 드러내시기 위함이라는 것을 알 수 있다. 이것은 여성이 하나님의 말씀에 기쁘게 순복함으로써 남자를 '투쟁'의 대상이 아닌 '에제르'의 대상으로 보도록 만든다. 그리고 이것은 극단적인 페미니즘의 양상 중 하나인 남녀 계급투쟁론에 빠지는 것을 막아 준다.

하나님이 아담의 갈빗대를 취해 하와를 만드셨다는 것은 여성이 남성에게 부수적인 존재로 종속되었다는 것을 의미하지 않는다. 도리어 아담과 하와가 한몸이 되어 서로 깊은 친밀함을 나누고, 상대방을 서로 사랑하도록 하신 하나님의 깊은 뜻을 드러낸다.

또한 남자는 하나님이 정하신 기능적 질서 속에 그리스도가 교회를 사랑하심과 같이 여자를 사랑해야 한다. 그리고 남자 역시 이 말씀에 기쁘게 순복해야 한다. 예수님은 십자가에서 죽으실 만큼 교회를 사랑하셨다. 따라서 남편은 "내 뼈 중의 뼈요 살 중의 살"(창 2:23)인 아내를 사랑해야 하나님이 원하시는 '한몸' 됨을 이룰 수 있게 된다. 그리고 아내를 사랑함이 곧 자신을 사랑하는 것이다. 이 말은 곧 남성이 여성을 학대하면, 자해하는 것이나 마찬가지라는 뜻이다.

하나님은 남자와 여자를 차별하지 않으시되 분명히 기능적 차이를 주셨다. 그리고 우리가 기능적 질서에 순복할 때 가정이 회복되고, 이를 통해 하나님 나라의 모형이 드러나게 된다. 회복된 가정은 하나님의 형상대로 지음 받은 남자와 여자가 함께하는, 기쁨과 사랑이 넘치는 하나님 나라의 실재가 된다. 그리고 그 나라의 영화로움은 우리가 상상할 수 있는 범위를 뛰어넘을 것이다.

"여호와 하나님이 이르시되 사람이 혼자 사는 것이 좋지 아니하니 내가 그를 위하여 돕는 배필을 지으리라 하시니라"(창 2 : 18).

"네 헛된 평생의 모든 날 곧 하나님이 해 아래에서 네게 주신 모든 헛된 날에 네가 사랑하는 아내와 함께 즐겁게 살지어다 그것이 네가 평생에 해 아래에서 수고하고 얻은 네 몫이니라"(전 9 : 9).

"그런즉 이제 둘이 아니요 한몸이니 그러므로 하나님이 짝지어 주신 것을 사람이 나누지 못할지니라 하시니"(마 19 : 6).

부부가 서로에게 가장 귀한 보배요 끝까지 함께하는 사람이 되려면, 서로의 차이를 받아들이는 동시에 남녀 간에 구원의 공평을 함께 이해해야 한다. 예를 들어, 십보라는 모세가 위기에 빠진 순간에 남편이 갖지 못한 지혜를 발휘함으로 아내의 순기능을 보여 주었다. 성령님이 늘 우리와 함께하시고 어느 곳에서든 성도를 위해 역사하시듯(롬 8 : 26), 십보라도 비밀스럽지만 가장 적합하게 남편과 협력해 에제르의 순기능을 해낸 것이다. 이를 통해 그녀는 아내의 자리에서 하나님과 남자 사이에 평화를, 하나님과 히브리 민족 가운데 평강을 가져오는 위대한 사역을 해냈다.

최초의 인간은 창조되자마자 하나님의 섭리 안에서 부부라는 공동체를 이루고 성장해 갔다(창 2 : 18-24). 하나님이 삼위일체로 계시듯, 남성과 여성도 '둘'이 '한'몸을 이루는 일체적 자아가 된 것이다. 이렇게 일체화된 남녀, 즉 부부는 혼자서는 발휘할 수 없는 강력한 지혜와 추진력, 생명력을 가지고 변화된다. 시작은 겨우 둘의 연합이었는데, "바다의 셀 수 없는 모래와 같이"(창 32 : 12) 자손이 번성하게 되는 기적을 이루는 것이다.

결혼은 인간이 무죄하던 시대에서부터 범죄한 이후에도 계속 지속된 제도이다. 하나님은 메시아인 예수님이 여자의 후손으로 올 것이라 약속하셨고(창 3 : 15), 실제로 예수님이 마리아라는 한 여성의 임신과 해산을 통해 아기의 모습으로 이 땅에 오심으로 마침내 하나님의 약속은 성취되었다. 여자의 순종은 곧 지혜이며, 이는 하나님의 놀라운 전략 속에 포함되어 있다. 인류 역사는 한 남자와 한 여자로 구성된 부부관계, 함께하는 삶의 여정으로 지속되어 왔다. '에제르 케 네그도'라는 귀한 정체성을 세워 주신 하나님께 감사드려야 하는 이유가 여기에 있다.

5. 남녀 성별에 대한 성경적 태도

크리스천 양육자는 아들과 딸을 성령 안에서 공평하게 사랑해야 한다.

"보라 자식들은 여호와의 기업이요 태의 열매는 그의 상급이로다"(시 127 : 3).

성경에서 자녀는 양육자의 소유가 아닌 여호와의 기업이며 상급임을 선포하고 있다. 크리스천 양육자인 우리는 자녀들이 사랑이 많으신 하나님의 존재를 직접 느끼도록 그들 가까이에 있는 부모로 세움 받았다. 따라서 부모는 자녀를 편애하지 않고 공평하게 사랑해야 한다. 양육자 자신도 모르게 잠재된 성별에 대한 선입견과 선호도로 인해 성별에 따라 자녀를 차별하거나 편애하는 실수를 범하곤 하는데, 이는 양육자에게도, 편애나 차별받는 아이들에게도 매우 해롭다.

성별을 이유로 기회를 박탈당하거나 차별 또는 편애를 경험하는 것은 자녀들에게 씻을 수 없는 상처를 남긴다. 이는 훗날 자신의 성별에 대한 불만을 갖게 하고, 나아가 그 성별을 주신 하나님에 대한 미움이 싹트게 만들기도 한다. 즉, 자녀로 하여금 하나님의 성품을 왜곡되게 인식하도록 만들고 그 사이를 이간하는 방법 중 하나가 하나님이 정해 주신 성별을 이유로 자녀를 차별하는 행동인 것이다.

기독교 양육자는 남자와 여자의 다른 점들을 생활 속에서 자연스럽게 잘 설명해 주어야 한다. 딸과 아들을 차별해서는 안 되지만 무조건 남자와 여자가 똑같다고 교육해서도 안 된다. 하나님은 남자와 여자를 구별해 지으셨고, 그 차이점이 기능적으로 질서정연하게 나타나고 있기 때문이다. 그러므로 남자와 여자의 차이점, 즉 하나님이 성별에 따라 부여하신 기능적 질서에 관해서도 교육해야 한다.

남녀 성별에 따른 특징을 강조하고, 기능적 차이점을 교육하며, 남녀 창조 질서를 깨우치게 하는 성교육을 '남녀 차별적 성교육' 혹은 '이분법적 성별 고정관념'에 치우친 교육이라고 치부하는 세상 풍조가 만연하고 있다. '아들딸을 차별하는 것'과 '아들딸의 차이를 인정하는 것'은 전혀 다른 문제다. 양육자는 남녀의 차이점을 인정하고, 그 차이점이 얼마나 아름다우며 놀라울 정도로 상호 보완적인지 아이들에게 교육해야 한다. 이것은 자녀가 아름다운 결혼과 부부생활을 하고, 사람에 대해 폭넓은 이해를 하는 데 큰 도움을 준다.

또한 성별로 친구를 놀리지 않도록 지도하고, 하나님이 주신 자신의 성별로 우월감을 가지거나 열등감을 가지지 않도록 사랑으로 지도하는 것이 필요하다. 또한 성전환을 옹호하거나 성전환을 시도한 경험이 있다면 회개하고 죄악으로부터 돌이킬 수 있도록 교육하되, 그런 죄를 지은 적이 있는지 캐묻거나 확인하려고 하지 않는 태도가 필요하다.

하나님이 자신에게 주신 성별 그대로 인정
자신의 성별에 감사하는 태도
남녀 성별대로 잘 순기능해 내는 태도

<표 4-3. 성경적으로 바른 성별 정체성>

남자도 여자도 하나님의 형상대로 지음 받았음
남자도 여자도 예수님을 믿고 구원받음
남자도 여자도 하나님의 자녀, 군사, 왕 같은 제사장임

<표 4-4. 남녀에 대한 공평함>

성별 우상화(특정 성별 선호) 금지
아들과 딸의 성별은 하나님이 정해 주신 것임을 인정
성별을 이유로 편애하지 말 것

<표 4-5. 자녀의 성별에 대한 양육자의 태도>

II부　양육자를 위한 자료

5장
젠더 이데올로기

"하나님이 지으신 그 모든 것을 보시니 보시기에 심히 좋았더라"

(창 1 : 31a).

5장. 젠더 이데올로기

> **학습목표**
> 1. 젠더 이데올로기의 개념 및 성평등과 양성평등의 차이점을 인식한다.
> 2. 젠더 이데올로기로 인한 공교육 현장의 문제점을 인식하고, 기독교 성교육이 추구하는 건강한 성별 정체성을 공유한다.
> 3. 하나님이 주신 성별을 그대로 인지하고 감사하며 남녀를 공평하게 대하는 태도를 함양한다.

1. 젠더 이데올로기란?

젠더 이데올로기의 핵심 주장 중 하나는 "타고난 성별이 중요한 게 아니라 개인이 느끼는 성별 정체성이 중요하다."라는 것이다. 이는 성염색체라는 확실한 유전자 및 각종 생물학적 차이점들을 근거로 남녀 성별을 분류하는 과학적 상식마저 부인하는 매우 거짓된 주장이다. 개인의 불안정한 사고, 침투적 사고(자신의 의지와 무관하게 불쑥불쑥 떠오르는 생각)의 파편을 '정체성'이라는 이름으로 포장한 뒤 생물학적 성별보다 우위에 두자는 그릇된 논리다.

젠더 이데올로기는 이제 단순한 학술적 차원의 논의를 넘어서서 법제화 단계까지 진행되고 있다. 2017~2018년 진행된 헌법개정절차에서 국회 헌법개정특별위원회 자문위원회는 우리나라 최고규범인 헌법에 '성평등'(gender equality) 조항을 신설할 것을 제안했다. 자문위원회 보고서는 성평등에는 트랜스젠더리즘을 의미하는 '성별 정체성'(gender identity)이 포함된다고 정확히 설명했다. 아울러, 일부일처제의 근거 조항인 현행 헌법 제36조 제1항에서 '양성평등'(equality between men and women)을 삭제해 동성혼을 포함하는 다양한 가족제도를 도입할 것도 제안했다. 현재는 헌법개정 절차가 중단된 상태다. 하지만 젠더 이데올로기 법제화는 여전히 진행 중이다. 바로 도나 시와 같은 지방자치단체에서다. 지자체 자치사무에 관한 사항을 정하는 자치법규를 조례라고 한다. 그런데 헌법개정이 막히니 성평등 조례를 만들어 젠더 이데올로기 법제화의 수단으로 사용하는 것이다. 이러한 시도와 문제점에 대한 자세한 내용은 부록 2에 수록하였으니 참고하기 바란다.

2. 성평등과 양성평등의 차이점

양성평등은 말 그대로 양성, 즉 남성과 여성의 평등을 말한다. 그러나 양성평등과는 전혀 다른 개념인 성평등은 각종 성적 지향(동성애, 양성애, 소아성애 등) 및 각종 성별 정체성(트랜스젠더, 제3의 성 등)을 모두 평등하게 받아들이자는 것이다. 성평등이라는 용어가 양성평등과 혼용되어 사용되기도 하나, 양성평등과 성평등은 엄연히 구별해야 한다.

여성발전기본법이 2014년 5월 양성평등기본법으로 전면 개정된 이래, 양성평등은 한국 법체계에서 중요한 법률용어로 정착됐다. 양성평등기본법에 따르면 양성평등이란 성별에 따른 차별, 편견, 비하 및 폭력 없이 인권을 동등하게 보장받고, 모든 영역에 동등하게 참여하며 대우받는 것을 말한다. 국가와 지방자치단체는 양성평등 실현을 위해 노력해야 한다.

3. 젠더 이데올로기에 타격을 받은 공교육 현장

1) 서구 사회

2017년 영국의 유치원에서 2~3세의 아동들을 대상으로 '젠더 유동성'을 가르친다는 명목하에 여장을 한 남성들이 수업을 하는 일이 있었다. 이들은 아직 성정체성이 발달하지 않은 아이들에게 성별은 다양하게 존재한다고 가르쳤다. 그들은 성별은 남녀만 있다는 생각을 '성 고정관념'이라고 폄하하면서 이를 탈피한 동화책을 읽어 주었고, 개인의 개성을 있는 그대로 받아들이도록 하기 위해 개사한 동요를 부르게 하였다. 그들은 아이들이 자라서 성별에 의한 차별이나 공포증을 겪지 않도록 돕는다고 하였지만, 아동 심리치료사를 비롯한 비평가들은 오히려 아이들의 성정체성에 혼란을 준다며 이를 비판했다.

<그림 5-1. 3세 아이에게 성소수자에 대해 가르치는 영국 유치원 수업 논란>[1)]

젠더 이데올로기에 위협받고 있는 교육현장은 유치원뿐이 아니었다. 2018년 미국 펜실베니아 인디애나 대학교에서 레이크 잉글이라는 한 학생이 "세상에 성별은 단 두 개다."라고 말하여 수업에서 쫓겨난 일이 있었다.[2)] 당시 앨리슨 다우니 교수는 "기독교 : 자기, 죄 그리고 구원" 수업 시

간에 학생들에게 "72개의 성별이 있다."라고 말하였다. 그러자 종교학 전공자로 졸업을 앞둔 레이크 잉글이 "생물학자들의 공식 견해는 단지 두 개의 성별만 있다는 것이다. 그들은 72개의 성별이 존재하는 것에 대해 동의하지 않는다."라고 반박했다. 다우니 교수는 잉글이 '수업 방해'를 했다는 이유로 그를 학업청렴위원회(Academic Integrity Board)에 고발했다. 여기서 그치지 않고 "트랜스젠더의 정체성과 타당성에 대해 무례하게 반대했다."면서 적절한 징계를 내려 달라고 요구했다.

2019년에 영국 스코틀랜드에서도 이와 유사한 일이 있었다. 머레이라는 한 남학생이 학교 수업 중에 성별은 남성과 여성 두 가지뿐이라고 말했다가 수업 도중 교실 밖으로 쫓겨나는 일이 벌어졌다.[3] 머레이는 성별이 두 개 이상이라고 주장하는 교사에게 "성별은 남자와 여자, 두 가지만 존재한다."고 말했다. 머레이가 교사에 의해 교실 밖으로 쫓겨날 상황에서 "왜 내가 교실에서 쫓겨나야 하죠?"라고 되묻자, 교사는 "너의 발언은 포괄적이지(inclusive) 못했으니까. 이것은 내 의견인 동시에 학교의 의견이기도 하다."라고 말했다.

2) 한국 사회

'한국 사회는 아직 이러한 흐름에서 안전하다.'라고 생각해서는 안 된다. 대표적인 예로 학생인권조례를 들 수 있다. 경기도 학생인권조례를 보면 1장 1조에 "이 조례는 대한민국 헌법 제31조, 「유엔 아동의 권리에 관한 협약」, 「교육기본법」 제12조 및 제13조, 「초·중등교육법」 제18조의4에 근거하여 학생의 인권이 학교교육과정에서 실현될 수 있도록 함으로써 인간으로서의 존엄과 가치 및 자유와 권리를 보장하는 것을 목적으로 한다."[4]라고 되어 있다. 그런데 이 조례의 근거가 된 교육기본법을 다시 들여다보면, 제3장 제17조의2의 부제가 "남녀평등교육의 증진"이라고 되어 있다.[5]

즉, 성별은 남녀 두 가지임을 표기하고 있는 것이다.

당연한 것 같아 보이지만, 하마터면 2015년 교육부가 발표한 "학교 성교육 표준안"에 "성별은 남자와 여자만이 아닌 여러 가지 성별이 있다."는 내용이 포함될 뻔했다. 당시 성교육 표준안을 제시한 교육부에 여성 단체와 성소수자 단체들이 협력하여 "성을 여성과 남성으로 이원화하고 성적 관계를 이성애적 관계로 한정하면서 다른 생물학적 성, 성별 정체성, 성적 지향 등을 모두 배제해 아동·청소년이 자신의 성적 자아를 탐색하는 것을 가로막는다. 이는 그 자체로 인권침해다."라고 주장하며 민원을 제기했던 것이다. 또한 이 단체들은 "성을 여성과 남성, 두 성별의 관계로 다루면서 다른 성별에 대한 언급이 전혀 없고, 성적 지향과 성별 정체성을 윤리적·정신적 문제로만 규정한다. (성의 다양성)을 철저히 배제한다."라고 지적했다. 즉, 교육부가 '성적 다양성'을 삭제하고 성별을 남자와 여자로만 국한한다고 반발한 것이다.[6]

그들이 성교육 표준안에서 문제로 지적한 '다른 성별들'에 대한 언급이 없는 부분은 다음과 같다. '성은 남녀의 관계(고등 1차시), 성은 남성(아빠)과 여성(엄마)의 혼인과 관련한 일(유치원 1-3차시), 남자와 여자가 함께 생활하면서 일어나는 일(초·중 1차시), 성교육은 남녀가 서로 사랑하며 도우면서 어떻게 살아가야 하는지에 대해 깨닫도록 하는 교육(중등 1차시)' 등이다. 결국 지극히 정상적인 '남녀'라는 표현에 문제가 있다는 것이다.

대한민국 교육은 안심 단계인가요?

2016년, 교육부 성교육 표준안 공청회가 열렸는데, 공청회가 열리기 이전부터 굉장히 논란이 많았다. 우리나라 대표적인 여성 단체들이 국가 성교육 표준안이 여성, 남성 두 가지 성별만 다루면서 소위 '다른 성별'에 대한 언급이 없는 점을 고쳐야 한다는 주장을 했기 때문이다.

> 현재 우리나라 헌법, 교육기본법, 민법 등 모든 법에 성별은 두 개이다. 헌법 36조는 성별을 '양성', 즉 남녀 두 가지 성별로 표현하고 있으며, 교육기본법은 '남녀평등'이라고 성별 두 가지를 간명하게 표현하고 있다. 우리나라 교과서, 공문서 역시 성별이 두 개라고 되어 있다. 이유는 의과학적으로 성별이 남성과 여성 두 가지이기 때문이다. 그런데 이것이 잘못되었다고 일부 급진적 여성 단체들이 주장하고 있는 것이다.
> 이 공청회에서 오로지 한 기독교인 발제자만이 성별은 남녀 두 가지라고 발제를 했고, 이 발언 때문에 여성 단체로부터 맹비난을 받아야만 했다. 우리의 자녀와 이웃들이 보고 배우는 교과서에 성별이 두 개만 남아 있는 것이 이제는 당연한 것이 아니게 된 것이다.

4. 젠더 이데올로기가 청소년에게 미치는 영향

1) 성정체성 혼란

2019년 11월 12일 국가인권위원회법 일부개정법률안이 발의되었다. 바른 성가치관을 세우고자 하는 여러 국회의원들이 힘을 모아 차별금지 사유 중 '성적 지향' 항목을 삭제하고 '성별은 개인이 자유로이 선택할 수 없고 변경하기 어려운 생래적, 신체적 특징으로서 남성 또는 여성 중의 하나를 말한다.'는 문구를 추가하는 개정안을 내놓은 것이다.[7]

쉽게 말해 성별은 마음대로 정하는 것이 아니며, 체세포마다 존재하는 성염색체에 따라 남녀 성별을 구별해야 한다는 취지의 매우 의과학적이고 창조 질서에도 맞는 개정안이다. 그러나 일부 동성애 옹호 단체와 급진적 여성 단체들은 이 개정안이 개인이 원하고 느끼는 대로 성별을 정하는 것을 인정하지 않는, 혐오적 법안이라며 비난했다.

타고난 성별대로 살아가는 질서가 인간에게 성별을 선택할 인권을 박탈

하는 것이며, 자신의 성별을 자유롭게 선택할 수 있도록 제도화해야만 인간에게 진정한 자유가 주어진다는 주장은 잘못된 주장이다.

젠더 이데올로기 옹호론자들은 휜동가리의 성별이 바뀌듯이 인간도 성별이 바뀔 수 있다고 주장한다. 그래서 '남자와 여자의 성별은 바뀔 수 없으며 성염색체 등을 기반으로 정해지는 것'이라고 말하면 고리타분한 이분법적 성 고정의식을 그대로 드러낸 잘못된 표현이라고 주장한다. 그리고 타고난 성별을 바꿀 수 없다고 말하면 트랜스젠더들을 향한 폭력적인 표현, 혐오 표현(hate speech)인 양 가르친다.

성별 정체성을 우선으로 한 거짓된 공교육에 충격을 받은 사람들

성별을 고르는 것을 인권에 포함한 정책이 자리를 잡으면 가장 큰 타격을 입는 곳은 교육 현장이다. 대표적인 사례가 미국 캘리포니아 주다. 이곳에서는 '성은 자신이 선택할 수 있고, 자신이 선택한 성정체성을 가진 친구를 있는 그대로 용인해야 하며, 차별하면 안 된다.'는 등의 내용을 가르친다. 위기 상황에 놓인 학부모들은 불안과 고통을 이기지 못하고 급진적 젠더 교육에 반대하며 등교 거부 운동까지 벌였다.[8]

미국에서는 자신의 성별이 다른 성별로 바뀌어 버릴까 봐 공포심을 느끼는 아이들이 서서히 생겨나기도 한다. 캘리포니아에서 초등학교에 다니는 로지라는 아이가 대표적인 예다. 로지는 어느 날 학교를 다녀온 후 엄마를 붙잡고 울기 시작했다. "엄마, 나도 언젠가 남자로 변할 수 있다는 것이 너무 무서워요." 로지는 자신의 성별이 바뀔지도 모른다는 공포를 느끼게 된 것이다. 실제로 캘리포니아 공교육 현장에서 벌어지는 일을 들여다보면 이 아이의 공포심이 어떻게 생겨난 것인지 알 수 있다.

로지는 학교에서 쉬는 시간에 옛 친구였던 맥스라는 남자아이를 만났다. 반가운 마음에 맥스의 이름을 부르며 인사했지만, 옆에 있던 친구의 말이 로지를 혼란에 빠뜨렸다. "로지, 저 아이의 이름은 맥스가 아닌 매기야.

남자가 아니라 여자가 됐다고." 얼마 전까지만 해도 분명히 남자아이였고 맥스라고 불리던 아이가 이제 더 이상 남자가 아니며 여자로 바뀌었다는 말에 로지는 "그럴 리가 없어."라고 했다.

로지는 충격을 추스르기도 전에 교장 선생님에게 불려가서 맥스를 괴롭힐 마음이 추호도 없었음을 밝혀야만 했다. 정상적 가치관을 가지고 남자가 한순간에 여자가 될 수는 없다는 보편타당한 사실을 말했던 로지가 오히려 사과하고 해명해야 하는 상황이 된 것이다.

로지는 교장 선생님에게 이렇게 질문했다. "맥스(남자 이름)를 맥스라고 부르지 않으면 뭐라고 불러요?", "매기(여자 이름)는 남자보다 여자가 되길 원했기 때문에 이제부터 여자 이름으로 불러 주어야 해." 타고난 성별이 아닌, 자기 마음대로 정한 성별, 즉 성별 정체성이 우선이라는 거짓된 교육을 공교육 현장에서 진행한 것이다.

교장의 잘못된 교육은 거기서 끝나지 않았다. 남자가 여자가 된다는 거짓말에 충격을 받고 혼란스러워하는 로지를 붙들고는 남자였던 맥스가 왜 여자인 매기가 됐는지 설명했다. 그리고 남자든 여자든 자신의 성별을 고를 수 있으며, 사람은 다양하니까 다양한 성별 또한 인정해야 한다고 가르쳤다.

이런 거짓 교육은 로지에게 씻을 수 없는 악영향을 끼쳤다. 로지는 교장 선생님의 말을 그대로 받아들였고, 집에 와서 자신의 성별이 언젠가 남자로 바뀔까 봐 무섭다며 엄마에게 울며 매달린 것이다.

2) 무분별한 성전환 시도

해외 사례를 보면 십 대들의 성전환을 점점 허용하다 못해 부모 몰래 성전환을 할 수 있도록 법제화하는 현상이 나타나고 있다. 2020년 1월 미국 캘리포니아 교사연합(California Teachers Association, CTA)은 트랜스젠더가 되기 위한 의학적 시술을 위해 부모의 허락 없이도 수업을 빠질 수 있도록 결의했다.[9)]

이미 이런 기만적 결의는 2013년 캘리포니아의 일부 교육구에서 벌어졌다. 2016년부터는 미시간에서,[10] 2018년부터는 뉴저지에서[11] 진행되고 있다. 한국에서도 여러 도시에서 학생이 트랜스젠더 등 어떤 성별 정체성을 주장하더라도 학생 인권 보호 차원에서 수용해야 한다는 학생인권조례를 통과시켰다.

영국의 성별 교체 사업

영국에서는 어린이들이 트랜스젠더가 되는 것을 축하해 주고 격려해 주는 뉴스 웹사이트가 있는데, 트랜스젠더가 되는 것이 나을지 그냥 타고난 성별대로 살아갈지 자가 진단을 하게 하고 은연중에 성전환을 유도한다. 영국에서는 이런 인터넷 언론과 유튜브가 영향력을 점점 키우고 있다. 그래서 인간성을 말살시키고 황폐하게 해서라도 이익을 창출하려는 신종 젠더 사업이 아이들을 망가뜨리고 있다는 비판적 목소리가 영국에서 터져 나오고 있다. 바로 '성별 교체(transgenderism) 사업'이라고까지 불리는 급진적 이론과 문화가 문제가 되는 것이다. 전술한 바대로 영국에서 이러한 젠더 이데올로기의 영향으로 10년이 채 되지 않은 기간 동안 성전환 치료에 의뢰된 청소년이 97명에서 2,519명으로 2,500%가량 늘어났다. 영국의 여성평등부는 성전환 아동이 급증하는 원인 중 하나가 대중매체의 역할에 있다고 했다.[12] 한국에서도 트랜스젠더들이 유튜브 방송에 나와 위험천만한 성전환 수술을 정당화하고 성별을 스스로 선택할 수 있다고 홍보하고 있다.

어른들은 젠더 감수성 함양이라는 핑계로 아이들이 타고난 성별을 의심하게 만들어서는 안 된다. 특히 공교육 현장에서 성평등이라는 핑계로 정체성에 혼란을 일으키는 문화 및 교육환경을 조성해서도 안 된다. 이를 아동 인권 존중이라고 주장하는 무책임한 성교육 강사들이 대한민국에 발붙이지 못하도록 철저히 막아야 한다.

3) 성전환 시술의 부작용

십 대에 하는 성전환을 위한 호르몬 시술은 부작용이 매우 크다. 어른의 성전환과는 달리 이차성징 발현 억제제를 동시에 투여하면서 교차 성호르몬을 투여하기 때문이다.

이차성징이 오는 십 대 시기에 보통 남자 청소년들은 여자 청소년보다 혈중 남성호르몬, 즉 테스토스테론 농도가 10배 이상으로 올라간다. 이 시기 여자 청소년은 난소에서 적극적으로 에스트로겐을 생성해 내며, 여성으로서의 뚜렷한 이차성징을 겪는 것이 정상적인 성장이다. 또한 남녀 청소년 모두 급격한 신체 성장, 면역 체계 구축, 부신 등 중요한 호르몬 장기의 성숙, 활발한 성호르몬 분비로 내분비 계통의 변화 등을 겪는 시기이다. 이렇게 중요한 변화와 성장의 시기를 자연스럽고 건강하게 보낼 수 있도록 가급적 인스턴트 식품 섭취나 고카페인 음료를 자제하도록 교육할 뿐 아니라 흡연이나 음주에 빠지지 않도록 적극적으로 지도해야 한다.

이렇게 중요한 때에 성전환을 원하는 십 대에게 그들의 잘못된 희망대로 화학 호르몬을 주입하거나 먹이고, 이를 부모에게 알리지 않거나 부모들에게 자녀 성전환에 무조건 동의하도록 강제하는 교육 시스템은 어불성설이다.

성전환의 부작용으로 평생을 고통받게 된 시드니 라이트(Sydney Wright)

건강하고 정상적인 십 대였던 시드니 라이트는 성전환을 위한 테스토스테론 호르몬 요법 이후 찾아온 부작용으로 엄청난 고통을 겪고 있다. 그녀는 십 대 여자로서 자연스럽게 이차성징을 겪고 성장할 수 있도록 도움을 받았어야 했다. 그러나 그 반대 상황이 되었다.[13] 그 뒤에는 AB329

법[14]이 있었다. 이 법 때문에 교사나 상담사가 성전환을 원하는 라이트의 결정을 제지하기 위해 상담을 했다가는 고발당할 수도 있었고, 바르게 알려 줄 수 없었다. 캘리포니아 교사노조 등의 시스템은 시드니의 잘못된 선택을 그대로 밀어붙일 수 있는 동력을 제공했다.

그 결과 라이트는 비참한 결과를 맞았다. 남성호르몬인 테스토스테론을 과량으로 주입해 내분비계 전반에 교란이 나타났다. 체중이 25kg이나 증가하고 심혈관계 질환이 찾아왔다. 당뇨 환자라는 진단을 받기 직전의 상태까지 신체의 산화가 급격히 진행되었다. 게다가 십 대 폐경이라는 엄청난 상실을 겪었다. 교차 성호르몬의 부작용은 이외에도 수십 가지에 이른다. 그러나 라이트는 자신을 망친 것이 단순히 테스토스테론이 아니라 사회 '시스템'이라고 부르짖었다.

학생이 우발적으로 내린 잘못된 결정에 대해 교사가 바른 가르침을 할 수 없도록 법제화한 시스템, 자녀가 부모 동의 없이도 성별을 바꿀 수 있도록 결의한 CTA, 그리고 성전환을 포함한 모든 성별 정체성을 정상이라고 교육하는 성교육 시스템이 한 사람의 인생을 망친 것이다.

이뿐 아니라 성전환 수술 환자가 늘어나는 영국에서는 성전환을 후회하며 "원래 성별로 돌아가고 싶다."라고 외치는 이들이 증가하고 있다.[15]

<그림 5-2>

5. 공적 영역에 미칠 영향

한국 사회에는 무책임한 실험주의자들이 있다. 대표적으로 "여자, 남자가 아닌 여러 가지 성별이 존재한다고 주장하는 사람이 아무리 늘어나도 공적 영역까지는 영향을 미치지 않을 것이니 걱정하지 않아도 된다."라고 말하는 사람들이다.

현실은 전혀 그렇지 않다. 서구 사회만 보더라도 성별이 수십 가지가 있다는 잘못된 주장이 공적 영역에까지 뿌리내리고 있다. 그 결과 정상적인 생각을 지닌 사람들에게까지 그릇된 젠더 사상을 강요하는 사태가 벌어진다. 실제로 영국, 미국, 네덜란드, 스웨덴 등에서는 이미 본인이 원하고 느끼는 정체성에 따른 성별을 인정하는 공문서가 발행된다. 화장실과 라커룸은 소위 '남녀 아닌 기타 성별을 가진 자'(X-genders)라고 자신의 정체성을 밝히는 자들이 사용하도록 성 중립적 공간으로 변신하고 있다.

이런 변화는 법원에서도 나타났다. 미국 법원에서는 이미 자신의 성정체성을 남성 또는 여성이 아닌 제3의 성으로 합법적으로 바꿀 수 있다는 판결이 나오고 있다.

> **제3의 성으로 인정받은 제이미 슈프**
>
> 2017년 6월 미국 오리건 주의 한 지방법원은 성전환한 제이미 슈프의 청원을 받아들여 남녀가 아닌 '제3의 성별'(논바이너리, non-binary)로 성을 바꾸어 주었다.[16] 원래 바이너리(binary)는 '두 개'라는 뜻이 있는데, 논바이너리는 말 그대로 남성도 여성도 아닌 제3의 성별을 가진 자를 지칭한다. 보통 성별 정정은 남성에서 여성으로, 혹은 여성에서 남성으로 정정하는 경우만 가능했다. 그러나 슈프는 2013년 여성으로 성전환 수술을 한 뒤 자신의 성이 남성도 여성도 아니라는 느낌이 든다며 법원에 남녀가 아닌

제3의 성으로 교체해 달라고 요청했다. 이런 일이 가능했던 것은 본인이 주장하는 성별을 있는 그대로 인정해 주지 않으면 혐오 범죄(hate crime)로 간주하는 법이 작동하고 있었기 때문이다. 이 법은 포괄적 차별금지법안의 일종인 혐오표현금지법이었다.

게다가 오리건 주에서는 수년 전부터 법원에 성별 교체를 요청할 수 있었고, 비교적 복잡한 과정 없이 성별 교체가 이루어지고 있었다. 심지어 의사 진단서 없이도 성별 교체를 결정할 수 있도록 해 놓았다. 미국 언론은 슈프 사건을 두고 제3의 성을 인정한 미국 내 첫 판결이라고 대서특필했고, 이후 유사한 판례가 우후죽순 나왔다.

<그림 5-3. 성 중립 화장실 표지판의 예>

    제3의 성을 인정하는 일이 빈번해질 때 일어나는 가장 큰 변화는 화장실에서 나타난다. 성정체성에 따라 누구나 사용할 수 있게 한 성 중립 화장실은 시설 부족으로 설치한 남녀 공용 화장실과는 전혀 다른 개념이다. 서울광장에서 열렸던 퀴어 행사 때도 성 중립 화장실을 선보인 바 있다.[17] 신기한 이야기처럼 보이는 이 사건은 어떤 결과를 가져올까?

    스웨덴의 예를 살펴보자. 스웨덴은 1990년대 차별금지법 유사법안을 통과시킨 나라이다. 2004년 동성애를 죄라고 설교한 목사에게 1심에서 징역을 내리고, 2009년 동성결혼법까지 통과시켰다. 스웨덴은 수십 가지 성별이 사용할 수 있는 성 중립 화장실을 운영하고 있다. 공공 도서관이나 마트 등을 포함 전체 화장실의 70% 이상이 성 중립 화장실로 알려졌다.[18] 도서관 직원에게 남녀가 구별된 정상적인 화장실은 없는지 묻자 "성 중립 화장실이 정상적인(normal) 것"이라는 답변이 돌아오기도 했다.

화장실에서 일어난 사건들

자신의 성별이 여자로 바뀐 것 같다고 주장한 미국 와이오밍 주의 미겔이라는 남성이 있었다. 그는 소위 성소수자의 정체성을 차별하지 말라는 와이오밍 주의 차별금지법을 앞세워 여성 화장실을 사용하기 시작했다. 그는 분명 자신을 여성이라 느끼며, 남자가 아니라고 일관성 있게 주장했다. 남성의 성기가 자신에게 있고 없음은 별로 중요하지 않다고 덧붙였다. 하지만 그는 여자 화장실에서 10세 여아를 성폭행했다.[19]

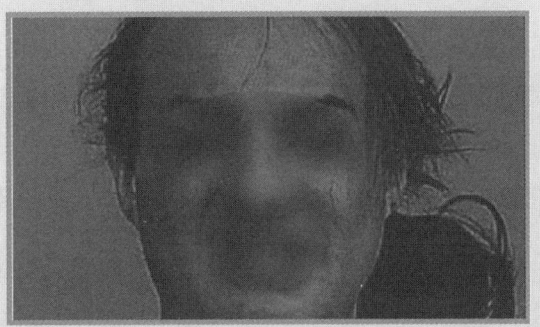

<그림 5-4. 화장실에서 10세 여아를 성폭행한 트랜스젠더 미겔>

조지아 주에서도 트랜스젠더라며 여자 화장실에 드나들던 남성이 5세 여아를 성추행한 사건이 있었다.[20] 그뿐만 아니라 영국 스코틀랜드에서도 자신을 여자라고 주장하는 케이티라는 남성이 여자 화장실에서 10세 여아를 성폭행했다.[21] 그러나 소위 성소수자에게 더욱 관대할 것을 강요한 영국의 분위기 때문에 그는 어떤 처벌도 받지 않고 거리를 활보하게 되었

> 다. 그는 이와 비슷한 범죄를 몇 번 더 시도했지만, 매번 보호받았다. 이런 뉴스가 계속 나오자 캐나다에서는 성 중립 화장실 사용에 불편을 느낀 여학생이 화장실 가기를 꺼리다가 방광염에 걸리는 일까지 발생했다.

스웨덴의 한 고등학생은 성 중립 화장실을 다시 남녀 화장실로 분리해 달라고 하면 어떤 일이 벌어지는지 간단하게 설명해 주었다. "남녀 두 가지 성별만 인정하는 젠더 감수성이 없는 사람, 혹은 성소수자 혐오자로 낙인찍힙니다."

서구 사회는 어처구니없게도 제3의 성을 지녔다고 주장하는 사람들에 의한 성폭력 사건이 터져도 성 중립 화장실을 받아들이고 찬양해야 관대한 사람인 것처럼 칭찬을 듣는다. 우리는 이러한 서구 사회의 모습을 타산지석으로 삼아야 한다. 그리고 인류가 가진 기본적 명제를 강제로 부인하게 하고, 공적 영역에서 이를 강제하는 잘못된 젠더 이데올로기를 막아 내야 한다.

6. 완화되고 있는 성별 정정 요건

전 세계 트랜스젠더 인권 단체들은 성전환 수술을 하지 않아도 성별 정정을 허용하는 입법을 꾸준히 추진하고 있다. 스스로 여성이라고 주장하는 남자가 자신의 생식기를 유지한 채 여자로 성별 정정을 할 수 있도록 허용하라는 것이다. 물론 남성이라고 주장하는 여성이 남성으로 성별을 정정하는 조건 역시 완화해 달라고 요구하고 있다.

법적 성별 정정 조건을 완화한 결과 일어난 일들

2018년 여름, 법적 성별 정정 조건을 완화한 캐나다에서 이를 악용한 보험 사기 범죄가 일어났다. 자동차 보험료가 비싼 것에 불만을 품은 20대 남성이 더 저렴한 보험료를 내기 위해 법적으로 성별을 전환한 것이다.[22] 이 사건은 캐나다 앨버타 주에 살던 당시 24세 남성 데이비드(가명)가 온라인 커뮤니티에 자신의 보험 감면 전략을 자랑하듯 자세히 소개하면서 알려졌다. 캐나다와 미국 등에서는 남성이 자동차 사고를 낼 가능성이 더 크다는 통계에 따라 남성 운전자가 여성 운전자보다 더 많은 보험료를 내도록 하는 보험사들이 있다.

2018년 초에 새 차를 산 데이비드는 이 보험제도에 대해 강한 불만을 품었다. 데이비드는 법적 성별을 여성으로 정정해 보험료를 적게 내는 방법을 연구했다. 물론 그는 보험료 부담을 더는 것이 목적이지, 성전환 자체가 목적이 아니었기 때문에 성전환 수술은 전혀 원하지 않았다. 그는 담당 의사에게 성별을 바꾸고 싶다고 말한 뒤, 자신이 정신적으로 여성임을 증명하는 의사 소견서를 받아 관련 서류를 갖춰 정부에 제출했고, 성별이 여성으로 정정된 출생증명서와 운전면허증을 새로 발급받았다. 심리적 변화에 기반을 둔 성별 정정으로 보험료를 저렴하게 낼 수 있게 된 것이다.

간단한 법적 성별 정정 과정을 거쳐 원하던 대로 낮은 보험료를 내게 된 데이비드는 성별 정정 후 이렇게 말했다. "마치 내가 체제를 부서뜨린 것 같은 느낌이었고, 승리한 기분이었다. 나는 생물학적으로 100% 남자지만, 법적으로는 여자다. 나는 단지 자동차 보험료를 더 저렴하게 내려고 성별을 정정했다."[23]

이와 같이 성전환 수술 없이 성별 정정을 허용해 준 사례는 결국 성별 결정 기준이 더 이상 생물학적 요소가 아니며, 지극히 주관적이고 일시적일 수 있는 개인의 심리임을 뜻한다. 성별 결정의 기준이 심리적 근거뿐인 성정체성으로 변경됐다는 것이며, 성별은 오로지 자기 생각에 따라 결정된다는 것이다.

캐나다의 한 학부모는 이렇게 탄식했다. "이런 일이 벌어질 때, 아이들은 분열과 혼동을 느낍니다. 성별을 바꾸는 자유가 아니라 무질서 속의 방황

> 이죠. 그러다가 그것에 익숙해지면, 마침내 반기독교적인 정서를 심령 속에 담게 됩니다. 물질의 이득을 위해 성별도 바꿀 수 있는 세상에서 아이들은 큰 혼란을 겪고 있습니다."

지난 2020년 2월 21일, 한국의 대법원은 "성전환자의 성별정정허가신청 사건 등 사무처리지침"을 일부 개정했다.[24] 성전환에 관심이 많은 디지털 세대가 성전환 방법에 관해 쉽게 검색할 수 있는 현실 상황에서 우려스러운 결정을 내린 것이다.

그동안 한국에서 성별을 바꾸려면 가족관계증명서, '2명 이상'의 정신과 전문의의 진단서나 감정서, 성전환 시술 의사 소견서, '앞으로 생식 능력이 없다.'라는 전문의의 감정서, '2명 이상'의 성장환경진술서 및 인우보증서 등 5가지 서류를 필수로 제출해야 했다. 그러나 개정지침에서는 '2명 이상'이라는 문구가 삭제됐다. 전문의의 감정서나 성장환경진술서는 1명으로도 충분하다는 것이다. 또한 서류들은 '필수 제출'이 아닌 '제출 가능'으로 변경되었다.[25] 참고용으로 보겠다는 말이다.

그밖에 '성전환 시술 의사 명의의 소견서를 첨부할 수 없는 경우 이유를 소명해야 한다.'와 성장환경진술서에 '신청인의 성장 시기별 이성 관계를 포함한 대인 관계에 관한 구체적인 진술이 포함되어야 한다.'라는 세부 내용도 삭제되었다. 일시적인 마음의 동요가 아니라 오랜 기간 성별 정정의 필요성이 있었음을 알 수 있는 근거자료를 보지 않겠다는 뜻이다.

결국, 이번 개정으로 인해 성전환 수술을 하지 않더라도 성별 정정 결정을 받을 수 있는 길이 더 쉽게 열리게 되었다. 성별 정체성을 이유로 한 차별을 금지하는 '차별금지법'이 아직 입법되지 않았음에도, 한국의 대법원이 성별 정정 요건을 대폭 완화한 것이다.

사법부가 법률이 아닌 대법원의 '사무처리지침' 개정을 통해 성별 결정

기준을 변경한 것은 입법권의 침해라는 비판이 일고 있다. 이 부분은 반드시 재개정되어야 할 것이다.

7. 무책임한 인권 다양성 논리

지구상에서 동성결혼을 가장 먼저 법으로 인정한 나라는 네덜란드다.[26] 2001년 동성 간 결혼을 인정하는 법을 통과시킨 네덜란드는 이후 성전환, 즉 트랜스젠더리즘을 급진적으로 받아들였다. 2015년에는 트랜스젠더가 된 아동의 모습을 촬영한 사진전이 열릴 정도로 젠더 이데올로기가 만연해 있다.[27] 사진전을 준비한 주최 측에는 "10세도 안 된 아이들의 성전환을 인정하고 성전환에 필요한 시술과 화학 호르몬을 처방해 투약을 도왔다.", "성별을 바꿨다고 생각하는 아이들을 문화의 코드로 진열했다."라는 질타가 쏟아졌다.

생물학적 성별을 정정하는 것이 법적·문화적으로 받아들여지고 그것을 격려하는 풍조가 생기자, 전혀 예상치 못한 문제가 발생하기 시작했다. 성별에 이어 나이(age)나 인종(race), 종(species)까지 바꿔 달라는 황당한 주장들이 제기되기 시작한 것이다.

이런 주장을 펼치는 사람들의 논리는 간단하다. 성별을 원하고 느끼는 대로 바꿀 수 있다면 나이는 왜 못 바꾸겠는가?(trans-age) 성별과 나이를 바꿀 수 있다면 인종은 왜 못 바꾸겠는가?(trans-racial) 인종을 바꿀 수 있다면 종은 왜 못 바꾸겠는가?(trans-species)

실제로 서구에서는 트랜스젠더가 일반화된 사회일수록 나이를 연령 정체성대로 바꿔 달라고 요구하거나, 인종을 인종 정체성대로 바꾸겠다는 대책 없는 트랜스 운동들이 일어나고 있다.

8. 그 외 젠더 이데올로기에 관한 이슈들

1) 간성은 제3의 성별이 아니다

청소년들은 다음과 같은 질문을 하기도 한다. "간성(intersex)이 제3의 성별이거나 자웅동체 혹은 동성애를 뜻하는 것인가요?" 가끔 간성처럼 성염색체 기형이 발생하는 사람이 있는데, 이는 성염색체 질환으로 분류된다. 하지만 이것이 의학적으로 제3, 제4의 또 다른 성별로 분류되는 것은 아니다.

한때 성별 전환을 옹호하는 사람들이 간성을 남녀 이외의 제3의 성별로 분류하려는 시도를 한 적이 있다. 그러나 이는 의학자들에 의해 강하게 부정되었다. 낮은 확률이지만 남성도, 여성도 아닌 선천성 기형의 일종으로 모호한 생식기를 가진 간성이 나올 수 있다.

간성은 제3의 성이 아니라 질병이다

간성은 제3의 성이 아니다. 새해가 되면, "올해 1월 1일 새벽 0시 0분에 첫 남자아기(또는 여자아기)가 ○○산부인과에서 태어났습니다."라는 뉴스가 들려온다. 그런데 어떤 때는 선천성 기형의 일종으로 남자인지 여자인지 알쏭달쏭한 성기를 가진 아기들이 태어나는 경우가 있다. 요도 구멍이 음경 상부나 하부에 위치한 형태로 나오는 요도상열 또는 요도하열 같은 질환도 그러한 선천성 기형의 한 예다. 육체의 성은 정자와 난자가 만나서 수정란이 될 때 결정되며 수정란에 있는 염색체와 유전자에 의해 정소, 난소, 성 기관 등이 만들어진다. 따라서 육체의 성은 선천적으로 결정된다고 말할 수 있다. 즉, 뚜렷하게 남성과 여성, 두 가지 성으로 구별된다. 그런데 아주 낮은 확률로 남성도, 여성도 아닌 선천성 기형의 일종으로 모호한 생식기를 가진 간성(intersex)이 만들어질 수 있다. 간성이 생기는 이유로는 성염색체 이상에 의한 것과 그 이외의 원인에 의한 것으로 나눌 수 있다. 염색체는 정상 여성은 XX, 정상 남성은 XY인데, 성염색체 이상에 관련된 가장 일반적인 발달 장애로는 X 하나만 있는 터너증후군과 XXY, XXYY, XXXY 등을 가지는 클라인펠터증후군이 있다.

터너증후군은 외형은 여성이지만, 난소의 결함 때문에 이차성징이 결여되고 가슴이 잘 발육되지 못하거나 임신할 정도로 여성성이 발달하지 않는다. 또한 작은 몸집을 갖고, 성인이 되어도 키가 작다. 여성호르몬을 투여하면 유방이 발달하고, 생리를 시작하게 된다.

클라인펠터증후군은 감수 분열 과정에서 무작위로 생기는 성염색체의 비분리 현상에 의해 생기는데, 사춘기에 남성호르몬이 잘 분비되지 않음으로 인하여 여성형 유방이 발달하며, 고환과 음경의 크기가 유달리 작고 생식능력이 결여된다. 또한 지능이 낮고 정신적 장애가 있는 경우도 많이 있다. 터너증후군과 클라인펠터증후군, 두 경우는 사춘기에 그러한 증상이 나타나면서 여러 가지 어려움을 겪는다.

최근에는 호르몬 투여와 수술 등의 방법으로 증상을 많이 호전시킬 수 있다. 그러나 앞에서 설명한 간성을 남성이나 여성이 아닌 제3의 성이나 정상적인 성의 한 종류로 볼 수는 없으며, 수천 명에 한 명꼴로, 즉 아주 낮은 확률로 나타나는 선천적인 성기 기형이라고 보아야 한다. 국내 문헌에 따르면, 클라인펠터증후군이 있는 환자 중의 일부는 사춘기에 여성의 이차성징이 나타나 남성 동성애자처럼 행동하기도 한다고 되어 있다. 이러한 경우는 클라인펠터증후군 자체가 동성애를 일으키는 생물학적인 요인이 된 것이 아니고, 자신이 가진 외모가 또래 친구들과 다름을 깨닫고 청소년기에 느끼는 불안정한 성정체성으로 말미암아 혼란을 느꼈을 수 있다. 즉, 선천적인 생물학적 요인이 아니고 후천적인 심리적 요인에 의해서 동성애자로 행동한다고 봐야 할 것이다. 그러므로 간성은 선천적인 성기형의 일종이며, 동성애의 직접적인 형성 요인이 될 수는 없다. 간성 또는 모호한 생식기의 발생 빈도는 각각의 질환별 유병률을 따르며, 이러

> 한 선천성 기형 상태가 동성애자가 되는 것과는 무관하다. 동성애는 정신과적 성적 도착 일탈 행위이며, 이러한 동성애자의 선천성 외성기 기형의 발생 비율이 일반인과 비교하여도 통계상의 큰 차이는 없으리라고 생각된다.
>
> -글쓴이 : 이세일(비뇨기과 전문의)[28]

이렇듯 간성은 동성애와 직접적 관련이 없는 성염색체 질환이다. 간성을 앞세워 제3의 성별을 인정해야 한다는 논리에 더 이상 현혹되어서는 안 될 것이다.

2) 재능적 차이와 성별의 차이를 구별해야 함

기독교 성교육에서 말하는 건강한 성별 정체성이란 하나님이 주신 자신의 생리적 성별을 잘 인지하고, 자신의 성별에 감사하며, 남녀를 공평하게 대하는 것이다. 또한 남녀 성별 사이에 기능적 구별(질서)을 분명하게 두신 하나님의 사랑과 계획하심에 감사하고 신뢰하는 것이다.

아이의 재능과 성별을 구별하라

"자녀가 여자아이인데 외발자전거 타는 걸 혼자 익히고, 태권도를 좋아해요. 꼭 남자아이처럼 행동하는데, 어떻게 하면 좋을까요?", "자녀가 남자아이인데 피아노 연주나 인형 옷 갈아입히기를 좋아해요. 꼭 여자아이처럼 행동하는데, 어떻게 하면 좋을까요?" 이런 질문들을 하는 양육자는 나아가 다음과 같은 걱정을 한다. "저러다가 나중에 트랜스젠더가 되는 건 아닌지 걱정돼요.", "나중에 이성과 정상적인 결혼을 못 하는 것은 아닐까요?", "또래 친구들과 정상적인 교제를 못 하는 게 걱정돼요."

이런 걱정을 하다못해 아이들에게 다음과 같은 언사로 아이들이 자신의 성별과 재능에 대해 부정적 인식을 갖게 만드는 부모가 있다. "너는 왜 집에서 얌전히 인형을 가지고 놀거나 동화책을 읽지 않는 거니? 남자아이처럼 그렇게 나대는 거니? 도통 여자아이들과는 어울리지 않고 허구한 날 동네에 나가서 남자아이들이 좋아하는 스포츠와 놀이만 좋아하고. 너 여자가 아닌 거 아니니? 이제는 남자처럼 보이게 머리를 확 잘라 버려야겠다. 그러다가는 남자아이들에게 인기 없는 여학생이 될 거야.", "너는 남자인데 왜 야외 활동이나 스포츠를 즐기지 않고, 집에서 피아노나 치고 인형 옷 갈아입히기를 하는 거니? 너 혹시 남자 아닌 거 아냐? 그러다가는 여자들에게 인기 없는 남자가 되고 말 거야. 그러다 장가도 못 가면 어떻게 하니?"

이와 같은 표현으로 충격을 주면서 자녀의 행동을 억지로 바꿔 보려는 부모들이 있다. 하지만 부모는 이러한 말들로 아이들의 행동을 바꾸기 위해 타고난 성별을 의심하게 하는 말을 해서는 안 된다. 이런 방식은 아이를 화나게 하고, 공포심만 조장할 뿐이다. 특히 부모 스스로 자녀의 타고난 성별에 대한 정체성을 혼란스럽게 만드는 결과를 낼 수 있다. 부모는 운동을 잘하는 재능을 가진 딸로, 소근육 쓰기를 좋아하는 아들로 인정하는 것, 즉 재능과 성별을 구별해야 한다.

부모는 오히려 자녀가 여자일 뿐 아니라 '훌륭한 엄마'로, 남자일 뿐 아니라 '훌륭한 아빠'로 정체성을 확립하고 성장할 수 있도록 도와주어야 한다. 즉, '좋은 아빠' 혹은 '좋은 엄마'가 될 조건을 두루 갖춘 온전한 소년, 소녀임을 알려 주라는 것이다.

"○○야, 하나님은 너에게 XY염색체를 주셔서 너를 온전한 남자로 만드셨어. 너는 아빠로서 좋은 점을 가졌을 뿐만 아니라 피아노 연주나 인형 옷 갈아입히기 놀이까지도 잘하는구나. 정말 완벽한 아빠가 될 것 같아. 자상하고 섬세한 남자는 훌륭한 아빠가 될 수 있단다." 이처럼 타고난 성별에 대한 인지를 돕고 축복해 주어야 한다. 만일 야외 활동 부족으로 남자 친구들을 접할 기회가 적을 때는 어떻게 해야 할까? "지금 당장 나가서 축구 해라. 농구 해라."라며 무조건 강요하지 말고, "○○는 훌륭한 아빠가 될 테니까 아마 아들딸들과도 축구를 잘할 거야. 같이 나가서 축구도 해 볼까?"라며 따뜻하게 격려해 주면 좋다.

딸에게도 마찬가지다. "○○야, 하나님이 너에게 XX염색체를 주셔서 너를 온전한 여자로 만드셨단다. 너는 엄마로서 좋은 점을 가졌을 뿐만 아니라 축구와 외발자전거 타기도 잘하니 정말 훌륭한 엄마가 될 것 같아. 씩씩함은 훌륭한 엄마가 되기 위한 조건이란다." 만일 딸이 여자 친구들을 접할 기회가 많지 않다면, 무조건 "인형을 가지고 놀아라. 피아노를 쳐라." 하면서 강요해서는 안 된다. 오히려 "○○는 훌륭한 엄마가 될 테니까 아마 아들딸들과 아기자기한 놀이를 하며 놀아 줄 수 있을 거야." 하고 격려해 주어야 한다.

3) 남녀 복장도착과 트랜스젠더리즘의 연관성

일상생활에서 시각적인 경로를 통해 사람 사이에 가장 큰 역동을 일으키는 영역 중 하나가 바로 옷차림이다. 우리의 내면과 옷차림은 더러 깊은 관계를 갖는다.

내면보다 겉모습이 눈에 먼저 들어오는 것은 어쩔 수 없는 현실이다. 경찰 옷을 입고 있으면 경찰로 보이고, 요리사처럼 옷을 입고 있으면 요리사처럼 보이고, 군인처럼 옷을 입고 있으면 군인으로 보인다. 눈에 보이는 것을 토대로 상대방에 대해 직관적으로 판단하는 우리의 모습을 부인할 수 없기에 우리의 옷차림이 남에게 시험 거리가 되지 않도록 유념해야 한다.

옷은 신체를 보호하는 기능 외에도 성향, 소속, 기질, 신분 등을 드러내는 경우가 많다. 즉, 그 사람에 대한 많은 암시와 메시지를 전달하는 경우가 많다. 말로 표현하지 않아도 때로는 옷차림이 더 강렬한 메시지나 정보를 주기도 한다.

성경은 남성과 여성의 구별을 중화(neutralization)하지 않고 "여자는 남자의 의복을 입지 말 것이요 남자는 여자의 의복을 입지 말 것이라 이같이 하는 자는 네 하나님 여호와께 가증한 자이니라"(신 22 : 5)라고 말씀하고 계신다.

남자와 여자에게 서로 의복을 바꿔 입지 말라고 하신 말씀은 우리에게 중요한 메시지를 전하고 있다. 첫째, 남자와 여자를 다르게 만드신 하나님의 의도대로 복장도 순응할 것을 명하고 계신다. 둘째, 성경이 제시하는 남녀 복장의 질서를 잘 지키는 것은 현대에 만연하고 있는 트랜스젠더리즘에 저항하는 최소한의 기능을 할 수 있다는 점이다. 성경이 쓰여진 당시에는 성전환 수술이나 교차호르몬 요법이 없었다. 그 당시 성전환 시도는 복장도착증(transvestism)으로 나타나는 남녀 간 의복이나 헤어스타일 바꾸기가 전부였다. 그래서 복장도착을 통한 트랜스젠더리즘을 금하신 것이다. 셋째, 남자와 여자가 서로 의복을 바꿔 입지 않고 자신의 성별에 맞는 복장을 취하는 것은 하나님이 금하시는 동성연애를 막는 방법의 하나로 작동한다.

동성연애와 성별 전환은 엄연히 다른 개념이다. 그러나 자신의 성별과 반대인 성별, 즉 이성의 외양으로 분장하는 것(트랜스젠더리즘)은 자칫 동성인 상대방에게 성적인 혼란을 줄 수 있다. 이성의 복장을 하고 있으면 이성으로 보일 가능성이 커진다. 따라서 남자와 여자가 서로 의복을 바꿔 입지 않고 자신의 성별에 맞는 복장을 취하는 것은 하나님이 금하시는 동성 간의 성적 끌림을 막는 방법의 하나로 작동한다. 실제로 "남자아이처럼 헤어스타일과 복장을 하고 있는 동성 친구에게 성적인 끌림과 설렘을 느껴요."라고 말하는 청소년들을 만나는 것은 어렵지 않다.

전술한 바와 같이 동성애와 성전환은 엄연히 다르지만, 자칫 이 둘은 유기적으로 연결되기 쉽다. 복장도착으로 남성인 척하고 있는 여성을 남성으로 오인한 여성이 그 여성에게 접근하여 사귀려 한다면, 이것은 오인한 여성 입장에서는 본의 아니게 동성(생물학적 여성)에게 접근을 한 것에 해당하기 때문이다. 이는 생물학적으로 동성 간의 관계이며, 이성 간의 관계가 아니다. 실제로 국내에서도 늘 남성 행세를 해 온 여성에게 속아 수년간 연애를 하다가 뒤늦게 이 사실을 알고 심각한 충격에 빠진 여성의 사연이 기사화되기도 했다.[29]

적어도 자신이 살아가는 시대와 문화 속에서 사람들이 지속적으로 성별을 거꾸로 생각하거나 성별이 헷갈리게 하는 평상복을 계속 착용하는 자녀가 있다면 소통을 통해 자녀가 그런 행동을 하는 이유 등을 들어 보는 것도 필요하다.

Ⅱ부 양육자를 위한 자료

6장
결혼과 문화명령

"이러므로 남자가 부모를 떠나 그의 아내와 합하여

둘이 한몸을 이룰지로다"(창 2 : 24).

6장. 결혼과 문화명령

> **학습목표**
> 1. 결혼과 성의 성경적 가치와 의미를 배운다.
> 2. 기독교 성교육을 통해 결혼과 성의 바른 기준을 공유한다.

1. 결혼의 성경적 질서

"여호와 하나님이 이르시되 사람이 혼자 사는 것이 좋지 아니하니 내가 그를 위하여 돕는 배필을 지으리라 하시니라"(창 2 : 18).

결혼은 인간의 독처, 즉 아담의 독처를 목도하신 하나님께서 이를 좋지 않게 보시고 주신 제도다. 인간이 스스로 외로움과 결핍을 느끼기 전에 하나님이 먼저 주신 제도가 바로 결혼 제도인 것이다. 인간이 선악과를 따먹기 전, 곧 인간이 죄악을 저지르기 전, 창조의 원형인 샬롬의 세상 속에 하나님이 이미 배우자 제도를 주신 것이다. 따라서 결혼은 인류의 역사와 동일하고, 하나님께서 정하시고 배정하시는 것이며, 사람 스스로 임의로 택하는 것이 아님을 성경은 드러내고 있다.

"그런즉 이제 둘이 아니요 한몸이니 그러므로 하나님이 짝지어 주신 것을 사람이 나누지 못할지니라 하시니"(마 19 : 6).

하나님이 천하를 창조하시고 인간을 남녀로 창조하셨다. 또한 예수님은 남자와 여자와의 결혼을 분명히 하셨다. 이는 결혼이 남자와 여자의 구별을 전제로 하며, 현재 결혼 제도의 중요한 질서 중 첫 단추라고 할 수 있다.

"예수께서 대답하여 이르시되 사람을 지으신 이가 본래 그들을 남자와 여자로 지으시고 말씀하시기를 그러므로 사람이 그 부모를 떠나서 아내에게 합하여 그 둘이 한몸이 될지니라 하신 것을 읽지 못하였느냐"(마 19 : 4-5).

성관계는 누구나 허락받은 것이 아니며, 결혼한 자만이 자신의 배우자와 할 수 있도록 허용되었다. 즉, 이 말은 배우자만이 서로에게 성적인 관계를 가질 수 있는 유일한 대상으로서의 위치에 있음을 말한다. 성경은 결혼을 귀히 여기고 침소를 더럽히지 않으며 간음하지 않을 것에 대해 명령하고 있다.

"모든 사람은 결혼을 귀히 여기고 침소를 더럽히지 않게 하라 음행하는 자들과 간음하는 자들을 하나님이 심판하시리라"(히 13 : 4).

"남편은 그 아내에 대한 의무를 다하고 아내도 그 남편에게 그렇게 할지라 아내는 자기 몸을 주장하지 못하고 오직 그 남편이 하며 남편도 그와 같이 자기 몸을 주장하지 못하고 오직 그 아내가 하나니 서로 분방하지 말라 다만 기도할 틈을 얻기 위하여 합의상 얼마 동안은 하되 다시 합하라 이는 너희가 절제 못함으로 말미암아 사탄이 너희를 시험하지 못하게 하려 함이라"(고전 7 : 3-5).

성경은 독신의 사명 혹은 은사를 매우 귀히 여기고, 사역에 있어서 이를 부여받은 자들이 실제로 존재한다. 그러나 성경은 독신의 은사를 받은 자가 아니라면 음욕의 죄악을 저지르지 않고 성화의 길로 매진할 수 있도록 배우자를 둘 것을 말하고 있다. 이는 결코 결혼의 의미를 격하시키는 것이 아니며, 신앙적으로 매우 중요하고 실질적인 부분이다. 나아가 배우자는 서로를 사랑하고 존경하며 그리스도 안에서 한몸처럼 대해야 한다.

"그러나 너희도 각각 자기의 아내 사랑하기를 자신같이 하고 아내도 자기 남편을 존경하라"(엡 5 : 33).

결국 성경은 그리스도가 교회를 위해 죽어 주셨듯이, 성도가 그리스도를 위해 순교하듯이 서로를 위해 죽어 줄 수 있는 관계로서의 부부관을 제시하고 있다. 즉, 결혼은 복음을 이 땅 가운데 눈에 보이는 형태로 재현하는 것이다.

"남편들아 아내 사랑하기를 그리스도께서 교회를 사랑하시고 그 교회를 위하여 자신을 주심같이 하라"(엡 5 : 25).

<그림 6-1. 결혼>

2. 에로스와 아가페

사랑이라는 단어를 논할 때, 사람들은 '에로스'와 '아가페'를 떠올린다. 에로스는 '조건적 끌림'으로, '당신의 ~로 인해 끌린다.'라는 조건이 붙는다. 청년의 때부터 신혼 때는 에로스가 가장 넘치는 시기이다. 그러나 성경은 우리의 겉사람은 낡아진다(고후 4 : 16)고 분명하게 말한다. 얼굴이 처지고, 머리카락이 하얘지고, 이가 빠지고, 등이 굽으며, 배가 나오는 현상, 이것이 겉사람의 낡아짐이다. 이에 따라 에로스는 줄어들게 된다.

아가페는 무조건적 사랑이다. 부부가 각자 주님 안에서 연합되어 성장하고 있는 사람이라면 '아가페'는 성장하게 된다. 시간이 갈수록 에로스는 줄어들지만, 아가페는 더 성장하는 것이다. 상대의 외모나 행동 등이 객관적으로 낡아진다 해도, 그리스도의 사랑으로 배우자를 사랑하기로 선포함이 바로 아가페 사랑이다. 따라서 두 사람이 하나님을 사랑하고 있다면 결혼이라는 연합 안에서 에로스는 줄어들게 마련이지만, 아가페는 성장한다.

3. 부부간 성관계의 의미

양육자로서 인지하고 있어야 할 부부간 성관계의 성경적 의미는 여러 가지가 있지만, 교육을 위해 서너 가지로 명료화할 수 있다.

첫째, 부부간의 성관계는 생육, 번성, 충만, 정복과 다스림의 길을 걸으라는 하나님의 문화명령을 준행하는 첫 단추라는 것이다. 즉, 부부간의 성관계를 통해 자녀를 잉태하고 출산·양육할 수 있는 통로가 열리는 것이다. 결혼을 통해 건강한 가정을 이루고, 생명을 잉태하여 양육하며, 생육, 번성, 충만의 지평을 여는 것이다. 곧 하나님의 문화명령을 준행하는 통로로, 한 남자와 한 여자의 결혼이 그 시작점이 된다는 말이다.

둘째, 부부간의 성관계는 희락(pleasure)을 추구하는 정당한 행위로 인정받는다. 성경이 부부간에 임신만을 위한 성행위를 요구하는 것은 아니다. 부부의 동침은 서로의 희락과 기쁨을 나누기 위한 행위다. 음욕의 죄, 간음을 저지르지 않기 위한 요소로 부부간의 희락적 성관계는 중요한 위치를 차지한다.

성경은 인간의 성적 욕구나 성관계 그 자체를 죄라고 말하지 않는다. 다만 음욕의 죄를 꾸짖는다. 어거스틴(Augustine)은 생명 잉태의 목적이 아니라면 부부간에도 성관계를 피하라는 금욕주의를 펼치기도 했다. 이러한 사조는 종교개혁 이후 상당히 사라졌다. 즉, 부부간의 기쁨이 되는 성행위를 통해 오히려 음욕의 죄를 멀리하고, 더 거룩한 삶으로 나아갈 수 있다는 해석을 성경적 결혼관으로 적용하기 시작한 것이다.

구약성경 아가 6~7장은 혼인한 두 배우자의 첫날밤을 기쁨으로 묘사하고 있다. 이렇듯 성경은 부부가 추구하는 성적 기쁨을 인정한다. 사도 바울 역시 부부가 됐다면 각방을 쓰지 말라고 강조하며(고전 7 : 5), 부부간의 성적 냉담함을 오히려 문제라고 보았다.

셋째, 부부만이 성적 친밀함을 공유함으로써 배타적 충성을 훈련한다는 점이다. 하나님은 우리 인간만을 하나님의 형상으로 지으시고 사랑하셨다. 하나님은 우리를 구원하기 위해 독생자를 이 땅 가운데 보내시고 대속제물로 삼으셨다. 하나님은 이처럼 우리를 귀하게 여기시며, 우리에게도 충성과 사랑을 요구하신다. 즉, 하나님은 하나님 이외의 신을 섬기지 말 것을 우리에게 명하셨다. 또한 성경은 하나님에 대해 질투하시는 하나님이심을 분명하게 말하고 있다(수 24 : 19). 모든 피조물은 하나님만을 경배해야 한다. 하나님께서는 하나님 이외의 존재를 우상으로 삼아 숭배하는 것을 철저히 배격하라고 하셨다. 이런 배타적 충성의 요구는 부부간에 서로를 향한 배타적 사랑과 매우 닮았다. 그 충성과 사랑을 다른 우상에 내어주어서는 안 된다. 그래서 결혼 곧 부부관계는 일평생 자신의 배우자에게만 충성과 사랑을 바치고 거룩한 군사가 되는 사관학교이다.

4. 미성년자의 연애에 대한 고찰

1) 우정의 중요성

성경에는 '청소년'이라는 단어가 등장하지 않는다. 그러나 '청년'이라는 단어가 87번 등장한다. 성경은 이 청년이라는 표현을 통해 청소년과 청년의 때에 어떤 신앙 자세를 가져야 하는지 계시하고 있다.

성경은 인간의 생육 욕구 자체를 죄악시하지 않는다. 다만 음욕의 죄악, 정욕을 따라 음행함을 죄악시한다. 음행으로 빠지기 쉬운 길은 애초에 서지도 말 것을 명하고 있다. 그러나 성경은 실족해서 간음이라는 죄를 저질렀더라도 악한 길에서 떠나 진정한 회개를 할 때 그 죄를 사하시는 사랑의 하나님을 드러낸다.

최근 들어 결혼할 수 없는 십 대의 시기에 성경적으로 연애를 어떻게 할 수 있는지 상담하는 경우가 많다. 교회 안에서도 연애에 대한 고민 상담 연령이 점점 낮아지고 있다.

국립국어원은 연애를 '성적인 매력에 이끌려 서로 좋아하여 사귐'이라고 정의하고 있다.[1] 즉, 이는 우정과는 전혀 다른 측면의 이성 관계다.

아동 발달과 관련된 국제 학술지 중 "장기적으로 본 낭만적 삶의 만족도 예측 요인으로서의 청소년 또래 관계"라는 보고서가 있다.[2] 2019년 미국 버지니아 대학교 연구진 등이 발표한 이 보고서에 따르면, 청소년 시절 이성 간의 연애에 시간을 보낸 청소년보다 동성 친구와의 우정에 시간을 투자한 청소년이 성인이 됐을 때 더 성공적인 이성 교제 관계(romantic life) 등 다양한 측면에서 인간관계를 더 잘 맺는다고 한다. 즉, 결혼할 수 없는 시기인 청소년 시기를 연애로 보낸 청소년보다, 같은 성별의 친구와 우정 어린 관계를 유지하며 쌓는 인간관계의 기술(social development task), 곧 안정감, 친밀감, 소통 능력 등을 충분히 자산으로 확보하는 것이 중요하다고 말하는 것이다. 이 시기가 성년 이후 결혼을 위한 남녀의 교제를 건강하게 이끄는 밑거름이 됨을 알 수 있다.

이 보고서는 13세 청소년 165명이 20대 후반의 성년이 될 때까지 관찰하며 인터뷰한 결과다. 친구와 연애 관계에 관한 당사자의 진술은 물론 친구들의 평가를 참고했으며, 연구 참가자들이 20대 후반이 됐을 때 매년 본인이 경험 중인 남녀 간 이성 교제의 만족도에 관해 인터뷰하는 방식으로 진행됐다.

친구에 대한 긍정적인 기대를 형성하고, 적절하게 자기주장을 펼 줄 알며, 깊은 우정을 나눌 수 있는 친구를 사귀면서도 관계의 폭을 넓힐 줄 아는 아이, 그리고 그 우정을 지속해서 유지하는 아이들이 어른이 됐을 때 남녀 이성 교제와 결혼 기대에 대해서도 만족감을 표현했다. 이런 요소는 청소년기의 데이트 빈도, 성관계 여부, 외모 등의 변수보다 성인이 됐을 때의 이성 관계에 대한 만족도에 미치는 영향이 훨씬 컸다.

<그림 6-2. 친구와의 우정>

2) 십 대 연애가 가지는 위험성

다음과 같은 질문을 하는 학부모가 있다. "우리 아들이 연애한 지 반년 정도 됐어요. 아들과 사귀는 여자아이도 우리 교회에 다니는 아이입니다. 둘 다 같은 청소년부에서 신앙생활을 하는 거죠. 그런데 요즘 이 아이들이 아파트 사이 으슥한 곳에서 손잡고 마주 보고 있다가 저랑 딱 마주치면 멋쩍어하며 둘이 뚝 떨어져서 얼굴을 붉히기도 하고, 가끔 학원을 마치고도 전보다는 좀 늦게 들어온다 싶을 때가 있어요. 아무래도 아이들이 스킨십을 하는 것 같아요. 연애란 게 그렇긴 한데, 요즘 뉴스를 보다 보면 엄마로서 좀 걱정되기도 하고요. 연애하는 아이들에게 스킨십을 어디까지 허용해야 할까요? 어른이 아니고 미성년자인데 기독교 성교육에서 말하는 청소년 연애와 스킨십에 대한 바람직한 가이드라인은 무엇인가요?"

기독교 성교육에서 건강한 크리스천 연애는 그 '시기'와 '상대'에 대한 기본 원칙을 세우고 시작해야 한다. 즉, 결혼이 가능한 나이에 결혼이 가능한 상대방과 연인이 됨을 전제하고 논해야 한다. 결혼이 불가능한 상대임을 알고도 연애를 지속적으로 유지하려 한다거나(결혼한 유부남과의 연애 등), 아무리 사랑해도 결혼을 할 수 없는 연령(민법 807조, 만 18세 미만인 미성년자)[3]의 연애는 건강하고 성경적인 연애의 방향성과 맞지 않는다는 말이다.

성적인 친밀함을 표현하는 스킨십이 일어날 수 있음을 전제하고 이성 간에 일관성 있는 만남, 즉 연애를 시작한 청소년들이 겪는 어려움에 대해 많은 학자가 논한 바가 있다.

첫 번째, 성적인 위험에 대한 것이다. 청소년기는 발달 특성상 성적인 욕구와 충동, 호기심이 뚜렷하게 나타나지만, 그에 비해 인내심과 절제, 정신화(mentalization)는 성년에 비해 부족하다는 특징을 보인다. 또한 청소년기는 이차성징이 신체적으로 뚜렷하게 나타나는 시기다. 즉, 연인끼리 서로 성징이 뚜렷해짐을 확인하는 성장기를 같이 보내게 된다. 남성호르몬인 테스토스테론은 성적 충동과 관련된 호르몬으로, 일명 '성욕 호르몬'이라고 불린다. 남학생의 경우 여학생보다 테스토스테론의 혈중 농도가 10배나 높다. 이성 관계에서 성적인 부분을 성숙하게 협상하는 것이 청소년들에게 어려움으로 다가오는 데는 이러한 심리적 원인 및 생물학적 원인이 복합적으로 작용하고 있다.

미국정신과학회는 청소년기의 성관계는 원하지 않은 임신이나 성적 질병을 유발할 위험이 크다고 봤다. 2009년 콜린스(Andrew W. Collins) 박사팀의 보고서에는 미성년자의 절제되지 않은 성적 행위들은 우울증, 폭력, 약물 남용, 가정의 불화, 낮은 성적 등 많은 부정적인 행동들과 연관성이 높다는 연구 결과들이 소개되어 있다.[4]

두 번째, 청소년기의 이성 교제는 연애가 끝날 때 효과적으로 대응하지 못한다는 것이다. 미성년자의 이성 교제 경험에서 가장 부정적인 정서를 유발하는 것은 바로 연애의 끝남, 곧 헤어짐인 경우가 많은 것으로 조사됐다. "청소년기의 사건 및 우울증 : 주요 우울 장애의 첫 발생에 대한 잠재적 위험 요소로서의 관계 상실"이라는 논문에서 몬로우(Scott Monroe) 박사팀은 "헤어짐은 청소년의 우울과 자살 시도의 가장 큰 예측 요인 중 하나"라고 주장했다.[5]

청소년 시절의 이성 교제는 결혼으로 연결되는 경우가 확률적으로 낮다. 보통 청소년 시기에 그 관계가 끝나지만, 청소년들은 이러한 상실감에 효과적으로 대응하지 못한다. 따라서 청소년이 이성 교제를 하는 기간, 무엇보다 이성 교제가 끝난 후에 그 슬픔을 이겨 내기 위해서는 엄청난 정서적인 지지가 필요하며, 이를 심각하게 받아들일 필요가 있다. 그래서 연애 중인 십 대 자녀의 스킨십을 어떻게 받아들여야 하느냐는 부모의 질문에는 이렇게 답한다. "미끄럼틀 위에 공을 올려 두면 만유인력의 법칙으로 저절로 아래로 굴러가듯, 성적인 충동 역시 연애 도중 자연스럽게 더 깊은 관계를 원하는 쪽으로 흐르게 됩니다. 그런 경우 결혼으로 가정을 이루게 되죠. 그러나 미성년자의 연애는 다릅니다. 만 18세가 아니기에 결혼을 할 수 없고, 결국 헤어짐을 통해 견디기 힘든 상실감을 경험하게 됩니다. 혹은 충동으로 성관계를 하게 되고, 때로는 낙태로 연결되기도 하지요. 예를 들어, 중학생이라면 연애 도중 성적인 친밀함을 깊게 나누고자 하는 욕구, 혹은 동침과 성관계 욕구가 생겨도 결혼이라는 지평을 통해 그 욕구를 정당하게 열어 갈 수 없는 나이입니다. 그러므로 미성년자에게 '뽀뽀까지는 괜찮아.', '손잡는 것까지는 괜찮아.', '껴안는 것까지는 괜찮아.'라며 현실성 없는 연애 가이드라인을 주어서는 안 됩니다. 성경적으로 건강한 연애를 위해 결혼할 수 있는 시기를 설명해 주어야 하죠. 만약 결혼 가능성이 있는 상황이 아니라면 그 연애를 미루는 지혜도 필요합니다."

또한 이것에 이어 성의 지평이 결혼을 통해 열린다는 것을 자녀에게 교육하려면 성매매 금지 교육을 해야 한다(이에 대해서는 9장 "성매매"를 참고할 수 있다). 왜냐하면 성경은 "모든 사람은 결혼을 귀히 여기고 침소를 더럽히지 않게 하라"(히 13:4)고 분명하게 말씀하기 때문이다. 성경은 결혼 외의 경로로 성을 공유하는 것을 간음으로 보며 금하고 있다.

이미 혼외 성행위를 통해 간음으로 괴로워하는 자녀가 있을 수 있다. 그들에게는 하나님께 회개하고 용서받는 삶의 중요성을 일깨우고, 사랑과 용서의 하나님께 나아가도록 지도해야 한다. 또한 성경이 인간의 성적인 욕구 자체를 죄악시하거나 성행위를 금지하는 극단적 금욕주의를 강요한다는 오해가 없도록 훈육해야 한다.

5. 가정과 결혼의 개념을 해체하려는 문화

성경적인 성교육을 할 때 어린 자녀에게 성적인 지식을 전달하는 것에만 조급할 게 아니라, 생명의 소중함, 성경적 결혼관, 생명이 잉태되고 성장하는 가정의 소중함을 정립시켜 주는 것이 무엇보다 중요하다. 즉, 가치관 자체가 바로 서 있지 않은 상태에서 각종 성적인 지식이나 경험을 먼저 가지도록 하는 것은 조기 성애화를 부추기는 위험한 성교육이 될 수 있다.

불의를 기뻐하지 아니하고 진리와 함께 기뻐하며 허다한 허물을 덮는 힘은 성경말씀에서 나온다. 죄로 죽을 수밖에 없는 생명을 살리는 힘도 주님의 말씀에서 나온다. 그런데 이 시대는 성경적 가르침을 오히려 '혐오'로 치부하고, 간음을 '사랑'이라고 포장한다. 그뿐만 아니라 어느덧 교회 안에서도 비혼주의가 하나의 트렌드로 자리 잡고, 이른바 욜로(YOLO, You Only Live Once) 문화와 연합하고 있다. "청년이여, 결혼하라!"라는 주제의 강연을 들은 수많은 청년들이 "오늘 내 안에 있는 쾌락주의와 비혼주의를 직면하고 회개했습니다."라고 전해 온다. 비혼주의는 하나님이 주신 이른바 독신의 은사와는 전혀 다른 것이며, 왜곡된 성가치관이다.

이런 세상 속에서 우리는 바른 사랑의 개념을 아이들에게 교육해야 한다. 그리고 그 사랑을 삶에서 실천하기 위해 구체적으로 어떤 습관을 길러야 하는지 교육해야 한다. 특히 가정 안에서 바른 애착 경험을 가짐으로써 궁극의 안전기지인 하나님의 사랑을 체험하는 가정을 만들도록 해야 한다. 그런데 최근 건강가족기본법 일부 개정안은 혼인, 입양, 혈연으로 구성되는 '가족'의 법적 개념을 지웠다.[6] 가족의 개념을 소위 '확대'하겠다는 논리인데, 말이 확대지 실제로는 건강한 가족의 개념을 해체하는 것이 아니냐는 우려의 목소리가 커지고 있다.

2021년에 미국 퓨리서치센터에서 17개국 성인 1만 9,000명을 대상으로 '삶의 의미'에 대해 설문조사를 한 바 있다. 국민들이 '삶의 의미'를 생각할 수 있을 만큼 여유가 있는 미국, 일본, 독일, 프랑스, 한국 등 선진국 반열에 오른 나라를 대상으로 조사를 실시한 것이다. 그런데 그 결과에 대해 많은 이가 큰 당혹감을 경험하였다. 바로 '물질적 풍요'를 1순위(19%)로 꼽은 유일한 나라가 우리나라였다는 점 때문이다. 전체 응답자 중 약 40%가 '가족'을 꼽았고, 17개국 중 14개국에서 '가족'이 1위에 오른 것과 크게 비교되는 결과였다. 우리나라는 2순위로 '건강'(17%)을 꼽았고, '가족'은 3순위(16%)에 지나지 않았다.[7)]

'물질적 풍요'는 17개국에서 상위 5개 항목 안에 들기는 했지만, 1순위로 '물질적 풍요'를 꼽은 나라는 한국이 유일했다. 이는 한국 사회에 만연한 물질만능주의를 드러내고 있다고 해석할 수 있다. 문제는 이러한 가치관이 다음세대에게도 고스란히 영향을 준다는 것이다.

한국은 유엔에서 원조받던 나라였지만, 단기간에 급속한 경제 성장을 이루고 오히려 유엔을 후원할 정도가 되었다. 그러나 초고속 경제 성장, 부국 달성의 그림자로 상대적 빈곤이 두드러졌고, 한쪽에서는 물질만능주의가 독버섯처럼 자라나고 있다. 그리고 가정의 가치를 왜곡하거나 그 의미를 해체하려는 잘못된 이데올로기가 기승을 부리고 있다.

이렇게 물질만능주의가 팽배해진 상황에서 급기야 가족의 개념을 삭제하고 해체하려는 개정안이 발의되고 있다. 따라서 기독교 양육자는 가족의 개념과 가치를 무너뜨리는 물질만능주의, 성적자기결정권 만능주의, 가족 해체주의에 맞서기 위해 적극적인 기도와 후원, 참여가 절실함을 인지해야 한다.

II부 양육자를 위한 자료

7장
동성애

"불의한 자가 하나님의 나라를 유업으로 받지 못할 줄을

알지 못하느냐 미혹을 받지 말라

음행하는 자나 우상 숭배하는 자나 간음하는 자나

탐색하는 자나 남색하는 자나 도적이나 탐욕을 부리는 자나

술 취하는 자나 모욕하는 자나 속여 빼앗는 자들은

하나님의 나라를 유업으로 받지 못하리라"

(고전 6 : 9-10).

7장. 동성애

> **학습목표**
>
> 1. 동성애의 개념과 현황, 논쟁 등을 이해하고, 성경을 통해 동성애가 죄임을 분명하게 인식한다.
> 2. 동성애 법제화 시도 및 차별금지법으로 인한 폐해를 알고, 동성애에 대한 성경적 태도를 함양한다.

동성애 문제는 포괄적 차별금지법의 핵심 담론 중 하나이며, 청소년들의 질문이 가장 많이 쏟아지는 이슈이기에 많은 지식과 논리의 중무장이 필요한 분야이다.

1. 동성애란?

국립국어원 표준국어대사전은 동성애를 '동성 간의 사랑 또는 동성에 대한 사랑'이라고 정의하고 있다. 그러나 이 정의와 용어는 동성애 옹호 단체들의 요구로 상당히 미화된 결과물임을 아는 사람은 드물다. 동성애를 동성 간의 사랑, 즉 남자끼리의 사랑, 혹은 여자끼리의 사랑이라고 표현하는 것은 오류다.

동성애는 전 세계적으로 '호모섹슈얼리티'(homosexuality)라는 단어로 통용된다. 이는 호모(homo, 동성)와 섹슈얼리티(sexuality, 성행위)가 합쳐진 단어로써 동성 성행위를 의미한다. 즉, 동성 간의 성적인 끌림과 성적인 행위다. 아버지가 아들을 사랑하고, 예수님이 제자를 사랑하고, 네 명의 친구가 병든 친구 한 명을 낫게 해 주려고 예수님의 집회장 지붕을 뚫은 우정과 사랑은 동성애가 아니다. 성적인 끌림과 성행위가 아니기 때문이다. 동성 간의 진정한 아가페와 우정, 긍휼히 여기는 사랑은 동성애와 전혀 다른 개념이다.

김조광수 씨의 동성결혼 합법화 소송(가족관계등록 공무원의 처분에 대한 불복신청)에서 각하 결정을 받아낸 조영길 변호사는 "동성애, 즉 호모섹슈얼(homosexual)은 동성 성행위로 귀결되는 행위이지 동성 간 우정도, 성경이 말하는 사랑도 아닙니다. 동성 성행위라고 표현하는 것이 더 정확합니다."라고 말했다.

현재 우리나라 질병관리청과 동성애 단체들도 남성 동성애자들을 '남자끼리 사랑하는 자들'이 아닌 '남자끼리 성관계를 가지는 자'라고 명시하고 있다. 그것은 성경이 말하는 사랑이 아니라 성경이 금하고 있는 간음의 한 형태이다.

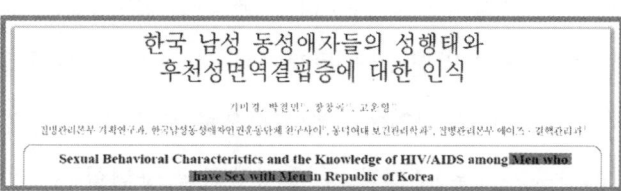

<그림 7-1. 논문의 영문 제목에 남성 동성애자를
'Men who have Sex with Men'으로 명시하고 있다.>[1]

성경에서 말하는 사랑은 단순한 감정의 요동, 끌림, 어떤 로맨틱한 상황의 연출이 아니다. 또한 공중에 붕 떠 있는 것도 아니다. 성경이 말하는 사랑에는 그에 따른 행동이 수반된다. 그래서 예수님은 베드로에게 "네가 나를 정말로 사랑하느냐?"라고 물으신 뒤, 그의 답을 들으시고 "내 양을 먹이라."라고 말씀하셨다.

"세 번째 이르시되 요한의 아들 시몬아 네가 나를 사랑하느냐 하시니 주께서 세 번째 네가 나를 사랑하느냐 하시므로 베드로가 근심하여 이르되 주님 모든 것을 아시오매 내가 주님을 사랑하는 줄을 주님께서 아시나이다 예수께서 이르시되 내 양을 먹이라"(요 21 : 17).

진정으로 예수님을 사랑하는 사람이라면 그가 가진 달란트를 모두 동원하여 생명을 바쳐 그 영혼들을 위해 쓴다.

"지혜 있는 자는 궁창의 빛과 같이 빛날 것이요 많은 사람을 옳은 데로 돌아오게 한 자는 별과 같이 영원토록 빛나리라"(단 12 : 3).

이처럼 성경이 말하는 진정한 사랑은 영혼을 구하는 것이다. 우리는 동성애와 사랑을 동일시하는 세상 문화에 속지 말아야 한다.

크리스쳔은 동성이든 이성이든, 부자든 가난한 자든, 병든 자든 건강한 자든 다 주님의 뜻 안에서 서로 사랑하고 긍휼히 여기며 그 영혼이 잘되기를 소망한다. 하지만 그 범위 안에 동성연애, 즉 동성 간 성적 끌림과 행위를 포함하지는 않는다. 동성연애는 성경적으로 회개해야 할 죄일 뿐이다. 특별히 십 대 양육자들은 우정과 동성 성행위를 구별할 수 있어야 한다. 따라서 다음세대를 교육할 때도 용어를 분별해서 사용해야 한다.

"남자끼리 사랑을 하다니 이 얼마나 큰 죄악입니까? 사랑은 남녀가 하는 것입니다. 남자끼리 혹은 여자끼리 사랑을 하는 것을 옳다고 말하는 것은 죄악입니다."라는 메시지는 동성연애에 대해 혼란을 줄 수 있는 표현이다. 그러므로 "동성끼리 성적 관계를 맺는 것은 죄악입니다. 성관계는 배우자와 갖는 것입니다. 그리고 결혼은 한 남자와 한 여자의 연합입니다."라고 수정하는 것이 더 바른 표현이다.

2. 동성애는 죄인가, 인권인가?

"태초에 말씀이 계시니라 이 말씀이 하나님과 함께 계셨으니 이 말씀은 곧 하나님이시니라"(요 1 : 1).

"하나님의 말씀과 기도로 거룩하여짐이라"(딤전 4 : 5).

우리의 모든 것이 되시는 하나님의 뜻은 명확한 성경말씀을 통해 알 수 있다. 그러므로 선과 악의 기준은 말씀을 기준으로 분별할 수 있어야 한다. 세상이 말하는 양심의 가책 여부, 합의 여부, 피해를 끼쳤느냐의 여부가 기준이 되어서는 안 된다. 하나님이 보시기에 죄인 것은 죄다. 주님의 성품에 맞지 않는 것이 곧 죄다. 하나님께서는 말씀으로 우리에게 무엇이 죄인지 알려 주신다. 그래서 선과 악의 기준은 성경말씀이다.

"악을 선하다 하며 선을 악하다 하며 흑암으로 광명을 삼으며 광명으로 흑암을 삼으며 쓴 것으로 단것을 삼으며 단것으로 쓴 것을 삼는 자들은 화 있을진저"(사 5 : 20).

우리의 마음대로 선과 악을 뒤집는 것은 잘못된 일이다. 하나님께서 악하다고 하는 것은 악하다고 말해야 한다. 그래야만 회개의 통로가 열리게 되고, 이것이 우리에게 복이 된다.

"모든 성경은 하나님의 감동으로 된 것으로 교훈과 책망과 바르게 함과 의로 교육하기에 유익하니 이는 하나님의 사람으로 온전하게 하며 모든 선한 일을 행할 능력을 갖추게 하려 함이라"(딤후 3 : 16-17).

따라서 우리는 동성애가 인권이라고 주장하는 세상 속에서 아래의 말씀을 통해 동성애는 하나님이 미워하시는 죄임을 분명하게 말할 수 있다.

"음행하는 자와 남색하는 자와 인신매매를 하는 자와 거짓말하는 자와 거짓 맹세하는 자와 기타 바른 교훈을 거스르는 자를 위함이니"(딤전 1 : 10).

"이 때문에 하나님께서 그들을 부끄러운 욕심에 내버려 두셨으니 곧 그들의 여자들도 순리대로 쓸 것을 바꾸어 역리로 쓰며 그와 같이 남자들도 순리대로 여자 쓰기를 버리고 서로 향하여 음욕이 불 일 듯하매 남자가 남자와 더불어 부끄러운 일을 행하여 그들의 그릇됨에 상당한 보응을 그들 자신이 받았느니라"(롬 1 : 26-27).

"불의한 자가 하나님의 나라를 유업으로 받지 못할 줄을 알지 못하느냐 미혹을 받지 말라 음행하는 자나 우상 숭배하는 자나 간음하는 자나 탐색하는 자나 남색하는 자나 도적이나 탐욕을 부리는 자나 술 취하는 자나 모욕하는 자나 속여 빼앗는 자들은 하나님의 나라를 유업으로 받지 못하리라"(고전 6 : 9-10).

이 밖에도 하나님께서는 성경의 수많은 구절을 통하여 우리에게 동성애는 죄라고 말씀하신다.

> **레위기에서 비늘 없는 물고기는 먹지 말라고 한 명령을 어기고 마음껏 고등어를 먹는 기독교인에게 왜 여전히 동성애를 금하는 명령은 지켜야 한다고 주장하나요?**
>
> 하나님께서 주신 율법의 목적을 더 잘 이해하기 위해 크리스천들은 그 율

법을 도덕법, 의식법, 시민법으로 분류하고 있다.[2)]

[도덕법]
도덕법은 하나님의 거룩하신 본성을 바탕으로 만들어져 영원히 모든 백성이 지켜야 할 규례를 일컫는다. 따라서 규례는 거룩하며, 불변한다. 도덕법이 하나님을 사랑하고 이웃을 사랑하는 길을 보여 주며 율법으로부터 해방된 것이 죄를 지어도 된다는 뜻이 아님을 알게 해 준다. 대표적인 도덕법으로 십계명이 꼽힌다. 간음의 일종인 동성애를 금하는 명령은 도덕법에 해당된다. 즉, 간음을 죄로 규정하고 금하신 하나님의 뜻은 불변하기에 만일 우리가 동성애를 했다면 죄로 인식하고 회개해야 한다.

[의식법]
국가의 관습이라는 뜻으로 당시 이스라엘 사람들이 하나님 앞에 바로 서기 위한 지시사항, 즉 희생제사와 정결과 관련한 의식들, 하나님께서 이스라엘에서 하신 일들을 기념하기 위한 절기 등, 이스라엘을 이방인들과 구분하기 위한 특정 음식과 질병 치료, 의복 제한 등을 규정하고 있다. 그러므로 크리스천들은 의식법의 의미는 받들지만 그 자체를 지키기 위해 매이지는 않는다. 교회는 이스라엘 국가가 아니기 때문이다. 그러므로 비늘 없는 물고기, 발굽이 갈라지지 않은 육축의 고기를 먹는 것을 하나님 앞에서 범죄로 보지 않는다. 비늘 없는 고등어를 먹는 것과 동성연애를 동일선상에서 논하는 것은 도덕법과 의식법을 구별 못 하는 무지에서 나오는 논리 전개다.

[시민법]
시민법 역시 도덕법과는 구별된다. 시민법은 이스라엘 민족의 문화와 장소를 위해 특별히 주어진 것이다. 살인에서부터 각종 사회적, 경제적 배상에 이르기까지 구약 시대 이스라엘 당대에 하나님의 성품을 드러내시며 지켜야 할 법적 테두리와 내용을 주신 것이므로 현행법상 현대의 크리

스천들이 그대로 삶에 매여 적용하며 살지는 않으나 신앙을 위한 중요한 사항으로 받아들여진다.

요약하자면, "비늘 없는 물고기를 먹는 것 혹은 각종 레위기의 처벌 조항을 다 현대에 적용하며 살지는 않으면서 동성애를 죄라고 하는 구절은 왜 그대로 믿고 따르나요?"라는 질문에 대해 도식적으로 답변하기 위한 한 방편으로 의식법, 도덕법, 시민법의 설명을 도입하는 것이 유익하다.

3. 동성애(행위)와 동성애자(사람)에 대한 분화

우리에게는 거룩한 분화(分化)가 필요하다. '죄인'(사람)과 '죄'(행위)에 대한 분화적(分化的) 사고가 필요하다는 말이다. 이것은 사람과의 전쟁이 아니라 죄와의 전쟁이다. 예수님은 우리가 죄인 되었을 때에도 우리를 사랑하셨다. 그러나 죄는 멀리하라고 말씀하셨다.

"만일 네 손이나 네 발이 너를 범죄하게 하거든 찍어 내버리라 장애인이나 다리 저는 자로 영생에 들어가는 것이 두 손과 두 발을 가지고 영원한 불에 던져지는 것보다 나으니라 만일 네 눈이 너를 범죄하게 하거든 빼어 내버리라 한 눈으로 영생에 들어가는 것이 두 눈을 가지고 지옥 불에 던져지는 것보다 나으니라"(마 18 : 8-9).

예수님은 이 땅 가운데 오셨을 때 죄인들과 함께하시면서 마음껏 죄를 지으라고 말씀하지 않으셨다. 오히려 범죄한 손과 눈을 없애 버리라며 죄를 짓지 말라고 말씀하셨다. 예수님은 우리가 아직 죄인 되었을 때 우리를 위해 죽으심으로 그 사랑을 확증하셨다. 죄인을 위해서 죽으실 만큼 사랑이 많으신 분이지만, 죄는 미워하셨다.

동성애자인 사람은 사랑하는데 동성애라는 죄를 미워한다는 것은 어떤 의미일까? 그들을 사랑하되 그들에게 생명이신 예수님을 전함으로써 예수님의 사랑과 죄를 죄로 알게 하는 것이다. 그것은 동성애자가 아닌 모든 사람들에게도 마찬가지이다. 상대방의 영혼을 진정으로 사랑하고 아낀다면 그에게 실컷 죄를 지으라고 부추기는 것이 아니라 죄를 짓지 말라고 말해 주고, 바른길로 인도해 주어야 한다. 그 길은 다소 껄끄러울 수 있을지 모른다. 그러나 우리가 이웃을 사랑하여 죽음이 아닌 생명의 길로 이끄는 것은 예수님을 전하고, 그의 영혼이 잘됨을 위해서 인내하고 품고 가는 것이기 때문에, 그 과정에서 반드시 희생과 고난이 임할 것을 알아야 한다고 성경은 말씀하고 계신다(마 7 : 14).

"선생님, 성경적 관점에서 동성 간 성행위가 죄라고 말하는 것은 인정합니다. 그런데 동성애가 죄라고 말하는 것은 동성애자를 미워하자는 뜻이 아닌가요? 그래서 동성애를 죄로 간주하는 기독교인을 향해 그들이 동성애자를 혐오한다고 말하잖아요. 동성애를 죄라고 말할 때 마음이 무거운 이유가 바로 이것 때문인 것 같아요. 마치 내가 성소수자를 괴롭히는 것 같아요."라는 질문에 대해 우리는 성경에서 말하는 답변을 주어야 한다.

동성애, 즉 동성 성행위가 죄라고 말하는 표현 안에는 동성애자를 미워하자는 뜻이 들어 있지 않다. 예를 들어, 우리가 살인이 죄라고 말할 때, 그 안에는 살인자를 향해 칼끝을 세우고 그들을 미워하자는 뜻이 포함되어 있지 않다. "살인은 죄다."라고 아이들에게 훈육할 때 그 표현 안에는 "나는 살인한 적이 없다. 그러므로 나는 살인한 자들보다 우월한 존재다. 살인한 자를 용서하지 말고 미워해야 한다."라는 뜻을 포함하지 않는다. 말 그대로 "하나님이 보시기에 살인은 죄다. 그러므로 우리는 살인하면 안 된다. 만일 살인을 하면 사회적으로 죄에 대한 대가를 반드시 치러야 하며,

회개해야 한다."라는 뜻을 포함할 뿐이다.

'도둑질은 죄'라는 훈육도 마찬가지다. 이것은 도둑질을 한 사람에 대한 혐오가 아니다. 도둑질은 죄라는 표현은 말 그대로 "도둑질은 죄이기 때문에 하지 않기 위해 노력해야 한다. 도둑질을 했다면 회개해야 한다."라는 뜻을 담고 있다. 우리는 연약해서 얼마든지 도둑질하고도 남을 만큼 죄의 본성이 있다. 그것을 깨닫고 죄와 싸워야 함을 독려하는 말씀의 기능에 무게중심을 두어야 한다는 뜻이다.

동성애도 마찬가지다. "동성연애는 죄야."라고 아이들에게 교육할 때, 이 말 속에는 "나는 동성애를 한 적이 한 번도 없으며, 동성애자들보다 우월하다. 동성애자는 용서하면 안 된다."라는 뜻이 내포되어 있지 않다. 말 그대로 "동성애는 죄이며, 동성애를 하지 않기 위해 노력해야 하고, 동성애를 했다면 회개해야 한다."는 뜻이다.

우리가 부끄러운 욕심 가운데 하나님의 간섭 없이 내버려지면 동성애, 근친상간, 각종 간음을 하고도 남을 존재라고 성경은 말씀한다. 그러므로 "나는 죄가 없는 이성애자라서 동성애자를 정죄할 자격이 있어."라는 착각에 빠져서는 안 된다는 것이다. 오히려 성경은 인간에게는 동성애를 포함한 각종 간음에 빠질 욕구가 가득하므로 죄를 죄라고 정확히 인지하고 경계하도록 말씀하고 있다.

하나님께서는 죄인을 사랑하신다. 죄인을 사랑하시고 죄인을 위해 대신 죽으시기까지 사랑하여 구원하신다.

"우리가 아직 죄인 되었을 때에 그리스도께서 우리를 위하여 죽으심으로 하나님께서 우리에 대한 자기의 사랑을 확증하셨느니라"(롬 5 : 8).

창조주가 이 땅에 성육신하셔서 죄 많은 피조물인 인간을 위해 십자가를 지셨다. 주님은 죄인을 이토록 사랑하셨다. 그러나 죄 자체는 미워하라고 말씀하셨다. 시편 기자는 이렇게 기록하고 있다.

"진실로 악을 행하는 자들은 끊어질 것이나······"(시 37 : 9).

마가복음은 눈을 뽑기까지 죄와 싸우라고 명하고 있다(막 9 : 47). 즉, 성경은 우리가 죄인을 위해서는 나를 희생하기까지 사랑할 수 있어야 하지만, 죄 자체에 대해서는 죽기까지 싸우라고 말씀하고 있다.

우리가 동성애자를 대할 때의 태도는 이와 같아야 한다. 동성애를 행하는 자든 아니든 그들을 대하는 우리의 기본적인 태도는 하나님과 동일하게 '사랑'이어야 한다. 즉, 정말로 한 동성애자를 사랑하고 긍휼히 여기며 그 영혼이 잘되기를 바란다면 그에게 복음을 전해야 한다. 영원한 구원을 선물하고, 그가 성화의 길을 잘 걸어가도록 돕는 것이 진정한 사랑이다.

또한 동시에 예수님이 죄인에게 영원한 생수인 구원을 베푸셨지만, 죄에 대해서는 "너는 가서 죄짓지 말라."고 단호하게 말씀하셨음을 기억해야 한다. 동성 성행위를 하는 친구를 위한다면서 "동성애는 인권이고 너의 권리야. 그러니 얼마든지 해도 되는 행동이야. 그것을 죄라고 말하는 성경이 오히려 틀린 거야."라고 말한다면 이것은 동성애자에 대한 사랑의 태도가 아니다. 성경은 이렇게 말씀한다.

"사랑은······ 불의를 기뻐하지 아니하며 진리와 함께 기뻐하고"(고전 13 : 4-6).

"생명으로 인도하는 문은 좁고 길이 협착하여 찾는 자가 적음이라"(마 7 : 14).

예수님이 우리의 결산을 받으실 그날에는 무엇이 사랑이고, 무엇이 미움인지 다 드러나게 될 것이다. 그러므로 동성애를 죄라고 말하는 것은 동성애자를 미워하는 것이 아니라 오히려 그들에게 구원의 길을 여는 것이다.

"지으신 것이 하나도 그 앞에 나타나지 않음이 없고 우리의 결산을 받으실 이의 눈앞에 만물이 벌거벗은 것같이 드러나느니라"(히 4:13).

이를 토대로 양육자는 아이들에게 죄를 죄라고 말하는 것이 그 죄를 지은 자를 미워하고 용서하지 말자는 의미가 아님을 분명히 알려야 한다. 그러나 죄와는 싸우라고 하신 하나님의 뜻을 교육해야 한다. 이것이 거룩한 분화다.

4. 동성애 현황

우리나라 보건복지부에서는 이에 대해 정확한 통계를 내기가 어렵다고 말하는 상황이다. 2015년에 발표된 질병관리청 보고서[3]에 따르면 "동성애 경험이 있다."라고 응답한 사람이 0.3%라고 말하고 있지만, 이것보다 더 많을 것으로 본다.

영국이나 미국처럼 차별금지법이 통과된 나라들은 100명 중 2~3명으로 발표되었고, 미국 캘리포니아 주의 샌프란시스코(6.2%)나 포틀랜드(5.4%) 같은 경우는 그 비율이 높음을 알 수 있다.[4] 성별, 지역에 따라 차이가 있지만, 보편적으로 동성애를 인정하는 나라에서 그 비율이 높게 나오는 것을 알 수 있다.

5. 동성애의 선천성에 대한 논쟁

동성애 옹호자들은 동성애가 선천적으로 타고난다고 항변한다. 동성애를 하고 싶어서 하는 것이 아니라 어쩔 수 없이 하는 것이기 때문에 동성애자들을 정죄해서는 안 되며, 정상으로 인정해야 한다고 주장한다. 그들은 과학 논문을 근거로 이러한 주장을 펼쳤는데, 과학을 잘 모르는 서구의 많은 사람들, 심지어 기독교인과 목회자들도 여기에 설득되어 동성애를 정상으로 받아들였다. 다음의 글은 동성애의 유전자 유무에 대해 과학적이고 논리적으로 정리된 글이다.

동성애는 유전이 아니다

1993년 동성애자인 해머는 40곳의 가계를 조사해 X염색체 위의 Xq28과 남성 동성애 사이에 높은 상관관계가 있다고 권위 있는 학술지인『사이언스』에 발표했다.[5] 해머는 논문의 머리글에 "이 결과는 99% 이상 통계적 신뢰도를 갖는다."라고 주장했다. 서구 언론은 그의 논문을 토대로 동성애 유발 유전자를 발견했다고 대서특필했고, 그 결과 서구 사회에는 동성애가 유전이라는 주장이 확산되었다.

그러나 1999년에 라이스 등은 52쌍의 동성애자 형제와 33쌍의 일반 형제를 비교한 후, Xq28이 남성 동성애와 관련이 없다고『사이언스』에 발표했다.[6] 2005년 해머를 포함한 연구팀도 456명을 조사한 후, Xq28은 동성애와 상관관계가 없다고 발표했다. 1993년 연구에서는 Xq28이 남성 동성애와 상관관계가 있다고 했는데, 2005년 연구 논문에서는 상관관계가 없다는 상반된 결과를 얻은 이유를 자세히 설명했다. 해머가 자신의 1993년 연구 결과를 번복한 것이다.[7]

2012년 드라반트 등은 2만 3,874명(이성애자 77%, 동성애자 6%)을 조사한 결과 동성애 유발 유전자를 발견하지 못했다.[8] 2018년 웨도우 등은 약

50만 명을 조사해 동성애 유발 유전자는 없다고 발표했다.[9] 결론적으로 동성애 유발 유전자는 발견되지 않았다. 이제까지의 결과로 추론하면 앞으로도 발견될 가능성은 없다.

다음으로 동성애를 하게 만드는 두뇌 구조가 있는지를 살펴보자. 동성애자의 두뇌는 태어날 때부터 일반인과 다르며, 태아기의 성호르몬 이상이 두뇌 형성에 영향을 주었을 것으로 추측했다. 1991년 동성애자인 리베이는 죽은 사람의 두뇌 중 전시상하부의 간질핵(INAH) 크기를 조사해 남성 동성애자의 INAH3은 여자처럼 남성 이성애자보다 작기 때문에 INAH3이 동성애와 연관이 있다고 『사이언스』에 발표했다.[10] 그러나 2001년 바인 등이 INAH3 내의 신경세포인 뉴런 개수를 측정한 결과 남성이 여성보다 훨씬 많았으며, 남성 이성애자와 남성 동성애자의 차이는 없었다.[11] 이 결과로부터 남성 동성애자의 INAH3 크기가 작은 것은 후천적이라고 보았다. 이 외에 양쪽 뇌를 연결하는 전교련, 뇌량 등에 대한 논문들이 발표됐지만, 동성애가 두뇌 때문에 생긴다는 연구 결과는 모두 번복되었다.

동성애가 유전이 아님을 나타내는 몇 가지 과학적 근거를 소개하면 다음과 같다. 첫째 자녀를 적게 낳는 행동 양식은 유전일 수 없다. 어떤 유전자를 가진 집단이 지속적으로 유지되려면 그 집단의 성인 한 명당 한 명 이상의 아이를 낳아야 한다. 그런데 동성 간 성행위로는 아기를 낳을 수 없다. 조사에 따르면 남성 동성애자의 15%만 마지못해 결혼이라는 이름으로 결합한다. 이 조사에 의하면 동성애 유발 유전자를 가진 사람의 수가 점차 줄어들어 지구상에서 동성애가 사라졌어야 한다. 아직 동성애자가 존재한다는 사실 자체가 동성애가 유전이 아님을 나타낸다.

어떤 행동이 유전된다는 것은 그 행동을 하게 만드는 유전자가 있다는 뜻이다. 하등동물의 행동양식은 1~2개의 유전자에 의해 결정되지만, 일반적으로 고등동물의 행동양식에는 수많은 유전자가 관여한다. 동성애가 유전이라면, 그와 관련된 수많은 유전자가 돌연변이에 의해 바뀌어야 하므로, 동성애는 아주 천천히 여러 세대에 걸쳐 변화되어야 한다. 그런데 실제 상황은 전혀 그렇지 않다. 가계조사를 해 보면, 갑자기 동성애자가 나타났다가 갑자기 사라지는 현상을 볼 수 있다.

자란 환경에 따라 동성애자가 될 확률이 다르다는 결과도 있다. 1994년 미국 시카고 조사에 의하면, 청소년기를 대도시에서 보냈으면 동성애자가 될 확률이 높고, 시골에서 보냈으면 동성애자가 될 확률이 낮았다.[12] 2006년 덴마크 조사에서도 도시에서 태어난 자가 시골에서 태어난 자보다 더 많은 동성애 파트너를 갖는 것으로 밝혀졌다.[13] 이 결과는 동성애가 환경의 영향을 많이 받음을 나타낸다.

동성 간 성행위가 선천적이지 않음을 나타내는 강력한 증거는 일란성 쌍둥이의 동성애 일치 비율이다. 일란성 쌍둥이는 동일한 유전자를 갖고 같은 엄마 배 속에서 모든 선천적 영향을 동일하게 받는다. 따라서 동성애가 선천적이라면 일란성 쌍둥이는 높은 동성애 일치 비율을 가져야 한다. 최근 조사 결과를 보면, 2000년에 미국 1,512명 일란성 쌍둥이의 동성애와 양성애를 합친 비이성애 일치 비율이 18.8%였다. 2000년에 호주 3,782명 일란성 쌍둥이의 동성애 일치 비율은 남성 11.1%, 여성 13.6%였고, 2010년 스웨덴 7,652명 일란성 쌍둥이의 동성애 일치 비율이 남성 9.9%, 여성 12.1%였다.[14] 조사대상자가 많으면 통계적 신뢰도가 증가하기에, 일란성 쌍둥이의 동성애 일치 비율은 대략 10%라고 볼 수 있다. 그런데 이 일치 비율도 전부 선천적 영향이라고 말할 수 없다. 쌍둥이는 같은 부모와 환경하에서 동일한 후천적 영향을 받으며 서로에게 영향을 줄 수 있기 때문이다. 동일한 유전자를 갖고 선천적·후천적 영향을 합쳐도 일치 비율이 10%밖에 되지 않는다는 것은 선천적 영향이 10%가 되지 않으며, 동성애가 선천적으로 결정되지 않음을 분명히 보여 준다.

- 길원평(부산대) 외 6인

이 외에 동물에게서도 동성애가 발견되므로 동성애는 본능적이고 자연스러운 것이라며 억지스러운 주장을 하는 이들이 있다. 이에 대한 자세한 내용은 부록 3을 참고하기 바란다.

앞으로도 동성애 유전자가 있다는 거짓 논문이 더 나올 수도 있다. 그러나 이 마지막 때 우리는 더욱더 말씀으로 깨어서 진리 가운데 있어야 한다.

"보라 어둠이 땅을 덮을 것이며 캄캄함이 만민을 가리려니와 오직 여호와께서 네 위에 임하실 것이며 그의 영광이 네 위에 나타나리니"(사 60 : 2).

6. 동성 간 성관계의 의료적 문제

1) 항문 관련 질병의 증가

미국 질병관리본부(CDC) 홈페이지에는 'Gay & Bisexual'(게이&양성애자)에 관해 굉장히 많은 부분이 할애되어 있을 정도로 동성 간 성관계를 심각하게 보고 있다. 미국 질병관리본부에서는 동성 간 성관계를 하면 항문암에 걸릴 확률이 이성애 남성보다 17배나 더 높다고 하였다.[15] 또한 미국 NCBI(National Library of Medicine)에 게시된 "항문 성교 및 변실금 : 2009~2010년 국민 건강 및 영양 검사 결과 자료"에 의하면 항문 성교를 하는 남성 동성애자들이 변실금에도 많이 걸린다고 나와 있다.[16]

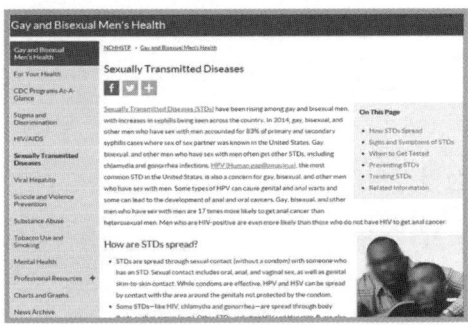

<그림 7-2. 미국 질병관리본부는 남성 동성애자가 이성애 남성보다 항문암에 걸릴 확률이 17배 높다고 경고하고 있다.>[17]

캐나다 보건복지부도 동성 간 성관계를 하는 사람은 인체유두종바이러스(HPV), 항문 바이러스 질환에 노출된다고 말하고 있으며,[18] 영국 보건복지부에서도 MSM(Men who have Sex with Men, 남성 간 성관계자)에 대해서 "남성 간 성행위는 항문 성관계에 특정되고 있다."라며 보편적인 모습이 아닌 위험한 성 행태라고 말하고 있다.[19]

2) 이질, 장티푸스 등 대변 유래 질병의 증가

이질은 피가 섞인 설사 등을 포괄적으로 가리키는 용어다. 세균성 이질은 이질균에 의한 장감염증으로 지속적인 설사, 복통 등이 주로 나타난다. 심할 경우 경련이 일어나고, 합병증으로 독성 거대결장, 직장 탈출증 등이 나타난다. 우리나라에서는 이를 제1군 법정전염병으로 규정하고 있다.[20]

이질은 대변 처리 시설이 미비한 개발도상국 전염병으로 불린다. 위생적인 대변 처리 시설이 부족하고, 상하수도 시설이 구축되지 않은 나라에서는 대변에서 유래한 각종 세균이 끓이지 않은 물이나 손을 통해 쉽게 옮겨지고, 이에 따른 관련 전염병이 유행하기 쉽다.

위생 인프라가 잘 구축된 선진국에서는 이질 감염 사례가 대폭 줄어들고 있었으나, 이런 흐름에 역행하여 미국, 영국, 일본 등의 선진국에서 다시 이질이 유행하며 보건당국을 긴장시키기 시작했다. 남성 동성애자들을 중심으로 한 이질 재유행이 보고되기 시작한 것이다. 미국, 영국 등의 보건당국은 남성 동성애자들이 가지는 성행위 특징상 대변에서 유래한 각종 세균이 입으로 들어가는 위험천만한 상황에 놓일 확률이 높다고 경고했다.

영국 보건당국이 남성 동성애자들을 대상으로 이질 예방 캠페인을 벌였다는 사실을 아는 사람은 그리 많지 않다. 영국 공중보건국은 2014년부터 남성 동성애자와 남성 양성애자 사이에서 이질이 돌고 있음을 알리고, 이들에게 이질 감염의 위험성을 알리는 캠페인을 시작한다는 보도자료를 내

놓았다. 영국 공중보건국은 2014년 1월 "게이와 양성애자 사이에서 유행하고 있는 이질"이라는 보고서를 통해 2013년에만 200명 이상의 런던 남성들에게 이질이 전염되고 있다고 구체적으로 경고하면서 동성애자 간 접촉을 피하고 청결할 것을 강조했다.[21] 그러나 미국 질병관리본부는 단순히 손을 잘 씻는 것만으로는 한계가 있다고 판단했다. 그러면서 남성 동성애자의 이질 감염을 막기 위한 실질적인 방법으로 덴탈댐과 고무장갑을 사용하라는 안전수칙까지 명시했다.[22]

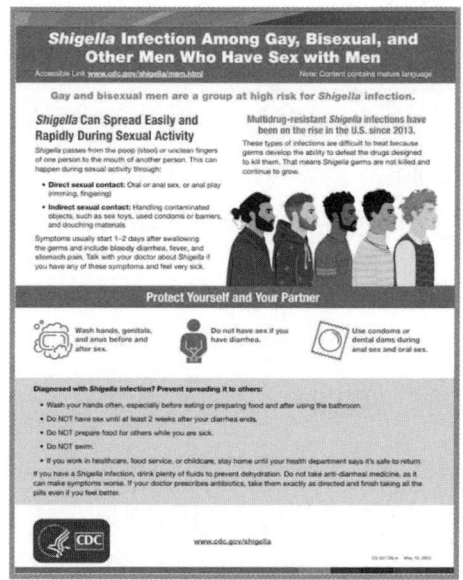

<그림 7-3. 미국 질병관리본부가 남성 동성애자의 이질 예방을 위한 전단을 별도로 제작하여 배포하고 있다.>[23]

3) A형 간염 등 각종 간염의 증가

2017년 6월 세계보건기구(WHO)는 홈페이지에 "간염 발생은 주로 유럽 지역 및 아메리카 남성들과 성관계를 가진 남성들에게 영향을 미친다"라는 제목의 보고서를 게시하고, 미국과 유럽에서 매년 열리는 동성애자 축제가 A형 간염 확산에 기여할 수 있음을 경고하기 시작했다. A형 간염 확

산의 주된 원인은 '남성 동성애자 간 성적 접촉'이라는 사실을 WHO가 공식적으로 밝힌 것이다.[24]

미국 질병관리본부는 남성 간 성행위자 사이에서 A형 간염이 발생하는 이유를 "동성애자와 양성애자 남성의 바이러스성 간염"이라는 게시물을 통해 소개하고 있다. 남성 간 성관계 시 대변-구강(fecal-oral)의 직접적 경로를 통해 오염되거나 성행위 시 오염된 손, (성)도구 등을 통해 간접적으로 오염될 수 있다는 것이다.[25] 그뿐만 아니라 동성 간 성행위를 하는 사람들이 A, B, C형 간염에 걸릴 확률이 더 높다고 반복적으로 설명하고 있다.[26]

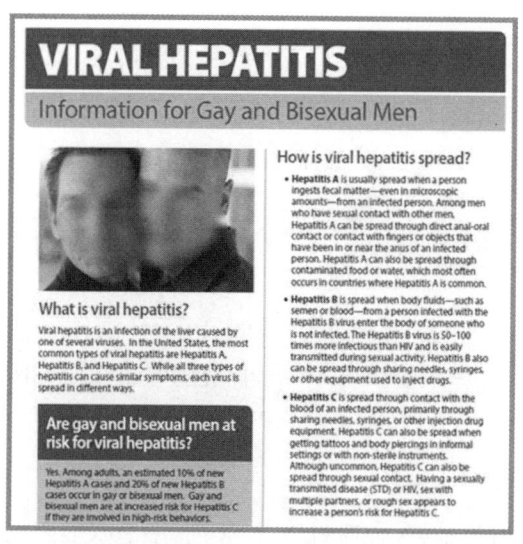

<그림 7-4. 미국 질병관리본부가 남성 동성애자에게서 각종 감염 위험이 높음을 경고하고 예방법을 소개하는 전단을 제작하였다.>[27]

2017년 영국 보건당국은 홈페이지에 게시한 주간보고서를 통해 2016년 7월부터 2017년 4월 2일까지 영국에서 발병된 A형 간염의 74% 이상이 남성 동성애자였다고 보고했다. 그렇다 보니 영국 보건국은 세계적으로 유명한 퀴어 행사인 '스페인 마드리드 게이 퍼레이드'에 참여할 사람들에게 공식 웹사이트를 통해 A형 간염 백신을 맞고 참여하라고 공지하는 상황에

이르렀다.[28] 영국 보건당국은 A형 간염이 대변에 오염된 음식물 등을 통해 전염될 수 있지만, 최근에는 남성 간 성관계 패턴의 특성상 이런 위험한 상황이 발생하고 있다고 밝히며 A형 간염에 걸릴 위험이 가장 큰 그룹으로 남성 간 성행위자들을 꼽았다. 이는 공연한 기우가 아니며, 이미 영국 런던 등 주요 도시에서 현실로 드러나고 있다고 발표했다.

<그림 7-5. 영국 보건당국은 게이 퍼레이드에 참여하는 동성애자에게 비뇨생식기내과에 방문하여 A형 간염 백신을 맞으라고 권고하였다.>[29]

4) 에이즈의 위험에 노출

미국 질병관리본부는 홈페이지를 통해 후천성면역결핍증인 에이즈(AIDS)를 야기하는 인체면역결핍바이러스(HIV, Human Immunodeficiency Virus)가 처음부터 인류에게 있었던 것이 아니며, 중앙아프리카에 서식하는 침팬지로부터 시작된 것이라고 밝히고 있다. HIV는 바이러스의 이름, 에이즈는 질병의 이름이다. 원숭이면역결핍바이러스(SIV, Simian Immunodeficiency Virus)가 인체에 들어와 인체면역결핍바이러스로 활동하게 됐다는 것이다. 쉽게 말해 에이즈는 원숭이의 바이러스가 피를 통해 직접 인간의 혈중으로 들어오는 방식으로 전파되기 시작했다.[30] 이처럼 동물의 바이러스나 박테리아 등이 인간에게 전염되어 발생하는 질병을 동물원성감염증(Zoonosis)이라고 한다. 참고로 영국 공중보건국은 홈페이지에 동물원성감염증 55가지를 나열하고 있다.[31] 에이즈뿐 아니라 탄저병, 에볼라, 조류독감, 흑사병과 같은 치명적인 전염병들이 해당된다.

에이즈는 현재 예방백신이나 완치의 길이 열려 있지 않은 병이다. 에이즈 치료제라고 하는 것조차 완치제가 아니다. 우리나라 질병관리청은 HIV 감염인과 에이즈 환자를 통칭해서 '에이즈에 걸린 사람'이라고 표현하면 된다고 말하고 있다. 모든 HIV 감염인이 당장 에이즈 환자는 아니지만, 결국에는 에이즈 환자가 되기 때문이다.

미국 질병관리본부는 전체 인구 중 2%도 안 되는 남성 동성애자들이 전체 에이즈의 약 70%를 차지한다고 공개했다.[32] 특히 미국 십 대 에이즈 환자 중 94% 정도가 동성 간 성관계로 인해 에이즈에 걸린 것에 대해서도 공개하고 있다.[33] 모든 남성 동성애자가 에이즈에 걸리는 것은 아니다. 그러나 미국, 영국, 일본 등 에이즈 확산 첫 단계에 놓여 있는 모든 국가에서 공통적으로 에이즈 유병률은 남성 동성애자 그룹이 가장 높다. 존스홉킨스 대학 연구진의 발표에 따르면 미국 남성 동성애자 100명 중 15명꼴로 에이즈 바이러스 유병률을 보인다.[34]

최대 퀴어 행사 열리는 샌프란시스코, 에이즈 의약품 광고 넘쳐

남자 둘이 키스하는 모습, 옷을 벗은 채 껴안은 모습 등 동성애를 표현하는 포스터가 길가에 아무렇지 않게 걸려 있는 곳이 있다. 미국 샌프란시스코의 중심가에서 15분 정도 떨어진 카스트로 거리다. 암살당한 남성 동성애자 '하비 밀크' 전 의원의 선거구였던 카스트로는 지금도 동성애 문화를 상징하는 동네로 손꼽힌다.[35] LGBT(레즈비언〈lesbian〉, 게이〈gay〉, 양성애자〈bisexual〉, 트랜스젠더〈transgender〉)의 메카로 불리는 샌프란시스코에서는 매년 6월 퀴어 행사인 '프라이드 퍼레이드'가 열리는데, 전 세계 동성애자들이 모여들어 북새통을 이룬다. 캘리포니아 관광청에서 '성소수자 여행', '카스트로 둘러보기' 등의 상품을 소개하고 있을 정도다.[36]

카스트로 거리 곳곳에는 에이즈와 관련된 의약품 광고가 보인다. 에이즈 치료제의 대표적인 부작용 중 하나가 돌출된 뱃살과 같은 지방이상증(lipodystrophy)인데, 이를 억제하는 의약품인 에그리프타(Egrifta) 광고도 버스 정류장에 등장했다.[37] 동성애자의 수가 많지 않은 도시였다면 이런 광고는 효과를 보지 못했을 것이다. 그러나 약을 생산하는 회사 입장에서는 에이즈 유병률이 높은 남성 동성애자들로 북적이는 거리에서 에그리프타를 알리는 게 효과가 크리라 판단했을 것이다. 동성애자의 도시는 에이즈 감염자 역시 많음을 알 수 있는 한 단면이다.

왜 우리나라 4차 국민건강증진 종합계획서에는 에이즈 관리 목표를 "남성 동성애자의 HIV 검사 수검률과 콘돔 사용률을 높인다."로 명시했을까?[38] 이것은 전혀 과한 내용이 아니다. 우리나라는 에이즈 환자가 1년에 2~3명 정도로 에이즈 발병률이 현저히 낮았던 나라인데, 지금은 신규 감염자가 1년에 약 1,200명씩 나오는 나라가 되었다.[39] 1,200명 중에서 약 40% 육박하는 연령층이 10~20대로, 특히 20대가 가장 많이 걸리고 있다.[40] 99%가 성관계로 에이즈에 걸렸으며, HIV 감염인의 약 92%가 남성으로, 남성 동성애자 간 성 접촉이 에이즈의 주요 전파 경로로 추정된다.[41] 현재 에이즈 환자는 20,000명가량 누적되어 있는데, 5,000명 이상이 사망한 상태다.[42] 과거 에이즈에 걸린 여자에 대해서는 1980년대 후반만 하더라도 '윤락가 여성'이라고 표현했는데, 지금은 '주부'로 표현하고 있다. 동성 간 성관계를 통해 에이즈에 노출된 사람인 줄 모르고 결혼을 한 경우가 있기 때문이다.

현재 우리나라 신규 에이즈 감염통계는 전 세계 신규 에이즈 감염통계와 반대로 가고 있다. 전 세계 통계는 줄고 있는데 우리나라는 늘고 있고, 그 누적곡선은 굉장히 가파르다. 우리나라 질병관리청 에이즈관리사업 평가서에 따르면, 보건소에서 조사할 때는 동성애로 인해 에이즈에 걸렸다고 말하지 않다가, 이후 동성 간 성 접촉으로 에이즈에 걸렸다고 말하는 사람이 상당수이다. 전체 감염인 중 남자가 92%로 절대다수인데다가 감염내과 교수들의 진료 경험상 실제 환자들의 60~70% 이상이 남자 동성애자라고 보고되고 있다.[43] 우리나라 보건복지부 "제4차 국민건강증진종합계획(2016-2020)"에도 남성 동성애자 간 성 접촉이 주요 전파 경로일 것으로 최종 판단하고 있다.[44] 결국 우리나라 에이즈 예방 사업은 남성 동성애자들을 중심으로 벌어지고 있다는 것이다.

1985~1988년까지는 우리나라에서 십 대 중 에이즈에 걸린 이들이 없었다. 우리나라의 에이즈 환자 99%가 성관계로 인해 걸리는데, 우리나라의 십 대들은 성관계를 하지 않으니 에이즈에 걸리지 않았던 것이다. 하지만 현재는 십 대들도 에이즈에 많이 걸리고 있다. 이 중 대부분이 남학생이다. 의료진들의 가장 최근 통계에 의하면 우리나라 십 대 후반의 에이즈 감염자 93%가 동성 및 양성 간 성 접촉을 하는 그룹이었고, 7%가 이성 간 성관계를 하는 그룹이었다.[45]

에이즈 치료제로 유통되는 의약품 중 가장 인기 있는 약은 스트리빌드였다.[46] 이 약은 부작용이 적고 정작용이 좋은 약으로, 완치제가 아닌 억제제로서 치료제 FDA 허가를 받은 약이다. 그러나 이 약은 한 알에 26,900원, 100알 들어 있는 한 통이 269만 원인 고가의 약이었다. 최근에 부작용이 보완된 젠보야가 나오면서 스트리빌드 처방을 대체하게 되었고,[47] 젠보야는 1알에 24,589원으로 판매되고 있다.[48]

에이즈 치료제는 돈 문제뿐 아니라 부작용도 상당히 많이 있다. 엘그리푸트 같은 약을 먹어야 하는데, 우리나라에 들어오지 않기 때문에 그에 준하는 약으로 고지혈증 치료제를 같이 먹는다. 이 약은 보통 대사이상증후군이 있는 노인들이 먹는 것인데, 에이즈 억제제의 부작용이 대사이상을 일으키므로 부작용이 있음에도 먹을 수밖에 없는 상황이다.

'폐암 고위험군' 분류가 차별이 아니듯, '에이즈 고위험군' 분류도 차별이 아니다

2014년 헌혈에 동참한 사람은 약 300만 명이다.[49] 헌혈로 모인 혈액은 공급 전 반드시 선별검사를 하는데, 부적격 판정을 받아 폐기되는 혈액이 3년간 6,800만㎖다. 이렇게 버려지는 혈액 중 간염이나 에이즈에 걸린 피가 15%가량 된다.[50]

한국에서 헌혈하려면 헌혈기록카드를 반드시 작성해야 하는데, 채혈(採血) 금지 대상을 확인하기 위해서다. '헌혈 자진 배제 문진 항목' 중 10번에는 이런 질문이 나온다. "최근 1년 이내에 불특정 이성과 성 접촉을 하거나, 남성의 경우 다른 남성과 성 접촉을 한 적이 있습니까?" 이 항목에 "예."라고 답했다면 향후 1년간 헌혈할 수 없다. 이런 내용은 대한적십자사가 제공하는 혈액원 홈페이지 전자문진에도 나온다.[51] 이렇듯 대한민국 혈액관리당국은 남성끼리의 성 접촉을 헌혈 제한 사유로 두고 있다. 문제는 이 조항에 대한 답을 전적으로 본인의 양심에 맡길 수밖에 없다는 것이다. 감염 사실을 숨기고 헌혈한다면 막을 방법이 없다.

남성 간 성행위자의 헌혈 제한 정책은 우리나라에만 있는 것이 아니다. 미국, 독일, 알제리, 아르헨티나, 오스트리아, 벨기에, 슬로베니아, 네덜란드, 아일랜드, 북아일랜드, 아이슬란드, 노르웨이, 파나마, 파라과이, 페루, 스위스, 태국, 터키, 베네수엘라 등 여러 국가에서 이를 제한하고 있다.[52]

미국은 에이즈가 급증세를 보이던 1983년 이후 남성 동성애자의 헌혈을 막았다. 이런 정책이 동성애자에 대한 차별이라는 친동성애 진영의 항의가 끈질기게 이어지자, 미국 식품의약국(FDA)은 2014년 남자 동성애자의 헌혈을 부분적으로 허용하는 방향을 검토하겠다고 밝혔다. 그러자 존스홉킨스의학연구소의 역학 전공 켄라드 넬슨 교수 등은 남성 동성애자의 높은 에이즈 유병률을 지적하며 강력히 반발하고 나섰다.[53] 결국, 미국 식품의약국은 2015년부터 남성 동성애자가 1년간 성관계를 하지 않고 금욕한 경우에 한해 헌혈을 허용하는 것으로 방향을 바꿨다.[54] '평생 금지'에서 '부분 제한'으로 바꾼 것이다. 현재는 코로나19로 최악의 혈액 부족 사태가 발생해 동성애자의 헌혈을 허용하였으나, 이 역시 헌혈하기 전 3개월간 성교하지 않은 것을 전제로 하고 있다.[55]

영국에서도 1980년대부터 MSM의 헌혈 평생 금지 조치가 시행됐다. HIV와 B형 간염 등 혈액 매개 감염의 비율이 MSM에서 가장 높았기 때문이다. 이후 MSM의 평생 헌혈 금지조항은 2011년, 남성 간 성행위 이후 1년은 적어도 남에게 혈액을 기증하지 못하도록 하는 부분 제한으로 바뀌었다. 그러다 2021년부터 동성애자의 헌혈 제한이 더 완화되었는데, 그럼에도 불구하고 3개월 동안 한 명의 파트너와 성관계를 한 사람이어야 헌혈이 가능하게 되었다.[56]

캐나다 보건당국도 1992년에는 남성 동성애자의 헌혈을 전면 금지하는 매우 강력한 정책을 펼쳤다. 그러다 2013년에는 5년, 2016년에는 1년, 그리고 2019년부터는 3개월간 금욕한 조건이라면 헌혈이 가능하도록 하였다. 그럼에도 불구하고 캐나다 혈액관리국은 "성행위 기반 조사"(Sexual behaviour-based screening)를 통해 헌혈 전 3개월 동안 새로운 성 파트너가 있었는지, 여러 사람과 성행위를 했는지, 항문 성교를 한 적이 있는지 등 위험한 성적 행위에 대해 조사하고 있다.[57] 2013년 당시 캐나다 보건부의 의료고문인 로버트 커시먼은 남성 동성애자의 헌혈 제한 정책에 대해 "남성 동성애자 간 성행위는 위험한 행위"라면서 "위험인자임을 알면서도 그 혈액을 사용하는 것은 잘못된 일"이라고 언급했다. 그는 "캐나다에서 에이즈 바이러스에 신규로 감염되는 이들의 절반 정도가 MSM이고, 에이즈 바이러스에 감염된 남성의 75%가 남성 동성애자"라면서 "따라서 남성 동성애자의 헌혈 제한 정책은 성적 지향을 차별하는 정책이 아

니다."라고 강조했다.[58]

중국 보건당국은 15~24세 청소년들의 에이즈 바이러스 감염이 연평균 35%씩 증가하고 있으며, 베이징의 경우 2015년 신규 에이즈 감염자의 82%가 남성 동성애자라고 발표했다.[59] 중국 위생부는 홈페이지에 "헌혈자 건강 검사에 대한 요구(지침)"를 게재하고 남성 동성애자를 에이즈, B형 간염, C형 간염, 매독 감염자와 함께 '고위험군'으로 분류해 헌혈을 금지하고 있다. 그리고 "고위험군이 고의로 헌혈해 전염병이 전파되는 결과를 초래하면 민·형사상 책임을 지게 할 것"이라는 엄중한 경고까지 하고 있다.[60]

우리나라에서는 2002년 수술 과정에서 수혈로 에이즈에 걸린 여학생이 발생해 세상이 떠들썩했다. 보건복지부 혈액정책과는 보도자료에서 여학생이 수혈받은 혈액의 주인은 에이즈에 걸린 20대 남성 동성애자였다고 밝혔다.[61] 그리고 2003년 초까지 국내에서 수혈로 인한 에이즈 감염자는 대부분 에이즈에 걸린 남성 동성애자의 피를 수혈받은 것으로 드러났다.[62] 이 사건 발생 3개월 뒤 비슷한 사건이 또 발생했다. 입대 전 동성 간 성행위를 한 21세 남성의 혈액을 수혈받은 60대 2명이 에이즈에 걸린 것이다. 피해자에 대한 보상은 "헌혈 및 수혈사고 보상 위자료 지급 시행규칙"에 따라 1인당 3,000만 원의 위자료가 지급된 것이 전부다.[63] 우리나라 보건복지부가 발표한 바에 따르면[64] 수혈로 인한 에이즈 감염자들은 주로 남성 간 성행위를 하는 사람의 피를 받은 경우가 많았다. 상황이 이런데도 한국게이인권운동단체 '친구사이'는 동성애자의 헌혈 제한 조치가 '성적 지향을 이유로 한 차별'이라며, 헌혈 규정을 수정 또는 삭제해 달라고 요구했다.[65] 국가인권위원회는 "동성애가 에이즈의 원인인 것처럼 편견을 심화시킬 수 있다."라며 차별 판단을 내리고 보건복지부 장관에게 해당 항목을 바꾸라고 권고했다. 모든 동성애자가 에이즈에 걸린 것도, 모든 에이즈 감염자가 동성애자인 것도 아니다. 하지만 국가인권위의 이러한 권고는 남성 동성애자가 에이즈 고위험군이라는 명백한 상황을 덮으려는 시도라는 것을 의심할 수밖에 없다.

여성 동성애자들은 에이즈 감염률이 제로이며, 노출된 병이 없다고 하는 잘못된 이야기들이 있다. 여성 동성애자들이 에이즈의 주된 전파 경로가 되는 것은 아니지만, 미국의 정부 기관이 내놓은 여성 동성애자들의 건강 통계를 본다면 잘못된 환상을 깰 수 있을 것이다. 예를 들어, 여성 동성애자는 이성애 여성에 비해 부인과 암에 걸릴 위험이 더 크다든지 비만, 과도한 흡연, 알코올 오남용, 약물 오남용 등의 문제가 더 빈번하다고 보고된다. 이러한 건강 격차로 인해 미국은 2010년에 레즈비언, 게이 등의 의료적 문제를 해결하기 위해 LGBT 문제조정 위원회(LGBT Issues Coordinating Committee)를 구성하여 매년 이들의 건강 문제 해결을 위한 권장 사항을 개발하고 있다.[66]

결론적으로 현재 전 세계의 많은 보건당국 건강 통계 결과 일반인과 동성애자들의 건강 코너를 따로 구분해야 할 정도로 통계가 달라지고 있고, 남성 동성애자들의 헌혈을 배제하고 있다는 것을 알아야 한다. 우리나라 대한적십자사도 남자끼리 성관계하고 있는 사람은 자진해서 헌혈하지 말 것과 이를 개인의 양심에 맡긴다고 하소연하고 있다.

이것을 차별이라고 몰면서, 동성 간 성관계를 하는 사람들의 피도 다 공유하자며 혈액관리법 시행규칙을 고치자는 주장도 있는데, 이것은 굉장히 잘못된 인권 논리이다.

5) 성병 발병률의 증가

① 매독

매독(梅毒, Syphilis)은 매독균이 내부 장기에 침범하여 발생하는 접촉성 성매개감염병이다. 매독은 주로 성기 부위, 질, 항문 등에 발생하는 피부궤양으로 입술, 구강 내에 발생하기도 한다.

영국의 조사 결과 5대 성병이 남성 동성애자들에게 몰려 있다고 나타났으며, 특히 런던을 기준으로 봤을 때 매독 감염자의 90%가 남성 동성애자로 확인되었다.[67] 미국의 경우에는 매독 감염자의 83%가 남성 동성애자 및 양성애자라는 보고가 있다. 이러한 높은 발병률로 인해 미국 질병관리본부는 남성 동성애자 및 양성애자에게 정기적으로 성병 검사를 받아야 하며 특히 성관계 파트너가 2명 이상일 경우 또는 모르는 사람과 성관계를 가졌을 경우 검사를 더 자주 받도록 권고하고 있다.[68]

② 임질

임질(淋疾, gonorrhea)은 임균에 의해 발생하는 성병이다. 성기의 점막이 감염되면서 염증을 일으킨다.

남성 동성애자들의 임질 점유율은 샌프란시스코뿐 아니라 미국 전역에 걸쳐 높다. 2016년에 발표된 미국 질병관리본부 자료에 따르면 2015년에 미국 임질 감염자의 42.2%는 남성 동성애자들이 차지하고 있다. 동성애를 하지 않는 일반 남성이 전체 인구의 대부분을 차지하나, 이들이 전체 임질 감염자 중 25.4%만 차지하는 것과 대조적이다. 전체 임질 감염자 중 여성은 32.4%를 차지한다. 미국 전역에 2%가량 되는 남성 동성애자들이 전체 임질 감염자의 42%를 넘게 차지하고 있다는 사실은 시사하는 바가 크다.[69]

미국은 GISP(Gonococcal Isolate Surveillance Project)라는 전국적인 임질 조사 네트워크를 구축하고 있다. GISP의 자료에 따르면 1989년부터 남성 동성애자들의 임질은 꾸준히 증가하다가, 2015년 기준으로 성병클리닉에 방문한 남성 동성애자들의 요로균체 중 40%에서 임질균이 나왔다.[70] 전술한 보고서에 따르면 샌프란시스코에서 발생한 임질의 87.8%가 남성 동성애자에 의한 것이었다.[71] 샌프란시스코뿐만 아니라 매사추세츠, 뉴욕, 캘리포니아, 필라델피아 등 소위 동성애 친화적 도시로 알려진 지역에서 임질이 많이 발생한다는 공통점이 나타났다. 이 중 샌프란시스코는 미국에서 동성애자 비율이 가장 높은 도시이고, 2015년 미국에서 임질이 가장 많이 발생한 곳이다. 환자 수가 1만 7,563명이었는데, 10만 명당 발병 비율은 173.6명이었다. 샌프란시스코가 10만 명당 524명으로 가장 높았고, 필라델피아 401.2명, 뉴욕 335.3명 등으로 나타났다. 친동성애 지역일수록 환자 수가 증가하는 양상을 보인다.[72] 그뿐만 아니라 2013~2014년에는 남성의 발병이 증가하는 반면 여성의 발병은 감소하고 있다. 이는 이성 간 성관계가 임질의 주요 원인이 아니라는 것을 말해 준다.[73]

7. 동성애 법제화 현황

1) 차별금지법 발의

동성애를 법으로 아예 처벌하는 나라는 70여 개국이고,[74] 동성결혼을 인정하는 나라는 30여 개국이다.[75] 우리나라는 동성결혼이 통과된 것도 아니지만 동성애자를 처벌하는 나라도 아니다. 세계 최초 동성결혼을 합법화시킨 나라는 네덜란드,[76] 동거 형태로 먼저 합법화시킨 나라는 덴마크이다.[77] 우리나라는 국가인권위원회가 동성애를 옹호하는 법을 만들었지만, 강제력이 없다. 그러나 현재는 강제력이 있는 차별금지법을 발의할 것을 권고하는 상황이다.

<그림 7-6. 동성결혼 합법화에 환호하는 대만 시민들.
동성결혼이 서구 사회뿐만 아니라 아시아 국가에서도 합법화되고 있다.>[78]

실제로 학생인권조례에 보면, 모든 성적 지향, 즉 성적 취향을 받아들이라고 지방조례로 나와 있는 상황이다. 군형법 제92조에 "항문 성교한 사람은 2년 이하의 징역에 처할 수 있다."라고 되어 있는데,[79] 이는 군대 내 항문성교 처벌법이다. 이것을 동성애 처벌이라고 말하는 사람들은 동성애를 옹호하는 사람들이다. 즉, 동성 간 성행위가 항문성교라고 말하는 것에 대해 오히려 동성애를 옹호하는 사람들이 이를 먼저 인정한 셈이 된 것이다.

우리나라는 포괄적 차별금지법이 계속 발의되는 상황이라고 볼 수 있다. 2020년 6월 29일, 차별금지법이 이미 또 한 차례 추가로 발의된 상황이다.

미국과 유럽은 이 법들이 발의될 때마다 막아 내는 우리나라를 보며 굉장히 놀라고 있다. 그곳에 있는 사람들은 "포괄적 차별금지법은 반기독교법입니다.", "포괄적 차별금지법을 반드시 끝까지 막으십시오."라고 항상 당부한다.

현재 우리나라 한 정당에서 주장하는 차별금지법 2조를 보면 성별이 여자, 남자, 기타 여러 가지 성별이 있다고 나와 있다. 모든 성적 지향과 성별 정체성을 받아들이도록 강제하고 있다.[80] 이 법이 통과되면 이행강제금의 치하에 놓이게 된다. 이행강제금이란 시정명령을 받은 후 시정 기간 내에 시정명령을 이행하지 않은 자에게 부과하는 것이다. 예를 들어, 동성애 반대 발언을 한 A 목사님을 누군가 국가인권위원회에 고발하여 "동성애 반대는 잘못된 발언이다."라고 사과하라는 시정명령을 받게 되었다고 하자. 이를 기간 내에 이행하지 않는 경우에는 3,000만 원 이하의 이행강제금을 내게 된다. 신앙 양심을 지키기 위해 A 목사님이 시정명령을 이행하지 않으면 한 번으로 그치는 것이 아니라 이행할 때까지 반복 부과하는 것이 가능하다. 이 외에도 여러 형태의 처벌조항이 있기 때문에 이러한 부분을 잘 인지할 필요가 있다.

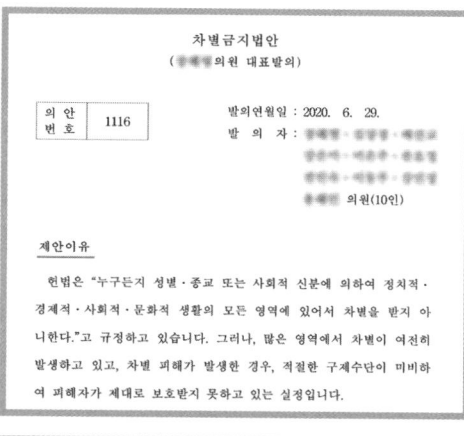

<그림 7-7. 차별금지법안은 '성별'을
'여성, 남성, 그 외에 분류할 수 없는 성'이라고 정의하고 있다.>[81]

2) 차별금지법을 막아야 하는 이유

2016년에 통과된 미국 캘리포니아 주의 AB329법은 공교육에서 결혼, 연애, 기타 삶의 영역에 관해서 교육할 때 모든 성적 지향(동성애, 이성애, 양성애)과 모든 성별 정체성(성전환 등)을 인정하도록 의무화하는 법이다. 여기서 말하는 성적 지향은 한국의 한 정당이 발의한 차별금지법에서도 보이듯이 이성애, 동성애와 양성애를 일컫는다.

또한 모든 성별 정체성이란 자신이 타고난 성별과 자신이 원하는 성별이 일치되지 않을 때 또는 자신이 타고난 성별과 자신이 살아가고자 하는 성별이 일치되는 이 두 경우 모두를 인정하는 것을 말한다. 즉, 공교육에서 동성애 및 성전환을 인정하도록 주입하는 교육을 의무화하겠다는 것이다.

물론 이 법의 효력은 엄청났다. 만약 캘리포니아에서 교사가 수업 시간에 "결혼은 한 남자와 한 여자가 하는 거야. 남녀의 아름다운 결혼으로 핵가족(family)이 시작된단다."라고 가르친다면 바로 고발될 수 있다. 왜냐하면, 공교육상에서 동성결혼이나 성전환을 배제한 발언은 차별적 발언에 해당되며, AB329법을 어긴 것에 해당하기 때문이다. 놀랍게도 이 법을 준수하기 위해 미국 캘리포니아의 많은 공립학교에서 사용하는 교과서가 개정되고 있다.

차별금지법이 교육 전반에 미치는 영향

글렌데일 초등학교에서 사용하고 있는 교과서에는 "어떻게 핵가족이 형성될까?"(What makes a family?)라는 단원이 나온다. 교과서는 여자끼리의 결혼, 남자끼리의 결혼, 남자와 여자 간의 결혼을 모두 정상 결혼이라고 기술하고 있어 소위 '다양한 가족'을 정상처럼 교육하고 있다. 이런 내용이 수록된 교과서는 초등학교 1학년용이었다. 이렇게 잘못된 결혼관을 주입받은 아이들은 이런 이야기를 하기 시작했다고 한다. "엄마, 결혼은 남자와 여자만 하는 것이라고 교육하는 것은 동성 간 결합을 꿈꾸고 있는 사람들의 마음에 모욕감과 수치심을 주는 차별적 발언이기 때문에 고발당할 수 있어요. 결혼은 남자끼리도 여자끼리도 가능한 거예요."

실제로 초등학교 엄마들의 SNS에서 "○○초등학교에서 또 성전환하겠다는 아이가 나왔다."라며 수군대는 글을 확인할 수 있었다. 지금 AB329법에 따라 교과서, 가정통신문, 문제집, 해설서 등 기타 다수의 참고서가 반성경적으로 바뀌고 있다. 교과서 내용을 그대로 수용하고 시험 문제를 맞힌 아이들은 점수를 받을 수 있다. 하지만 신앙 양심에 따라 동성결혼을 인정하지 않고 이성과의 결합만이 옳다고 답한 아이들은 불이익을 당하고 있다.

성적 지향, 성별 정체성 옹호 운동의 장이 바로 학교가 되어 버린 것이다. 미국에서는 성적 지향, 즉 섹슈얼 오리엔테이션(sexual orientation)을 그 앞 글자를 따서 'SO'라고 표기하고, 성별 정체성(gender identity)은 'GI'라고 표기한다. 그래서 동성애와 성전환을 옹호하는 운동을 SOGI(소지) 운동이라고 하기도 한다. 지금 미국의 학교가 바로 이 SOGI 운동, 즉 LGBT(레즈비언, 게이, 양성애자, 트랜스젠더) 운동의 현장이 되어 버린 것이다.

어쩌다가 학교가 LGBT 옹호 운동, 즉 SOGI 운동의 장이 되었을까? 캘리포니아 주가 차별금지법을 막아 내지 못했기 때문이다. 그 이후 그 악법의 효력으로 미세한 각종 유사 차별금지법이 뿌리를 내렸고, 그중 교육 영역에서 포괄적 차별금지법이라 불리는 AB329법이 교과서와 교실 현장을 점령하게 된 것이다.

8. 차별금지법이 통과된 나라의 현황

차별금지법이 통과된 나라는 영적으로 매우 침체되어 있고 심각한 상황이다. 전술한 바대로 미국 캘리포니아에서는 AB329법이 교육의 기본적인 법으로 적용되면서 연인, 연애, 가족 등 기본적인 구성을 이야기할 때조차도 동성애를 포함하도록 의무화되어 있다. 이러한 교육을 받고 온 아이들은 성경이 틀렸다고 인식하게 되고, "기독교인들은 이성애 중심적이며, 동성애를 혐오한다."라는 가치관을 가지게 된다.

이러한 구조 속에서 변하지 않는 진리가 있다. 곧 부부, 배필이라는 개념, 가족, 공동체, 생육·번성·충만하라는 문화명령의 첫 단추를 기억해야 한다. 이것이 바로 창조 질서이다. 이 거룩한 문화명령, 믿음의 자손들이 증가하고 믿음의 후손들이 대를 이어 가라 하신 하나님의 말씀 속에서 가장 첫 단추로 우리에게 주신 것이 남자와 여자의 결합이다. 이것이 부부이고, 결혼이다. 이는 하나님께서 주신 것이기 때문에 인간이 갈라놓을 수 없다. 결혼은 단순히 남녀가 함께 사는 것이 아니다. 하나님과 사람들 앞에서의 엄연한 언약이다. 즉, 한몸이 되는 것이다. 그런데 지금의 상황은 이 모든 창세기에 나타난 문화명령의 첫 단추를 다 틀어 버리는 것으로, 제2의 진화론을 주입받는 것과 같다.

일부 동화책에서는 아이들이 좋아하는 동물을 캐릭터화해서 레즈비언, 게이 부부가 모두 정상이라는 개념을 심어 주고 있다. 이러한 교육을 받고 자라난 아이들은 '성소수자를 보호해 주자.'라는 어리석은 정의감으로 불타오르는 부작용을 겪게 된다.

이것이 전부가 아니다. 이미 악법이 통과된 뉴욕에서는 출생증명서의 성별란에 여자, 남자 외 '기타' 등의 항목이 있고,[82] 캐나다 또한 출생신고서의 성별란에 '미결정' 혹은 '미지정'을 뜻하는 'U'가 기재된 의료카드가 발급되었다.[83] 영국 페이스북은 71개의 젠더가 있다고 말하고,[84] 네팔에서는 입국신고서 성별란에 '기타' 항목이 있다.[85] 스웨덴 같은 경우는 교회가 있는 건물 안에 성 중립 화장실이 있다.[86] 그 외 스포츠 분야에서도 남성이 여성 대회에 출전하는 등[87] 여러 가지 문제가 발생하고 있다.

차별금지법이 통과된 나라에서는 신앙적 양심에 따라 행동하고, 말하는 수많은 기독교인이 소송에 시달리고 생계에 위협을 받고 있다. 하나님이 죄라고 말씀하신 것은 죄라고 해야 우리에게 회개할 기회가 있다. 따라서 한국교회는 이 악법을 반드시 막아야 할 것이다.

'생물학적 남성'과 여성이 겨루는 스포츠, 과연 공정한 게임인가?

미국 코네티컷 주에서 고등학생인 트랜스젠더 선수가 육상선수권대회에서 우승했다. 생물학적으로 남자이지만, 타고난 성별보다 본인이 주장하는 성별 성체성을 중시하는 미국 코네티컷 주의 육상대회에서 우승을 거둔 것이다. 그가 메달을 싹쓸이한 경기는 100m와 200m '여자' 육상경기였다. 이 남자와 나머지 여자 선수들이 출발선에 서 있을 때 이미 많은 사람들은 그 경기의 결과를 예상했다고 한다.[88]

이 대회는 소위 '성소수자 차별금지'가 어떤 결과로 나타나는지 보여 준다. 누구도 이런 경기를 공정하다고 말할 수는 없을 것이다. 남자와 여자는 성염색체가 다르고 그에 따라 생물학적 차이를 가지고 있다. 남자는 여자보다 근육량이 많고 골격계가 강하며, 테스토스테론의 작용으로 집중력과 공격성이 높다. 그렇다 보니 남자와 여자가 같은 자격으로 달리기를 하거나 높이뛰기를 하는 것은 공정하지 않다.

코네티컷 주 여자 육상경기에서 두 명의 트랜스젠더 선수가 우승을 휩쓴 뒤 경기의 부당함을 알리는 탄원서가 돌기도 했다. 무엇보다 공정한 경기를 바라며 연습했던 많은 여자 선수, 특히 유력 우승 후보였던 여자 선수 셀리나는 박탈감이 컸다고 한다. 결국, 그 두 명의 트랜스젠더 선수 때문에 다른 여자 선수들은 1등과 2등을 포기한 채 3등을 차지하기 위해 치열하게 경쟁하는 어이없는 상황이 연출됐다. 유력 우승 후보였던 여성 선수는 목이 잠긴 상태로 "생물학적으로 여성 선수들이 트랜스젠더 선수를 이긴다는 것은 상상할 수 없다."며 공정하지 못한 스포츠가 과연 스포츠라 할 수 있을지 의문을 제기했다.

더 큰 문제는 이와 유사한 사건이 다른 종목에서도 충분히 일어날 수 있다는 것이다. 미국 듀크 대학교 법대 교수는 타고난 성별보다 소위 '성소수자들'이 주장하는 성정체성을 기준으로, 남자가 여자 선수들의 경기에 참가할 수 있게 한다면 여자 스포츠 경기는 더 이상 존재할 수 없다며 강력하게 이 정책을 비난했다.

이런 황당한 상황을 고착화한 평등법은 선수들에게 큰 영향을 미칠 뿐 아니라 스포츠 정신 자체를 바꿀 수 있다. 즉, 남자가 여자 대회에 나가서 우승을 거두는 것을 막을 방법이 없다면 결과적으로 여자는 상당 부분의 스포츠를 포기해야 할지도 모른다. 특히 신체접촉이 있는 종목의 경우 심각한 안전 문제가 발생할 수 있다. "남자 선수들을 이기지 못하는 불공평한 경기임을 알고 경기를 시작한다는 게 너무나 절망적입니다. 육상은 제 삶의 전부입니다. 매일 학업을 마치고 트랙에서 달려요. 남자 경기에 출전했을 때는 별 볼 일 없는 성적을 거뒀던 그가, 여자로서 정체성을 느낀다며 여자 대회에 와서는 모든 출전자를 제쳤어요." 결국, 강력한 우승 후보였던 셀리나는 뉴잉글랜드 챔피언십 출전권을 얻지 못하고 관중석에 앉아 대회를 구경해야만 했다.

동성애 옹호 분위기가 팽만한 코네티컷 주에서는 대놓고 동성애 반대를 하지 못한다고 한다. 주변의 보복을 두려워하기 때문이다. 이른바 성소수자를 이해하지 못하는 '꼰대'로 취급받는 것이 두려워 경기의 부당함을 알리지도 못하고 운동선수의 세계를 떠나는 이도 있다. 심지어 미국에서는 이종격투기 UFC 여자 밴텀급 챔피언인 론다 로지가 트랜스젠더 선수인 팰른 팍스와 경기하지 않겠다고 선언하는 상황이 벌어졌다. 팰른 팍스는 생물학적으로 남자이나 성전환 수술을 받은 이후 여자 대회에서 승승장구하고 있다. 그는 여성 선수에게 안와골절상을 입힐 만큼 강력한 펀치와 무릎 차기로 공포감을 조성한 바 있다.[89] 론다는 인터뷰에서 "남성이 사춘기를 거치면 결코 돌이킬 수 없는 것이 있다. 남자의 뼈 구조 같은 것이 그것"이라며 "팰른 팍스가 불공정한 혜택을 누리고 있다고 생각한다."며 그와 경기를 펼치지 않겠다고 선언했다.

실제로 생물학적으로 남성인 그가 안면 무릎 차기로 수 초 만에 여성 선수를 무자비하게 쓰러뜨리는 장면은 섬뜩했다. 남자와 여자가 링 위에서 격투기를 하는데도 그것을 공정하다고 생각해야 하는 것이 동성애자와 트랜스젠더들을 위한 평등법이 통과된 도시의 현실이다. 공정하지 않은 스포츠를 멍하니 바라보고 있어야 하는 일반인은 내면 깊은 곳에서 올라오는 저항감을 억눌러야 하는 상황을 겪고 있다.

이뿐 아니라 2017년 뉴질랜드에서는 트랜스젠더를 역도 부문 국가대표

선수로 선발하기도 했다.[90] 생물학적으로 남자인 그가 여자들과 경쟁하면 그 결과는 뻔하다. 남자 대회에서 별 볼 일 없던 자들이 여자들과 경쟁하려 드는 것이 아니냐며 뒤에서 수군대는 사람은 있었으나, 성별 정체성을 우선시하는 차별금지법의 영향력이 있는 그곳에서 대놓고 저항하기는 어렵다고 한다.

9. 동성애를 하는 이웃을 대하는 태도

동성애를 하는 이웃이든, 동성애를 하는 이웃이 아니든 그리스도인들은 그에게 먼저 복음을 전하여 구원의 길에 이르게 돕고, 동성애를 떠날 수 있도록 기도하고 도와주어야 한다. "너는 가서 죄짓지 마라."라고 하신 예수님의 마음으로 그들을 인도해야 한다. "동성애는 얼마든지 해도 돼. 인권이야."라고 말하는 것은 그에 대한 사랑이 아니다. 그가 탈동성애를 할 수 있도록 도와야 한다.

2018년 발표된 "기독 청년의 동성애 인식 실태조사"[91]는 서울, 경기, 인천, 대구, 경북 지역의 6개 교회 청년부에 소속된 남녀 청년 247명을 대상으로 했는데, 몇 가지 의미 있는 결과가 나왔다. 첫째, 기독 청년이 동성애 관련 정보를 얻는 주된 경로는 인터넷(28.0%), TV(25.3%), 영화(18.8%)로, 교회가 아닌 일반 미디어인 것으로 집계되었다.

둘째, 대부분의 기독 청년들이 동성애가 죄임을 분명하게 인식하고 있었다. 하지만 기독 청년 중 17.8%는 개개인의 선택을 인정해 주어야 한다는 이유로 동성애에 대해 수용적인 태도를 보이는 것으로 나타났다.

셋째, 동성애가 죄가 아니라는 입장에서 죄라고 동의하는 입장으로 변하는 데 가장 큰 영향을 주었던 요인은 다름 아닌 바로 교회 교육(46.5%)이었다. 반대로 동성애가 죄라는 것에 동의했으나 비동의하는 입장으로 변하는 데 영향을 준 요인으로 '교회 태도에 대한 실망'(20.0%), '동성애의 선천성을 주장하는 학자'(16.7%), 'TV, 영화 등 미디어'(16.7%), '성경에 대한 의심'(16.7%) 때문이라고 응답했다.

넷째, 교회별로 분석한 결과 동성애가 죄임을 적극적으로 교육하는 교회일수록 교회의 동성애 대응에 대한 청년 성도의 평가가 대체로 만족스러운 것으로 나타났다.

다섯째, 연령별로 분석한 결과 20대 초반 연령군이 동성애가 죄라는 것에 가장 찬성하지 않으면서 가장 무관심한 것으로 나타났다. 성별에 따라 분석했을 때는 남성이 여성보다 성의식에 대한 개방성이 비교적 높은 것으로 나타났다.

술병에는 "지나친 음주는 간경화나 간암을 일으키며 운전이나 작업 중 사고 발생률을 높입니다."라는 경고 문구가 붙어 있다. 이 문구는 음주자에 대한 혐오일까? 아니면 국민을 음주 관련 질병으로부터 보호하기 위한 의학 정보일까? '흡연이 폐암과 각종 기관지 질환을 유발하는 행위'라는 공익광고는 흡연자에 대한 혐오일까? 아니면 흡연자의 건강을 지키기 위해 국가가 마땅히 노력해야 할 공익적 노력일까?

미국 질병관리본부가 "미국 청소년 에이즈 감염 경로의 90% 이상이 남성 간 성행위임이 설문조사를 통해 밝혀졌다."[92]라는 사실을 홈페이지에 그대로 게시하는 것이 동성애자에 대한 혐오일까? 아니면 청소년을 보호하기 위한 정부의 임무일까?

이제 질문을 바꿔 본다. 지나친 음주가 간경화나 간암을 일으키고 운전 등 사고 발생률을 높인다는 사실을 알고도 정부가 쉬쉬한다면 이것은 칭찬받을 일인가? 아니면 비난받을 일인가? 국가가 흡연이 위험 행위임에도 이를 알리지 않거나, 에이즈 감염자의 다수가 남성 간 성행위자라는 사실을 알리지 않는다면 국민의 공감을 받을 행위인가? 무책임한 방임 행위인가? 직면해야 할 문제들을 단순히 불편하다는 이유만으로 피하고 감추는 것은 능사가 아니다.

Ⅱ부　양육자를 위한 자료

8장
생명과 낙태

"내가 너를 모태에 짓기 전에 너를 알았고

네가 배에서 나오기 전에 너를 성별하였고

너를 여러 나라의 선지자로 세웠노라 하시기로"

(렘 1 : 5).

8장. 생명과 낙태

> **학습목표**
>
> 1. 성경적 관점에서 태아와 생명의 가치, 낙태의 의미를 배운다.
> 2. 역사적, 사회적으로 잘못된 낙태 인식이 미친 정책과 성교육의 문제점을 파악하고, 생명주의 운동을 통하여 하나님이 주신 생명의 중요성을 인식한다.

1. 태아와 생명, 살인에 대한 성경구절들

학부모 대상 세미나에서 이런 질문을 던진 적이 있다. "십 대 자녀들에게 낙태가 죄라는 사실을 말해 본 적이 있습니까?" 단 한 번도 그런 교육을 해 본 적이 없다는 부모가 90% 이상이었다.

기독교 양육자들이 성가치관 교육을 할 때 가장 어려워하는 주제 중 하나가 바로 '낙태'다. 여기에는 여러 이유가 있다. 양육자 스스로 낙태의 본질에 대한 성경적 통찰이 부족하거나 낙태의 문제점에 대해 교육받은 적이 없기 때문이다. 또한 이미 자신이 낙태한 경험이 있거나, 낙태를 허락·종용을 한 경험이 있거나, 낙태는 죄가 아니라고 말한 경험이 있어서 낙태 교육을 하기 어렵다는 양육자도 많다. 특히 육십 대 이상의 세대에서는 1960년대부터 시작된 산아제한정책의 주요 방법이 낙태였기에, 낙태죄를 교회에서 언급조차 하기 어려운 상황이다. 그러나 기독교 성가치관 교육을 할 때 반드시 짚고 넘어가야 하는 것은 성경적 관점에서 낙태가 명백히 죄라는 사실이다.

양육자 자신이 과거에 낙태 행위 관련자였다고 해서 생명주의 교육을 포기한다면 이는 또 다른 과오를 범하는 것과 같다. 우리가 온전하기에 양육자로 세움 받은 것이 아니라 온전하신 하나님의 주권 속에 양육자로 세워진 것임을 기억해야 한다. 사람의 생명을 천하 만물보다 귀하게 여기도록 교육하는 데 걸림돌이 되는 무엇이 있다면 하나님의 도우심 가운데 그 문제를 해결하며 바른 생명 교육의 길로 나아가야 한다. 회개할 낙태죄가 있다면 하나님께 자백하고 온전히 돌이켜 용서받도록 해야 한다.

성경은 사람이 하나님의 형상대로 지음 받은 존재임을 말하고 있다. 하나님은 사람의 생명을 귀하게 여기시고 보호할 것을 명하셨다. 즉, 살인하지 말라고 하셨으며, 살인자는 사형으로 다스리게 하셨다(창 9 : 6, 출 20 : 13). 야고보는 하나님의 형상인 사람을 저주하지도 말 것을 명하고 있다(약 3 : 9-10). 이와 같은 말씀만으로도 살인이 죄라는 내용을 자녀들에게 교육하는 것은 그다지 어렵지 않을 것이다.

그런데 그다음 과정에서 많은 양육자가 혼돈을 겪는다. 바로 태아도 하나님의 형상대로 지음 받은 사람이라고 교육하는 것이 맞느냐는 것이다. 태아를 아직 온전한 인간이라고 하기에는 뭔가 석연치 않다는 의심이 기독교 양육자들 사이에도 만연해 있다. 인간이 수정 당시부터 인간인지, 아니면 어느 기간을 지나 생명으로 인정받는 것인지 잘 모르는 경우가 많다. 심지어 수정란이 어떻게 생명체인 사람이 되는 것인지 무의식적으로 의구심을 품는 경우도 많다.

모든 분별의 기준은 세상의 허탄한 논리들이 아니다. 선악의 분별 기준이 온전한 성경말씀임을 고백하는 기독교인이라면 태아가 사람인지, 단순한 폴립 같은 세포조직인지에 대한 분별 역시 성경에서 얻어야 한다. 그러므로 기독교 양육자들은 자녀와 함께 성경을 펼쳐 놓고 하나님께서 태아를 어떤 존재라고 말씀하는지 확인하는 시간을 가져야 할 것이다.

"내가 너를 모태에 짓기 전에 너를 알았고 네가 배에서 나오기 전에 너를 성별하였고 너를 여러 나라의 선지자로 세웠노라 하시기로"(렘 1 : 5).

"너를 만들고 너를 모태에서부터 지어낸 너를 도와줄 여호와가 이같이 말하노라……"(사 44 : 2).

"주께서 내 내장을 지으시며 나의 모태에서 나를 만드셨나이다"(시 139 : 13).

"내가 모태에서부터 주를 의지하였으며……"(시 71 : 6).

"이는 그가 주 앞에 큰 자가 되며…… 모태로부터 성령의 충만함을 받아"(눅 1 : 15).

"보라 자식들은 여호와의 기업이요 태의 열매는 그의 상급이로다"(시 127 : 3).

위의 구절들은 태아가 모태에 지음 받을 당시부터 생명이며 사람임을 말씀하는 성경구절이다. 일부는 성경에 있는 이런 표현이 그저 은유적 표현일 뿐이기에 과학적 사실로 받아들여서는 안 된다고 주장한다. 그러나 단순한 은유라고 하기에는 성경의 많은 구절들이 인간이 태중에서부터 생명으로, 하나님의 형상으로 인정받아야 함을 말하고 있다. 모태를 벗어나는 시점, 즉 출생부터 생명으로 인정하는 것이 아니라 수정된 때, 곧 모태에 조성된 그때부터 생명으로 보는 것이다.

2. 수정의 순간부터 생명인 인간

정자와 난자는 생명력을 지니고 있다. 정자는 생명을 가지고 있지만 스스로 살아갈 수 있는 생명체는 아니다. 그것은 아버지 몸의 생명력을 나누어 가진다. 실제로 정자는 유전학적으로 아버지의 세포와 동일하도록 하나님이 창조하셨다. 난자도 생명력을 가지고 있지만 스스로 살아갈 수 있는 생명체는 아니다. 또한 그것 역시 어머니 몸의 생명력을 나누어 가진다. 난자는 유전학적으로 어머니의 세포와 동일하도록 하나님이 창조하셨다. 난자든 정자든 그 생성 과정에서 다 성숙을 거친 것이지만, 난자는 스스로를 재생산할 수 없다.

하지만 정자와 난자가 결합했을 때는 새로운 생명체가 만들어진다. 이 생명체는 과거 역사에도 없었고, 앞으로도 없을 유일무이한 생명체이다. 이것은 성숙 단계의 마지막에 와 있는 것이 아니라 새로운 존재의 시작이다. 이 존재는 완전하며 나중에 되어야 할 형태의 모든 것을 이미 빠짐없이 가지고 있다. 이 존재는 질서 있는 과정을 통해 성장하고, 더욱 성숙할 것이며, 거의 10개월 동안은 어머니의 몸속에서, 그리고 이후 수십 년의 시간은 어머니의 몸 밖에서 살아가게 된다.

태아는 모체가 먹고 마시는 것뿐 아니라 모체가 듣고 보는 것, 모체의 정서 등에 대해 임신 주수 내내 영향을 받기 때문에 모체, 즉 태아의 어머니는 임신 기간 동안 먹는 음식과 보고 듣는 것, 불안을 일으킬 수 있는 상황 자체를 가급적 피하고 태교에 집중하게 된다. 실제로 모체가 심하게 놀라거나 노하는 경우, 즉 감정의 격변만으로도 태아가 유산되는 사고가 종종 발생한다.

3. 임신 주수별 태아의 특징

태아는 매 순간순간 그 성장 속도와 주수에 맞게 달성되어야 할 성장의 정도가 매우 역동적이다. 임신 주수별 태아의 특징은 대략 다음과 같다.[1)]

1주차 : 수정이 이루어진 후 12~15시간이 지나면 수정란은 세포분열을 하기 시작함. 아기는 설탕 한 톨보다 작지만, 한 사람으로서 갖춰야 하는 모든 것들을 갖춘 상태임.

2주차 : 아기는 나팔관을 따라 이동하다 자궁에 착상하여 자리를 잡음.

3주차 : 아기의 혈관과 성세포가 형성됨. 뇌, 척수, 신경계의 기초가 놓이게 됨.

4주차 : 아기의 심장이 뛰기 시작함. 눈, 귀, 폐가 형성되기 시작함.

5주차 : 아기의 얼굴이 나타나는 동시에 조그마한 팔과 다리가 보이고 아이의 혈이 엄마의 혈과 분리됨.

6주차 : 자그마한 손가락과 발가락이 발달함. 아기의 뇌는 세 부위, 즉 감정을 위한 부위, 언어를 위한 부위, 듣고 보기 위한 부위들로 분화됨. 뇌와 척수의 신경세포의 80%가 이 시기에 만들어짐.

7주차 : 젖니의 싹이 나타남. 99%의 근육이 있고, 뇌의 활동도 감지됨.

8주차 : 아기는 자발적으로 움직이기 시작하며, 엄지손가락만 한 크기로 신체 비율도 좋아짐. 모든 장기가 있지만 미성숙함. 두개골, 팔꿈치 그리고 무릎이 형성됨. 신경세포가 더욱 발달하여 눈과 귀의 시신경, 청각신경이 발달하게 됨.

9주차 : 자극을 받으면 손을 오므리고 눈을 감음. 근육의 움직임이 시작되고, 피부가 두 개 층으로 분화되기 시작함. 내장기관이 활동하기 시작하여 초음파를 통해 심장 박동 소리를 들을 수 있음.

10주차 : 세포가 거의 제자리를 잡아 가고 신체의 대부분이 제 모습을 띠기 시작함. 지문이 형성되기 시작하고, 신경과 근육의 연결이 세 배로 증가함. 섬세하게 발달하고 있는 아기의 눈을 보호하기 위해서 일시적으로 눈꺼풀을 감기도 함.

11주차 : 신체상으로 거의 네 배의 성장을 함. 아기는 숨 쉬는 것과 웃음과 같은 얼굴 표정을 연습함. 아기는 소변을 볼 수 있으며, 위 근육의 수축도 일어남. 대뇌가 발달하기 시작하면서 기억력이 생기기 시작하며, 귀가 만들어지면서 소리를 알아듣기도 함. 간, 맹장, 비장과 같은 내장이 발달함.

12주차 : 아기는 이제 얼굴에 솜털이 있고, 7.6cm 정도(남자 성인의 엄지 손가락 정도의 크기) 되며, 약 15~56g 정도 됨. 아기는 삼킬 수 있으며 피부 자극에 대해서 느끼고 반응할 수 있음. 뇌가 급속도로 발달하고 머리가 커져 몸 전체의 1/3 정도를 차지함. 성기가 발달하여 외관상 남녀의 구별이 가능해짐.

특히 임신 4~5주경이면 이미 심장이 뛰기 시작하는데, 수정된 지 불과 18~22일 사이의 일이다.

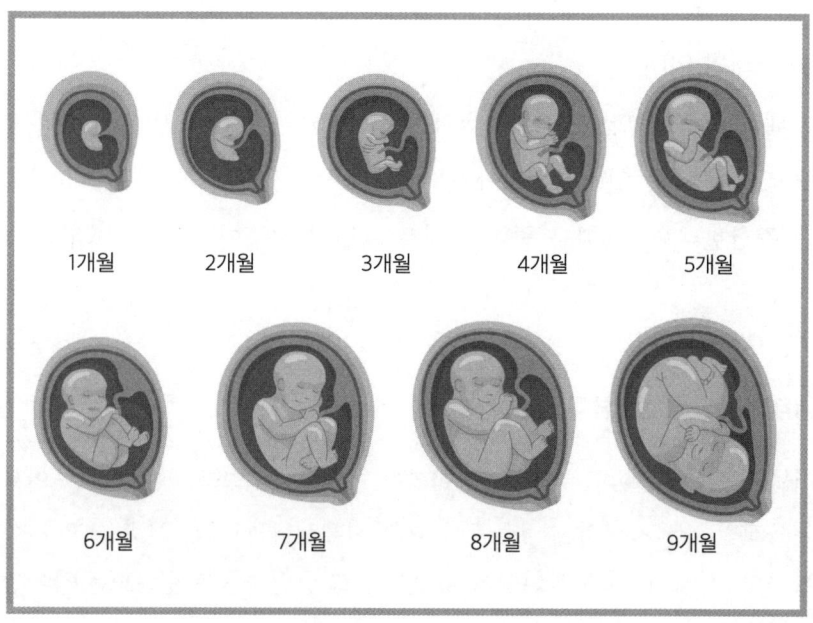

<그림 8-1. 주수별 태아의 모습>

4. 하나님께서 생명의 통로로 만나게 하신 부모님께 감사하기

우리는 태아의 생명이 귀하다는 사실에 동의할 뿐 아니라 우리 역시 태아였으며, 부모님이 우리를 낙태하지 않고 출산의 순간까지 인고의 시간을 거쳐 주신 것에 대해서 감사해야 한다. 우리에게 생명을 주신 분은 하나님이시다. 그리고 하나님이 사람, 즉 우리의 부모님을 통해 그 일을 진행하셨음을 잊지 말아야 한다. 모든 생명은 그 생명의 통로자로 쓰임 받고 양육한 자신의 부모를 공경해야 한다.

"네 아버지와 어머니를 공경하라 이것은 약속이 있는 첫 계명이니 이로써 네가 잘되고 땅에서 장수하리라"(엡 6 : 2-3).

5. 낙태

1) 낙태의 의미

낙태란 자연 분만기 전에 자궁에서 발육 중인 인간을 인공적으로 제거함으로써 죽이는 일이다. '태아가 사람'이라는 사실과 '살인은 죄'라는 사실을 종합한다면, '태아를 죽이는 것은 살인의 일종이며 명백한 죄'임을 알 수 있다.

낙태에 대한 성경말씀과 올바른 해석

낙태를 인간을 죽이는 일, 즉 살인과는 전혀 다른 죄라고 주장하는 일부 기독교인들은 자신의 주장을 관철하기 위해서 출애굽기 21장을 자주 인용한다. 성경이 "각종 살인죄에 대해서는 그 살인자를 사형하도록 하지만

낙태 곧 태중의 아기를 죽인 사람은 그 아이의 아비에게 돈을 주어 보상하는 것으로 끝내라."고 기록하고 있다는 것이다.

> "사람이 서로 싸우다가 임신한 여인을 쳐서 낙태하게 하였으나 다른 해가 없으면 그 남편의 청구대로 반드시 벌금을 내되 재판장의 판결을 따라 낼 것이니라 그러나 다른 해가 있으면 갚되 생명은 생명으로, 눈은 눈으로, 이는 이로, 손은 손으로, 발은 발로, 덴 것은 덴 것으로, 상하게 한 것은 상함으로, 때린 것은 때림으로 갚을지니라"(출 21 : 22-25).

이 구절들 앞에는 이른바 동해복수(同害復讐)법인 살인자를 사형에 처하는 예들이 나열되고 있다. 그러다가 낙태를 언급하는 구절에서는 하나님이 꽤 '가볍게' 낙태를 보시는 것 같은 느낌이 든다. 신학자인 신성자 박사는 이것이 번역의 오류임을 지적했다.

히브리어 원문을 통해 22절을 낙태로 번역한 것이 오번역임을 말한 것이다. 22절 상반절의 원문을 문자적으로 번역하면 "그래서 그녀의 아이들이 나왔다."인데, 여기에 사용된 동사 '야짜'(יָצָא)는 '나가다', '나오다'의 뜻으로 성경에서 아기들의 정상적 출생을 언급하는 데 사용된다는 것이다. '야짜'는 창세기 25장 "먼저 나온 자는 붉고…… 후에 나온 아우는……", 창세기 38장 "산파가 이르되 이는 먼저 나온 자라…… 그 손을 도로 들이며 그의 아우가 나오는지라", 욥기 1장 "내가 모태에서 알몸으로 나왔사온즉……", 전도서 5장 "그가 모태에서 벌거벗고 나왔은즉", 예레미야 1장 "네가 배에서 나오기 전에", 예레미야 20장 "어찌하여 내가 태에서 나와서 고생과 슬픔을 보며" 등에 나오는 단어다. 또한 민수기에서도 죽은 채 아기가 태어남, 즉 사산에 대해 사용되었으나 태중의 아기를 죽이는 것 곧 낙태를 의미하는 단어로 사용된 경우는 없다고 신성자 박사가 밝혀낸 것이다.

이를 영어성경으로 보면 매우 뚜렷하게 드러난다. NIV는 출애굽기 21 : 22의 낙태를 "and she gives birth prematurely"로 번역하고 있다. 즉, 낙태하게 한 자가 아니라 조산하게 한 자라고 번역을 바로잡아야 함을 신성자 박사는 언급했다.

22절이 낙태의 경우를 가리키지 않는다는 또 하나의 강력한 증거는 '나오다', 즉 '야짜'의 주어로 사용된 명사 '예레드'(יֶלֶד) 역시 살아 있는 아이를 지칭하는 데 사용된다는 것이다. 욥기 3 : 16 "낙태되어 땅에 묻힌 아이처럼", 시편 58 : 8 "만삭 되지 못하여 출생한 아이가 햇빛을 보지 못함 같게 하소서", 전도서 6 : 3~4 "낙태된 자가 그보다는 낫다 하나니 낙태된 자는 헛되이 왔다가 어두운 중에 가매" 등의 구절에 나타나듯이 태아의 죽음은 '네펠'(נֵפֶל)로 표현되며, 예레드가 아니다. 70인역도 살아 있는 아이를 가리키는 '파이디온'(παιδίον)으로 번역하고 있다. 그렇다면 22절은 아이가 낙태된 것이 아니라 살아서 나온, 그러나 예정일보다 일찍 조산된 경우를 말하고 있음을 알 수 있다.

22절을 낙태로 보는 사람들은 22절 하반절, "해가 없으면"과 23절 상반절, "그러나 해가 있으면"의 '해'(害)를 산모에게만 국한시키는 오류를 범했음을 신성자 박사는 지적했다.

낙태 옹호자들은 성경 원문에 없는 '다른'이라는 말을 '해' 앞에 임의로 추가해서 22절은 아이가 죽었으나 산모는 해가 없는 경우이고, 23절은 아이가 죽었고 산모가 해를 입어서 다치거나 죽은 경우라고 본다. 그래서 "아이가 죽었으나 다른 해가 없으면, 즉 산모에게는 해가 없으면" 벌금형으로 되지만 다른 해가 있으면, 즉 아이가 죽은 것 외에 산모가 상해를 입거나 죽으면 더 엄한 벌을 받게 되어 생명까지 빼앗길 수 있다는 것이다. 그러면서 이 구절은 태아의 생명과 완전한 인간인 산모의 생명의 가치를 구분하고 있다는 주장을 펼친다. 성경은 태아를 인간으로 보지 않는다고 말하기 위함이다. 그러나 성경 본문은 22절과 23절에 언급된 '해'를 산모에게 국한시킨 적이 없다. 22절과 23절에 언급된 '해'는 아이와 산모에게 다 관계되는 말이다. 22절은 아기가 살아서 조산되었으나 (아기, 산모에게) 심각한 해가 없는 경우라도 가해자들은 벌금을 내야 한다는 뜻이다. 그리고 23절은 (아기나 산모에게) 해가 있을 경우, 즉 아기가 살아 나왔지만 아이나 산모가 중상을 입었거나 그 이후에 죽었을 때 동해복수법이 적용된다는 말로, 아기의 생명과 엄마의 생명의 가치를 구분하는 것이 아니라, 아기 혹은 산모가 해를 입지 않았을 경우와 해를 입었을 경우를 구분하는 것이다. 즉, 아기가 해를 확실히 입은 경우 산모가 해를 입은 경우와 같이 동해복수법의 적용을 받는다. 결국 이 구절은 하나님께서 태아에 대해 출생한 사람과 동일한 보호를 요구하신 것으로서 오히려 하나님께서 태아를 온전한 인간으로 간주하신다는 가장 강력한 증거가 될 수 있다.[2]

2) 낙태 현황

낙태 경험률을 살펴보면, 1997년에는 15~44세 기혼여성의 44%가 한 번 이상 낙태를 경험한 것으로 드러났다.[3] 2000년의 경우 기혼 여성의 낙태 경험률은 39%에 이른다.[4] 한국보건사회연구원이 발표한 "2018년 인공임신중절 실태조사"에 따르면, 임신을 경험한 여성의 약 20%가 낙태를 한 것으로 나타났다.[5] 여기에 낙태 시술의 30%를 차지하는 미혼 여성까지 고려하면 전체 가임여성의 낙태 건수는 상상하기 어려운 수치라는 것이 학계의 정설이다.

(단위 : %)

특성	1985	1988	1991	1994	1997	2000	2003	2006	2009	2012
전체	53	52	54	49	44	39	40	34	26	17
[지역] 동부	55	54	55	49	45	39	41	34	26	17
읍.면부	48	47	49	49	39	41	38	35	28	20

[연령]									
15~24세	22	27	29	21	21	13	15	15	4	7
25~29세	42	41	40	36	27	17	23	11	11	4
30~34세	61	57	55	51	45	35	34	24	18	12
35~39세	63	63	60	58	52	50	46	40	28	18
40~44세	67	62	65	60	53	52	50	48	37	25

<표 8-1. 15~44세 유배우 부인의 인공임신중절 경험률 변동 추이>[6]

2005년과 2010년 보건복지부가 인공임신중절 실태조사를 발표했다. 당시 연간 국내 낙태 수술 건수는 각각 34만 2,000건, 16만 8,000건으로 조사되었다.[7] 2005년 하루 평균 낙태 수술이 1,000건가량 시행되었으며, 2010년에는 이보다 낙태 수술이 감소한 것으로 추정했다. 그러나 2017년 11월 대한산부인과의사회가 발표한 우리나라 하루 낙태 건수와는 큰 차이를 보였다. 2017년 초 국회에서 "불법 인공임신중절수술 논란에 대한 해결책은?"이라는 주제로 열린 토론회에서 이동욱 산부인과의사회 경기지회장은 "암묵적으로 시행되는 낙태 수술까지 포함하면 실제 수술 건수는 복지부 통계보다 3배 이상 많을 것"이라며, "하루 평균 3,000명이 낙태 수술을 받는 것으로 추정된다."라고 밝혔다.[8] 2017년 출생아 수는 35만 7,700명이었고, 전년보다 4만 8,500명 줄어든 수치였다.

하루 3,000명이 낙태되고 있다는 대한산부인과의사회의 추정치를 한 해 낙태아 수로 환산하면, 1년에 110만 명이 낙태당하고 있다는 것이다. 한 해 약 36만 명이 태어나는데, 그 3배가 배 속에서 죽임을 당한다는 말이다. 결국 4명의 태아 중 1명이 태어나고, 3명은 낙태당한다는 결론이 나온다.

한국의 낙태율은 1,000명당 29.8명(2005년 기준)으로, 미국(2013년 15.9명)이나 노르웨이(2008년 14.5명), 프랑스(2012년 14.5명), 캐나다(2005년 13.7명), 네덜란드(2013년 8.5명)보다 훨씬 높은 수치다.[9]

3) 국내 낙태 관련법

한국은 임산부가 약물 등의 방법으로 낙태한 경우 1년 이하의 징역 또는 200만 원 이하의 벌금에 처하며(형법 제269조),[10] 의사, 조산사 등이 임부의 촉탁을 받아 낙태하게 한 경우 2년 이하의 징역에 처하도록 규정한 낙태 처벌법이 적용되었었다(형법 제270조).[11] 또한 태아를 상속순위에 관하여는 이미 출생한 것으로 보며(민법 제1000조),[12] 임신중절수술이 가능한 때를 명시하고 있다(모자보건법 제14조).[13] 그러나 2019년 4월 11일 헌법재판소에서 낙태죄 처벌법이 헌법불합치 판결됨으로 낙태를 행한 자를 처벌할 수 있는 법적 근거가 사라지게 되었다.

① 부녀가 약물 기타 방법으로 낙태한 때에는 1년 이하의 징역 또는 200만 원 이하의 벌금에 처한다. <개정 1995. 12. 29.>
② 부녀의 촉탁 또는 승낙을 받아 낙태하게 한 자도 제1항의 형과 같다. <개정 1995. 12. 29.>
③ 제2항의 죄를 범하여 부녀를 상해에 이르게 한때에는 3년 이하의 징역에 처한다. 사망에 이르게 한때에는 7년 이하의 징역에 처한다. <개정 1995. 12. 29.>
[헌법불합치, 2017헌바127, 2019. 4. 11. 형법(1995. 12. 29. 법률 제5057호로 개정된 것) 제269조 제1항, 제270조 제1항 중 '의사'에 관한 부분은 모두 헌법에 합치되지 아니한다. 위 조항들은 2020. 12. 31.을 시한으로 입법자가 개정할 때까지 계속 적용된다.]

<표 8-2. 형법 제269조(낙태)>

① 의사, 한의사, 조산사, 약제사 또는 약종상이 부녀의 촉탁 또는 승낙을 받아 낙태하게 한 때에는 2년 이하의 징역에 처한다. <개정 1995. 12. 29.>
② 부녀의 촉탁 또는 승낙없이 낙태하게 한 자는 3년 이하의 징역에 처한다.
③ 제1항 또는 제2항의 죄를 범하여 부녀를 상해에 이르게 한때에는 5년 이하의 징역에 처한다. 사망에 이르게 한때에는 10년 이하의 징역에 처한다. <개정 1995. 12. 29.>
④ 전 3항의 경우에는 7년 이하의 자격정지를 병과한다.
[헌법불합치, 2017헌바127, 2019. 4. 11. 형법(1995. 12. 29. 법률 제5057호로 개정된 것) 제269조 제1항, 제270조 제1항 중 '의사'에 관한 부분은 모두 헌법에 합치되지 아니한다. 위 조항들은 2020. 12. 31.을 시한으로 입법자가 개정할 때까지 계속 적용된다.]

<표 8-3. 형법 제270조(의사 등의 낙태, 부동의낙태)>

① 상속에 있어서는 다음 순위로 상속인이 된다. <개정 1990. 1. 13.>
  1. 피상속인의 직계비속
  2. 피상속인의 직계존속
  3. 피상속인의 형제자매
  4. 피상속인의 4촌 이내의 방계혈족
② 전항의 경우에 동순위의 상속인이 수인인 때에는 최근친을 선순위로 하고 동친등의 상속인이 수인인 때에는 공동상속인이 된다.
③ 태아는 상속순위에 관하여는 이미 출생한 것으로 본다. <개정 1990. 1. 13.>
[제목개정 1990. 1. 13.]

<표 8-4. 민법 제1000조(상속의 순위)>

① 의사는 다음 각 호의 어느 하나에 해당되는 경우에만 본인과 배우자(사실상의 혼인관계에 있는 사람을 포함한다. 이하 같다)의 동의를 받아 인공임신중절수술을 할 수 있다.
  1. 본인이나 배우자가 대통령령으로 정하는 우생학적(優生學的) 또는 유전학적 정신장애나 신체질환이 있는 경우
  2. 본인이나 배우자가 대통령령으로 정하는 전염성 질환이 있는 경우
  3. 강간 또는 준강간(準强姦)에 의하여 임신된 경우
  4. 법률상 혼인할 수 없는 혈족 또는 인척 간에 임신된 경우
  5. 임신의 지속이 보건의학적 이유로 모체의 건강을 심각하게 해치고 있거나 해칠 우려가 있는 경우
② 제1항의 경우에 배우자의 사망·실종·행방불명, 그 밖에 부득이한 사유로 동의를 받을 수 없으면 본인의 동의만으로 그 수술을 할 수 있다.
③ 제1항의 경우 본인이나 배우자가 심신장애로 의사표시를 할 수 없을 때에는 그 친권자나 후견인의 동의로, 친권자나 후견인이 없을 때에는 부양의무자의 동의로 각각 그 동의를 갈음할 수 있다.
[전문개정 2009. 1. 7.]

<표 8-5. 모자보건법 제14조(인공임신중절수술의 허용한계)>

6. 청소년 임신과 낙태

1) 청소년 임신의 위험성

양육자들은 임신 및 출산 과정이 임신을 준비하는 과정부터 시작된다는 것을 알고 자녀들에게 교육해야 한다. 임신 전에 미리 건강 상태를 체크해 임신과 상충하는 지병 등이 없는지 확인하는 것은 필수다. 심각한 기형을 유발할 수 있는 레티놀제제, 항히스타민제제 등의 의약품을 상습적으로 복용 중인 것은 아닌지도 점검해야 한다. 또 술, 담배 등 태아와 산모에 치명타를 입히는 유해 약물 중독에 빠져 있다면 임신 전 미리 중독에서 벗어나야 한다.

임신 이후에는 임신 상태를 잘 유지하기 위해 심리적 안정과 육체적 건강을 제공받을 수 있도록 최대한 개인과 사회가 모두 협조적인 분위기를 만들어 임산부와 가정이 안정적인 임신 기간을 갖고 출산할 수 있도록 도와야 한다. 그런데 안타깝게도 청소년 산모는 이러한 산전 체크 및 임신과 출산을 돕는 인프라를 제공받기에는 사회·경제·육체적으로 열악한 상황에 놓여 있는 것이 보통이다. 혼외 성관계를 어린 나이에 했다는 시선을 받아 내며, 점점 불러오는 배와 함께 등하교하고, 전체 수업을 소화하는 것은 정신적, 육체적으로도 감당하기 어려운 스트레스로 작용할 수 있다. 결국 학교를 자퇴하는 경우가 많아 사회에서 고립되며, 적절한 보호도 받지 못한 채 양육과 임신에 대한 부담을 떠안게 된다. 임신 기간 적절한 태교는 고사하고, 불안정한 정서 상태로 보내는 경우가 많아 자녀의 정서 발달에도 악영향을 끼친다.

십 대의 임신은 사회 문제에 그치지 않고 의학적인 문제까지 연결된다는 것을 아는 사람은 많지 않은 듯하다. 미성년자의 임신은 빈혈, 자궁기능부전, 저체중아, 선천성 기형, 신생아 사망률 증가, 임신성 고혈압 등으로 연결된다.[14] 실제로 청소년 임신은 고위험 임신의 한 영역으로 분류된다. 이는 단지 어린 나이에 임신했다는 사실에만 기인하는 것은 아니고 임신 전에 충분히 준비되지 못한 건강 상태 및 좋지 않은 습관, 경제적 상황,

부적절한 영양 섭취 등의 사회·경제적 요인과도 맞물려 있다.

특히 만 14세 이하 임신의 경우에는 신체적 미성숙으로 인해 저체중아 출산 등의 위험성이 증가한다. 한 연구에서는 그나마 십 대 후반 청소년의 경우 적절한 산전 관리를 받는다면 유사한 배경의 성인 수준으로 위험도를 감소시킬 수 있다고 한다. 그러나 문제는 임신한 청소년 스스로 그런 길을 찾아가기가 현실적으로 쉽지 않다는 것이다. 실제로 청소년 임신에 대해 한국보다 비교적 관대하다는 서구 일부 국가에서조차 청소년의 임신은 성인의 임신보다 많은 의학적, 사회적 병폐를 낳는 것으로 조사되고 있다. 세계보건기구(WHO) 역시 청소년기의 임신이 산모에게 합병증 유발 가능성이 크다고 경고한 바 있다.

청소년기의 임신은 태아뿐 아니라 모체, 즉 임신한 여성 청소년의 신체적 발달과 성장에도 좋지 않은 영향을 일부 끼치게 된다. 한창 성장해야 할 나이인 십 대에 임신을 하게 되면 임신 중 및 출산 후 호르몬 변화를 겪으면서 정상적인 성장 발달에 방해를 받을 수 있다.[15]

통계청에 따르면 2019년 만 19세 이하 산모의 출산 아동은 1만 1,106명이다. 2018년 영아사망률(출산 후 1년 이내 사망하는 비율)은 2.8명으로 감소 추세였지만, 십 대 산모의 경우 16.2명으로 높은 수준이다.[16]

청소년 임신이라는 것은 대부분 본인이나 사회, 가정도 원하지 않는 상황에서 이루어진 것이기에 그 결과도 부정적인 경우가 많다. 그러므로 "그 누구라도 합의하에는 성행위를 해도 된다."라고 교육하는 위험한 성교육은 지양해야 한다. 또 어릴 때부터 결혼을 귀히 여기고 침소를 더럽히지 말라고 하신 성경적 성가치관 교육을 해야 한다. 만일 십 대가 이미 임신을 했다면 홀로 방황하다 극단적 선택이나 낙태를 선택하지 않도록 도와야 한다. 그들이 건강하게 출산할 수 있도록 따뜻하게 안아 주고, 청소년 미혼모를 위한 돌봄제도 정착 및 입양제도 활성화의 노력이 필요하다.

2) 청소년의 높은 낙태율

청소년 낙태 문제는 더욱 심각하다. 십 대의 임신은 높은 낙태율로 연결된다. 미성년자는 임신 후 대부분 낙태를 선택한다. 대한산부인과학회가 2009년 발표한 중·고등학생의 성 행태 조사 결과를 보면 임신을 경험한 여학생 중 85.4%가 낙태 시술을 받았다(2007년 기준)고 답할 정도로 청소년 낙태 문제가 심각하다.[17] 결혼하거나 아이를 키울 여건이 되지 않고 부모에게조차 말하기 어려운 상황이 대부분이기 때문이다. 그나마 낙태하지 않고 분만하는 때도 "낙태할 타이밍을 놓쳐서 어쩔 수 없이 낳았다."라고 진술하는 경우가 대부분이다. 청소년 성행위를 두고 '성적자기결정권'이라고 미화하며 대책 없는 성교육을 해서는 안 되는 이유가 낙태 통계에서도 드러난 것이다.

미성년자들에게 성가치관을 교육할 때는 간명하게 "성관계는 사랑하는 사람과 하는 것이 아니라 배우자와 하는 것"이라고 알려 주는 것이 청소년기의 성가치관 혼돈을 줄여 준다. 물론 이렇게 교육한다고 하더라도 간음을 저지르는 청소년은 발생할 수 있다. 그렇다고 기준도 없이 성병 예방과 피임만 잘하면 원하고 바라는 그 누구나와 성행위를 해도 된다고 알리는 것은 결국 낙태나 영아 살해로 치닫는 매우 위험한 성교육임을 알아야 한다.

2002년 10월, 경남 마산 모 빌라에서 중학교 3학년 전 모(당시 15세) 양이 온몸을 흉기에 찔려 숨진 채 발견됐다. 사고 발생 5시간 만에 잡힌 용의자는 놀랍게도 전 양의 남자친구인 중학교 3학년 임 모 군이었다. 두 학생은 인터넷 채팅을 통해 만나 연애를 하다가 한 달 만에 성관계를 하고 임신하게 되었다. 임 군은 전 양이 출산을 해야 하니 가족들에게 임신 사실을 알리겠다고 하자, 겁이 나서 이 같은 끔찍한 범행을 저질렀다고 했다.[18] 너무도 어린 나이에 간음과 태중의 자녀를 죽이는 살인까지 저지르게 된 것이다.

이 외에도 스마트폰 채팅을 통해 알게 된 고등학생과 성관계를 여러 차례 가진 중학교 2학년 여학생이 가족 몰래 출산한 영아를 흉기로 살해한 뒤 아파트 15층에서 밖으로 던진 사건(2013년 9월)[19]이나, 여고생이 아파트에서 아기를 출산한 후 베란다에 버려 결국 숨지게 한 사건(2017년 6월)[20] 등 안타까운 사건이 줄을 잇고 있다.

7. 산아제한정책과 낙태

다음과 같은 질문을 하는 사람들이 있다. "한국은 낙태가 1953년부터 불법이었습니다. 그런데도 낙태가 합법인 국가보다 더 많은 낙태가 있었습니다. 낙태를 처벌하는 법 때문에 음지에서 더 적극적으로 낙태하다 보니 낙태 만연 국가가 되었다고 합니다. 이에 대해 어떻게 생각하시는지요?" 혹은 "어릴 때부터 피임 교육을 하지 않아서 한국이 낙태 천국이 됐다."라는 주장을 하는 사람도 있다. 이는 모두 인구정책의 역사와 낙태의 연관성에 대해 알지 못한 상태에서 나온 주장이다.

청소년에게 국내 낙태 상황을 이야기하면 은연중에 "살인하지 말라."는 하나님의 말씀을 만홀히 여기고 있었음을 알게 된다. 내면 깊숙이 스며든 죄를 직면하고 회개의 시간을 가지는 것은 모든 성도에게 필요하다.

한국은 1960년대부터 구체적인 산아제한정책을 시행했다. "덮어 놓고 낳다 보면 거지꼴을 못 면한다"(1961), "알맞게 낳아서 훌륭하게 키우자"(1961-1965), "3·3·35운동(3명의 자녀를 3년 터울로 35세까지만 낳자)"(1966) 등이 1960년대 산아제한정책 구호였다. 그러다 1970년대부터는 3명도 많다는 주장을 펼치기 시작했다. "딸·아들 구별 말고 둘만 낳아 잘 기르자"(1973), "둘만 낳아 잘 길러 1,000불 소득 이룩하자"(1973)와 같이 자녀를 두 명까지만 낳을 것을 종용하는 표어가 등장했다. 1980년대에 들어서는 "무서운 핵폭발, 더 무서운 인구폭발", "낳을 생각하기 전에 키울 생각 먼저 하자", "하나 낳아 젊게 살고 좁은 땅 넓게 살자", "잘 키운 딸 하나, 열 아들 부럽지 않다", "사랑으로 낳은 자식, 아들·딸로 판단 말자"와 같이 위협적인 산아제한 구호까지 등장했다.

<그림 8-2. 1970년대 산아제한 포스터, 1980년대 성비균형 포스터, 1985년 산아제한정책 포스터>[21]

심지어 산아제한을 하기 위해 셋 이상의 자녀를 낳은 가정에 모욕을 주는 것도 서슴지 않았다. 당시 대한가족계획협회는 일간신문에 "셋부터는 부끄럽습니다. 우리 어린이들이 가족계획을 알고 있습니다. 지금은 하나 아니면 둘인 시대, 셋이면 부끄러워합니다."라는 광고를 냈다.[22]

이 일련의 과정에서 적극적인 산아제한을 위해 피임을 넘어 낙태를 눈감아 주는 분위기가 만연해졌다. 즉, 종이호랑이 같은 낙태처벌법이 존재할 뿐, 실질적으로는 낙태를 방임하는 것을 넘어 오히려 낙태를 적극적으로 권장했다. 따라서 당시 많은 국민이 낙태를 선택했다. 낙태해야 인구 폭발을 막고 낙태를 통해서 가난을 막아 대한민국이 발전한다고 생각했다. 집단적인 낙태 옹호 현상을 보인 것이다. 1983년 신문광고에 "인구 폭발 방지 범국민 결의 캠페인"에는 이런 문구가 실렸다. "7월 29일로 우리나라 인구는 4천만을 넘어섭니다. 세계에서 3번째로 복잡한 나라, 이는 결코 자랑이 될 수 없습니다. 점점 심해지는 취직난, 교통지옥, 주택 부족, 환경오염, 질병의 증가 등 이 모두가 사람이 많기 때문이라고 생각하신 적은 없습니까? 그렇습니다. 이제 폭발적인 인구 증가는 우리가 행복하게 살아가는 데 가장 큰 적이 됐습니다."[23]

정부의 적극적인 산아제한정책은 출산율 하락으로 이어졌다. 1950년대 6.3명이던 출산율은 1960년대 6.0명으로 떨어졌고,[24] 1970년대 4.5명, 1980년대 2.8명, 1994년에는 1.8명까지 하락했다.[25] 결국, 산아제한정책이 도입된 지 32년 만인 1994년 정부는 산아제한정책을 포기했다. 그러나 산아제한정책은 여전히 관성의 법칙이 작용하고 있다. 국가가 출산장려정책으로 방향을 틀었음에도 출산율은 지속적으로 하락해서 2008년 1.2명,[26] 2018년에는 0.98명[27]까지 추락했다. 이제 우리 사회는 인구절벽을 걱정하는 상황까지 왔다. 인구절벽이 경제·문화 발전에 도움이 되지 않는다는 것이다.

2014년에는 한 자녀만 있는 가정을 대상으로 동생 낳아 주기를 독려하는 캠페인이 등장했다. 둘째를 낳아 함께 커 가며 배우는 평생의 단짝을 만들어 주자는 "아이 좋아 둘이 좋아" 캠페인이다.[28]

기독교 양육자가 자녀에게 이런 배경을 알려 주는 것이 매우 중요하다. 이는 낙태처벌법 때문에 오히려 낙태가 증가했다는 황당한 주장을 반박할 수 있는 중요한 자료다. 한 인간의 생명을 대하는 태도가 물질적 풍요와 편의에 의해 좌지우지되어서는 안 된다는 것을 공고히 하기 위해서다. 프란시스 쉐퍼(Francis Schaeffer)는 "태중의 자녀를 부모가 죽이는 것에 동의하는 사회에서 벌어지지 못할 무슨 일이 있겠는가?"라고 탄식했다. 기독교 양육자는 잘못된 낙태 정책이 이 땅에서 어떻게 진행됐는지 통찰하고 다음세대에게 이를 알려야 한다. 그리고 철저한 생명주의 교육을 해야 한다.

8. 남아선호사상과 낙태

앞서 살펴본 대로 현재 한국은 낙태에 관한 처벌법이 있지만, 정부가 산아제한정책을 강하게 추진하는 과정에서 대다수 국민이 낙태가 죄가 아니라 가난과 인구 폭발로부터 국가를 구해 낼 행위라고 착각하게 했다. 그 결과 한국은 낙태가 합법인 국가를 뛰어넘는 낙태율을 보이게 됐다. 기독교인도 태중의 자녀를 죽이는 일이 죄악임을 모르고 동참한 경우가 허다했다.

국가의 산아제한정책으로 촉발된 낙태 광풍에 가속을 붙인 것은 극단적 남아선호사상이다. 산아제한정책이 한창이던 1990년대 초반, 남녀 성비가 깨지기 시작했다. 성비란 여성 100명에 대한 남성 수를 말한다. 예를 들어 '성비가 108'이라는 말은 여자 100명당 남자가 108명이라는 뜻이다. 생물학적으로 105~106까지는 정상적 범주로 인식된다. 그러나 이 범주를 넘어서면 남녀 출생의 비율에 영향을 주는 외압, 즉 낙태가 가해졌을 가능성이 크다.

1960년대 중반에는 성감별 기술이 존재하지 않았고, 낙태 기술도 발달하지 않아 낙태가 산아제한의 수단으로 활용되는 수준이었다. 그래서 1970년대 말까지만 해도 성비 불균형은 발생하지 않았다. 그러나 1990년대 중반부터 사상 유례없는 성비 불균형 현상이 나타나게 된다. 임신 기간 중 아이가 아들인지 딸인지 구별할 수 있는 초음파 검사 기술이 국내에서 상용화된 것이다. 이때부터 출생 성비의 불균형이 본격화되기 시작했다. 남아선호문화가 성감별 기술, 산아제한정책과 맞물리면서 성별 선택에 의한 여아 낙태 성행으로 이어지게 된 것이다. 특히 셋째 아이의 성비는 남아선호사상의 지표로 지적됐다. 남아를 일찍 출산할 경우 다출산으로 이어지지 않았다. 반면 첫째와 둘째를 남아로 낳지 못한 경우 셋째 아이까지, 즉 아들을 낳을 때까지 출산하는 경향이 있었다.

산아제한정책을 멈추기 이전인 1993년 시도별 셋째 아이 출생 성비를 살펴보면, 전국 평균 207.3으로 성비 불균형을 보인다.[29] 특히 부산(321.7)과 대구(343.2)가 300을 넘어서는 기형적인 상황까지 나타났다.[30]

(단위 : 명)

시도별	총출생성비	1993				
		첫째아	둘째아	셋째아이상	셋째아	넷째아이상
전국	115.3	106.3	114.8	209.7	205.6	235.2
서울특별시	113.2	106.4	113.3	219.0	213.4	278.0
부산광역시	118.3	105.2	120.0	325.5	321.7	357.8
대구광역시	124.6	106.2	133.3	337.6	343.2	293.2
인천광역시	112.1	108.2	109.2	191.2	187.1	230.8
광주광역시	110.8	105.1	108.3	155.5	151.0	180.4
대전광역시	118.3	109.6	113.1	262.9	256.6	312.0
울산광역시	-	-	-	-	-	-
세종특별자치시	-	-	-	-	-	-
경기도	112.6	106.0	110.3	210.2	205.4	249.4
강원도	115.2	109.3	108.4	191.3	184.6	218.0
충청북도	116.1	104.7	116.8	197.3	185.0	260.9
충청남도	114.1	107.0	109.2	169.7	155.6	235.5
전라북도	110.4	105.3	110.1	132.6	121.6	186.7
전라남도	112.8	107.5	107.4	147.5	149.6	140.7
경상북도	124.1	106.2	127.7	294.5	286.1	346.3
경상남도	121.2	105.8	124.2	279.9	274.0	322.4
제주특별자치도	108.1	105.9	101.4	136.7	125.1	190.4

<표 8-6. 1993년 시도/출산순위별 출생성비 통계에서 부산, 대구가 높은 성비 불균형을 나타내고 있다.>[31]

1994년에는 셋째 아이의 전국 평균 성비가 204.2를 기록했으며, 넷째 아이 이상의 성비는 전국 평균 224.6을 기록했다. 전문가들은 이것은 자연스

러운 남녀 성비가 아니며, 인위적인 여아 감별 낙태에 의한 결과물로 보고 있다. 즉, 한국은 자녀의 성별을 기준으로 죽이기도 살리기도 하는 일이 빈번하게 일어난 국가 중 하나였던 셈이다. 이 해에도 셋째 아이 출생 성비가 부산(325.3)과 대구(320.7)에서 심각한 불균형을 나타냈다.[32]

(단위 : 명)

시도별	1994					
	총출생성비	첫째아	둘째아	셋째아이상	셋째아	넷째아이상
전국	115.2	105.9	114.2	206.9	204.2	224.6
서울특별시	113.2	106.9	112.2	214.0	213.8	215.7
부산광역시	118.8	104.7	120.3	322.2	325.3	295.5
대구광역시	121.2	104.4	125.8	318.0	320.7	293.2
인천광역시	114.4	109.3	112.0	195.6	195.6	195.3
광주광역시	111.7	103.5	110.6	157.9	151.3	201.5
대전광역시	116.3	107.0	113.4	226.1	218.5	308.7
울산광역시	-	-	-	-	-	-
세종특별자치시	-	-	-	-	-	-
경기도	112.6	105.0	110.5	207.3	202.9	246.9
강원도	114.4	106.8	109.3	186.6	177.6	233.6
충청북도	114.6	105.9	110.0	200.6	188.0	266.7
충청남도	115.9	110.0	107.4	181.7	175.8	207.4
전라북도	109.6	105.9	105.3	137.3	131.0	167.6
전라남도	112.5	105.3	108.4	146.7	135.3	190.8
경상북도	124.2	105.6	128.5	275.7	277.9	263.9
경상남도	120.1	103.9	122.7	269.4	267.1	288.6
제주특별자치도	114.7	108.3	111.9	147.8	139.6	186.8

<표 8-7. 1994년 시도/출산순위별 통계에서 셋째와 넷째 이상의 성비>[33]

한국뿐 아니라 중국, 인도, 베트남 등 남아선호사상이 뚜렷한 나라에서는 태중의 딸을 낙태하는 비율이 높게 조사된다. 미국 매사추세츠 애머스트 대학교 레온틴 알케마 교수가 이끄는 연구진은 전 세계 204개국 32억 6,000만 명의 출생 기록을 토대로, 성별 선택에 의한 출생 성비 문제를 연구했다.[34] 2019년 미국 국립과학원회보(PNAS)에 발표된 이 연구 결과 보고서에 따르면 남아선호사상이 강한 12개국(한국, 중국, 인도, 베트남, 대만, 홍콩 등)에서 1970년대 이후 성별 선택에 의한 낙태로 2,300~4,600만 명의 여아가 죽어 간 것으로 추정됐다.

이러한 현상 속에서 기독교 양육자들은 어떤 태도로 교육해야 할까? 먼저 기독교 양육자는 자녀의 특정 성별을 우상 삼아서도, 불만의 원인으로 삼아서도 안 된다. 자녀의 남녀 성별을 있는 그대로 감사하고 자녀에게 부여하신 성별에 대해서도 하나님의 주 되심을 인정해야 한다. 은연중에 인본주의와 세속주의의 영향을 받아 자녀의 특정 성별을 우상 삼는 사회는 결국 태중의 자녀를 살해하는 일마저 눈감아 주는 사회가 될 수 있음을 명심해야 한다.

자녀의 성별은 양육자가 정한 것도 자녀가 스스로 정한 것도 아니다. 오직 하나님이 정해 주신 감사의 제목으로 알고, 자녀들이 낙태죄를 저지르지 않도록 교육해야 한다. 양육자 역시 자신의 성별에 감사하고, 나아가 자녀의 성별 역시 하나님의 주권 영역임을 알고 인정하는 태도를 가져야 한다. 성경적 양육자는 "너는 범사에 그를 인정하라"(잠 3:6)라는 말씀을 공허한 슬로건으로 남겨 둘 게 아니라 현실에 적용해야 한다.

9. 인구론과 낙태 운동가들이 성교육에 미친 영향

토마스 로버트 맬서스(Thomas Robert Malthus)는 1798년 저술한 『인구론』에서 "인구는 기하급수적으로 증가하는 반면 식량의 생산량은 산술급수적으로만 증가하므로 재앙적인 기근은 불가피하다."라고 말하며, 결론적으로 "출산(율)을 줄여야 한다."라는 주장을 펼쳤다. 맬서스는 이는 "제거되어야 할 불필요한 식충 혹은 지배계급의 부와 권력을 위협하는 요소"이며, "세계 인구를 줄이는 것은 미국과 국제기구들의 우선순위이다."라고 주장했고, 이에 동조하는 엘리트들이 페미니스트와 동성애 운동가들을 지지하고, 낙태 기관을 지원하도록 하는 효과를 불러일으켰다. 이는 성교육에도 고스란히 영향을 주고 있다.

독일의 대표적인 페미니스트인 알리체 슈바르처(Alice Schwarzer)는 1971년부터 낙태 합법화를 위한 투쟁을 지속적으로 했고, 이를 위한 책까지 발간했다. 슈바르처의 활동은 당시 독일에서 낙태에 관한 큰 논쟁을 불러일으켰으며, 결국 1974년에 낙태가 합법화되었고, 이는 고스란히 교육의 영역에 영향을 주고 있다.

낙태사업으로 돈 버는 장삿속 성교육 단체

생명과 가족의 가치, 결혼의 소중함을 가르쳐야 하는 청소년 성교육 시간에 낙태사업으로 돈을 버는 단체의 강사들이 와서 성교육을 하면 어떤 일이 벌어질까? 미국 산아제한 운동의 창시자이며, 우생론(優生論)자인 마거릿 생어(Margaret Sanger)는 출산이 여성의 생존을 위협한다는 결론을 내리고 적극적인 피임과 산아제한 이론을 펼쳤다.

그녀는 1916년 최초로 산아제한 진료소를 열었으며, 1921년 산아제한연맹(The Birth Control League)을 세웠는데, 이후 이 단체는 낙태기관인 국제가족계획연맹(Planned parenthood)으로 계승됐다. 마거릿 생어는 유력한 생물학자에게 피임약 개발을 권유하고, 연구자금을 지원하는 등 경구 피임약 개발에 앞장섰다. 마거릿 생어의 운동은 산아제한에만 머무르지 않았다. 그녀는 생식자, 즉 생명을 잉태할 부모의 경제적 여건, 사는 환경 등에 따라 출산 적격자와 부적격자로 나눠 부적격자의 출산은 제한해야 한다는 우생론을 지지했다.

이는 인구의 수는 줄이고 인구의 질은 높여야 한다는 맬서스의 인구론과도 맥이 닿아 있다. 결국, 그녀는 우생론과 산아제한 운동을 접목하여 인류 공영에 이바지할 만한 우월한 인자를 가진 생명체에게는 생존할 권리를 부여하고, 열등한 인자의 싹을 잘라 내자는 우생론적 사상을 품고 산아제한정책에 매진한 것이다.

이렇듯 생명의 가치에 인간이 우열을 매기는 반기독교적인 사상 속에 만들어진 단체인 가족계획연맹은 미국에서 낙태 시술 단체로 전락하여 연간 30만 명의 태아를 죽이는 상담 및 수술을 돕고 있다. 심지어 그 태아의 사체를 이용해 불법적으로 돈을 벌다가 발각되어 전 세계를 경악하게 만들기도 했다.

미국 의료진보센터(The Center for Medical Progress)는 2015년 9월 가족계획연맹의 태아 장기매매 현실을 비밀리에 촬영한 동영상을 공개했다.[35] 이 영상에는 가족계획연맹의 고위 임원들이 허술한 지침을 이용해 어떻게 해야 낙태아의 신체를 팔아 이윤을 남길 수 있을지 논의하는 모습이 고스란히 담겨 있다. 낙태한 태아의 세포를 연구 목적으로 판매해 이윤을 남기는 행위는 미국 연방법에 따라 범죄로 간주한다. 태아의 사체가 돈이 되는 순간 낙태를 종용하거나 낙태할 목적으로 임신을 하는 등의 사회적 문제가 발생할 수 있기 때문이다.

가족계획연맹 텍사스지부의 디렉터였던 애비 존슨은 이 단체가 낙태 태아 장기 거래를 통해 1건당 100~200달러의 이익을 남긴다고 폭로했다.[36] 존슨은 가족계획연맹 텍사스지부에서 디렉터로 일한 8년간 낙태 태아의 장기 거래에 관여했다. 낙태된 태아의 장기매매를 논의하는 현장을 폭로한 동영상에서, 이 단체는 "장기를 손상하지 않고 모양 그대로 적출할 수 있다."라고까지 말한다.

문제는 이렇게 태아 사체로 돈을 벌기 위해 낙태를 종용해 온 단체가 청소년들의 성교육을 장악하고 있다는 것이다. 미국 생명주의 운동가 사라 킴 대표는 "가족계획연맹은 십 대의 성관계를 부추기는 성교육, 즉 외설적 성교육을 함으로 톡톡히 효과를 보고 있다."라고 비판했다. 청소년들이 성적으로 문란해져 충동적 성행위를 통해 임신하면, 그 태중 자녀를 죽이기 위해 가족계획연맹의 수술대로 찾아와 준다는 것이었다. 그래서 낙태업계 시장 활성화의 주된 동력이 성교육 현장에서 발생하더라는 것이다.

이 단체는 미성년자가 합의하에 콘돔과 피임약만 잘 챙겨서 성관계하는 것은 문제될 것이 없다는 성애화 교육을 해 학부모들의 항의를 받았다.

학교를 믿고 어린 자녀들을 보냈는데, 낙태 조장 업계가 학교로 들어와서 아이들의 영혼을 망치고 있음을 뒤늦게 알게 된 부모들은 이후에도 지속적인 항의를 펼쳤다.

가족계획연맹이 십 대의 성교육 시 가장 많이 사용하는 것으로 알려진 성교육 도서 『이렇게 하는 게 완전 정상이지』(It's Perfectly Normal)[37]는 남학생, 여학생의 자위 모습을 자극적인 그림과 글로 수록하고, 자위야말로 정상적인 모습이라고 기술했다. 또한 '성관계를 갖는 것이 사랑을 이루어 내는 것'(sexual intercourse is making love)이라고 수록하는 등 합의한 청소년끼리는 이성끼리든, 동성끼리든 성관계를 해도 된다고 교육하고 있다. 사라 킴 대표는 이에 대해 강력히 반대했다. "성교육은 단순한 지식 전달의 장이 아니라 그 교육을 하는 사람의 윤리관, 신앙관, 세계관이 전달되는 중요한 시간입니다. 그 시간을 낙태로 돈을 버는 자들에게 맡길 수는 없어요. 학부모들은 청소년 성관계와 조기 성애화를 유도하는 성교육에 반대합니다."

10. 낙태의 부작용

보건복지부는 웹페이지를 통해 낙태의 부작용을 아래와 같이 공지하고 있다.[38] 낙태가 출산보다 위험하며, 산모에게 나쁜 영향을 줄 수 있음을 첫 줄에서 강조하고 있다.

인공임신중절수술의 후유증 및 부작용

인위적인 임신중절수술(낙태)은 10개월간의 임신과 출산보다 산모에게 더 나쁜 영향을 줄 수 있다. 강제로 자궁내막에 착상되어 있는 태아를 박리하여 배출시킴으로 자궁에 상처와 질병이 발생될 수 있으며 정신적인 충격으로 인한 후유증 역시 매우 심각한 편이다.

• 임신중절수술(낙태)

"태아가 모체 밖에서 생명을 유지할 수 없는 시기에 태아와 그 부속물을 인공적으로 모체 밖으로 배출시키는 수술"이 임신중절수술이다. 임신중절수술(낙태)은 임신의 시기와 태아의 크기에 따라 여러 가지 방법이 있다.

1. 수술요법 : 소파수술

인공임신중절이란 임신된 아기가 아직 작을 때, 기계를 사용해서 끌어내는 것을 말한다. 자궁 입구는 무척 좁기 때문에 인공임신중절을 할 때에는 속의 태아를 잡아 꺼내는 일을 하기 전에 먼저 자궁의 입구를 확대시키지 않으면 안 된다. 확장기라고 하는 기계를 사용하여 자궁의 입구를 확대시키는 작업을 먼저 해야 한다(확장 소파법). 또한 자궁 입구의 구멍을 마춰시켜 벌린 다음, 빨아내는 기구를 사용하여 태아와 태반을 빨아낸다(진공흡입법).

2. 약물요법 : 자궁수축제, 액체주입법, 약물주입법

• 임신중절수술의 후유증 및 부작용
1. 자궁경부무력증이 발생할 수 있다. 임신 시 자궁경부는 태아의 생명을 보호하기 위하여 굳게 닫혀 있다. 낙태 수술 시 무리하게 자궁경부를 확장시키면 출혈과 함께 자궁경부가 무력해져 향후 자연유산 가능성이 높아진다.
2. 자궁 천공의 가능성이 있다. 수술할 때 기계에 의해 자궁내막에 손상이 생기거나 심하면 자궁 천공, 파열이 일어날 수도 있다.
3. 골반에 염증성 질환이 발생할 수 있다. 때로 수술이 잘못되어 찌꺼기가 남아 있는 경우는 균의 감염으로 자궁내막염, 골반염, 자궁 출혈, 전

신 패혈증 등을 일으킬 수도 있고 난관 부위를 지나치게 긁어내어 난관이 막혀 불임이나 자궁 외 임신이 생길 수도 있다.

4. 다음 임신에 나쁜 영향을 주게 된다. 낙태 수술로 인한 자궁내막의 손상은 자궁 기능의 저하를 유발하여 차후에 자연유산 및 조산 등 산모에게 나쁜 영향을 주게 된다.
5. 자궁 외 임신 가능성이 높아진다. 낙태 수술로 손상된 자궁으로 인하여 다음번 임신 시 수정란이 자궁 내벽에 착상되지 못하고 자궁 이외의 장소에 착상하게 된다.
6. 정신적인 스트레스로 인하여 여러 질병이 발생된다. 심한 정신적 스트레스로 인하여 불면증, 우울증, 대인기피증, 조울증 등 여러 가지 정신적인 질병이 발생될 수 있다.
7. 낙태 수술 후에도 산후풍은 발병할 수 있다. 산후풍은 출산한 산모에게만 발생되는 것이 아니라 낙태 수술 후 잘못된 몸조리에 의해서도 발병되며, 그 예후도 좋지 않은 편이다.

이 외에 낙태를 했다는 죄책감을 덜어 내기 위해 스스로 생명에 대한 소중함을 인지하는 능력을 무의식적으로 감퇴시키는 노력을 하기도 한다. 특히 낙태를 위해 먹는 약을 복용할 경우, 심각한 부작용을 초래할 수 있음을 알아야 한다.

먹는 낙태약 '미프진'의 부작용[39]

이른바 '먹는 낙태약'이라고 알려진 미프진(성분 : 미페프리스톤 및 미소프로스톨)은 아직 우리나라에서 판매가 허가되지 않은 의약품이다. 미국 FDA 공식 설명서에 따르면 미프진은 프로게스테론을 차단하여 태아를 자궁내막에서 분리하고 자궁이 수축하여 태아가 자궁 밖으로 나오게 하는 임신중절 약이다. 이 약의 낙태 효과는 임신 초기에 해당하는 임신 7주까지 있다. 여기서 말하는 임신 7주, 즉 49일은 정자와 난자가 수정된 날부터가 아니라, 그전에 월경을 한 날부터 따지므로 수정이 된 날은 대략 임신 10~14일 차에 해당한다.

임신 7주 이내에 설명서대로 100명이 약을 복용하면 이 중 5~8명은 심한 출혈이 발생하여 산부인과에서 응급수술을 하는 경우가 있는데, 이 과정에서 산모가 죽을 수 있음을 동의해야 약물복용이 가능하다. 동의하지 않으면 원칙적으로 처방 자체가 불가하다. 심각한 감염이나 자궁 외 임신 등이 있는 경우 심한 복통과 고열(38도 이상)이 발생할 수 있다.

이 약을 임신 49일(7주 차)이 넘은 산모가 복용했을 시, 낙태는 되지 않고 아기와 산모 건강에 심각한 부작용만 초래할 수 있다. 또한 혈액 응고와 관련된 약물을 복용 중인 사람은 이 약물복용으로 사망까지 이를 수 있다.

첫째 날 미페프리스톤 600mg(3알)을, 셋째 날 미소프로스톨 2알을 복용하면 복통과 열흘간의 출혈이 나타나지만, 다량의 출혈 이후에도 낙태가 되지 않는 경우가 있다. 그래서 미국 FDA는 부작용과 임신 계속 여부를 체크하기 위해 미프진 복용 셋째 날 및 14일째에 산부인과에 방문하라고 안내하고 있다.

그 밖에 자궁 손상, 염증, 설사, 오심, 구토, 두통, 현기증, 요통, 피곤함 등의 부작용이 보고되고 있다. 출혈이나 복통이 한 달 이상 보고되는 사례도 있다.

11. 태아기부터 동참할 수 있는 생명주의 운동(프로라이프)

십 대들이 일상에서 간단히 즐기며 생활화할 수 있는 프로라이프(낙태반대운동, prolife) 도구가 필요하다. 대표적인 것이 바로 "생명송"의 활용이다(부록 "내 이름은 심콩이" 악보 참조). 이 노래를 통해 태아가 소중한 존재임을 인정하는 문화를 만들어 갈 수 있다. 낙태죄를 고백해 온 한 기독교 양육자가 생명송을 부르며 태교를 하고 있다고 연락이 오기도 했다. 태아가 인생살이 중이며, 얼마나 소중한지 느껴져서 더욱 아이와의 교감이 증대된다며 눈물의 고백을 해 왔다. 영어 공부 때문에 영어 동요를 많이 듣게 하는 가정이라면 영어 버전 생명송도 추천한다. 기독교 학교에서도 생명송을 활용한 청소년 생명 교육 효과를 많이 전해 오고 있다.

심콩이 모형을 주변 이웃에게 나누어 주는 것도 가능하다. 현재 심콩이 모형을 낱개로 구입할 수 있는 곳은 '에이랩 아카데미'이며, 해외에서 수입한 형태와 국내에서 생산한 두 가지 형태가 있는데, 인터넷에서 다양한 경로로 구매할 수 있다. 태아 12주 모형 심콩이를 받아든 사람들의 반응은 다양한데, 대부분 "12주면 쌀알만 한 세포 덩어리일 줄 알았는데 정말 성인 같은 온전한 인간의 형태라 놀랐어요.", "태아는 명백히 사람이네요." 등 태아가 소중한 생명임에 감탄한다.

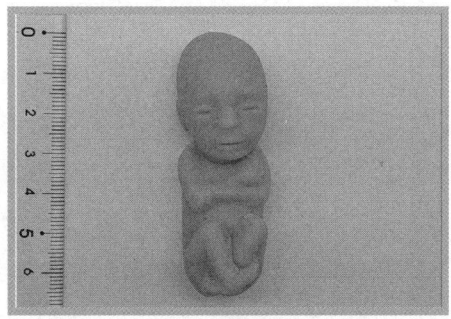

<그림 8-3. 태아의 모형인 심콩이>

또한 우리는 태아의 소중한 생명을 지키기 위해 생활 속에서 다음과 같은 내용이 이루어지도록 노력해야 한다. 먼저 교회와 학교, 가정에서 꾸준히 태아 생명의 소중함을 알리는 교육을 진행해야 한다. 특히 학교 공교육 시간에 생명주의 교육을 의무화하는 것은 자살 예방 효과도 있다. 또한 낙태처벌법(심장박동법) 및 남성의 책임 역시 강화하는 입법을 추진하는 것도

매우 중요하다. 하나님이 죄라고 규정하시는 것을 국가의 법으로도 죄라고 규정하는 것은, 법치국가가 행할 수 있는 하나님을 경외함의 중요한 모습이다.

나아가 입양 문화를 활성화해야 한다. 건강가족기본법은 가족이 혼인, 입양, 혈연으로 구성된다고 명시하고 있다.[40] 출산 이후 아기를 키울 능력이 없어서 낙태를 결정하는 일이 없도록 "배 속의 아기를 죽이지 않고 낳는다면 우리가 입양해서 잘 키울 테니 꼭 낳아 주길 소망해."라는 메시지가 경제적 사유의 낙태 위기 임산부에게 전달될 수 있는 사회 분위기가 조성되어야 한다.

다음의 글은 실제로 에이랩 아카데미의 강의 수강 이후 낙태를 회개하고 생명주의 운동에 매진 중인 한 사람의 고백이다.

> **"죽어 가는 아기 새의 생명에도 관심을 가질 수 있어요."**
>
> "안녕하세요. 사실 저는 에이랩 3차시 강의주제가 어떤 건지도 모르고 갔는데 낙태라서 좀 당황했어요. 그런데 강의 내내 저는 정신을 차리고 앉아 있을 수가 없었어요. 저는 지금 아름다운 가정을 꾸려 잘 살고 있지만 십수 년 전의 그 일은 나도 어쩔 수 없었다며 합리화하면서 살았어요. 하나님을 만났지만 그 일만큼은 이상하게 제 마음에 크게 죄책감으로 남지 않은 게 이상하다고 여겼어요. 가난하고 폭력적인 남자친구와 사이에서의 임신이었는데, 저는 무척 분노하면서 '이 암 덩어리를 하루빨리 제거해야겠어.'라는 생각밖에 없었어요. 입덧을 하고 아랫배가 단단해도 저는 임신이라고 생각하지 못하고 있었어요. 설마 그런 일이 있을 리 없다고 생각했죠. 그래서 한의원에 다니며 약을 먹었는데, 한의사가 맥을 짚어 보더니 임신 아니냐는 말에 체한 거라고 답하며 그렇게 굳게 믿었어요. 어제 강의를 듣는데 성령님이 역사하셨는지 저는 그 당시로 돌아가는 은혜를 입었어요. 여름쯤이었고, 처음 간 산부인과에서는 낙태 시술을 하지 않는

다고 다른 산부인과를 소개해 주었어요. 저는 암 덩어리를 제거해야 했기에 수술대에 올랐어요. 그때 의사는 '다 컸네.'라고 했어요. 4~5개월이었으니까요. 이제까지 궁금했던 한 가지가 있었는데, 분명 수술대 올라갈 때는 분노에 이글거리며 올라갔지만 마취에서 덜 깬 제가 울면서 '우리 아기 좀 잘 묻어 주세요.'라고 했어요. 저는 정말이지 수술대에 올라가기 전만 해도 화가 났어요. 배 속에 생긴 암 덩어리 때문에요. 그게 저는 지금까지 궁금했어요. 내가 왜 울었지? 왜 '우리 아기'라는 표현을 했지? 그때까지는 암 덩어리라고 불렀어요. 그런데 어제 정리가 되더군요. 하나님께서 여자에게 부어 주신 본능 중에 모성애도 있다는 것을요.

어제 아침에 신기한 일이 있었어요. 아기 새가 차에 부딪혔는지 죽지는 않았지만, 날개를 파닥거리고 있었어요. 저는 늦어서 어떻게 할까 하다가 그냥 버스를 타러 왔어요. 다른 차에 밟혀 죽을 걸 알면서도요. 근데 강의를 듣고 집에 돌아가는 길에 알게 됐어요. 그 살인사건으로 나는 생명에 대한 존귀함 같은 것이 무뎌져 있었고, 그래서 회개도 안 되었던 거예요. 저주였던 거죠. 어제 그러셨잖아요. 죽음에 대한 애도와 죽임에 대한 회개가 있어야 한다고. 어제 저는 정말 감사했어요. 이제껏 합리화하며 살다가 내가 살인자라는 것이 인정되니 회개가 되더라고요. 누군가 태아도 고통을 느낀다고 알려 줬다면 그런 선택을 안 했을 거예요. 저는 살인자예요. 그런데 예수님은 제가 엄마로, 아내로 살 수 있도록 용서의 은혜를 베푸셨어요. 지금도 누군가는 저처럼 살아나고 있을 거예요. 어제 그 생각이 들었어요. 그 누구보다도 나를 회개시키려고, 자유하게 해 주시려고 여기 보내셨구나. 하와가 선악과를 따 먹어서 온 인류를 죄에 빠뜨렸지만, 생명의 근원이란 이름을 주셨듯, 저도 살인자였지만 이제 생명을 살리는 일에 저를 한번 드려 보려 해요. 감사드려요. 그 후에도 우울증과 자살 시도에 시달렸는데, 지금 생각해 보니 그 일로 제 자존감이 무너졌던 것 같아요. 진리는 정말 사람을 자유하게 하네요. 이제 죽어 가는 아기 새의 생명에도 관심을 가질 수 있게 된 것에 감사해요."

우리는 하나님이 한 생명, 한 생명을 천하 만물보다 귀하게 여기신다는 것을 잊지 말아야 할 것이다.

II부   양육자를 위한 자료

9장
성매매

"너희 몸이 그리스도의 지체인 줄을 알지 못하느냐

내가 그리스도의 지체를 가지고 창녀의 지체를 만들겠느냐

결코 그럴 수 없느니라 창녀와 합하는 자는

그와 한몸인 줄을 알지 못하느냐 일렀으되

둘이 한 육체가 된다 하셨나니 주와 합하는 자는 한 영이니라"

(고전 6 : 15-17).

9장. 성매매

> **학습목표**
>
> 1. 성매매 관련법 제정과 실태, 성매매 합법화로 인한 문제점을 인식한다.
> 2. 성매매 근절과 청소년들의 인식 변화를 위한 성경적 기준과 방법을 공유하여 성경적 성교육을 고취한다.

1. 성매매의 개념과 미디어와의 관계

1) 성매매란?

성매매란 불특정인을 상대로 금품이나 그 밖의 재산상의 이익을 수수하거나 수수하기로 약속하고 성교 행위, 유사 성교 행위를 하거나 그 상대방이 되는 것을 말한다. 여기에는 성교 행위를 포함한 모든 유사 성교 행위, 관음 행위 등 광범위한 성적 행위가 포함된다. 또한 직접적으로 금품이 오가지 않았다 하더라도 숙식을 제공하거나 갖고 싶어 하는 물건을 대신 구입해 주는 등의 대가를 지급하는 조건으로 성행위를 합의하에 하는 것도 성매매에 해당한다.[1]

성매매는 종종 '조건만남'이라는 단어로 대체되고, 성매매 시 주고받는 금품은 종종 '용돈'이라는 단어로 대체되어 온라인상에서 은밀히 진행되기도 한다. 성매매는 남녀 간뿐 아니라 동성 간에도 행해지는 경우가 있으며, 특히 남성 간 성매매는 이성 간 성매매보다 더 많은 질병과 직결된다.

예를 들어 소위 '바텀 알바'라고 하는 것은 남성 간 성매매 시 여성의 역할을 해 주는 대가로 금품을 받는 행위를 말하며, 각종 성병에 더욱 취약한 성매매 형태로 꼽힌다.

성매매 범죄란 폭행, 협박, 위계 등 보호 감독 관계를 이용하여 성을 파는 행위를 하게 한 경우, 감금 등의 방법으로 성매매를 강요하거나 위계 또는 위력으로 임신중절 등의 행위를 하게 한 경우, 고용관계 등으로 보호 또는 감독을 받는 사람에게 마약 등을 사용하여 성을 파는 행위를 하게 한 경우, 영업으로 성매매 알선 등의 광고물을 제작·공급하거나 광고를 게재한 경우, 대가를 받는 성매매 알선 행위, 신고자 등의 신원을 알 수 있는 정보를 인터넷, 방송매체 등에 공개한 경우, 성을 파는 행위 등을 하도록 직업 소개, 알선 등을 할 목적으로 광고하는 경우, 성매매 행위, 단순 성매매 알선 등이 모두 포함된다.[2]

성매매 옹호자들은 성매매를 성 노동이라는 단어로 대체하고자 시도한다. 성매매는 개인의 결정권에 따른 자유로운 경제활동이라는 것이 그들의 주장이다. 자본주의 세상에서 못할 것이 없다는 식이다. 그리고 노동은 신성한 것이므로 성 노동도 신성하다고 주장한다. 우리는 성 노동이라는 단어가 가지고 있는 성매매 정당화 시도를 인식하고 주의해야 한다. 사실 성매매라는 단어 역시 문제가 있다. '간음'의 개념이 삭제된 단순한 '매매'의 일종이라는 뉘앙스가 있기 때문이다. 그러나 표준어로 현재 사용되는 용어이므로 이 단원에서는 성매매 그대로 칭한다.

2) 미디어 노출과 성매매

미디어는 '어떤 작용을 한쪽에서 다른 쪽으로 전달하는 역할을 하는 것'을 뜻한다. 누가 뭐라 해도 이 시대의 대표적인 미디어 기기는 스마트폰이다. 그중에 가장 활발한 소통 도구는 사회관계망서비스(SNS) 애플리케이 선과 무작위 채팅 애플리케이션(랜덤 채팅앱)이다.

2019년 정보통신정책연구원의 "어린이와 청소년의 휴대폰 보유 및 이용 행태 분석" 보고서[3]에 따르면, 2018년 중학생과 고교생의 스마트폰 보유율은 각각 95.9%와 95.2%로 전체 연령층 평균(87.2%)을 크게 웃돌았다.

스마트폰 보급뿐 아니라 이용 시간 역시 중·고등학생이 전체 연령층 평균보다 긴 것으로 나타났다. 전체 연령층의 평균 스마트폰 1일 이용 시간은 113분이었다. 중학생이 144분으로 가장 길었고, 고등학생은 135분으로 그 뒤를 이었다. 또 초등학교 저학년과 고학년은 2.5배가량 차이가 날 정도로 고학년으로 갈수록 스마트폰 이용 시간이 크게 늘었다. 문제는 스마트폰 이용 시간이 늘어나면서 청소년 대상 성범죄에 자녀들이 노출될 확률 또한 그만큼 높아졌다는 것이다.

2019년 전국 중고생 6,423명을 조사한 결과, 지난 3년간 온라인에서 원하지 않는 성적 유인 피해를 본 경험 비율이 11.1%였다. 위기 청소년 166명을 대상으로 조사한 결과에서는 조건만남(성매매)을 경험한 비율이 47.6%(79명)였으며, 조건만남 경로 응답자(78명)의 대부분인 87.2%가 온라인을 통해 접촉했다고 답했다.[4]

스마트폰에 쉽게 설치할 수 있는 채팅 애플리케이션은 모두 무료다. 사용 연령 등급은 성인으로 제한한 것이 대부분이지만(77.7%), 막상 성인 인증을 요구하는 경우는 4분의 1 정도에 그쳤다. 충격적인 것은 미성년을 대상으로 랜덤 채팅앱상에서 대화한 사례 1,605명 중 76.8% 이상이 성적인 목적이었다는 것이다. 성적 유인의 상위 세 가지 경로는 인스턴트 메신저(28.1%), SNS(27.8%), 인터넷 게임(14.3%)이었다. 유인자는 대부분 온라인에서 처음 만난 관계(76.9%)로 나타났다. 인스턴트 메신저란 카카오톡, 페이스북 메신저 등을 말한다.[5]

2. 성매매와 관련된 성경구절

성경은 성매매, 즉 창기를 허용하는 것, 미동(美童)을 두는 것, 남창 행위를 하는 것을 금하고 있다. 성매매는 부부지간의 성적 행위가 아니므로 간음죄에 해당한다. 성매매가 간음죄임을 알 수 있게 하는 성경구절은 무수히 많지만, 이 중 몇 구절을 소개한다.

"네 딸을 더럽혀 창녀가 되게 하지 말라 음행이 전국에 퍼져 죄악이 가득할까 하노라"(레 19 : 29).

"그들은 부정한 창녀나 이혼당한 여인을 취하지 말지니 이는 그가 여호와 하나님께 거룩함이니라"(레 21 : 7).

"대저 음녀의 입술은 꿀을 떨어뜨리며 그의 입은 기름보다 미끄러우나 나중은 쑥같이 쓰고 두 날 가진 칼같이 날카로우며 그의 발은 사지로 내려가며 그의 걸음은 스올로 나아가나니 그는 생명의 평탄한 길을 찾지 못하며 자기 길이 든든하지 못하여도 그것을 깨닫지 못하느니라"(잠 5 : 3-6).

"너희 몸이 그리스도의 지체인 줄을 알지 못하느냐 내가 그리스도의 지체를 가지고 창녀의 지체를 만들겠느냐 결코 그럴 수 없느니라 창녀와 합하는 자는 그와 한몸인 줄을 알지 못하느냐 일렀으되 둘이 한 육체가 된다 하셨나니 주와 합하는 자는 한 영이니라"(고전 6 : 15-17).

3. 성매매 관련법

성매매 관련법으로는 다음과 같은 법들이 있다.

- 성매매 알선 등 행위의 처벌에 관한 법률
- 헌법 : 제10조 인간의 존엄성 및 행복추구권, 제11조 평등권, 신체의 자유, 제17조 사생활의 비밀과 자유, 제34조 제1항 인간다운 생활을 할 권리 등
- 형법 : 제242조(음행매개), 제288조(추행 등 목적 약취, 유인 등)
- 성매매 방지 및 피해자보호 등에 관한 법률
- 아동·청소년의 성보호에 관한 법률
- 식품위생법
- 공중위생관리법
- 풍속영업의 규제에 관한 법률
- 정보통신망 이용촉진 및 정보보호 등에 관한 법률 등

성매매 특별법은 '성매매 방지 및 피해자 보호 등에 관한 법률'과 '성매매 알선 등 행위의 처벌에 관한 법률'을 일컫는다. 그리고 이 두 법 중 후자의 법을 '성매매 처벌법'이라고 줄여서 부르기도 한다.

제1조(목적)
이 법은 성매매, 성매매알선 등 행위 및 성매매 목적의 인신매매를 근절하고, 성매매 피해자의 인권을 보호함을 목적으로 한다. [전문개정 2011. 5. 23.]

<표 9-1. 성매매 알선 등 행위의 처벌에 관한 법률 : 약칭-성매매 처벌법>

4. 합의하에 모든 것의 매매가 가능해지는 것의 문제점

만약 장기매매가 가능해진다면 어떤 일이 벌어지게 될까? 거리는 매우

위험해질 것이다. 인간을 장기매매용으로, 즉 유물론적인 존재로 바라보는 시선이 일반화될 수 있기 때문이다.

인신매매 방지법에 따르면 '인신매매'란 성매매와 성적 착취, 노동력 착취, 장기 적출 등의 착취를 목적으로 ① 사람을 폭행, 협박, 강요, 체포·감금, 약취·유인·매매하는 행위, ② 사람에게 위계 또는 위력을 행사하거나 사람의 궁박한 상태를 이용하는 행위, ③ 업무관계, 고용관계, 그 밖의 관계로 인하여 사람을 보호·감독하는 자에게 금품이나 재산상의 이익을 제공하거나 제공하기로 약속하는 행위 중 어느 하나에 해당하는 행위를 하여 사람을 모집, 운송, 전달, 은닉, 인계 또는 인수하는 것을 말한다.[6] 여기서 '장기 적출'이라는 섬뜩한 표현이 나오는데, 이는 실제로 장기매매를 목적으로 산 사람을 납치하여 장기를 적출하고 사체를 유기하는 사건이 지속해서 벌어지고 있기 때문이다. 현재 지구상의 모든 나라에서는 장기매매가 불법이기에 설혹 인신매매로 인체의 장기를 손안에 넣었다 하더라도 이것을 합법적으로 매매할 수 있는 유통망이 없다. 이는 장기 적출을 목적으로 한 인신매매의 발생을 억제하는 효과를 갖는다.

만약 "장기가 필요한 사람과 장기를 팔고 싶은 사람 간의 합의는 존중해 주고, 그들 사이의 합법적 장기매매는 허락해 주자."라는 취지의 법이 만들어진다면, 이는 인신매매를 통한 장기 적출의 증가를 불러일으킬 수 있다. 그러므로 인간의 합의가 전제된다면 무엇이든지 해도 된다는 발상은 인류 스스로 화를 일으키는 길이 된다.

5. 성매매의 실태

현재 전 세계적인 성혁명의 흐름 속에 성매매를 합법화한 국가가 50개국을 넘어섰다.[7] 2000년대 들어서는 독일,[8] 네덜란드[9] 등이 성매매를 성적자기결정권으로 인정하고 합법화하기에 이르렀다. 한국에서도 남에게 피해를 주지 않으면서 금품이 필요한 사람과 금품을 제공할 능력이 있는 사람이 각각 합의하에 성매매를 하는 것까지 국가가 금지하며 사생활에 간섭하는 성매매 처벌법을 지킬 필요가 있느냐는 주장이 제기되고 있다. 그래서 성매매 처벌법을 폐지하라는 헌법소원이 일곱 차례 이상 이어졌다.[10]

우리나라에는 성매매 처벌법이 존재하지만 현실에서는 여전히 성매매가 많이 이루어지고 있다. 2019년 여성가족부에서 실시한 '2019 성매매 실태조사'에서 발표된 내용에 따르면 "평생 동안 한 번 이상 성 구매를 경험한 적이 있다."라는 항목에 여성은 1.1%, 남성은 42.1%가 "경험이 있다."고 답했다. 이 수치는 '2016년 성매매 실태조사' 시 남성의 성 구매 경험에 비해 8.6% 감소한 것이지만, 여전히 상당수의 남성이 성매매를 한다는 것을 보여 주고 있다. 또한 같은 조사 발표에서 "성매매 처벌에 대한 효과성을 인식한다."라는 항목에 여성은 71.3%, 남성은 64.8%가 "인식한다."고 답하였으며, 여성이 남성보다 성매매 처벌법의 효과성을 더 높게 평가하는 것으로 나타났다.[11]

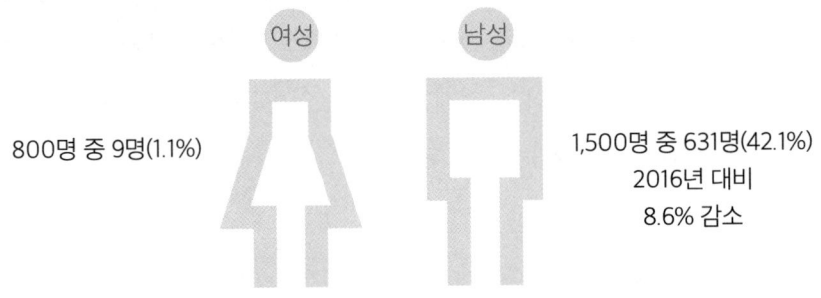

<그림 9-1. 최근 국내 성매매 실태 : 여성가족부 2019년 성매매 실태조사>

"성매매 처벌에 대한 효과성을 인식한다."

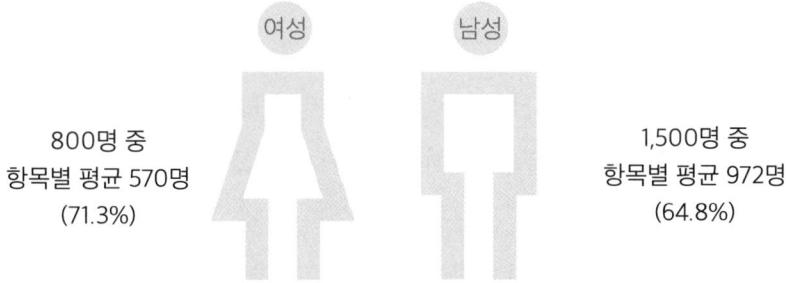

800명 중
항목별 평균 570명
(71.3%)

1,500명 중
항목별 평균 972명
(64.8%)

<그림 9-2. 최근 국내 성매매 실태 : 여성가족부 2019년 성매매 실태조사>

6. 성매매에 대한 청소년들의 인식과 양육자가 취해야 할 태도

1) 청소년들의 인식

경제협력개발기구(OECD)가 발표한 "OECD 보건 통계 2021"에 따르면 우리나라 국민의 기대수명은 83.3세이다. 이는 OECD 국가 중 상위권에 속하며, OECD 국가 평균인 81.0세보다 2년 이상 길다.[12] 고려 시대 왕의 평균 수명이 42.4세, 조선 시대 왕의 평균 수명은 47세였으니 국민의 평균 수명이 상당히 길어진 셈이다.

이렇게 늘어난 수명만큼 우리는 복음을 전파하며 이웃 사랑을 실천하는 일에 여생을 보낼 수도 있다. 하지만 오히려 그 시간 동안 하나님 앞에서 죄를 짓고 이웃을 해치는 일을 할 수도 있다.

한 인터넷 커뮤니티 게시판에 이런 글이 올라왔다. "인간의 수명은 길어졌다. 그리고 각종 즐길 거리가 많아졌다. 로봇청소기, 식기세척기, 건조기, 의류 관리기 등 가전기기의 발달로 청소 및 빨래가 매우 간편해졌다. 혼자 해 먹기 좋은 인스턴트식품도 잘 나오니 이제 결혼할 필요가 없다. 삶의 질로 따지자면 혼자 살면서 내가 번 돈을 고스란히 나 자신에게 쓰면서 사는 것이 결혼하여 자녀를 양육하느라 희생하며 사는 것보다 백배 낫다. 성욕은 깔끔하게 성매매로 해결하면 된다. 수명이 길어진 만큼 성매매는 필요하다."

삶의 모든 영역에서 즐거움을 추구하고 자신에게 투자하는 것이 100세 시대를 살아가는 지혜로운 방법이며 익명의 상대를 만나 금품을 주고받으며 성관계를 즐기는 행위는 문제될 것이 없다는 것이다. 이런 풍조이다 보니 성매매는 정당한 성적자기결정권이라는 주장이 갈수록 힘을 얻고 있다. 생명과 가족을 지향하는 문화가 아닌 쾌락주의 성문화가 자리를 잡을 때 이를 숙주 삼아 자리를 잡는 것이 성매매 합법화다.

성교육 현장에서 만난 한 청년이 이렇게 말했다. "성매매를 통해 혹시 임신이 된다고 하더라도 상대방, 즉 성 판매자는 '당신의 임신한 아기를 낳겠다. 책임지라.'는 등의 복잡한 일을 만들지 않습니다. 그러니 성매매야말로 걱정 없이 인간의 성 문제를 해결할 방법이라고 생각합니다." 그리고 이렇게 덧붙였다. "음식은 각종 맛집과 혼밥 세트를 이용합니다. 집안일은 가전제품에 맡기고, 옷 세탁은 세탁소에 맡기듯 성적 필요도 성매매 업소를 통해 해결해야 하지 않겠습니까? 그래야 사회가 깨끗해지지 않겠습니까?"

결국 성매매 업소도 편의점처럼 일반화시켜야 한다는 게 그의 주장이었다. 과연 그 청년의 말이 맞는 것일까? 과연 세탁물을 맡기기 위해 세탁소를 찾는 것과 성욕 해소를 위해 성매매 업소를 찾는 것을 대등한 논리로 적용할 수 있을까?

또 다른 질문도 있었다. "상대방의 동의를 구하지 않은 성적 행위, 즉 성추행이나 성폭행을 해서는 안 된다는 것을 비기독교인도 알고 있습니다. 더 나아가 크리스천인 저는 음란물 시청을 통해 눈과 마음으로 간음의 죄를 짓는 것 역시 죄임을 인정합니다. 그러나 타당한 지급을 하고 성매매를 하는 것까지 죄라고 규정한다면, 결혼할 형편이 도저히 안 되는 개인들의 성적인 욕구 해소를 위해 어떤 방법을 택할 수 있을까요? 성폭력 예방을 위해서라도 성매매를 합법화해야 하지 않을까요? 현실적인 답을 주시기 바랍니다."

사실 이러한 질문과 인식은 낯설지 않다. 비기독교인은 물론 기독교인 사이에서도 이런 생각을 하는 사람들이 많기 때문이다. 특히 십 대 사이에서는 이른바 '조건만남'을 통해 금품을 주고받는 것이 큰 잘못이 아니라고 생각하는 분위기가 만연하고 있다. 코로나19 상황에서 이러한 디지털 성매매 현상이 더욱 기승을 부리기도 했다.

세속적 성가치관 교육을 받은 세대의 뇌리에 박혀 있는 단어 중 하나가 '성적자기결정권'이다. 이 개념은 스스로 내린 성적 결정에 따라 자기 책임하에 상대방을 선택해 성관계를 가질 수 있는 권리다. 그리고 이 권리는 헌법 제10조(인간의 존엄과 가치, 행복을 추구할 권리)[13]를 그 근거로 한다. 성폭력 성립 여부를 판단함에서도 한 개인의 성적자기결정권을 침해한 행위냐, 아니냐가 결정적으로 중요한 단서를 제공하게 된다. 따라서 법적으로 이것은 매우 중요한 개념이다. 그런데 성적자기결정권을 과하게 강조하고 확대 해석하면서 우려스러운 일이 발생했다. 외설적 성교육과 잘못된 미디어의 영향으로 십 대 사이에서 "합의만 있다면 모든 사람과 성행위를 하는 것이 가능하다."라는 잘못된 인식이 퍼져 가고 있다는 사실이다. 대표적인 현상 중 하나가 성매매 합법화에 대해 찬성하는 분위기가 팽배해지는 것이다.

2) 성매매에 대한 양육자의 태도와 기준

성매매에 대해서 기독교 양육자는 어떤 입장을 가지고 성가치관 교육을 해야 할까? 동의한 두 사람이 성행위를 통해 한 사람은 성적 욕구를 해소하고, 한 사람은 필요한 물질을 얻었으니 죄가 아니라고 말하는 십 대를 만났을 때 어떤 태도를 보여야 할까?

"성매매가 죄가 아니라니 무슨 소리냐? 기독교인이 그런 소리를 하면 되겠니?"라며 다짜고짜 야단부터 치는 것은 좋은 방법이 아니다. 다음세대들이 과잉 인권 논리 속에 휩싸여 있는 현실을 통찰하고, 다음과 같은 성경적 기준을 정하는 것이 중요하다.

첫째, 어떠한 행위가 죄냐 아니냐의 기준은 동의의 여부, 남에게 피해를 준 행위냐 아니냐의 여부, 내 양심의 가책 여부, 사회적 합의 여부가 아닌 '성경'임을 확실히 짚어 주는 것이 중요하다. 선악의 구별 기준은 정확 무오하신 하나님이 주신 성경으로 분별해야 한다는 기준을 제시해야 한다.

둘째, 성매매는 성경이 말하는 간음죄이며 성경이 금하고 있음을 알려 주어야 한다. 즉, 인간의 성행위는 한 남자와 한 여자의 결혼이라는 창조 질서 가운데 허락되며, 그 외의 경로로 이루어지는 성행위 일체를 간음으로 명료화하는 것이 필요하다.

셋째, 성매매를 합법화한 나라에서 드러나는 심각한 문제들, 곧 인신매매 증가, 성 판매자의 심각한 인권 유린, 외설적인 성매매 광고의 증가 등을 알려 주는 것도 효과적이다. 이렇게 하나님이 죄라고 한 성매매 행위를 인간이 권리로 둔갑시켜 법제화했을 때 일어나는 보응까지 설명해 준다면 더없이 좋은 교육이 된다. 2004년부터 성매매처벌법을 확실시한 한국의 경우, 성매매를 위한 인신매매가 감소했다는 사실도 알려 준다.

넷째, 성매매한 청소년이 있을 수 있으므로 자책감으로 끝내는 교육이 아니라 회개하는 백성을 사랑으로 품으시는 하나님을 한 번 더 알려야 한다. 그리고 악한 길에서 떠날 수 있도록 도와야 한다.

7. 성매매 합법화 국가 현황

1) 심각한 성애화
기독교 양육자들이 성매매에 대한 교육을 잘 수행하기 위해서는 성매매를 합법화한 나라가 겪고 있는 현실에 대해 긴밀히 살펴볼 필요가 있다.

하나님이 죄라고 한 성매매 행위를 인간이 권리로 둔갑시켜 공식화, 곧 성매매를 합법화했을 때 일어나는 사회적 문제가 어떤 것인지를 알기 위해서는 성매매 합법화 국가인 독일의 예를 살펴보아야 한다. 2001년, 독일의 성매매 합법화를 위한 운동가들과 정치인들은 성매매를 간음이라고 표현하지 않고 '돈으로 사는 사랑'이라고 미화하며 결국 그해 의회 표결에서 성매매를 합법화했다. 그러면서 주택가, 학교 앞에는 성매매 업소 운영을 하지 못하도록 제한 규정을 두었다. 성매매 광고, 알선에도 엄격한 제한을 두고 질서를 유지할 것이라고 했다. 이 일을 주도한 이들은 여성부 장관인 크리스티 네베르크만과 녹색당 의원 케어스틴 뮐러, 성매매 포주인 펠리시타스 바이크만 등이었다. 이들은 성매매 합법화가 성 판매 여성의 인권을 향상하고, 여성의 수입 창출에도 크게 도움이 될 것이라고 했다.

그러나 막상 인신매매 증가 등 성매매 부작용이 점점 심해지자 2016년에 성매매 합법화의 문제점을 일부 인정하며 법안 개정에 나섰고, 2017년부터 "성매매 종사자 보호법"(Prostituiertenschutzgesetz)이 시행되었다.[14] 그럼에도 불구하고 성매매 전면 합법화 이후 20여 년이 지난 지금, 독일에서는 시내버스 광고판에 성매매 업소 광고가 등장한다.

독일의 대표적 성매매 업체인 P사의 건물 외벽 광고에는 여성이 주요 부위만 가린 외설적인 복장을 하고 있고, 그 장면은 주변을 지나가는 남녀노소에게 고스란히 노출되고 있다. 또한 10만 원 정도의 돈이면 무제한으로 여성을 살 수 있는 이른바 뷔페형 업소도 등장했다. 심지어 '취미로 성매매를 하는' 주부가 등장하여, 성매매 여성 외에도 700여 명의 주부가 성매매를 위해 항시 대기 중이라고 선전하는 인터넷 사이트가 등장하기도 했다.[15] 심지어 성매매 포주가 우수한 기업가로 텔레비전 토크쇼에 출연하기도 했다. 그런데 그 기업가의 건물 지하에서는 14세 소녀에게 성매매를 강요했다가 적발당하는 일이 발생했다. 심지어 쾰른 시청은 시내 성매매 업소 건물에서 시청 공식행사를 하겠다고 해서 시민들이 항의하는 일도 벌어졌다.[16]

<그림 9-3. 토크쇼에 출연한 성매매 포주>[17]

그뿐만 아니라 성 구매자 유인용 성매매 광고 전단의 일반화, 성 판매자 발굴을 위한 성매매 알선업계의 등장, '맞춤형 성매매'를 소개하기 시작한 지역 소식지, 성매매 업소에 붙은 화려한 홍등의 폭증, 성매매를 부추기는 케이블TV 광고의 증가 등 독일 사회는 심각한 성애화를 겪고 있다.

독일의 칼럼니스트 코넬리아 필터는 "독일의 성매매 합법화, 그 이후 나타난 문제점과 대안"이라는 보고서를 발표하여 성매매 합법화 결정은 성매매 여성들의 현실을 더 비참하게 만들었다고 말했다.[18] 성 판매자들은 포주로부터 고객의 '제한 없는 성행위' 요구에도 응할 것을 강요당하는 등 심각한 인권유린으로 고통받고 있으며, 포주들만 이익을 취하는 현상이 벌어졌다고 고발했다. 또한 음지에서 소극적으로 벌어지던 성매매가 합법화되자, 성매매 공급자들의 과잉 경쟁이 대놓고 벌어지고 있다고 폭로했다. 게다가 인신매매, 노예 계약 등 각종 불법적 성매매 관련 조항이 더 확대되고 있다고 비판했다.

독일의 주간지 『슈피겔』(Der Spiegel) 역시 독일 성매매 합법화 이후 성매매 합법화의 애초 취지와 달리 성매매 종사자의 삶의 질은 여전히 바닥권에 머무르고 있고, 오히려 인신매매까지 늘었다고 보도했다.[19] "성매매 합법화 어떻게 실패했나"라는 제목으로 5주간 연재된 이 특집 기사는 독일 성매매 업계가 팽창하면서 이웃 나라에서 성매매 종사자들이 대거 유입됐다고 전했다. 특히 불가리아와 루마니아 등에서 몰려든 성매매 여성 때문에 공급이 늘어 성매매 가격은 오히려 폭락, 소위 덤핑 성매매 현상도 나타났다는 것이다. 심지어 과잉 경쟁 속에서 살아남기 위해 "콘돔 없이 성관계해 드립니다."라는 광고 문구까지 등장했다.[20] 이렇다 보니 오히려 성 판매자들이 성병 감염의 위험에 내몰리고, 이를 보다 못한 정부가 개입해서 이런 외설적 광고를 단속하는 일까지 벌어졌다. 미국 시사주간지 『타임』(TIME) 역시 독일 쾰른 지역에서 이전에는 성매매 비용이 약 40유로였지만, 성매매 합법화 이후 과잉 경쟁의 결과 최근 10유로까지 떨어졌다고 밝혔다.[21]

성매매 합법화를 통해 성 판매자가 각종 사회보장제도를 누릴 수 있을 것이라는 기대도 큰 착각이었음이 드러났다. 독일 의료보험기관은 성매매 합법화 이후 5년간 "성매매 여성이 고용자로 등록된 건수는 1%에 그쳐 실상 합법화에 따른 각종 고용보험의 혜택을 보는 여성은 거의 없다."라는 보고를 했다.[22] 이는 성매매 여성이 자신의 약력에 성매매 기록이 남는 것을 바라는 경우가 거의 없기 때문이라는 것이다.

<그림 9-4. 독일과 체코 국경선에서 성매매 손님을 찾고 있는 두 명의 여성>[23]

<그림 9-5. 독일 쾰른에 위치한 기업형 성매매 업소 P사>[24]

2) 인신매매 증가

성매매 합법화의 가장 치명적인 문제는 인신매매의 증가다. 하이델베르크 대학교 악셀 드레허(Axel Dreher) 교수는 150개 국가를 대상으로 조사한 결과, 성매매 합법화 국가에서 인신매매 범죄가 더 자주 일어나는 것으로 확인되었다고 발표했다.[25] 전술한 독일의 경우도 성매매가 합법화된 2002년에는 성 착취 목적 인신매매 피해자 수가 811명이었으나, 1년 뒤인 2003년에는 1,235명으로 급증하였다. 이후에도 피해자 수의 감소와 증가를 반복하며 합법화를 통해 기대하던 인신매매 감소 효과를 나타내지 못했다.[26] 반대로 성매매 처벌법을 제정한 한국은 그때부터 성매매를 위한 인신매매가 감소하는 효과를 거두었다. 스웨덴 역시 1999년에 성 구매자 처벌법을 시행하고 성매매 근절을 지향하게 되면서 성 구매율이 13.6%에서 7.8%로 줄었고, 성매매 여성 대상 범죄 및 인신매매가 감소했다.[27]

1970~1980년대에는 한국에서 인신매매가 기승을 부렸다. 승합차에 여성이 납치된 사건이 언론에 자주 보도될 정도였다. 그런 뉴스를 접한 국민은 불안에 떨 수밖에 없었다. 그러다가 2000년, 군산시 대명동에서 출입문

잠금장치가 있던 불법 성매매 업소에서 일어난 화재로 5명이 질식사하였고, 2002년 전북 군산 개복동에서도 성매매 집결 여성 14명이 포주에 의해 갇힌 것으로 보이는 상태에서 화마를 피하지 못하고 숨지는 참사까지 벌어지게 되었다.[28]

이 사건을 계기로 성매매산업 반대운동이 전국적으로 번졌다. 이후 2004년 9월 23일, 이른바 성매매 처벌 특별법을 시행하기에 이르렀다. 성매매 처벌을 공식화함으로써 우리나라에서는 성매매를 위한 인신매매가 급감했다.[29] 언론에 자주 등장하던 여성 인신매매 관련 보도도 함께 감소했다. 하나님이 죄라고 하는 것을 한 사회가 동일하게 죄라고 규정할 때, 그 혜택을 사회가 누리게 됨을 단편적으로 보여 주는 사례다.

따라서 한국은 독일과 같이 성매매를 합법화한 나라를 타산지석으로 삼아야 할 것이다. 성폭력·성매매 예방 강사로 활동하는 박은정 소장은 국내에서 다시 일고 있는 성매매 합법화 논란에 대해 다음과 같이 말했다. "성매매를 처벌한다 해도 음지에서 여전히 성매매는 발생하고 있습니다. 그렇다고 해서 성매매를 공식적으로 인정하고 합법화한다면 그때부터 그 사회는 악법의 폭정에 시달리게 될 것입니다."

8. 성매매 합법화를 막아 내기 위한 노력

대한민국은 성매매 합법화의 위기가 일곱 차례나 있었으나 아직 합법화되지 않았다. 특히 성매매 합법화를 위한 총 7회의 위헌소송 중 마지막 소송은 성 판매 여성의 소송이었으며, 간통죄 처벌법 폐지가 된 상태에서 벌어진 일이기에 막아 내기 힘든 상태였으나 적극적인 성매매 반대 서명운동과 시위, 기자회견, 의견서 제출 등으로 막아 냈다. 예수님이 다시 오시는 그날까지 이 영적 전쟁은 계속될 것이다.

기독교 양육자는 다음세대에게 성관계는 결혼 후 배우자와만 하는 것임을 인식하게 하고 성매매를 죄로 깨닫게 하신 하나님께 감사하도록 교육해야 한다. 특히 성매매 처벌법 폐지를 막아 주신 하나님께 감사하며, 자녀가 성매매하지 않기로 결단하도록 교육해야 한다. 그리고 성매매를 옹호했거나 성매매의 경험이 있다면 회개하고 죄에서 돌이키도록 도와야 한다. 이때 주의할 점은 성매매를 한 적이 있냐고 묻거나 추궁해서는 안 된다는 것이다. 자녀가 죄를 스스로 인식하고 회개하도록 돕고 사랑과 용서의 하나님을 만나도록 격려해야 한다.

<그림 9-6. 성매매 합법화를 막기 위한 노력>[30]

Ⅱ부　양육자를 위한 자료

10장
성폭력/디지털 성범죄

"어리석은 자는 온갖 말을 믿으나

슬기로운 자는 자기의 행동을 삼가느니라"(잠 14 : 15).

10장. 성폭력/디지털 성범죄

> **학습목표**
> 1. 성폭력과 디지털 성범죄의 개념과 특징, 유형을 이해한다.
> 2. 성경적 관점으로 성폭력 아동과 청소년을 바라본다.
> 3. 성경적 성가치관을 통한 성폭력/디지털 성범죄 예방교육을 공유하고, 주의점을 고취시킨다.

1. 성폭력이란?

성폭력이란 강간이나 강제추행뿐만 아니라 언어적 성희롱, 음란성 메시지 및 몰래 카메라 등 상대방의 의사에 반해서 가해지는 모든 신체적·정신적 폭력을 포함한다.

강간(強姦)은 폭행 또는 협박으로 사람을 강제로 간음하는 것을 말하며, 추행(醜行)은 성욕의 흥분 또는 만족을 얻을 동기로 행해진 정상의 성적인 수치감정을 심히 해치는 성질을 가진 행위를 말한다. 이 행위는 남녀·연령 여하를 불문하고 그 행위가 범인의 성욕을 자극·흥분시키거나 만족시킨다는 성적 의도하에 행해짐을 필요로 한다.

성희롱은 업무, 고용 그 밖의 관계에서 공공기관의 종사자, 사용자 또는 근로자가 그 직위를 이용하여 또는 업무 등과 관련해 성적 언동 등으로 성적 굴욕감 또는 혐오감을 느끼게 하거나 성적 언동 또는 그 밖의 요구 등에 대한 불응을 이유로 고용상의 불이익을 주는 행위를 말한다.[1]

부부 사이에도 강간죄가 성립할까?[2]

부부 사이 강간죄 성립을 인정한 판례가 있다. 과거에는 결혼이 정조권(貞操權)을 포기한다는 뜻으로 받아들여져서 아내에게 강제로 성관계를 요구하더라도 처벌을 받는 일이 거의 없었다. 하지만 이제는 부부 사이에 일어나는 강제적인 성관계에 대해서 사회적인 제도와 법이 제재를 가하고 있다. 부부 사이에도 강간죄가 성립하는가에 대한 문제는 형법 제297조에서 규정한 강간죄의 객체인 '사람'에 혼인관계가 정상적으로 유지되고 있는 법률상 배우자도 포함되는지의 여부와 관련이 있다. 종래 대법원은 혼인생활에서 부부 사이에 은밀히 이루어지는 성관계에 대한 국가의 개입을 자제하여 가정이 유지되도록 하기 위해 혼인관계가 실질적으로 유지되는 한 아내에 대해 강제적인 성관계를 한 남편을 강간죄로 처벌할 수 없다고 해석했다. 그러나 2013년, 대법원은 전원합의체 판결을 통해 형법은 법률상의 처를 강간죄의 객체에서 제외하는 명문을 두고 있지 않으며 강간죄의 보호법익을 자유롭고 독립된 개인으로서 여성이 가지는 성적자기결정권으로 보고 있으므로 형법 제297조가 정한 강간죄의 객체인 '부녀'에는 법률상 처가 포함되고, 혼인관계가 파탄된 경우뿐만 아니라 실질적인 혼인관계가 유지되고 있는 경우에도 남편이 반항을 불가능하게 하거나 현저히 곤란하게 할 정도의 폭행이나 협박을 가하여 아내를 간음한 경우에는 강간죄가 성립한다고 판시했다.

한편 위 대법원 전원합의체 판결 이전에는 강간죄의 객체가 '부녀'로 규정되어 있었지만, 형법 개정을 통해 강간죄의 객체가 '사람'으로 변경됐다[법률 제11574호(2012. 12. 18. 일부개정, 2013. 6. 19. 시행된 것을 말함)].

2. 성경 속 성폭력 사건과 처리

1) 성경 속 성폭력 사건

성경에 나오는 대표적인 성폭력 사건은 바로 암논이 다말을 성폭행한 사건이다(삼하 13 : 1-19). 가해자는 암논, 피해자는 다말이다. 다말은 옳지 않은 일, 즉 성폭력을 멈추라고 저항했으나 암논은 그 말을 듣지 않고 다말보다 힘이 세므로 억지로 강간했다고 성경은 표현하고 있다. 이후 다말은 온 성읍에 자신의 상황을 알렸다. 옷을 찢고 머리에 재를 뒤집어쓰며 아주 크게 울었다. 암논과 다말은 모두 다윗의 자녀로, 다말의 동의가 있었다 하더라도 이복형제 관계이므로 결혼할 수 있는 관계가 아니다. 다말이 암논에게 성폭력을 당한 사실을 알게 된 압살롬은 2년 뒤 암논을 죽였다(삼하 13 : 23-30). 이것은 성경의 대표적인 성군인 다윗의 가문에서 벌어졌다고 하기에는 너무나 충격적인 사건이다. 성경에는 다윗이 다말을 보호하고 보상하기 위해 어떠한 적극적인 노력을 했는지 나타나지 않는다. 많은 성경 연구가들의 의견은 다윗 역시 유부녀인 밧세바를 범한 성범죄자이며, 신명기 22장대로 적용하자면 사형을 당해야 하는 왕이었기 때문이었을 것이다.

세겜의 성폭력[3] 사건 역시 성경에 등장한다. 세겜은 하몰의 아들로서 야곱의 딸인 디나를 대상으로 성폭력을 저질렀다(창 34 : 2). 야곱의 아들들은 누이가 당한 성폭력 사건에 분노하여 세겜의 남자들을 모두 죽이는 대살인극을 벌였다. 이 사건 이후 야곱의 가족들은 가나안 족속과 브리스 족속의 보복적 침입을 두려워하여 세겜 땅을 떠나야만 했다. 한 사람의 음욕과 잔인함에 의한 성폭력 사건이 한 족속 전체에게 악영향을 미친 사건이다.

레위인의 첩이 집단 성폭력을 당하여 사망한 사건 역시 성경 속 대표적 성폭력 사건이다. 기브아 마을에 유숙하러 들른 에브라임 산지 출신인 한 레위인은 뜻하지 않은 불량배의 협박을 받게 되어 성폭력 사건에 휘말렸다. 악인들은 레위인에게 첩을 내놓으라는 요구를 했고, 이를 못 이긴 레위인은 결국 자신의 첩을 그들에게 내주었다. 그 결과 불량배들에게 밤새 성폭력을 당한 첩이 다음날 죽은 상태로 발견된 끔찍한 사건이 벌어졌다(삿 19장). 결국 이 상상조차 어려운 집단 성폭력 사건은 이스라엘 동족 간 피비린내 나는 살육 전쟁으로 확대되었고, 베냐민 지파는 이 전투에서 25,000명 이상이 사망하여 지파가 심각한 존폐 위기에 처하기도 했다(삿 20장).

2) 성폭력 범죄에 대한 성경 속 치리

앞에서 보듯 성경 속에서의 성폭력 범죄는 다양한 관계 속에서 나타나고 있고, 그에 대한 치리나 징계가 매우 명확하게 규정되어 있다. 그러나 실제로 처벌되지 않은 경우도 있다. 명확한 것은 성폭력은 영·혼·육을 파괴하는 심각한 폭력이자 간음의 일종이며, 성경이 철저히 금하고 있다는 것이다. 성경은 성폭행을 사형죄에 처할 것을 명하고 있다. 신명기 22 : 25~26은 약혼한 처녀를 성폭행한 남자를 사형에 처하라고 기록하고 있고, 여자에게 죄가 없다고 보고 있다.

3. 디지털 성범죄란?

디지털 성범죄란 카메라나 인터넷과 같은 디지털 매체를 이용하여 상대방의 동의 없이 신체를 불법촬영하여 저장, 유포, 유포협박, 전시/판매하는 등의 사이버 공간, 미디어, SNS 등에서의 성적 괴롭힘을 일컫는다.[4] 디지털 성범죄는 '사이버 성범죄', '온라인 성폭력' 및 '디지털 성폭력'과 혼용되어 사용되기도 하고, 특정 행위를 일컫는 '불법촬영', '리벤지 포르노' 등과 혼용되어 사용되고 있다. 한편 디지털 성범죄는 '데이트 폭력', '스토킹' 등 오프라인 공간에서 발생하는 성적 폭력과 연속선상에 있기도 하다.[5]

디지털 성범죄는 매우 다양한 행위를 통해 발생한다. 불법촬영물 시청이나 음란물 사진 합성 등 사소한 일로 생각하는 행동도 부지불식간에 디지털 성범죄에 가담하는 일이 될 수 있기 때문에 디지털 성범죄의 유형에 대한 정확한 지식과 인식이 있어야 이를 예방할 수 있다. 디지털 성범죄는 하나님 앞에서도 중대한 죄이지만, 법적인 문제와도 직결되기 때문에 디지털 성범죄의 종류와 처벌에 대해서도 숙지할 것을 권한다.

4. 디지털 성범죄의 유형[6]

구 분	예 시
불법촬영	- 신체의 일부(치마 속, 뒷모습, 전신, 얼굴, 나체 등)나 특정 행위(용변 보는 행위, 성행위 등)를 촬영 · 공공 화장실에 이상한 휴지뭉치가 있길래 확인해 보니 카메라가 설치되어 있었어요. · 애인과 숙박업소에서 자고 있는데 무언가 반짝여서 보니 카메라였어요.
유포·재유포	- 동의하에 촬영한 성적인 촬영물, 동의 없이 촬영한 성적인 촬영물을 단체대화방, SNS, 성인사이트, 커뮤니티 등에 동의 없이 유포 · 인터넷 커뮤니티에 저 모르게 촬영된 제 사진이 올라왔어요. · 헤어진 연인과 찍었던 성적 촬영물이 성인사이트에 올라간 것을 알게 됐어요. · 모델 아르바이트를 하며 찍은 노출사진이 계약서와 다르게 외부에 유출되었어요.
유포 협박	- 성적 촬영물을 유포하겠다는 협박 · 헤어진 남자친구가 재회를 요구하며 성관계 동영상을 저의 가족, 지인들에게 유포하겠다고 말해요. · 저의 사진을 유포하겠다며 금전, 또 다른 촬영물을 요구해요.
허위영상물 제작 및 유포·재유포	- 음란물에 유명인이나 일반인의 얼굴을 합성·편집 - 피해자의 일상적 사진을 성적인 사진과 합성 후 유포
소지·구입·저장·시청	- 불법촬영·유포물을 다운로드하거나 시청함

유통·소비	- 성인 사이트 등 플랫폼 사업자 및 이용자, 피해를 확산시키는 재유포자 - 영리 목적으로 불법촬영물의 유포 방조·협력 및 공유 등의 방식으로 소비
아동·청소년 대상 성착취·그루밍	- 미성년 피해자가 스스로 촬영하여 전송해 준 촬영물 유포를 협박의 수단으로 삼아 좀 더 높은 수위의 촬영물을 요구 - 취약한 상황에 처한 피해자에게 접근해 성적 대화를 반복하거나 친밀감을 쌓은 뒤 성적 행위를 하도록 유인
성적 괴롭힘	- 사이버 공간 내에서 성적 내용을 포함한 명예훼손 또는 모욕 - 원치 않는 성적 이미지나 영상(링크) 제공 - SNS, 단톡방 등에서 성희롱(성적인 내용의 글을 담아 피해자의 일상 사진을 게시)

<표 10-1. 디지털 성범죄의 다양한 유형과 예시>

1) 카메라 등 이용 불법촬영

'카메라 등 이용 불법촬영'이란 카메라나 그 밖에 이와 유사한 기능을 갖춘 기계장치를 이용해 성적 욕망 또는 수치심을 유발할 수 있는 사람의 신체를 촬영대상자의 의사에 반해 촬영(이하 '불법촬영'이라 함)하는 행위(이하 '카메라 등 이용 촬영죄'라 함)를 말한다.[7]

<그림 10-1>

불법촬영은 대표적인 디지털 성범죄다. 2018년도 기준, 불법촬영 디지털 성범죄 피해의 경우 성별 비율로는 여성이 88.1%로 압도적으로 많으며, 남성도 11.9%에 이른다. 특히 불법촬영자의 경우 배우자, 전 연인, 회사 동료 등 지인인 경우가 74.3%에 달하고, 모르는 사람에 의해 불법촬영 범죄가 벌어진 것은 25.7% 정도이다.[8] 불법촬영 한 부위가 "성적 욕망 또는 수치심을 유발할 수 있는 사람의 신체"에 해당하는지의 여부는 객관적

으로 피해자와 같은 성별, 연령대의 일반적이고도 평균적인 사람들의 입장에서 성적 욕망 또는 수치심을 유발할 수 있는 신체에 해당되는지를 고려함과 아울러, 해당 피해자의 옷차림, 노출의 정도 등은 물론, 촬영자의 의도와 촬영에 이르게 된 경위, 촬영 장소와 촬영 각도 및 촬영 거리, 촬영된 원판의 이미지, 특정 신체 부위의 부각 여부 등을 종합적으로 고려해 구체적·개별적·상대적으로 판단한다.[9] 이를 위반하여 카메라 등을 이용해 불법촬영을 한 자는 7년 이하의 징역 또는 5천만 원 이하의 벌금에 처해진다.[10] 상습으로 카메라 등 이용 촬영죄를 범한 때는 형의 2분의 1까지 가중하며, 카메라 등 이용 촬영죄의 미수범도 처벌한다.[11] 음란물을 과다하게 시청하다가 성적 충동을 자제하지 못하고 이 같은 범죄를 저지르게 되는 경우가 많다. 우리가 보고 즐긴 것이 우리의 영·혼·육에 영향을 끼쳐, 결국 우리의 행동과 그 결과물들로 이어진다는 것을 잊지 않아야 할 것이다.

2) 촬영물 유포/재유포 또는 유포 협박

카메라 등 이용 불법촬영물 또는 복제물(복제물의 복제물을 포함함. 이하 같음)을 촬영대상자의 의사에 반해 반포·판매·임대·제공 또는 공공연하게 전시·상영(이하 '반포 등'이라 함)한 자 또는 그 촬영이 촬영 당시에는 촬영대상자의 의사에 반하지 않은 경우(자신의 신체를 직접 촬영한 경우를 포함함)에도 사후에 그 촬영물 또는 복제물을 촬영대상자의 의사에 반해 반포 등을 한 자는 7년 이하의 징역 또는 5천만 원 이하의 벌금에 처해진다.[12] '남들이 뿌리니까 나도 뿌려도 되겠지.' 하는 생각으로 촬영물을 공유했다가 처벌을 받는 일이 없도록, 단순 공유도 디지털 성범죄의 유형 중 하나로 포함된다는 것을 평소에 잘 알려 주어야 한다. 또한 실제로 촬영물을 유포하지 않더라도 이를 이용하여 사람을 협박하고 강요하는 것도 1년 이상의 유기징역에 처할 수 있는 범죄라는 사실을 알아야 한다.[13]

3) 허위영상물 등 제작

'허위영상물 등 제작'이란 사람의 얼굴·신체 또는 음성을 대상으로 한 촬영물·영상물 또는 음성물을 영상물 등의 대상자의 의사에 반해 성적 욕망 또는 수치심을 유발할 수 있는 형태로 편집·합성 또는 가공한 편집물·합성물·가공물을 말한다. 반포·판매·임대·제공 또는 공공연하게 전시·상영할 목적으로 영상물 등을 영상물 등의 대상자의 의사에 반해 성적 욕망 또는 수치심을 유발할 수 있는 형태로 편집 등을 한 자는 5년 이하의 징역 또는 5천만 원 이하의 벌금에 처해진다.[14]

대표적인 허위영상물로는 딥페이크가 꼽힌다. 딥페이크는 인공지능(AI) 기술을 이용해 기존 인물의 얼굴이나 특정 부위를 합성한 영상 편집물이다. 사진 몇 장만 있으면 움직이는 영상에도 영화의 컴퓨터 그래픽처럼 얼굴을 입힐 수 있어 디지털 성범죄에 악용되는 일이 잦다. 최근에는 딥페이크 카테고리를 만들어 유명 연예인의 합성물만 게시하는 음란물 사이트도 등장하고 있다. 유명인사의 경우 모든 딥페이크에 일일이 대응하기 어렵다는 점을 노린 범죄가 늘고 있다. 얼굴은 유명 연예인인데 신체 부위는 익명의 음란물 배우의 몸으로 합성되는 사례가 가장 흔하며, 피해자의 정신적 충격은 어떤 것으로도 보상하기가 어렵다.

4) 촬영물 또는 복제물 소지·구입·저장 또는 시청

카메라나 그 밖의 이와 유사한 기능을 갖춘 기계장치를 이용해 성적 욕망 또는 수치심을 유발할 수 있는 사람의 신체를 촬영대상자의 의사에 반해 촬영한 촬영물 또는 복제물 또는 그 촬영이 촬영 당시에는 촬영대상자의 의사에 반하지 않은 경우(자신의 신체를 직접 촬영한 경우를 포함함)에도 사후에 그 촬영대상자의 의사에 반해 반포·판매·임대·제공 또는 공공연하게 전시·상영한 촬영물 또는 복제물을 소지·구입·저장 또는 시청한

자는 3년 이하의 징역 또는 3천만 원 이하의 벌금에 처해진다. [15]

5) 아동·청소년 성착취물의 제작 및 배포

아동·청소년 성착취물을 제작·수입 또는 수출한 자는 무기징역 또는 5년 이상의 유기징역에 처해진다. [16] 상습적으로 아동·청소년 성착취물을 제작·수입 또는 수출한 자는 형의 2분의 1까지 가중된다. [17] 아동·청소년 성착취물 제작·수입 또는 수출 행위의 미수범도 처벌한다. [18] 영리를 목적으로 아동·청소년 성착취물을 판매·대여·배포·제공하거나, 이를 목적으로 소지·운반·광고·소개하거나 공연히 전시 또는 상영한 자는 5년 이상의 징역에 처해진다. [19]

6) 아동·청소년의 성을 사는 행위

'아동·청소년의 성을 사는 행위'란 아동·청소년, 아동·청소년의 성(性)을 사는 행위를 알선한 자 또는 아동·청소년을 실질적으로 보호·감독하는 자 등에게 금품이나 그 밖의 재산상 이익, 직무·편의제공 등 대가를 제공하거나 약속하고 다음의 어느 하나에 해당하는 행위를 아동·청소년을 대상으로 하거나 아동·청소년에게 하게 하는 것을 말한다. [20] 아동·청소년의 성을 사는 행위를 한 자는 1년 이상 10년 이하의 징역 또는 2천만 원 이상 5천만 원 이하의 벌금에 처해진다. [21] 아동·청소년의 성을 사기 위해 아동·청소년을 유인하거나 성을 팔도록 권유한 자는 3년 이하의 징역 또는 3천만 원 이하의 벌금에 처해진다. [22]

7) 아동의 성적 학대행위

'아동'이란 18세 미만인 사람을 말하고, [23] 아동에 대한 성적 침해 또는 착취행위는 '아동·청소년의 성보호에 관한 법률'뿐만 아니라 '아동복지법'상금지행위에도 해당한다. 누구든지 아동에게 음란한 행위를 시키거나 이를 매개하는 행위, 아동에게 성적 수치심을 주는 성희롱 등의 성적 학대행위를 한 자는 10년 이하의 징역 또는 1억 원 이하의 벌금에 처해진다.[24]

8) 아동·청소년에 대한 성착취 목적의 대화, 성적 행위 유인·권유

19세 이상의 사람이 성적 착취를 목적으로 정보통신망을 통해 아동·청소년에게 다음의 어느 하나에 해당하는 행위를 한 경우에는 3년 이하의 징역 또는 3천만 원 이하의 벌금에 처해진다.[25] 이러한 행위는 성적 욕망이나 수치심 또는 혐오감을 유발할 수 있는 대화를 지속적 또는 반복적으로 하거나, 그러한 대화에 지속적 또는 반복적으로 참여시키는 행위를 말하며 다음 어느 하나에 해당하는 행위를 하도록 유인·권유하는 행위가 해당된다.

- 성교 행위
- 구강·항문 등 신체의 일부나 도구를 이용한 유사 성교 행위
- 신체의 전부 또는 일부를 접촉·노출하는 행위로서 일반인의 성적 수치심이나 혐오감을 일으키는 행위
- 자위 행위

이러한 성범죄를 '온라인 그루밍' 혹은 '디지털 그루밍'이라고 칭하기도 한다. '그루밍 성폭력'은 피해자와 친밀한 관계를 형성한 뒤 이를 이용해 성적으로 학대 및 착취하는 것을 말하며, 그중 '온라인 그루밍'이란 그루밍의 과정이 실제 만남 없이 디지털 기술과 온라인 공간을 활용해 이루어지는 것을 말한다. 특히 기존의 관련 법령에서는 그루밍 자체를 처벌하는 규정이 없었던 데다, 성착취와는 달리 협박이 동원되지 않는 경우가 많고, 아동·청소년이 자발적인 행동을 보인다는 점에서 보호자나 수사기관이 인

지하기 어려운 측면이 컸다.

이에 2021년 개정된 '아동·청소년의 성보호에 관한 법률' 15조의2에서는 온라인 그루밍의 구성요건이 신설되었다. 즉, 현행법상 온라인에서 아동·청소년을 성적으로 착취하기 위한 목적으로 '성적 욕망이나 수치심 또는 혐오감을 유발할 수 있는 대화'를 지속적·반복적으로 하거나, '성적 행위를 하도록 유인·권유'하는 행위는 처벌이 가능하다.[26]

온라인 그루밍 처벌에 대한 가상의 사례

페이스북 메신저는 대표적인 인스턴트 SNS의 일종인데, 페이스북 게시물과는 달리 메시지를 보내온 익명 혹은 지인인 대상과 비공개 일대일로만 대화가 가능한 소통 도구로, 일명 '페메'라고 불린다. 학부모 김○○ 씨는 얼마 전 우연히 고등학교 1학년 둘째 딸의 페메를 보고 경악을 금치 못했다. 갓 고등학생이 된 딸이 평소 가족이나 친구들과는 나누지 않는 성적인 대화를 페메로 접근한 성인 남성과 나누고 있었던 것이다. 이 남성은 딸이 그린 그림을 칭찬하며 접근했다가 그림 그리는 손이 예쁘다며 손 사진을 올려 달라고 요청했고, 이후에는 신체의 특정 부위를 찍어 사진을 올려 보라는 요청을 했다. 최근의 메시지에는 성적 행위를 실시간 영상 등으로 보여 달라고 요구하는 내용까지 담겨 있었다.

온라인 그루밍 처벌 근거가 생기기 전에는, 이러한 대화 내용을 기반으로 해당 남성을 경찰에 신고하더라도 이를 제재·처벌할 수 있는 근거가 명확하지 않았기에 경찰의 적극적인 수사를 기대하기 어려웠다. 즉, 강간 등 성폭력이나 성매매, 성 착취물 제작 등 직접적 성범죄가 발생되기 전이라 딱히 수사를 하기가 어려웠던 것이다. 친근한 관계를 기반으로 이러한 성적 요구들이 일어났을 뿐이라고 피의자가 발뺌을 하면 더 이상 추궁하기가 어려운 상황이었다.

그러나 이번 개정을 통해 '온라인 그루밍' 처벌 근거가 마련됨으로써 상황이 달라졌다. 온라인상에서의 성 착취 목적의 대화나 성적 행위 유인·권유만으로도 처벌이 가능하게 된 것이다. 이로써 아동·청소년 본인이나 아동·청소년 보호자들은 온라인상에서의 이러한 대화를 근거로 범죄를 보다 적극적으로 신고할 수 있고, 법의 예방적 기능이 강화되었음을 실감할 수 있을 것으로 기대된다.

9) 사이버 공간 내 성적 괴롭힘

'사이버 공간 내 성적 괴롭힘'이란 온라인을 통해 상대방에게 성적 수치심을 일으키는 그림을 전송하거나, 디지털 성범죄 피해자의 신상정보 등을 공개적으로 유포하거나, 성적으로 명예훼손 또는 모욕하는 행위를 모두 포괄하는 개념이다.[27] 성적 괴롭힘에 대한 처벌은 성폭력처벌법, 정보통신망법, 형법에 의해 다루어지는데 온라인에서 자주 사용되는 은어도 성희롱에 해당될 수 있으므로 주의해야 한다.[28]

5. 디지털 성범죄의 특징[29]

1) 지속성 및 반복성

디지털 성범죄는 전통적 유형의 성범죄들과 결합해 범죄가 지속, 반복되기 쉽다. 디지털 성범죄는 디지털 공간에만 국한되는 것이 아니라 피해 당사자를 비롯해 대다수의 피해 대상자인 여성에 대한 차별적인 인식을 부추긴다. 또한 데이트 폭력, 강간 등 여성을 상대로 한 폭력적인 문화에 영향을 미치며 성매매 산업을 강화시키기도 한다.

2) 익명성

플랫폼의 보안성 등으로 증거 수집이 어렵고 은폐가 용이하다. 실제 생활에서는 전혀 그렇게 보이지 않던 사람이 익명성이 보장되는 인터넷 세상에서는 전혀 다른 사람으로 돌변하여 사이버 성범죄의 가해자가 될 수 있다. 그뿐만 아니라 디지털 성범죄는 휴대폰, 온라인 등의 매체를 통해 이루어지므로 전 연령대에서 접근 가능하고 성범죄 피해 촬영물을 소비하는 다수의 익명 동조자들로 인해 범죄에 대한 인식이 낮아지게 되는 문제를 가져온다.

3) 확장성

디지털 기술이 매우 빠른 속도로 발전하면서 디지털 성범죄물 역시 시공간을 넘어 빠르게 유통되면서 확장된다. 또한 디지털 기술은 이미지의 유포·합성·소비의 가능성을 무한대로 확장시키기 때문에 디지털 성범죄는 피해와 가해의 구도가 1대 다수를 이루고, 생산자와 소비자의 경계가 불분명해지는 특징이 있다. 즉, 성범죄 피해물의 복제 가능성, 변형 가능성, 항상성 등으로 인해 디지털 이미지를 이용한 피해가 무한히 확대될 위험이 있는 것이다. 심지어 디지털 성범죄 피해를 다룬 기사나 보고서가 오히려 피해물이 될 수도 있다. 지나치게 상세한 가해 사실의 전달은 피해자를 성적 대상화 시킬 수 있고 모방 심리를 부추길 수 있기에 조심해야 한다. 또한 불법촬영물 등을 다운받거나 공유하고 댓글을 다는 것과 같은 단순한 행위 또한 디지털 성폭력 산업을 확장시키는 데 참여하는 것이 된다. 이런 행위가 근절되지 않는 한 성폭력 산업으로 인한 피해자는 계속 발생하게 되므로 이러한 행위를 반드시 절제해야 한다.

6. 성범죄 피해 예방

1) 성폭력 피해자와 가해자와의 관계

"어리석은 자는 온갖 말을 믿으나 슬기로운 자는 자기의 행동을 삼가느니라"(잠 14 : 15).

어릴 적부터 아이들에게 모든 사람을 의심하라고 가르쳐서는 안 된다. 그러나 모든 사람을 믿는 것만큼 어리석고 위험한 일도 없다는 것을 알려 주어야 한다. 성범죄 가해자 중 가장 높은 비율을 보이는 부류는 다름 아닌 지인이다. 2017년에 여성과 아동 폭력 피해자를 지원하는 기관인 해바라기 센터에서 발표한 자료에 따르면, 성폭력 피해자와 가해자와의 관계에서 아는 사람이 59.3%로 조사된 바 있다. 그중에서도 사회적 관계에 의한 피해가 47%로 가장 높게 나타났다. 사회적 관계에는 직장 관계, 학교 선후배, 교육자, 동네 사람 등이 포함되어 있다.[30]

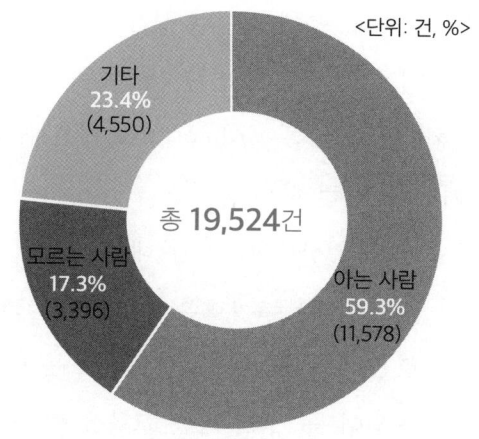

<그림 10-2. 성폭력 피해자와 가해자와의 관계>[31]

어릴수록 지인 혹은 지인이 아는 사람에 대한 안심과 신뢰를 보이는 경우가 많아 아파트 단지 안에서 몇 번 마주친 사람도 '아는 사람'의 범주에 포함시키는 경우가 많다. 아는 사람이라서 따라갔다가 봉변을 당한 아이

들에게 그 사람에 대해서 무엇을 알기에 아는 사람이냐고 물어보면 실상 아는 것이 하나도 없고 그저 몇 번 마주친 것, 그래서 간단한 인사를 나눈 것을 토대로 아는 사람이라고 생각하는 경우가 많다. 그리고 그런 사람에 대한 막연한 신뢰와 의지를 보이기 쉽다. 그래서 어린 자녀일수록 아는 사람이든 모르는 사람이든 따라가서는 안 되고, 특히 단둘만 있는 상황을 피하도록 교육해야 한다.

또한 "어떤 사람이 하나님이 하면 안 된다고 하신 일을 하라고 하면, 그런 일은 하지 않아도 된단다. 하나님이 하면 안 된다고 하신 일, 즉 나쁜 일을 너한테 시키려고 하면 언제든지 엄마나 아빠한테 말해다오."라고 평소에 말해 주는 것도 필요하다.

누군가가 어떤 일을 부모에게 비밀로 하자고 하면 그런 말을 들어서는 안 된다고 알려 주고, 모든 것을 부모에게 말할 수 있는 가정의 분위기를 조성해 두는 것이 중요하다. 특히 디지털 성폭력의 경우, 지인에게 유포하겠다는 협박을 하며 더 심한 성적 착취를 감행하는 상대에게 끌려가게 되는 경우가 많은데, 자신의 신체를 찍어 상대방에게 보낸 후 더 일이 심각하게 확대되는 사례가 바로 이런 경우다.

"실수로 너의 몸을 찍어서 상대방에게 보내는 바람에 협박을 당하는 일이 있더라도 반드시 엄마, 아빠(양육자 혹은 교사)에게 알리고 도움을 요청하거라. 우리가 전심으로 도와줄 거야. 또 경찰과 모든 어른들이 너를 도와주고 기도하며 네 편이 되어 줄 거야."라는 교육을 해 두는 것이 필요하다. 이러한 교육은 자신의 몸을 찍어서 상대방에게 보내서는 안 된다는 교육적 효과도 있는데다 실제로 그런 일이 벌어졌을 때 부모에게 감추느라 더 피해를 입고 수습이 어려운 상황까지 가는 것을 줄여 준다.

스마트폰 사용법 지도

스마트폰 사용법을 지도하는 것은 그루밍 성범죄에 노출되어 있는 자녀를 양육하는 데 매우 중요한 요소이다. 기독 양육자들은 자녀들에게 스마트폰을 어떻게 사용하라고 지도해야 할까?

첫 번째, 스마트폰을 되도록 늦게 사 주는 것이 좋다. 아이들은 아직 삶에 대한 통찰과 경험, 배경지식이 불완전하기 때문에 과도한 온라인 활동을 통해 위험하고 부정적인 경험을 할 가능성이 크다.

두 번째, 이미 스마트폰이 있는 청소년이라면 무작위 채팅앱이나 SNS를 자제하도록 지도한다. 온라인의 방대한 정보, 자극성 등의 특성상, 이것들이 청소년에게 매우 매력적으로 다가온다. 따라서 청소년 스스로가 랜덤 채팅앱의 위험성을 경계할 수 있도록 교육해야 한다. "엄마는 모르는 성인이 너희에게 수시로 접근하는 것이 무척 싫고 걱정이 돼. 꼭 필요한 이유가 아니라면 SNS와 채팅앱은 미성년자인 너희들이 하지 않았으면 해. 그러면 엄마, 아빠가 정말 안심이 될 것 같아."라고 소통하며 각종 사이버 성범죄 통계나 실상을 나누는 것이 필요하다.

세 번째, 온라인을 통한 소통이나 놀이 외에 실제 생활에서 즐길 수 있는 건전한 취미생활을 개발하도록 돕는다. 악기 연주, 각종 스포츠 활동, 그림 그리기 등 사이버 세상을 벗어나 실생활에서 활동하며 즐거움을 얻도록 돕는다.

네 번째, 자녀들이 늘 어른에게 적극 도움을 요청할 수 있도록 믿음을 준다. 청소년이 사이버상에서 성적 유인을 감지하거나 혹은 자신도 모르게 유인되어 피해를 본 경우, 수치심에 빠진 청소년이 '부모는 항상 안전한 기지'라는 믿음을 갖고 양육자에게 도움을 적극 요청할 수 있도록 평소에 깊은 신뢰 관계를 갖도록 힘써야 한다.

다섯 번째, 합당한 칭찬을 한다. 청소년 자녀가 랜덤 채팅앱 등 위험한 성적 유인 경로로부터 자신을 보호하기 위해 자기 관리를 잘할 때는 합당한 칭찬을 해 줌으로써 바람직한 미디어 생활을 할 수 있도록 돕는다.

2) 성폭력 대책

여성가족부는 2019년 8~11월 전국의 19세 이상 64세 이하 남녀 1만 명을 대상으로 설문한 "2019 성폭력 안전실태조사" 결과를 발표했다. 폭력을 막기 위한 가장 중요한 정책으로, 남녀 모두 '가해자 처벌 강화'를 1순위로 꼽았다. 두 번째로 필요한 정책에 대해서도 '신속한 수사와 가해자 검거'라고 답해 남녀 모두 동일한 인식을 나타냈다. 세 번째로 시급한 대책부터는 순위별로 성별 차이가 나타났다. 여성 응답자는 '가해자 교정치료를 통한 재범 방지 강화'를, 남성 응답자는 '안전한 생활환경 조성'을 골랐다. 여성은 필요한 정책으로 '안전한 생활환경 조성'을 네 번째로, '불법촬영과 유포에 한정된 처벌 대상의 범위 확대'를 다섯 번째로 꼽았다. 남성 응답자들 사이에서는 '처벌 대상 범위 확대'와 '가해자 교정치료'가 4, 5순위 정책으로 매겨졌다.[32]

그러나 아무리 처벌 수위를 올려도 성폭력은 오히려 증가하고 있다. 이는 가해자 처벌 강화가 성폭력 예방을 위한 가장 좋은 방법이 될 수 없음을 방증한다. 앞서 음란물 편에서 다루었듯이 성적 충동과 호기심을 부추기는 성교육과 문화, 그리고 이를 즐기는 것을 당연시하는 세상 속에서 처벌만 강화한다고 해서 성폭력이 근절되는 것은 아니다.

"하나님의 말씀과 기도로 거룩하여짐이라"(딤전 4:5).

우리가 거룩을 회복할 때 성폭력을 예방할 수 있다. 즉, 인간이 고도로 성애화 되게 만드는 음란한 문화와 미디어를 제거하고 내면을 성화시켜야 한다.

7. 성폭력 아동·청소년에 대한 이해와 대처

성폭행은 영과 육에 큰 피해를 입힌다. 성폭행 피해자들은 외상 후 스트레스 장애(post-traumatic stress disorder, 트라우마)로 인해 본인이 피해자임에도 불구하고 마음의 짐을 심하게 지게 되는 경우가 많다.

외상 후 스트레스 장애는 신체적인 손상 및 생명의 위협을 받는 등 보통의 일상생활에서 경험할 수 없는 신체적·정신적 충격의 상황을 겪은 후 나타나는 증상이다. 개인차가 있으나 감정 회피 혹은 마비 증상, 분노, 피해의식, 수치심 등의 정신적 증상 외에도 두통, 소화불량, 손 떨림, 수면 곤란 등의 신체적 증상을 동반하는 경우도 많다. 이런 증상이 최소 1개월 이상 지속되면 외상 후 스트레스 장애로 진단한다.

아동·청소년기에 성폭행을 당한 경우 그 트라우마는 더 크다. 자신이 처한 상황에 대한 인지적 조망 능력이나 분별력, 자아에 대한 개념이 확실히 형성되지 않은 미성년자의 시기에 성폭행을 당하면 그 충격은 성인에 비해 더 클 수밖에 없다. 아동·청소년기의 어린 피해자들은 트라우마로 말미암아 자신을 용서하지 못하고, 괴롭히고, 자책하고, 분노하고, 과거로 돌아갈 수 없음에 좌절하기도 한다. 또한 일상생활을 할 수 없을 정도로 대인기피증을 보이거나 폭력적으로 변하기도 한다. 실제로 경계성 인격장애 환자들의 80%가 아동기나 청소년기에 정서적 손상, 성폭행 등을 당한 경험이 있다는 학계의 보고가 있다.[33]

그렇다면 부모의 태도는 어떠해야 할까? 자녀가 성폭행 피해 사실을 이야기할 때 부모로서는 놀라고 분노하기 마련이다. 그러나 부모가 지나치게 놀라거나 분노하는 모습을 보이면 아이는 그 일에 대해 함구하게 되고 치료나 상담 등의 해결이 어려워진다. 부모가 안전기지 역할을 해 주고 어떤 내용이라도 말할 수 있도록 차분하고 공감 넘치되 객관성을 확보하는 태도가 필요하다. 그렇지 않고 부모가 자녀의 성폭행 피해 사실에 충격 받고, 울고, 화내는 모습을 보이면 자녀는 더 큰 불안감에 휩싸이고 안전기지를 상실한 느낌을 받게 된다. 특히 사건 자백 후 가정불화, 부부 싸움 등이 일어나는 모습을 보면 아이들의 자책감은 더 커지고 트라우마도 더 깊어지게 된다.

평소에 어떤 일이라도 부모에게 말할 수 있도록 분위기를 만들어 주는 것이 가정에서 이루어져야 할 첫 번째 치료다. 상처받고 고통받고 있는 자녀의 마음에 공감하고, 피해자인 자녀에게 잘못이 없음을 명료하게 말해 주어 안심시키는 것이 중요하다. 더러 영원히 부모에게 말하지 못하고 혼자 상처를 떠안고 지내다가 극단적인 선택을 하는 경우도 있다. 두 번째로 부모는 아이가 성폭행 피해 사실을 감추지 않고 부모에게 이야기해 준 것에 대해 고마움과 지지를 표시해야 한다. 즉, 충분한 공감과 지지 이후 상세히 사건 내용을 파악하는 것이 중요하다. 세 번째로 담당 전문가들을 만나야 한다. 경찰에 신고하고, 트라우마 치료를 위한 성경적이고 전문적인 상담을 받는 것이 중요하다.

디지털 그루밍 대처방안[34]

- 나이, 주소, 학교, 아이디, 전화번호 등 개인정보 제공 요청에 대해 거절할 것
- 이유 없이 문화상품권, 게임아이템 등 대가를 주겠다고 접근하는 사람을 차단할 것
- 따로 메신저로 연결하자고 제안하는 상대방을 차단할 것
- 부모에게 알리지 않고 따로 만나자고 제안하는 상대방을 차단할 것
- 사진 및 동영상 제공 요청을 하는 상대방을 차단할 것
- 이런 상대를 차단 및 거절할 뿐 아니라 이런 제안이 있었음을 반드시 보호자에게 알릴 것

아동·청소년 성폭력/디지털 성범죄 지원센터

성범죄 가해자를 신고하거나 피해자를 지원해야 하는 상황이 생길 경우 아래의 지원 기관을 활용할 수 있다.

- 여성긴급전화 1366(365일, 24시간 상담 가능)
  전화상담 : 국번 없이 1366
  카카오 상담(카카오톡 검색창에서 'women1366' 검색)
- 디지털 성범죄 피해자 지원센터
  02) 735-8994(평일 8 : 00-22 : 00)
- 청소년사이버상담센터
  1388(24시간 전화 상담)
  #1388(24시간 문자·카카오톡 상담)
- 사이버경찰서(24시간) : 112(무료)/182(유료)
- 한국성폭력상담소 : 02) 338-5801
- 한국성폭력위기센터 : 02) 883-9284
- 한국사이버성폭력대응센터 피해자지원부 : 02) 817-7959
- 서울해바라기센터 : 02) 3672-0365
- 범죄피해자 긴급구호전화 : 1577-1295
- 대한법률구조공단(피해자 무료 법률 지원) : 132

이 외에도 성폭력 피해자를 위해 다양한 서비스를 지원하는 기관들이 많다. 이를 상세하게 소개한 자료로 '피해자 지원에 관한 안내서'가 있으니 참고하기 바란다.[35]

8. 성폭력 예방교육 시 주의할 점

공교육에서 진행되는 성교육이란 성폭력 예방교육을 일컫는 경우가 많다. 여성가족부는 2022년에도 성폭력 예방교육 매뉴얼을 발표했는데, 보통은 이 매뉴얼을 성교육 매뉴얼로 받아들인다. 즉, 해마다 이러한 매뉴얼을 참조로 하여 학교, 기업 등 공적인 영역에서 성폭력 예방교육을 하고, 이 성폭력 예방교육이 성교육이라는 이름으로 진행되고 있는 것이다.

그런데 성폭력 예방교육을 할 때 주의해야 할 점이 있다. 상대방과의 동의가 있었다면, 즉 상호존중(mutual respect)만 담보된다면 성적인 행위를 해도 된다는 인식이 심어지지 않도록 해야 한다는 점이다. 상호존중이라는 단어 자체에 문제가 있다는 것은 아니다. 자칫 성폭력 예방교육이 '상호존중 만능주의' 또는 '합의 만능주의'로 빠져 버리지 않도록 경계해야 한다는 것이다. 상대방의 동의를 얻지 않고, 즉 상호존중 없이 성적인 행위를 했을 때 그것이 성폭력, 성추행 등 성범죄가 될 수 있다고 교육하는 과정에서 상호존중만 보장된다면 모든 성폭력이 예방되므로 최종적인 성교육의 아젠다가 상호존중 또는 합의 동의라는 이름으로 결론지어지는 것에 대해 주의해야 한다는 뜻이다.

이러한 교육을 받은 아이들은 상호존중을 성교육에 있어서 가장 핵심적인 개념으로 붙들게 되고, 상호존중하에 하는 모든 성적 행위는 정당하다고 생각하게 되는 경향이 있다. 실제로 이런 교육을 받은 많은 아이들은 "상호존중하에서는 성매매든, 동성애든, 원나잇이든, 불륜이든 다 해도 되는 것이 아닌가요? 다른 사람에게 피해만 주지 않으면 되는 것이 아닌가요? 서로 즐거웠고 동의하에, 상호존중하에 한 성관계가 무슨 문제가 있나요?"라는 공리주의적 관점으로 성적 문제의 옳고 그름을 판별하려는 경향이 짙어진다. 모든 것을 존중해 주는 것이 성경적인 것은 아니다. 오히려 한 영혼을 진심으로 긍휼히 여기고 주 안에서 사랑한다면 그가 옳은 길로 갈 수 있도록 인도하고, 잘못된 것을 사실대로 말해 줄 수 있어야 한다.

우리가 이러한 이야기를 하기 위해서 용기를 내야 할 때가 있다. 오히려 인간은 상호존중하에서도 죄를 지을 수 있으며, 성폭력 역시 상호존중 문화가 깨져서라기보다는 고도의 성애화, 음욕의 죄악, 곧 간음조차 사랑이라고 일컫는 잘못된 문화, 그리고 고도의 인본주의를 선이라 일컫는 사회 분위기, 하나님의 형상대로 지음 받은 존재인 인간을 진정으로 사랑하는 마음의 쇠락, 그리고 반성경적인 세계관의 만연으로 벌어지는 일임을 깨닫도록 도와야 한다. 즉, 성폭력의 문제는 타락한 인간의 죄악의 결과로 증가하고 있으며, 하나님의 형상대로 지음 받은 유일한 존재인 인간에 대한 왜곡된 시선과 행동화로 인한 것임을 주지시켜야 한다.

인간이 서로의 마음을 돌보고 배려하는 것은 굉장히 중요하다. 그러나 상호존중하에 무엇이든지 해도 된다고 오해시킬 만한 성교육을 지양해야 하며, 진정한 배려의 의미를 교육하고 참된 사랑의 개념도 교육해야만 하는 것이 성폭력 예방교육의 중요한 포인트가 된다.

9. 위로하시고 치유하시는 하나님

하나님은 영육 간의 어떤 고통과 상처도 치유하실 수 있는 분임을 믿고 나아갈 수 있도록 함께 성경구절을 찾아 읽어 보는 것이 중요하다.

"…… 나는 너희를 치료하는 여호와임이라"(출 15 : 26).

"여호와께서 또 모든 질병을 네게서 멀리 하사 너희가 아는 애굽의 악질에 걸리지 않게 하시고 너를 미워하는 모든 자에게 걸리게 하실 것이라"(신 7 : 15).

"너는 돌아가서 내 백성의 주권자 히스기야에게 이르기를 왕의 조상 다윗의 하나님 여호와의 말씀이 내가 네 기도를 들었고 네 눈물을 보았노라 내가 너를 낫게 하리니 네가 삼 일 만에 여호와의 성전에 올라가겠고"(왕하 20 : 5).

"하나님은 아프게 하시다가 싸매시며 상하게 하시다가 그의 손으로 고치시나니"(욥 5 : 18).

"여호와께서 그를 병상에서 붙드시고 그가 누워 있을 때마다 그의 병을 고쳐 주시나이다"(시 41 : 3).

"그가 찔림은 우리의 허물 때문이요 그가 상함은 우리의 죄악 때문이라 그가 징계를 받으므로 우리는 평화를 누리고 그가 채찍에 맞으므로 우리는 나음을 받았도다"(사 53 : 5).

"여호와의 말씀이니라 그들이 쫓겨난 자라 하매 시온을 찾는 자가 없은즉 내가 너의 상처로부터 새살이 돋아나게 하여 너를 고쳐 주리라"(렘 30 : 17).

"내 이름을 경외하는 너희에게는 공의로운 해가 떠올라서 치료하는 광선을 비추리니 너희가 나가서 외양간에서 나온 송아지같이 뛰리라"(말 4 : 2).

"예수께서 온 갈릴리에 두루 다니사 그들의 회당에서 가르치시며 천국 복음을 전파하시며 백성 중의 모든 병과 모든 약한 것을 고치시니 그의 소문이 온 수리아에 퍼진지라 사람들이 모든 앓는 자 곧 각종 병에 걸려서 고통 당하는 자, 귀신 들린 자, 간질하는 자, 중풍병자들을 데려오니 그들을 고치시더라"(마 4 : 23-24).

Ⅲ 부

부 록

"여호와 내 하나님이여

내가 주께 부르짖으매

나를 고치셨나이다"

(시 30 : 2).

부록 1. 부모의 거룩한 간섭

우리의 자녀를 노리는 악한 미디어와 성교육 사업이 범람하고 있다. 크리스천 양육자는 자녀의 신앙 및 사회적 성장을 촉진하기 위해 유해한 환경으로부터 자녀를 지키는 적극적인 노력을 해야 할 의무와 책임이 있다.

소위 '쿨한' 부모가 되어 자녀의 인정을 받아 보려고 자녀의 신앙 성장을 방임하는 부모들이 있다. 그러나 간음조차 사랑이라고 말하는 세상 풍조 속에서 자녀가 성적인 문제에 걸려 넘어지지 않도록 사랑과 관심을 보이는 것은 매우 중요하다.

자녀들에게 남들이 알아주든 알아주지 않든 가장 먼저 하나님이 기쁘시도록 힘쓰는 것이 얼마나 중요한 일인지 강조해야 한다. 그래야 부모가 도와줄 수 없는 곳에서도 성령의 도우심을 받아 죄악의 길로 빠지지 않고 마음과 생각을 지킬 수 있다.

우리 크리스천 양육자들은 생애 중 특정 기간만을 자녀들과 공유할 뿐이다. 자녀 역시 그들의 생애 중 특정 기간만을 우리와 공유한다는 사실을 잊지 말아야 한다. 즉, 청지기 정신을 갖고 자녀 양육에 좀 더 양적·질적 투자를 해야 한다는 말이다.

청소년기는 친구들의 영향을 많이 받는 시기이다. 또래집단의 판단을 신경쓰느라 양육자나 하나님의 뜻을 등한시하는 모습을 보이곤 한다. 십 대 때 또래의 의견을 중시하는 경향은 어찌 보면 자연스러운 발달과정이다.

기독 학부모들은 십 대 자녀가 고도로 성애화된 또래집단과 어울리도록 방임되면 자연스레 그 집단의 영향을 받는다는 사실을 깨달아야 한다. 실제로 미성년 자녀가 나쁜 친구들과 어울리는 것을 '쿨'하게 허용했다가 성관계까지 하는 것을 알게 되어 임신할까 봐 고민하는 양육자도 있다.

혹시 자녀가 부모에게 이유 없이 반항하고 불순종하며 친구를 괴롭히는

가? 어른과 친구에게 예의가 없는 특성을 보이는가? 그런 문화가 지배하는 또래집단의 일원이 된 자녀는 반드시 그 문화에 젖기 마련이다.

양육자 중에 이렇게 말하는 사람이 있다. "내 자녀가 또래집단에서 꿋꿋이 버티며 선한 영향을 끼칠 것이다. 나쁜 또래집단과 친구를 통째로 바꿀 수 있으니 어떤 친구들과 어울리든지 개입하지 말고 전적으로 아이들의 선택에 맡기면 된다." 그러나 성경은 "속지 말라 악한 동무들은 선한 행실을 더럽히나니"(고전 15 : 33)라는 말씀을 통해 자녀의 영적 상태에 대해 자만하지 말 것을 경고한다. 또 "지혜로운 자와 동행하면 지혜를 얻고 미련한 자와 사귀면 해를 받느니라"(잠 13 : 20), "두루 다니며 한담하는 자는 남의 비밀을 누설하나니 입술을 벌린 자를 사귀지 말지니라"(잠 20 : 19), "노를 품는 자와 사귀지 말며 울분한 자와 동행하지 말지니"(잠 22 : 24) 등 많은 구절을 통해 분별을 가지라고 말씀한다.

크리스천 양육자는 자녀가 좋은 또래집단이나 친구를 만나 청소년기에 그들과 함께 잘 성숙하도록 기도하고 지도해야 한다. 자녀가 기독교 동아리 활동, 교회 찬양대 활동 등을 하도록 독려하는 것도 좋은 방법이다.

청소년 시기 교회와 가정에서 목사님이나 양육자, 교사로부터 받는 영적 자산이 평생의 영적 자양분이라고 해도 과언이 아니다. 십 대가 또래와 함께하는 신앙 성장 활동은 평생에 걸쳐 소중한 경험과 자산이 된다.

또래집단만이 제공해 주는 건강한 비교의식과 응집력은 성령의 권능 안에서 경험하는 게 좋다. 하지만 성장의 시기는 전 생애 중에 상당히 짧다. 청소년기는 매우 금방 지나간다. 그 질풍노도의 시간에 자신과 유사하되 도전을 주는 좋은 신앙의 친구들이 함께한다면 금상첨화다. 하나님을 찬양하고 기도하고 삶을 나누는 훈련을 하는 것은 어떤 과외로도 대체가 안 되는 소중한 자산이다.

예수님을 믿지 않고 나쁜 습관이 있는 친구에게 다가가 복음을 전하고 예수님의 사랑을 베푸는 것은 중요하다. 그러나 그들의 문화에 동화되고 어울리며 신앙에 악영향을 받는 환경에 자처해서 들어가는 것은 바람직하지 않다. 분별력을 가져야 하지만, 청소년은 대체로 경험, 통찰, 인내심 등 다양한 면에서 어른보다 미숙하다. 크리스천 양육자는 자녀가 어떤 친구와 어울리는지, 그들과 무엇을 하며 시간을 보내는지 파악해야 한다. 자녀의 친구에 대해 잘 모르는 것, 친구 선택권을 전적으로 자녀에게만 맡기는 것을 부모의 관대함이라고 착각해서는 안 된다.

부록 2. 법 체계에 스며든 젠더 이데올로기

1. '족자카르타(욕야카르타) 원칙'의 내용과 문제점

오늘날 한국 법체계에 젠더 평등이 스며들고 있다. 젠더 평등을 주장하는 자들은 남성, 여성이라는 젠더 이분법(gender binary)을 철저히 부정하며 양성평등의 개념을 의식적으로 거부한다. 태어나면서 결정되는 생물학적 성(sex) 대신에 나중에 사회적으로 다양하게 형성된다는 젠더(gender) 개념을 내세우며 성에 따른 구별을 거부하고 성 해체를 주창한다. 나아가 동성애자, 양성애자, 트랜스젠더 등의 권리를 인권으로 보호할 것을 요구한다. 그들은 이러한 주장을 뒷받침하는 근거로 이른바 '족자카르타(욕야카르타) 원칙'을 들고 있다.

유엔 인권이사회는 2016년부터 '성적 지향 및 성별 정체성에 대한 독립전문가'(IE SOGI, Independent Expert on Sexual Orientation and Gender Identity)를 임명하고 소위 성소수자의 인권에 대한 실태를 정기적으로 조사·보고하도록 했다. 국제인권법 기준에 미달될 경우, 유엔이 각국에 권고 또는 압력을 행사할 수 있게 했다.

유엔이라는 국제기구가 젠더 이데올로기를 기반으로 활동하는 데 큰 영향을 준 것 중 하나가 바로 2007년 발표된 '족자카르타 원칙'이다. 족자카르타 원칙이란 아무런 법적 대표성을 갖지 않은, 국제 NGO와 국제인권법 관련 연구자 29명이 모여 인도네시아 족자카르타에서 성적 지향과 성별 정체성 관련 이슈에 대해 국제인권법을 어떻게 적용해야 하는가를 정리한 것이다. 이들은 자신들이 정한 기준을 원칙이라 부르며 나름대로 법적 권위를 부여하려고 했다.

이 원칙을 만든 사람들은 서구 제국주의의 확산과 더불어 기독교 문화가 함께 들어오면서 동성애자와 성전환자, 즉 LGBT(레즈비언, 게이, 양성애자, 트랜스젠더)에 대한 차별과 혐오 인권침해가 시작됐다고 생각한다. 이들은 젠더 이데올로기의 핵심인 성적 지향과 성별 정체성이 개인의 성적자기결정권에 따라 누구나 자유롭게 선택할 수 있고 변할 수 있는 것이며, 보편적 인권이라는 궤변도 펼친다.

이러한 사상을 급진적 페미니스트들이 적극 수용하면서 초기 페미니즘 운동이 중점을 두었던 남녀의 사회적 평등, 여성의 성적자기결정권 강화가 이제는 남녀의 생물학적 성별 차이 자체를 해체하고 있다. 여성 인권 단체가 젠더 이데올로기 확산에 앞장서게 된 것은 이 때문이다.

얼핏 보면 족자카르타 원칙은 인권의 보편성과 기본권, 차별 철폐 등 세계인권선언에서 말하는 보편적 인권을 추구하는 것처럼 보인다. 하지만 그 내용을 구체적으로 보면 전혀 다르다.

일례로 제1원칙에는 '인권을 보편적으로 향유할 권리'가 나온다. 이 원칙에서는 젠더퀴어들의 라이프 스타일(항문성교 포함)을 차별 없이 완전한 형태로 누릴 수 있어야 하고 국가 정책, 특히 헌법과 형법을 통해 보장해야 한다고 나와 있다. 하지만 그들의 라이프 스타일은 법과 제도, 교육과 문화를 통해 국가 권력이 나서서 옹호·조장하기에는 윤리·도덕·보건·사회적 문제가 너무 심각하다.

제2원칙은 '평등과 차별금지에의 권리'다. 이 원칙은 "성적 지향 및 젠더 정체성을 이유로 한 차별의 금지 원칙이 헌법이나 다른 적합한 법규에 명시되어 있지 않다면, 법 개정이나 해석을 통해 이 원칙을 반드시 포함시켜야 하고 이 원칙이 효과적으로 실현되도록 보장"하는 것을 국가 의무로 규정함으로써 차별금지법 제정의 근거가 된다. 또한 이 조항은 "동성 간 성행위를 금지하는 형법 및 기타 법적 조항을 폐기한다."고 되어 있다. 특정 성적 지향이나 성정체성이 열등하다거나 우월하다는 사고는 편견적·차별적 태도·행동으로 보고 철폐하기 위해 교육과 훈련 프로그램을 실시하는 등 모든 조치를 취하라고 권고한다. 이 원칙에 따르면 건전한 성윤리를 지닌 대다수 국민은 잘못된 행동을 교정해야 할 대상이 된다.

제18원칙은 '의료 남용으로부터의 보호'다. 젠더퀴어들은 성적 지향과 성별 정체성은 치료되거나 교정되거나 억제될 수 없는 것이라고 주장하며 성별 정체성의 혼란을 겪고 있는 사람들에 대한 치료를 금지하고 있다. 그러나 이는 탈동성애를 원하는 더 적은 수의 소수자들이 의료적, 심리적 치료를 받을 수 있는 길을 원천적으로 봉쇄함으로써 이들의 인권을 탄압하는 아이러니한 상황을 만든다.

제19원칙은 '의견과 표현의 자유에의 권리'다. 퀴어 행사 등 이들의 표현들이 사실상 사회 공공질서와 공중도덕, 보건에 상당한 악영향을 미치고 있음에도 불구하고 외설적인 퍼포먼스와 노출, 자극적인 언사가 도시의 주요 도로와 광장에서 표현의 자유라는 이름으로 공권력의 비호 속에서 이루어지고 있다.

제21원칙은 '사상, 양심과 종교의 자유에 대한 권리'다. 이 조항은 명칭과 달리 특정 종교가 젠더퀴어에 대해 가지는 관점 자체를 혐오와 차별로 규제하려는 의도가 있다. 특히 유교나 기독교는 젠더를 인정하지 않고 오히려 죄악시하는 믿음 체계를 가지고 있으므로 젠더퀴어의 인권을 침해하는 것으로 간주해 무조건적인 혐오와 차별로 낙인을 찍는다.

이러한 젠더 이데올로기 확산의 주 전략은 법 제정과 대중 교육이다. 특히 공교육과 미디어를 통한 다음세대 교육, 공무원 교육에 중점을 두고 있다.

족자카르타 원칙을 충실하게 이행한 결과는 무엇인가? "남자와 여자의 생물학적인 차이점은 없다."는 거짓과 제3의 성이 존재한다는 허상에 기반한 젠더 이데올로기가 우리 사회에 가져올 결과는 인간의 정체성을 해체하는 '인간 파괴'다.

이들은 결혼을 재정의함으로써 남녀가 아닌 누구라도 두 사람이 서로 사랑해 함께하기로 하면 결혼이라고 말한다. 그러니 동성 간의 결혼도 남녀 간의 결혼과 동일한 법적인 보호와 권리를 누려야 한다고 주장한다. 그러나 결혼과 출산이라는 정상적 과정을 포기하고 정자·난자 매매, 대리모 등을 통해 인간의 자의적 선택·판단에 따라 생명이 생성된다면 결국 인간 존엄성과 인권의 근거가 사라지고 결국에는 인간성 자체가 파괴될 수 있다고 전문가들은 우려한다.

족자카르타 원칙이 그대로 실행되면 젠더 이데올로기를 반대하는 사람들은 국가 권력에 의해 반인권적 세력으로 내몰리게 된다. 동성애 및 성전환을 비판하거나 이들을 계도하려는 모든 시도를 '혐오와 차별'로 규정함으로써 개인의 양심에 따른 비판의 자유가 막히게 되는 것이다.

문제는 족자카르타 원칙이 국제인권법으로 구속력을 가진 것이 결코 아님에도 불구하고 이에 따라야 한다고 주장하는 자들이 적지 않다는 것이다. 한국 법체계에 이런 규정들이 이미 들어와 있다는 점은 더 심각한 문제다.

현행 법체계에서 젠더 평등과 관련해 '성적 지향', '성별 정체성', '성평등', '성소수자'라는 용어가 사용되고 있다. 2019년 12월을 기준으로 성적 지향을 차별금지사유로 명시하는 법률은 국가인권위원회법, 형집행법, 군형집행법 세 건이다. 법무부령으로 인권보호수사규칙이 있고, 조례로 서울시 학생인권조례, 서울시어린이·청소년인권조례 등 11건이 있다. 성별정체성을 명시하는 규정은 서울시학생인권조례 등에서 발견된다.

성평등을 조례 명칭으로 사용하는 지방자치단체는 서울, 광주, 경기도 등이다. 대부분의 지방자치단체에서는 '양성평등 기본 조례'라는 명칭을 갖고 있으나, 이들 지자체는 의도적으로 '성평등 기본 조례'라는 명칭을 택하고 있다. 성소수자를 명시하는 규정 역시 조례에서 발견되고 있다.

2. 양성평등과 성평등은 다르다

상위법인 헌법과 양성평등기본법에 따라 200개가 넘는 지방자치단체가 '양성평등 조례'를 제정했다. 그러나 서울특별시와 경기도 등의 지자체는 양성평등이 아닌 '성평등 조례'라는 명칭을 사용한다. 경기도의 경우 2019년 경기도 성평등 기본 조례 개정안을 도의회 본회의에서 통과시켰다. 당시 경기도민 청원 홈페이지에는 도지사에게 성평등 조례에 대해 재의요구를 요청하는 청원이 올라왔고, 답변요건 5만 명 이상의 동의를 받은 제1호 청원이 되었다. 그러나 경기도는 여성가족국장 명의로 재의요구 대상에 해당하지 않는다는 답변을 올렸고, 같은 날 개정 성평등 조례를 공포했다.[1] 경기도의회의 도의원들은 '양성평등'과 '성평등'은 같다는 주장을 하면서 재개정 필요성을 부인했다. 해당 개정안과 2015년 성평등 조례 개정안을 대표 발의했던 도의원이 2015년 12월 17일 자 『인천일보』에 기고한 "경기도 성평등 조례의 개정 의미" 칼럼에서 성평등 용어를 양성평등으로 개정하지 않은 이유를 설명했다.[2] 이 칼럼에서 해당 도의원은 양성평등기본법이 양성에 기반한 이분법적 성관념을 수용함으로써 성적 다양성의 문제들을 고려하지 못한 한계를 드러낸다고 비판했다. 또한 양성평등기본법은 성적 지향(동성애) 차별을 다룰 수 없고, 양성평등한 가족 정책이 '건강가족

(정상가족) 이데올로기'를 강화한다고 주장했다. 그러므로 경기도는 '양성평등 기본 조례'라는 명칭 대신에 '성평등 기본 조례'라고 했고, 이렇게 경기도가 선도적으로 '성평등 기본 조례'로 가는 것이 타당하다고 주장했다.

여기에 덧붙여 성평등에는 성적 지향, 제3의 성에 대한 차별까지 포함되고, 진정한 성평등을 위한 법이 되기 위해서는 성적 다양성을 반영한 정책이 법에 포함되어야 한다고 했다. 성평등과 양성평등은 다른 것이기 때문에 의도적으로 성평등 용어를 존치시킨 것이라는 설명이었다. 이런 입법 사례만 참조해도 양성평등과 성평등은 전혀 다른 개념임을 알 수 있다.

이뿐만이 아니다. 재단법인 경기도가족여성연구원이 발간한 『경기성평등백서』(2016)도 양성평등기본법은 성적 지향 등 성차별을 다룰 수 없는 한계를 가지고 있으므로, 경기도의 성평등 조례는 정책적 효과를 가져오기 위해 '양성평등 기본 조례'라는 명칭보다는 '성평등 조례'라고 했다고 설명하고 있다.[3]

도의회가 도민을 속이고 있다는 것을 보여 주는 또 다른 증거도 있다. 어느 소수 정당의 경기도의원과 해당 정당의 경기도당 성소수자위원회는 2019년 10월 28일 "성평등 조례 왜 필요한가?"라는 시민 초청 간담회를 도의회에서 개최했다. '대학·청년성소수자모임연대 QUV'가 공동주관하고 '차별과 혐오 없는 평등한 경기도 만들기 도민행동'이 후원한 이 행사에서 자신을 양성애자라고 주장하는 작가가 발제했고, 트랜스해방전선 대외협력팀장과 성소수자 부모모임 운영위원이 패널로 토의를 진행했다.[4] 즉, 성평등 조례는 남녀평등을 위한 조례가 아니라 소위 성소수자들이 주장하는 각종 성적 지향과 성별 정체성을 받아들이도록 만드는 조례임을 알 수 있다. 성평등이 동성애, 양성애, 이성애 등 각종 성적 지향과 트랜스젠더리즘, 제3의 성 등 여러 가지 성별 정체성을 포함한다는 것은 부인할 수 없는 사실인 것이다.

3. '성평등 조례'로 인해 벌어질 일

경기도 성평등 기본 조례를 보면 목적이 이렇게 규정되어 있다. "이 조례는 양성평등기본법 및 그 밖의 성평등 관련 법령에 따라 경기도가 성평등 정책을 종합적으로 추진함으로써 정치·경제·사회·문화의 모든 영역에서 성평등을 실현하는 것을 목적으로 한다"(제1조).[5]

그런데 여기서 문제가 되는 것은 '그 밖의 성평등 관련 법령'이다. 여기에는 성적 지향(동성애, 양성애 등)에 따른 차별을 금지하고 있는 국가인권위원회법이 포함된다. 그뿐만 아니라, 국가인권위는 '성별'을 젠더의 의미로 보고 있으며, '성별' 차별금지 사유에 성정체성과 제3의 성이 모두 포함된다고 해석하고 있다. 즉, 동성애, 트랜스젠더리즘, 제3의 성에 대한 차별금지를 강제하겠다는 것이 이 조례의 목적이다.

경기도의회는 2020년에 조례를 개정하면서 더 강력한 조항을 집어넣었다. 사용자에게 성평등위원회 설치 및 운영을 강요하는 조항을 신설한 것이다.[6]

성평등 조례 제2조(정의) 제3항은 "'사용자'란 사업주 또는 사업경영담당자, 그 밖에 사업주를 위하여 근로자에 관한 사항에 대한 업무를 수행하는 자를 말한다고 정하고 있다. 기독교계에서는 이 '사용자'에 교회도 포함될 수 있다고 주장한다. 또한 같은 조례 제18조의2(공공기관 등의 성평등위원회의 설치·운영) 제1항은 "공공기관의 장 및 사용자는 '양성평등기본법' 제24조부터 제26조까지 및 제31조에 따른 양성평등 참여를 효율적으로 추진하기 위한 성평등위원회를 설치·운영하도록 노력하여야 한다."고 밝히고 있다.

이 대목에서 경기도 교계를 포함한 다수의 도민들은 "결과적으로 학교, 성당, 사찰, 교회, 종교기관도 '사용자'이기에 성평등위원회 설치를 요구받을 수 있으며, 동성애자 채용을 강요당하게 될 것"이라고 우려하고 있다.[7]

즉, 성경적 원칙에 위반되는 젠더 평등을 추진하는 위원회를 교회 안에 의무적으로 설치해야 하는 것으로 풀이될 수 있다는 말이다. 그런데 이러한 내용을 조례에 넣으려면 반드시 상위법인 법률에 근거해야 한다. 그러나 상위법인 양성평등기본법에는 이런 규정이 전혀 없다. 그렇다 보니 도의회사무처 입법정책담당관은 공공기관을 제외한 사용자는 삭제하라는 검토의견을 제시했다. 이들 조항이 '의무'를 부과하기 때문에 지방자치법을 위반한다는 것이다. 지방자치법은 상위법의 위임 없이는 의무를 절대 부과할 수 없다. 따라서 대대적인 조례 재개정이 필요하다.

한편, 경기도 여성가족국은 사용자의 성평등위원회 설치·운영을 정책적으로 적극 유도한다는 방침을 가지고 있다. 이를 위해 벌금 처벌 등 직접 강제가 아닌 간접 강제 방식을 사용할 가능성이 높다. 예를 들어, 도내 기업이 관급공사 입찰에 참여한 경우, 젠더 평등을 추구하는 성평등위원회 설치 여부를 평가에 활용하는 방법이 있다. 경기도의 보조금이나 재정 지원을 젠더 평등을 추구하는 성평등위원회 설치 여부로 축소·중단할 수도 있다. 도내 성평등위원회가 늘어남에 따라, 결국 젠더 평등을 따르지 않은 교회 등 크리스천 사용자는 직·간접적인 불이익을 당할 게 뻔하다.

성평등위원회의 주된 목적은 성희롱 방지 조치와 예방교육이다. 양성평등기본법은 '지위를 이용하거나 업무 등과 관련하여 성적 언동 또는 성적 요구 등으로 상대방에게 성적 굴욕감이나 혐오감을 느끼게 하는 행위'를 성희롱으로 본다.

그런데 문제는 젠더 평등을 추구하는 성평등위원회에 있다. 성평등위원회는 크리스천이 성평등 관점에서 동성 간 성행위에 대한 윤리적 문제와 보건적 유해성을 비판하면 이를 성희롱(혐오감을 느끼게 하는 표현)으로 간주할 가능성이 높다. 또한 "성별에는 남성, 여성 이외의 다른 제3의 성은 없다."는 종교 교리에 따라 설교하거나, "성별은 정해지는 것으로 바꿀 수 없다."는 신념을 표현해도 LGBT(레즈비언, 게이, 양성애자, 트랜스젠더)에 대한 혐오 표현으로 보고 성희롱으로 간주할 가능성이 높다.

이렇게 되면 어떤 일이 벌어질까? 성희롱 방지 조치와 예방교육이라는 명목으로 성별에 대한 정체성이 확립되지 않은 아동, 청소년들에게 교육이 진행될 수 있다. 즉, 어린이집, 유치원, 초·중·고등학교에서 동성애, 트랜스젠더리즘, 제3의 성이 정상이라고 교육하는 해괴한 상황이 발생할 수 있다.

이처럼 한국 법체계에 젠더 평등 관련 규정이 곳곳에 스며들어 있음을 알 수 있다. 2010년대에 들어서면서 그 숫자가 점차 증가하고 있으며, 특히 조례에 이런 규정들이 많음을 주시할 필요가 있다. 이 중에는 병역자원 관리, 가족관계 등록, 교정시설 수용자 관리 등과 관련해 부득이하게 필요한 경우도 있다. 하지만 개인이 선택한 성적 취향 및 젠더 정체성이나 이에 따른 생활양식을 권리로서 존중할 것을 요구하는 경우는 언제나 논란의 대상이 된다.

가장 주목할 법률은 바로 국가인권위법이다. 국가인권위법은 국내 최초로 평등권침해 차별사유로 성적 지향을 포함했다.[8] 그 결과 국가인권위법은 동성애자를 보호하는 대표적 법률로 인식되었으며, 국가인권위는 동성애 옹호 기관으로 자리 잡게 되었다. 인권위 권고에 따라, 청소년 유해 매체물 심의기준에서 동성애 조항이 삭제되었다.[9] 국가인권위는 성적 지향을 차별사유로 명시한 '포괄적 차별금지법' 제정을 권고했고,[10] 동성애를 금지한 군형법 조항 폐지의견서를 헌법재판소에 제출했다.[11] 동성애와 에이즈 문제에 관한 보도를 사실상 제한하는 '인권보도준칙'을 한국기자협회와 만들었다.[12] 이뿐 아니라 퀴어 행사에도 적극적으로 참여해 그 행사를 후원·지지하고 있다.[13]

이런 분위기에 편승해 젠더 평등이 주요한 정치적 의제로 등장하고 있다. 젠더 평등을 추구하려는 입법과 정책이 헌법을 비롯한 현행 법질서에 과연 부합하는지 검토하는 게 당면과제가 되고 있다.

부록 3. 동성애 옹호자들의 주장

해외 논문은 동물의 동성 성행위로 보이는 행동을 자주 소개한다. 해외 매스컴은 '동물 간의 동성애가 발견된 것'이라며 마치 신대륙을 발견한 것처럼 대서특필했다.

동성애 옹호론자들은 '동성애'와 '동성 간 성행위'가 별개라고 궤변을 늘어놓는다. 그런데 동물의 동성 간 성행위가 발견되자, 이것을 마치 동물의 동성애가 발견된 것처럼 동일시한 것이다. 이는 동성애와 동성 간 성행위가 같다고 인정한 표현이다. 그래서 그들은 동물 세계에서 동성애가 관찰되었기 때문에 인간의 동성애도 자연스러운 현상이라고 주장한다. 즉, 동물의 동성 간 성관계를 인간의 동성애와 동일선상에 두려는 것이다.

2012년 6월 "아델리펭귄의 충격적인 성적 변태성 밝혀져"라는 제목의 기사가 한 언론에 실렸다.[14] 그 내용은 아델리펭귄이 동성애 행위를 하며, 어린 펭귄에 대한 성폭력도 마다하지 않는다는 것이다. 심지어 수컷 펭귄들은 죽은 암컷 펭귄들과 교미를 시도했다고 한다. 동물이 동성 간 성행위를 하는 것이 관찰되었다는 주장이 사실로 드러나는 대목이다. 동물은 동성애뿐만 아니라 어린 새끼, 혹은 사체와도 성관계를 한다고 보고된 바 있다.

남극에서 100년 전 작성된 수첩 가운데 아델리펭귄의 성생활이 담긴 내용이 복원되어 충격을 안겼다. 뉴질랜드 언론은 2014년 10월 20일 "뉴질랜드의 남극유산보존재단이 남극 내 영국 스콧 탐험대 기지에서 1911년 당시 탐험대원이었던 외과의사이자 동물학자인 레빅의 수첩을 발견했다."고 보도했다. 당시 기사에 따르면, 레빅은 '아델리펭귄의 자연사'라는 관찰일지에서 수컷 아델리펭귄은 이성과 동성을 가리지 않고 성관계를 맺는다고 기록했다. 암컷 펭귄과 강압적인 성행위를 하고, 어린 펭귄에게는 성적 학대를 일삼는다고까지 기술했다. 심지어 죽은 지 1년이 넘은 암컷 사체와도 교미하는 게 관찰되었다고 기록했다. 이는 각각 동성애, 강간, 가학적 성애, 소아성애, 시체 성애 등 인간 세계에서는 비정상적인 행위로 간주하는 성행위와 맥락을 같이한다. 어쨌든 레빅은 이런 수컷 아델리펭귄을 '훌리건 같은 수컷'이라 평가했다고 한다.

동물의 동성애와 양성애는 자연 속에서, 특히 짝짓기와 구애 활동에서 관찰된다. 청둥오리, 돌고래 등 여러 동물의 동성 간 성행위가 관찰되었다고 주장하는 보고서가 존재한다. 그렇다고 해서 인간이 동성애를 하는 것이 당연하다고 주장할 수 있을까? 동물이 하는 행동이니까 인간이 해도 자연스러운 것이라고 용납해야 한다는 논리가 과연 맞는 것일까? 정답은 '그렇지 않다.'이다. 동물은 동성애 외에도 기이한 행동을 한다. 예를 들어 햄스터는 자식을 물어 죽인다. 암사마귀는 교미 직후 숫사마귀를 먹어 치운다. 동물은 또한 본능에 충실한 행동을 하기도 한다. 개는 노상 방뇨를 하고 길에서 성행위도 한다. 뻐꾸기는 새끼를 키우려고 다른 새의 둥지에 자신의 알을 몰래 맡기고 달아난다. 심지어 부화되어 나온 새끼 뻐꾸기는 원래 주인인 새의 새끼를 둥지 밖으로 밀어 떨어뜨려 죽임으로써 자신의 생명을 지킨다. 비둘기는 정조 관념 없이 난잡스럽게 성관계를 하기로 유명하다. 이것이 동물들이 하는 행위다.

인간이 이처럼 동물들이 하는 행위를 다 해도 된다는 논리는 틀렸다. 개가 노상 방뇨를 한다고 해서 인간이 노상 방뇨를 해도 된다는 논리에 동의할 사람이 얼마나 될까? 동성 간 성행위 역시 그렇다. 동물이 동성애를 한다고 해서 인간이 해도 된다는 논리는 적절하지 않다. 흔히 인간과 동물의 차이를 이성 혹은 윤리와 도덕에 대한 의식의 존재 여부에 둔다. 동물은 본능에 따라서만 행동하며 살아간다. 그와 달리 인간은 이성적·윤리적·도덕적 판단을 한다. 이성적으로 판단하고 행동한다는 것은 결국 상황과 필요에 따라 '본능에 거스르는' 행동이 가능함을 의미한다. 하지 말아야 할 행동을 하지 않는 게 가능함을 뜻한다. 인간은 동물과 달리 하나님의 형상대로 지음 받은 유일한 존재다. 그런 인간이 동물이 하는 행위를 따라 해도 된다는 주장은 인간이 지닌 도덕 및 윤리 관념을 무시하는 발상이다. 그런데 동성애 옹호론자들이 이런 해괴한 논리를 확산시키고 있고, 한국 사회의 지식인 사이에서 점점 자리 잡고 있다.

부록 4. 반성경적 성교육을 하는 학교에 불편한 심기 전달하기

학교에서 자녀가 받은 성교육 내용을 듣고 화가 난다며 어떻게 해야 할지 모르겠다고 상담을 요청하는 부모들이 있다. 최근에도 한 크리스천 양육자로부터 이런 질문을 받았다.

"어느 날 아이가 유치원 수업을 마치고 이렇게 이야기했습니다. '엄마, 이제 우리나라도 외국처럼 남자끼리, 여자끼리 결혼이 가능한 날이 올 거래요. 지금은 한 남자와 한 여자가 결혼할 수 있지만, 남자끼리 또는 여자끼리 원하면 결혼할 수 있게 될 거래요. 선생님의 말씀을 듣고 나니 여자끼리 결혼했으면 좋겠다는 생각이 들었어요. 남자애들은 너무 짓궂어서 싫거든요.' 아이로부터 이런 이야기를 듣는데 너무 당황스러웠어요."

그 학부모는 다음에 이렇게 이야기했다. "아이가 다니는 유치원이라 불이익이 갈까 봐 대놓고 항의는 못 하겠고, 가만히 있자니 부아가 치밉니다. 성경적으로 교육하는 우리 가풍이 무시된 기분도 들고요. 제가 너무 예민한 걸까요?"

이처럼 많은 학부모는 공교육에서 진행되는 편향적인 성교육에 동의하지 않는다. 특히 반기독교적이고 비윤리적인 성교육을 받고 왔을 때 어떻게 해야 할지 모르겠다며 상담을 요청하는 경우가 많다.

한 여중에서도 한 학부모가 울분을 토해냈다. 외부 성교육 강사가 학생들에게 일렬로 서 보라고 하더니 앞에서부터 한 사람씩 손으로 상대방 뒤통수부터 발뒤꿈치까지 쓸어내려 보라고 했다고 한다. 그러고 나서 한다는 말이 "뒤에 있는 친구 손이 위에서 아래로 쑥 내려가는 동안 짜릿한 기분이 들었니? 거기를 성감대라고 하는 거야. 성감대는 개발하기 나름이야."라고 말했다는 것이다. 그리고 아이가 이렇게 이야기했다고 한다. "엄마, 오늘 제 친구가 성감대를 건드렸어요. 선생님이 시켜서 찾아냈어요." 부모는 성적인 충동과 호기심에 가득 찬 아이들에게 성감대를 개발하라는 이상한 교육을 왜 학교에서 하는지 모르겠다고 화를 냈다.

이런 경우 학부모로서 속앓이만 할 것이 아니라 허심탄회하게 학교와 소통하는 것이 중요하다. 즉, 학교나 교육청에 아이들에게 위험한 성교육을 하지 말아 달라고 명료하고 예의 바르게 요청하라는 뜻이다. 그리고 아이의 말만 듣고 바로 연락하기보다는 다른 학부모를 통해 한 번 더 확인하는 지혜도 필요하다. 실제로 다수의 학부모가 불편한 심기를 합리적으로 잘 전달하고 소통했을 때 공교육 현장에서 잘못된 성교육이 수정되는 경우가 많다.

얼마 전 모 교육청에서 "우리 모두 사는 세상에는 남녀 외에도 다양한 성별이 있다"라는 가사의 노래를 부르게 한 적이 있다. 알고 보니 이것은 교육청이 만든 게 아니라 어느 성교육 단체에서 만든 노래였다. 문제는 교육청에서 확인 없이 이 노래를 아이들의 성폭력 예방 교재에 수록한 것이다.

이런 사실을 확인한 부모들은 교육청에 전화해 불편한 심기를 전달했다. "왜 이런 터무니없는 노래를 부르게 해서 아이들의 성별 정체성에 혼란을 주시나요? 성별은 헌법이나 의학적으로도 남자와 여자만 있습니다. 왜 여러 가지, 수십 가지 성별이 있다는 교육을 해서 아이들에게 혼란을 주는 겁니까? 성별에 혼란을 주는 교육을 했을 때 영국처럼 자신의 성별을 의심하며 괴로워하는 아이들이 생기길 바라는 겁니까? 영국에서는 불과 10년 만에 성전환을 하겠다는 여자아이가 4,500% 증가한 일이 있었기에 심히 우려됩니다."

그 결과 해당 교육청은 학부모의 의견을 수용해서 해당 교재를 모두 수거했다. 아마 학교에서 아이들에게 불량식품을 먹인다면 그에 대해 항의하는 일은 어렵지 않을 것이다. 마찬가지로 잘못된 성가치관으로 아이들을 세뇌하려 한다면 반드시 항의해야 할 것이다.

아이들은 불량식품으로부터 보호받듯 성교육에서도 안전하게 보호받을 수 있어야 한다. 아이들은 충분한 배경지식이 없고 통찰이 부족하다. 이런 아이들을 혼란에 빠뜨리거나 비윤리적인 행동을 일으키는 위험한 성교육을 한다면 학부모는 반드시 반대 목소리를 내야 한다.

학교 현장에서 반성경적·비도덕적 성교육이 진행되고 있는가? 그렇다면 속으로만 끙끙 앓을 것이 아니라 기도하고 담대하게 자신의 의견을 학교나 교육청에 전달하면 된다.

이때 해당 사건이 터진 후 시간이 지난 다음 문제를 제기하기보다 될 수 있는 대로 빨리 학교와 소통해야 한다. 그리고 다른 학부모들과 함께 문제를 공유하고 소통하면서 의견을 수렴해 전달하는 지혜도 필요하다.

또한 에이랩 아카데미처럼 바른 성격적 가치관 아래 의학적·과학적 사실에 근거하여 성교육을 진행하는 단체의 성교육 강사를 초청해 아이들의 편향된 생각을 바로잡는 교육을 시행하는 것도 좋은 방법이다. "너희는 열매 없는 어둠의 일에 참여하지 말고 도리어 책망하라"(엡 5 : 11).

부록 5. 일인 시위, 댓글 달기 등 건강한 성가치관 교육을 위해 행동하기

얼마 전 어느 도시에 여성의 신체를 본뜬 성인용품인 리얼돌 체험 카페가 문을 열었다. 그러자 인근 학부모들의 허가 취소 요청이 빗발쳤다. 당시 학부모들은 아이들이 오가는 거리에 리얼돌 체험관이 생기면 아이들의 성적 충동과 호기심을 자극해 조기 성애화(sexualization)시킬 것이라고 우려했다. 실제로 "엄마, 길거리에 리얼돌 체험이 3만 원이래요. 리얼돌을 검색해 보니까 엄청 야하던데 정말 가 보고 싶어요."라고 말하는 아이도 있다는 이야기를 들었다.

아동의 조기 성애화는 기독교 신앙의 성화(sanctification)를 심각하게 저해한다. 아이들이 반성경적 가치관을 부추기는 환경에 놓이게 되었을 때 기독교 양육자들은 어떻게 해야 할까?

기독교 양육자들은 아이들이 교육 이외에도 환경, 즉 다음세대가 접하는 법적·사회적·정치적·경제적·문화적 인프라를 통해서도 은연중에 교육을 받고 있음을 민감하게 통찰해야 한다. 그리고 모든 삶의 영역에 하나님의 주권적 통치가 드러나도록 믿음의 선한 싸움을 싸워야 한다. 다음세대가 건강한 성가치관을 누릴 생태계를 조성하기 위해 기독교 양육자들이 생활 속에서 실천할 수 있는 것들은 무엇이 있을까?

첫째, 우리의 다음세대를 바르게 세우기 위한 기도를 늘 이어 가야 한다. 악한 세대를 보며 '말세'라고 한탄하면서 다음세대를 포기하는 성도들을 본다. 그러나 포기하지 말고 다음세대들이 성경적 세계관으로 중무장할 수 있도록 지속적으로 기도해야 한다. 성경을 근거로 악을 악이라 말하고 선을 선이라 말하며 사랑과 공의, 은혜와 진리의 하나님을 알리는 복음의 세대로 자라도록 기도해야 한다.

간음을 사랑이라고 속이는 세속적 인본주의에 속은 세대는 동성애나 프리섹스를 죄라고 말하는 교회를 '혐오집단'이라고 매도한다. 그러나 우리는 가짜 사랑이 아닌 진짜 그리스도의 사랑을 살아내고 이웃에게 전해서 마침내 세계 선교를 마무리해 내는 거룩한 국가가 되도록 기도해야 한다.

둘째, 기독교 양육자들은 바른 댓글 달기 운동을 통해 국민과 다음세대를 깨우는 일에 동참해야 한다. 미디어의 반기독교적, 반생명적 기사와 칼럼을 보고 충격을 받은 적이 있는가? 그렇다면 해당 기사나 칼럼에 바른 정보와 통찰을 제공하는 댓글을 달아 이웃이 바른 분별력을 가질 수 있도록 돕고 선한 여론을 형성해야 한다.

얼마 전 법무부 장관 후보자가 군대 내 동성 성행위를 허용해야 한다고 밝힌 적이 있다. 이런 경우 '큰일 났네, 어떻게 하지?' 하며 발만 동동 구를 것이 아니라, 기독교 양육자로서 동성 성행위의 의학적 문제점 등 정확한 사실을 알리는 댓글을 달아 계몽과 여론 조성의 기회로 삼아야 한다.

또한 바른 성가치관, 생명주의 성교육, 창조 질서를 바로 세우는 칼럼과 기사에는 격려와 지지의 댓글을 달아야 한다. 그래서 진리의 유통량이 지속해서 증가할 수 있도록 도와야 한다.

적극적인 댓글 달기는 국회 입법예고 게시판에서도 가능하다. 국회 입법예고 게시판에 악법이 발의된 것을 발견하면 이에 반대하는 합리적이고 명료한 댓글을 다는 것이 중요하다. 2017년 군대에서 동성 성행위를 허용하려는 법안이 발의된 적이 있었는데, 당시 5,000개가 넘는 반대 댓글이 해당 법안 게시판에 달렸다.

이러한 댓글이 직접적으로 입법 여부를 결정하는 것은 아니지만 간접적으로 크고 작은 영향을 주게 된다. 즉, 발의한 법안에 대한 국민의 여론이 어떤지를 보여 주는 좋은 지표가 된다는 의미다.

셋째, 일인 시위, 항의 방문, 기자회견 등 악법에 반대하는 의사 표현을 공개적으로 하는 것이 중요하다. 성매매 합법화 논의가 헌법재판소에서 지속해서 벌어지고 있을 때 필자는 헌법재판소 입구에서 수차례 일인 시위를 했다. 성매매가 통과된 나라의 실태 보고서를 통해 성매매 합법화는 인류를 불행하게 하는 결정이라는 것을 알게 되었기 때문이다. 이렇게 알게 된 지식은 반드시 널리 알려 많은 영혼이 옳은 선택을 할 수 있도록 도와야 한다.

넷째, 바른 입법을 위해 적극적인 참여를 해야 한다. 대한민국은 법치국가다. 법치국가에서 아합의 법이 통과되면 아합의 길로, 다윗의 법이 만들어지면 다윗의 길로 갈 것은 자명하다. 하나님의 창조 질서와 생명을 귀히 여기고 하나님을 경외하는 자가 입법자가 되어 바른 법을 만들도록 기도하고, 투표할 때 귀중한 한 표를 행사해야 한다.

앞에서 언급한 리얼돌 체험관은 어떻게 됐을까? 학부모의 항의로 업주는 4,000여 만 원의 투자비를 감수하고 문을 닫겠다며 폐업을 통보했다. 어떤 값을 지불하더라도 기독교 양육자들은 다음세대를 제자화해야 한다. 산과 강을 넘고 초원과 광야를 달려 마침내 복음을 듣지 못한 민족이 없는 그날까지 선교를 감당해 낸 세대, 그 세대가 바로 대한민국의 다음세대였다고 하나님의 생명책에 기록이 남기를 소망해 본다.

부록 6. 악보

1. 말씀으로 선악을 분별해요

(에이랩송 : 선악송)

선악송
율동 동영상

작사 김지연/작곡 최지현

1. 무엇이 선 함이며 - 무-엇이 악함일까 - 선악의 분별은 -
2. 사랑은 불의함을 - 기뻐하지 아니하고 - 사랑은 진리를 -

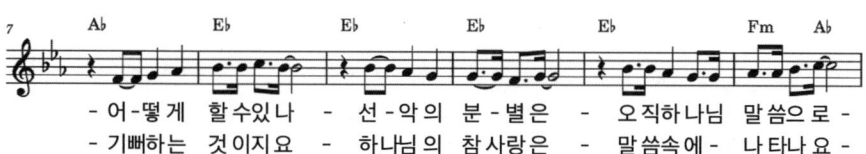

- 어-떻게 할수있나 - 선-악의 분-별은 - 오직하나님 말씀으로 -
- 기뻐하는 것이지요 - 하나님의 참사랑은 - 말씀속에- 나타나요 -

- 우 리에 게 주 신 성 경 - 감 사합 니 다
- 말 - 씀과 기 - 도 로 - 거 룩해 져 요

2. 내 이름은 심콩이

(에이랩송 : 생명송)

생명송
율동 동영상

생명송(영문)
율동 동영상

작사/작곡 김지연

3. 예수님이 말씀하셨죠

(에이랩송 : 결혼송)

작사 김지연/작곡 최지현

결혼송
율동 동영상

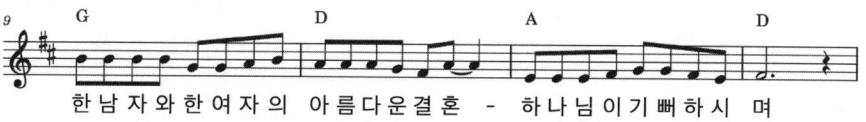

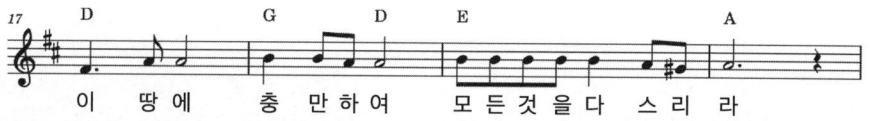

4. 아무거나 보지 않아

(에이랩송 : 절제송)

작사 김지연/작곡 최지현

절제송
율동 동영상

아 무 거 나 보지않아 - 아 무 거 나 듣지않아 - 하 나님의 말씀과기 도로 -
내 가 먹고 마신것이 - 나 의몸에 퍼지듯이 - 내 가보고 들은것이 내영에

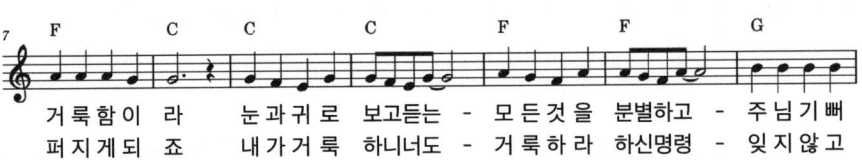

거 룩 함 이 라   눈 과귀 로 보고듣는 - 모 든 것 을 분별하고 - 주 님 기 뻐
퍼 지 게 되 죠   내 가거 룩 하니너도 - 거 룩 하 라 하신명령 - 잊 지 않 고

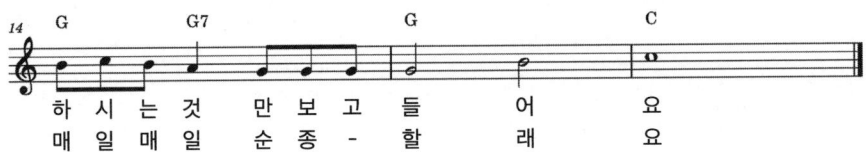

하 시 는 것 만 보 고 들 어 요
매 일 매 일 순 종 - 할 래 요

5. 하나님이 주신 성별

(에이랩송 : 성별송)

성별송
율동 동영상

작사/작곡 김지연

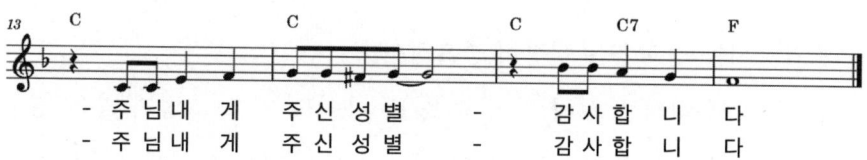

> "지혜 있는 자는 궁창의 빛과 같이 빛날 것이요
> 많은 사람을 옳은 데로 돌아오게 한 자는 별과 같이 영원토록 빛나리라"
> (단 12 : 3).

　성교육이란 일대일로 가정에서, 생활 속에서 필요에 따라 반드시 알아야 하는 내용을 보호자가 가르치는 것이 가장 안전하다. 진정으로 그 아이의 인생과 그 아이의 영육 간의 강건함을 위해 기도하고 애쓰는 자가 성교육을 담당하는 것이 맞다. 그러므로 성경적으로 바른 성교육을 하기 위해서는 부모가 먼저 알아야 한다. 가장 건강한 성교육은 아이들을 키우는, 청소년을 가르치는 부모와 교사의 바른 성가치관과 성 지식 교육에서 시작되어야 한다. 부모가 일차적으로 성경적 성교육을 받고, 이차적으로 아이들과 생활하는 가운데 자연스럽게 일대일로 개인의 상황과 수준에 맞게 가르치는 성교육은 굉장히 중요하다.

　아이들 가운데에는 성에 일찍 눈을 뜬 아이도 있고 그렇지 않은 경우도 있다. 아이들의 차이를 무시하고 집단적으로, 고도로 성애화시키는 급진적 성교육은 현재의 교육에 굉장한 부작용을 낳고 있다. 무늬만 성경적 성교육이 아닌 제대로 된 정통 성경적 성교육은 죄악된 성문화의 쓰나미를 넘어서는 중요한 무기이며 치유, 회개, 자유, 질서, 평강, 용서, 분별력을 안겨 준다. 그리고 무엇보다 영성을 높여 주고 실천적인 그리스도인의 삶을 살도록 도와준다.

하나님은 창조 때부터 성관계가 '결혼'이라는 지평 안에서 남녀 부부간에만 이루어지도록 질서를 주셨고, 그 질서 속에서 인간은 자녀 생산으로서의 성, 부부간의 희락으로서의 성, 부부간 서로의 정조의 약속을 선포하는 성의 기능을 누릴 수 있다. 이것은 하나님이 자신의 형상대로 창조하신 하나님의 자녀들에게 주신 질서이다. 즉, 성관계는 인간 모두가, 누구나와 하는 것이 아니다. 성관계는 성경적으로 부부만이 할 수 있는 것이며 침소를 더럽혀서는 안 된다.

우리는 하나님의 말씀에 기반한 성경적인 성가치관을 다시 한번 정비하고 이성 교제나 결혼, 출산, 임신, 생명과 가족, 이른바 성에 관련된 모든 것들에 대하여 성경에 입각하여 먼저 가르치고 양육해야 한다. '성경적 성가치관 교육'을 통해 아이들에게 창세기 1장부터 순종하는, "이 땅에 번성하고 충만하며 이 땅을 다스리고 경영"하는 그 시작을 주님 안에서 시작함으로써 생명의 소중함과 하나님의 사랑 그리고 가정의 가치, 부부의 사랑, 형제 사랑, 인간 전반에 걸친 성품과 관련한 거룩한 담론을 세워 가야 한다. 교회와 가정에 의해서, 바로 신적인 기관에 의해 이 교육이 이루어질 때 많은 영혼들이 옳은 데로 오는 것을 현장에서 목도한다.

미주

1부 1장 "들어가며"

1) 네이버 블로그, "동성애를 바로 알자-아하 청소년 문화센터의 실체는 무엇인가?," 2016년 6월 9일. https : //m.blog.naver.com/PostView.naver?isHttpsRedirect=true&blogId=tttrust1&logNo=220731759966.

2) 충북복지넷, 사회복지자료 & 정보, "[정보] 2022년 특별프로그램 '가보자GO 고! 마법의性성' 안내", 2022년 6월 30일. https://www.043w.or.kr/www/selectBbsNttView.do?key=150&bbsNo=21&nttNo=45260&searchCtgry=&searchCnd=SJ&searchKrwd=%EA%B0%80%EB%B3%B4%EC%9E%90&pageIndex=1&integrDeptCode=.

3) 한국교육신문, "加 온타리오 주, 性교육 선정적 이유로 자퇴", 2016년 6월 9일. https : //www.hangyo.com/news/article.html?no=46427.

4) Orange County Register, "Parents opposed to comprehensive sex education pull children out of schools, stage rallies across Southern California", 2019년 5월 17일. https : //www.ocregister.com/2019/05/17/parents-opposed-to-comprehensive-sex-education-pull-children-out-of-schools-stage-rallies-across-southern-california/.

5) SUNDAY Journal, "[논란] 캘리포니아 공립학교 성교육 지침서 논란", 2019년 5월 23일. https : //sundayjournalusa.com/2019/05/23/%EB%85%BC%EB%9E%80-%EC%BA%98%EB%A6%AC%ED%8F%AC%EB%8B%88%EC%95%84-%EA%B3%B5%EB%A6%BD%ED%95%99%EA%B5%90-%EC%84%B1%EA%B5%90%EC%9C%A1-%EC%A7%80%EC%B9%A8%EC%84%9C-%EB%85%BC%EB%9E%80/.

6) 위 왼쪽 그림 : 유치원에서 유아가 자신의 성정체성을 스스로 알아보도록 가르치는 데 사용되는 성교육 자료 "The Gender Wheel".
위 오른쪽 그림 : 자신의 성별이 어디쯤인지 추측하여 표시하는 장면(Youth and Gender Media Project의 다큐멘터리 "Creating Gender Inclusive Schools", 오클랜드의 패랄타 초등학교의 성교육 시간, 2022년 10월 11일 접속. https://www.cta.org/educator/posts/creating-gender-inclusive-schools).
아래 그림 : "젠더 브래드맨" 다양한 성별과 성 정체성에 대한 개념을 설명하기 위한 자료(다음의 웹사이트에서 무료로 제공하는 The Genderbread Person 이미지 참조, 2022년 10월 11일 접속. https://www.itspronouncedmetrosexual.com/2015/03/the-genderbread-person-v3/#menu).

7) Express, "Investigation as number of girls seeking gender transition treatment rises 4,515 percent", 2018년 9월 16일. https : //www.express.co.uk/news/uk/1018407/gender-transition-treatment-investigation-penny-mordaunt.

8) THE CHRISTIAN POST, "UK Investigating Why Referrals for Gender Dysphoria in Children Have Increased Over 4,000 Percent in 10 Years", 2018년 9월 18일. https : //www.christianpost.com/news/uk-investigating-why-gender-dysphoria-children-increased-over-4000-percent-10-years.html.

9) The Telegraph, "Number of children being referred to gender identity clinics has quadrupled in five years", 2017년 7월 8일. https : //www.telegraph.co.uk/news/2017/07/08/number-children-referred-gender-identity-clinics-has-quadrupled/.

10) THE CHRISTIAN POST, "UK Investigating Why Referrals for Gender Dysphoria in Children Have Increased Over 4,000 Percent in 10 Years", 2018년 9월 18일. https : //www.christianpost.com/news/uk-investigating-why-gender-dysphoria-children-increased-over-4000-percent-10-years.html.

11) The Mercury News, "Palo Alto parents join fight against new sexed curriculum", 2017년 4월 20일. https : //www.mercurynews.com/2017/04/20/palo-alto-parents-join-fight-against-new-sex-ed-curriculum/.

1부 2장 "내슈빌 선언"

1) 크리스찬저널, "내쉬빌 선언문, 성경적 성에 대한 믿음 선포," 2017년 9월 9일. http : //www.kcjlogos.org/news/articleView.html?idxno=13269.

2) https://cbmw.org/wp-content/uploads/2020/01/%E1%84%82%E1%85%A2%E1%84%89%E1%85%B2%E1%84%87%E1%85%B5%E1%86%AF-%E1%84%89%E1%85%A5%E1%86%AB%E1%84%8B%E1%85%A5%E1%86%AB-Nashville-Statement.pdf

1부 3장 "아동/청소년의 연령대별 특징"

1) 부모가이드 닷컴, "30-36개월 유아의 신체 발달", 2020년 12월 2일. https : //bumoguide.com/bumo-guide/toddler/36-month-developmental-milestones/. MetLife, 4~6세 발달(건강정보>연령별 건강), 2022년 8월 24일

기준. https : //insu.greenpio.com/MetLife360health/healthinfo/age_viw.asp?cindex=7185&mcode=MF0201003.

2) 샘스토리, "[학급경영] 학년별 아이들 발달 특징", 2021년 1월 18일. https : //samstory.coolschool.co.kr/zone/story/kyutto/streams/92259.

3) 국민권익위원회 국민콜110, "우리 아이 초등학교 입학 시 준비는?", 2014년 2월 7일. https : //110callcenter.tistory.com/3141. 슈타이너사상연구소, "초등 교사들이 말하는 학년별 아이들 발달 특징", 2020년 3월 8일. https : //steinerinstitute.tistory.com/entry/%EC%B4%88%EB%93%B1-%EA%B5%90%EC%82%AC%EB%93%A4%EC%9D%B4-%EB%A7%90%ED%95%98%EB%8A%94-%ED%95%99%EB%85%84%EB%B3%84-%EC%95%84%EC% 9D%B4%EB%93%A4-%ED%8A%B9%EC%A7%95.

4) 한국교육개발원, "중학생의 성장과정 분석 : 학교, 가정, 지역사회를 중심으로(IV)", 2019년, 44-46. https://www.kedi.re.kr/khome/main/research/selectPubForm.do?plNum0=12760. 국가평생교육진흥원-학부모 On 누리(네이버 블로그), "중학생 자녀 이해하기-청소년기의 발달적 특성", 2016년 11월 8일. https : //m.blog.naver.com/nile_parents/220856209005. 유정옥 외, "중학생의 성 경험 영향요인", 『아동간호학회지』 Vol. 20(No. 3), 2014년, 159-167. https : //www.e-chnr.org/upload/pdf/chnr-20-159.pdf.

5) 여성가족부, 『부모교육 매뉴얼 9권(고등학생)』, 2018년. http : //www.mogef.go.kr/kps/pec/kps_pec_s001d.do ; jsessionid=zgEqmn2VW9445dc2g-h24zAE.mogef10?mid=mda777&div1=&cd=kps&bbtSn=706142. 이명화 외, "2013 서울시 청소년 성문화 연구조사", 아하서울시립청소년문화센터, 2013년, 93-105. https : //ahacenter.kr/wp-content/uploads/2021/11/2013_%E1%84%89%E1%85%A5%E1%84%8B%E1%85%AE%E1%86%AF%E1%84%89%E1%85%B5%E1%84%8E%E1%85%A5%E1%86%BC%E1%84%89%E1%85%A9%E1%84%82%E1%85%A7%E1%86%AB%E1%84%89%E1%85%A5%E1%86%BC%E1%84%86%E1%85%AEE1%86%AB%E1%84%92%E1%85%AA%E1%84%8B%E1%85%A7%E1%86%AB%E1%84%80%E1%85%AE%E1%84%8C%E1%85%A9%E1%85-84%89%E1%85%A1_1210.pdf.

2부 1장 "성경적 성가치관 교육의 개념"

1) 마이클 고힌, 크레이그 바르톨로뮤 공저, 윤종석 역, 신국원 해설, 『세계관은 이야기다』, 서울 : IVP, 2011, 55.

2) 위의 책, 29.

3) 위의 책, 47-50.

2부 2장 "인간의 성적 타락 직면과 성교육의 두 흐름"

1) 시사IN, "동성결혼 허용하는 마지막 서유럽 국가는?", 2021년 10월 4일. https : //www.sisain.co.kr/news/articleView.html?idxno=45604.

2) 연합뉴스, "프랑스 224년 전 간통죄 폐지도…… 외국 사례는", 2015년 2월 16일. https : //www.yna.co.kr/view/AKR20150225204551004.

3) TVnext, "아동소아성애자들-'우리에게도 같은 권리를 달라!??'", 2013년 8월 30일. http : //tvnext.org/2013/09/b4u/.

4) 이상원 등저, 『교회의 성(性) 잠금 해제? : 기독 청년들의 성의식과 성 경험 보고서』, 서울 : IVP, 2014.

5) 펜앤드마이크, "[심층취재] 교과서가 미쳤다. …… 중학생에게 10가지 피임법 알려 주며 콘돔 찢어지지 않게 조심하라", 2018년 12월 20일. https : //www.pennmike.com/news/articleView.html?idxno=13582.

6) Christine C. Kim and Robert Rector, "Evidence on the Effectiveness of Abstinence Education : An Update", *Backgrounder, The Heritage Foundation*, No. 2372, February 19, 2010. https : //files.eric.ed.gov/fulltext/ED509485.pdf.

7) 질병관리청, 『제14차(2018) 청소년건강행태조사 통계집』, 2018년, 293-294. https : //www.kdca.go.kr/yhs/.

8) Chuck Donovan, "Encouraging the Abstinent Majority", *The Heritage Foundation*, Jul 4, 2010. https : //www.heritage.org/marriage-and-family/commentary/encouraging-the-abstinent-majority.

9) Christine C. Kim and Robert Rector, "Evidence on the Effectiveness of Abstinence Education : An Update", *Backgrounder, The Heritage Foundation*, No. 2372, February 19, 2010. https : //files.eric.ed.gov/fulltext/ED509485.pdf.

10) Andrew Doniger, John S. Riley, Cheryl A. Utter, and Edgar Adams, "Impact Evaluation of the 'Not Me, Not Now' Abstinence-Oriented, Adolescent Pregnancy Prevention Communications Program, Monroe County, N.Y.," *Journal of Health Communication*, Vol. 6, No. 1 (January-March 2001), 45-60.

11) The Heritage Foundation, "'Safe Sex' : Time To Abstain", Jul 22nd, 2002. https : //www.heritage.org/education/commentary/safe-sex-time-abstain.

12) Elaine A. Borawski, Erika S. Trapl, Loren D. Lovegreen, Natalie Colabianchi, and Tonya Block, "Effectiveness of Abstinence-Only Intervention on Middle School Teens", *American Journal of Health Behavior*, Vol. 29, No. 5 (September/October 2005), 423-434.

13) The Heritage Foundation. "Abstinence Education: Assessing the Evidence". 2008년 4월 22일. https://www.heritage.org/education/report/abstinence-education-assessing-the-evidence.

14) John B. Jemmott Ⅲ, Loretta S. Jemmott, and Geoffrey T. Fong, "Efficacy of a Theory-Based Abstinence-Only Intervention over 24 Months", *Archives of Pediatrics and Adolescent Medicine*, Vol. 164, No. 2 (February 2010), 156, 157.

15) The Heritage Foundation, Abstinence Education : Assessing the Evidence, 2008년 4월 22일. https : //www.heritage.org/education/report/abstinence-education-assessing-the-evidence.

16) BrandBrief, "밤 10시 이전 술 광고 못 한다, IPTV·옥외광고도 제한", 2021년 2월 23일. http : //www.brandbrief.co.kr/news/articleView.html?idxno=3935.

17) 경상매일신문, "'청소년기 흡연' 골초 확률 '2.4배'", 2013년 5월 30일. http : //m.ksmnews.co.kr/view.php?idx=49286.

18) California Catholic Daily, "Parents protest graphic sex ed in San Diego public schools", 2018년 3월 18일. https : //www.cal-catholic.com/parents-protest-graphic-sex-ed-in-san-diego-public-schools/.

19) 뉴시스, "'동성애·조기 성애화 우려'… 울산교총, '교육청 포괄적 성교육' 반대", 2020년 9월 3일. https ://mobile.newsis.com/view.html?ar_id=NISX20200903_0001153220.

20) 기독일보, "외설적 책을 어린이 추천 도서로 선정한 여성가족부 규탄", 2020년 8월 20일. https : //www.christiandaily.co.kr/news/93867#share.

21) 연합뉴스, "'재밌거든' 초등 성교육책 보급에…… 김병욱 '조기 성애화 우려'", 2020년 8월 25일. https : //www.yna.co.kr/view/AKR20200825186300001.

22) 뉴스앤북, "초등생 성교육도서, 외설인가 교육인가 '갑론을박'", 2020년 8월 29일. http : //www.newsnbook.com/news/articleView.html?idxno=2565.

23) 조선일보, "덴마크의 50년 전 성교육 그림책, 한국에선 선을 넘은 책인가", 2020년 9월 5일. https : //www.chosun.com/national/weekend/2020/09/05/KEBDXI6ZAJFLHOJIPLKOFVUKEQ/.

24) 외교부, "세계인권선언문", 2022년 8월 17일 기준. https://www.mofa.go.kr/www/wpge/m_3996/contents.do.

2부 3장 "음란물"

1) 돈 탭스코트, 『디지털 네이티브』, 서울 : 비즈니스북스, 2009.

2) 여성가족부, "2016년 청소년 매체 이용 및 유해환경 실태조사", 2016년, 77. http : //uri-i-happy.or.kr/files/2016/01/2016%EB%85%84-%EC%B2%AD%EC%86%8C%EB%85%84-%EB%A7%A4%EC%B2%B4%EC%9D%B4%EC%9A%A9-%EB%B0%8F-%EC%9C%A0%ED%95%B4%ED%99%98%EA%B2%BD-%EC%8B%A4%ED%83%9C%EC%A1%B0%EC%82%AC_%EB%B6%84%EC%84%9D%EB%B3%B4%EA%B3%A0%EC%84%9C.pdf.

3) David Raitt, "Today's information industry : applications and trends on the Internet", *South African Journal of Informaion Management*, Vol. 1 No.(2/3) September 1999. https : //sajim.co.za/index.php/sajim/article/view/54/54. 오마이뉴스, "섹스 사이트에 점령당한 인터넷", 2000년 7월 8일. http : //www.ohmynews.com/NWS_Web/View/at_pg.aspx?CNTN_CD=A0000012990.

4) 한국언론진흥재단, "2020 어린이 미디어 이용 조사", 2020년, 7. https : //www.kpf.or.kr/synap/skin/doc.html?fn=1611041960998.pdf&rs=/synap/result/research/.

5) 위의 자료, 28.

6) 한국청소년정책연구원, "청소년 미디어 이용 실태 및 대상별 정책대응방안 연구 Ⅱ", 2021년, 99. https://nypi.re.kr/brdrr/boardrrView.do?menu_nix=4o9771b7&brd_id=BDIDX_PJk7xvf7L096m1g7Phd3YC&cont_idx=763&seltab_idx=0&edomweivgp=R.

7) 법제처 국가법령정보센터, "음란물건전시"(판례·해석례 등), 2022년 10월 5일 기준. https://www.law.go.kr/precSc.do?menuId=7&subMenuId=47&tabMenuId=213&query=%EC%9D%8C%EB%9E%80%EB%AC%BC%EA%B1%B4%EC%A0%84%EC%8B%9C#licPrec175499.

8) 법제처 국가법령정보센터, "정보통신망이용촉진및정보보호등에관한법률위반"(음란물유포 등)(판례·해석례 등), 2022년 10월 5일 기준. https://www.law.go.kr/precSc.do?menuId=7&subMenuId=47&tabMenuId=213&query=%EC%9D%8C%EB%9E%80%EB%AC%BC%EA%B1%B4%EC%A0%84%EC%8B%9C#licPrec85589.

9) 충청북도교육청, "학교 성교육 표준안 자료(초등학교-고학년용)", 2017년 5월 13일. https : //www.cbe.go.kr/dept/11/sub.php?menukey=286&mod=view&no=498473&page=7.

10) 김은실 외, "고등학생들의 사이버 음란물 접촉과 성범죄와의 관계성 분석", 『한국콘텐츠학회논문지』 제11권 제6호, 2011년 6월, 8-17. https : //www.dbpia.co.kr/journal/articleDetail?nodeId=NODE01648988.

11) 서울신문, "[음란물 없는 e세상으로] (3)음란물 중독, 증상 및 문제점", 2012년 9월 28일. https : //www.seoul.co.kr/news/newsView.php?id=20120928008008.

12) 행정안전부 보도자료, "음란물 본 청소년 5% 성추행·성폭행 충동 느껴", 2012년 7월 30일 게시. https : //www.mois.go.kr/frt/bbs/type010/commonSelectBoardArticle.do?bbsId=BBSMSTR_000000000008&nttId=29170.

13) 연합뉴스, "'또래 나오는 음란 동영상 SNS로 공유' 10대 무더기 입건", 2016년 8월 1일. https : //www.yna.co.kr/view/AKR20160801097600063.

14) Olds, J., & Milner, P., "Positive reinforcement produced by electrical stimulation of septal area and other regions of rat brain", *Journal of Comparative and Physiological Psychology*, 1954, 47(6), 419-427. https : //psycnet.apa.org/doiLanding?doi=10.1037%2Fh0058775. 브레인미디어, "뇌는 무얼 하든 상관없다. 그저 쾌감을 원할 뿐!", 2013년 12월 17일. http : //www.brainmedia.co.kr/BrainScience/13064.

15) Christian Laier, "Pornographic Picture Processing Interferes with Working Memory Performance", *The Journal of Sex Research*, Vol. 50, 2013-Issue 7. https : //www.tandfonline.com/doi/full/10.1080/00224499.2012.716873. MailOnline, "Viewing online pornography 'can make you lose your memory'", 2012년 12월 16일. https : //www.dailymail.co.uk/news/article-2248923/Watching-internet-porn-cause-memory-loss.html. 중앙일보, "'야동' 밝히는 사람, 기억력 뚝뚝 떨어진다", 2015년 10월 14일. https : //jhealthmedia.joins.com/article/article_view.asp?pno=15862. (참고 : PubMed.gov, Huynh HK etc., "High-intensity erotic visual stimuli de-activate the primary visual cortex in women", *Journal of Sexual Medicine*, April 2012, 9(6) : 1579-87. https : //www.ncbi.nlm.nih.gov/pubmed/22489578. 단기 기억력(working memory) 상실이 일어나는 이유를 알 수 있는 선행 연구가 있었는데, 여성들이 고강도의 에로틱한 영화를 볼 때에 성적 흥분 시에 뇌에 혈류가 재구성되는 현상이 있었음.

16) Thomas B. Mole 외, "Neural Correlates of Sexual Cue Reactivity in Individuals with and without Compulsive Sexual Behaviour", PLOS ONE, July 11, 2014, 9(7) : e102419. https : //journals.plos.org/plosone/article?id=10.1371/journal.pone.0102419. 나우뉴스, "포르노 중독자 뇌 반응 알코올 중독자와 같아", 2013년 9월 23일. https : //nownews.seoul.co.kr/news/newsView.php?id=20130923601002.

17) Simone Kühn, "Ph D, Jürgen Gallinat, Ph D", "Brain Structure and Functional Connectivity Associated With Pornography Consumption : the brain on porn", *JAMA Psychiatry*. 2014; 71(7) : 827-834. https : // jamanetwork.com/journals/jamapsychiatry/article-abstract/1874574. MAX PLANCK INSTITUTE, "Viewers of Pornography Have a Smaller Reward System", 2014년 6월 2일. https : //www.mpib-berlin.mpg.de/press-releases/pornography-is-a-social-taboo. 중앙일보, "'야동' 밝히는 사람, 기억력 뚝뚝 떨어진다", 2015년 10월 14일. https : //jhealthmedia.joins.com/article/article_view.asp?pno=15862.

18) MailOnline, "Watching porn rewires the brain to a more juvenile state, neuroscientist warns", 2019년 11월 28일. https : //www.dailymail.co.uk/health/article-7736569/Watching-porn-rewires-brain-juvenile-state-neuroscientist-warns.html.

19) 조선비즈, "일편단심 들쥐의 호르몬서 '사랑의 묘약' 찾았다", 2013년 6월 4일. https://biz.chosun.com/site/data/html_dir/2013/06/03/2013060303221.html.

20) UNILAD, "Watching Porn Rewires The Brain To A More Juvenile State, Neuroscientist Claims", 2019년 11월 29일. https : //www.unilad.com/science/watching-porn-rewires-the-brain-to-a-more-juvenile-state-neuroscientist-claims.

21) 미디어 오늘, "음란물 보면 공격성 강해진다", 2009년 7월 5일. http : //www.mediatoday.co.kr/news/articleView.html?idxno=81067.

22) EBS 다큐프라임, "아이의 사생활 2-제1부 사춘기", 2009년 7월 12일 게시. https : //docuprime.ebs.co.kr/docuprime/vodReplayView?siteCd=DP&courseId=BP0PAPB0000000005&stepId=01BP0PAPB0000000005&lectId=3028194.

23) 국가법령정보센터, "서울특별시 학생인권 조례"(자치법규), 2022년 10월 5일 기준. https : //www.law.go.kr/ordinSc.do?menuId=3&subMenuId=27&tabMenuId=139&query=%EC%84%9C%EC%9A%B8%ED%8A%B9%EB%B3%84%EC%8B%9C%20%ED%95%99%EC%83%9D%EC%9D%B8%EA%B6%8C%20%EC%A1%B0%EB%A1%80#liBgcolor2.

24) 중앙일보, "한국 19세 청소년 평균 키, 세계 60위권… 1위는?", 2020년 11월 6일. https : //www.joongang.co.kr/article/23914055#home.

25) 대한민국 법원 종합법률정보, "법령조문", 소년법, 2020년 10월 20일 기준. https://glaw.scourt.go.kr/wsjo/lawod/sjo192.do?contId=3239372&jomunNo=59&jomunGajiNo=0.

26) THE EPOCH TIMES, "영국 젊은 트랜스젠더 수백 명 '원래 성별로 돌아가고 싶다'", 2019년 10월 14일. https : //kr.theepochtimes.com/%EC%98%81%EA%B5%AD-%EC%A0%8A%EC%9D%80-%ED%8A%B8%EB%9E%9C%EC%8A%A4%EC%A0%A0%EB%8D%94-%EC%88%98%EB%B0%B1-%EB%AA%85-%EC%9B%90%EB%9E%98-%EC%84%B1%EB%B3%84%EB%A1%9C-%EB%8F%8C%EC%95%84%EA%B0%80%EA%B3%A0_501190.html/.

27) 제럴드 메이, 『영성 지도와 상담』, 서울 : 한국기독학생회출판부, 2006, 48.

28) 한국경제, "국민 87% '영상물 음란·폭력성 심각'", 2006년 4월 2일. https : //www.hankyung.com/society/article/2002011839338.

29) 행정안전부 보도자료, "정부가 청소년 유해음란물 차단에 발벗고 나선다", 2012년 3월 16일. https : //www.mois.go.kr/frt/bbs/type010/commonSelectBoardArticle.do?bbsId=BBSMSTR_000000000008&nttId=28838. 유튜브, "[행정안전부] 청소년 음란물 차단 캠페인 영상", 2012년 12월 5일. https : //www.youtube.com/watch?v=6ULTeKg6VV0.

30) 대한민국 정책브리핑, "청소년 성인물 이용 실태조사 결과", 2012년 7월 30일. http : //www.korea.kr/news/policyBriefingView.do?newsId=148736856.

31) 동아일보, "[김영화의 성교육] 음란물 중독의 4단계", 2013년 3월 14일. http : //www.donga.com/news/View?gid=53681933&date=20130314. Catholic News Agency, "Pornography's Effects on Adults and Children"(빅터 클라인의 에세이 요약). https : //bit.ly/33DArLO. Victor B. Cline, "Pornography's Effects on Adults and Children"(빅터 클라인의 에세이 전문, 2001년 pdf 버전). https : //bit.ly/3992Qdx.

32) 전자신문, "유해 사이트, 하루 1,600개씩 증가… 세계 563만 개 유해 사이트 중 98.5%가 음란 사이트", 2012년 7월 31일. https : //www.etnews.com/201207310332.

33) 차 의과대학교, "CHA-info 메타인지(metacognition)", 2020년 1월 9일, https://newsroom.cha.ac.kr/cha-info-%EB%A9%94%ED%83%80%EC%9D%B8%EC%A7%80/.

34) 조선일보, "아이들 책 읽는 습관 들이면, GDP 상승으로 돌아옵니다", 2016년 3월 4일. https : //www.chosun.com/site/data/html_dir/2016/03/04/2016030400330.html.

35) 이웃집과학자, "뇌 절반 제거했는데 '멀쩡한' 여성", 2020년 11월 13일. http : //www.astronomer.rocks/news/articleView.html?idxno=89467.

36) 조선일보, "[의학] '한쪽 뇌 잘라도 거의 정상생활' NYT보도", 1997년 8월

29일. https : //www.chosun.com/site/data/html_dir/1997/08/29/1997082970317.html.

37) 국민일보, "신앙이 주는 평안, 건강한 뇌 만든다", 2015년 11월 5일. https : //m.kmib.co.kr/view.asp?arcid=0923306810.

38) 조선멤버스, "[나해란의 뇌과학 교실] 몸 움직이면 도파민·세로토닌 분비… 의욕 북돋아 주죠", 2018년 11월 14일. http : //newsteacher.chosun.com/site/data/html_dir/2018/11/13/2018111300093.html.

39) 대경일보, "[음악과 인생] 악기를 하면 과연 좋을까?", 2017년 2월 22일. https : //www.dkilbo.com/news/articleView.html?idxno=102278.

40) 코메디닷컴, "치매 예방, 글쓰기보다 그림 그리기가 낫다(연구)", 2018년 12월 7일. https://kormedi.com/1257976/%EC%B9%98%EB%A7%A4-%EC%98%88%EB%B0%A9-%EA%B8%80%EC%93%B0%EA%B8%B0%EB%B3%B4%EB%8B%A4-%EA%B7%B8%EB%A6%BC-%EA%B7%B8%EB%A6%AC%EA%B8%B0%EA%B0%80-%EB%82%AB%EB%8B%A4-%EC%97%B0%EA%B5%AC/.

41) 중앙일보, "Opinion : 본래 산만했던 인간의 뇌, 책 안 읽으면 원시인처럼 된다", 2019년 2월 25일. https : //www.joongang.co.kr/article/23394556#home.

42) MEDI : GATE NEWS, "밤에 꿀잠을 자야 뇌 쓰레기가 말끔히 청소된다", 2019년 12월 6일. https : //m.medigatenews.com/news/1399042051.

43) 머니투데이, "'야동' 너무 즐기다간 뇌 손상… 올바른 시청법", 2020년 1월 10일. https : //news.mt.co.kr/mtview.php?no=2020011009330412050.

44) 헬스조선 뉴스, "'젊은 뇌' 만드는 생활 속 작은 습관, 당장 실천하세요", 2014년 4월 18일. https : //m.health.chosun.com/svc/news_view.html?contid=2014041801581.

45) RIGHT as Rain by UW Medicine, "5 Surprising Health Benefits of Gratitude", 2017년 11월 22일. https://rightasrain.uwmedicine.org/mind/well-being/5-surprising-health-benefits-gratitude.

46) The Science Times, "우리가 미처 몰랐던 '감사'의 효과", 2019년 12월 16일. https://www.sciencetimes.co.kr/news/%EC%9A%B0%EB%A6%AC%EA%B0%80-%EB%AF%B8%EC%B2%98-%EB%AA%B0%EB%9E%90%EB%8D%98-%EA%B0%90%EC%82%AC%EC%9D%98-%ED%9A%A8%EA%B3%BC/.

2부 4장 "남녀 창조 질서"

1) SCIENCE ON, "세포도 '남녀유별'하다", 2018년 3월 15일. https : //scienceon.

kisti.re.kr/srch/selectPORSrchTrend.do?cn=SCTM00175121.

2) 한국인 인체치수조사 Size Korea, "8차 인체치수조사"(2020~23). https : // sizekorea.kr/human-info/meas-report?measDegree=8.

3) 교육부, "2019년도 학생 건강검사 표본통계 발표", 2020년 7월 22일. https : // www.moe.go.kr/boardCnts/viewRenew.do?boardID=294&lev=0&statusYN=W&s=moe&m=020402&opType=N&boardSeq=81310.

4) 제랄드 메이, 『영성 지도와 상담』, 서울 : IVP, 2006, 48-49.

5) Armin Raznahan et al., "Integrative structural, functional, and transcriptomic analyses of sex-biased brain organization in humans", *PNAS*, July 20, 2020, vol. 117(no. 31), 18788-18798. https : //www.pnas.org/doi/epdf/10.1073/pnas.1919091117. the SCIENCE plus, "여자와 남자의 뇌 차이, '성별 회백질의 양과 유전자 발현 패턴 달라'", 2020년 7월 22일. http : //thescienceplus.com/news/newsview.php?ncode=1065573552179900.

6) Madhura Ingalhalikar et al., "Sex differences in the structural connectome of the human brain", *PNAS*, December 2, 2014, vol. 111(no. 2), 823-828. https : //www.pnas.org/content/111/2/823.

7) 질병관리청 보도자료, "치매 예방을 위해 남녀별 다른 관리가 필요", 2019년 9월 20일. https : //www.kdca.go.kr/board/board.es?mid=a20501010000&bid=0015&list_no=364874&cg_code=&act=view&nPage=1.

8) 세계일보, "엄마? 아빠? 만삭 사진 공개한 트랜스젠더 남성", 2018년 8월 24일. https : //m.segye.com/view/20180824003217.

9) 헬스조선, "변성기에 목소리 관리 안 하면 평생 후회!", 2011년 8월 23일. https : //m.health.chosun.com/svc/news_view.html?contid=2011082201058.

10) 중도일보, "[건강] 여성의 '지방'과 남성의 '지방'은 다르다?", 2018년 6월 29일. http : //m.joongdo.co.kr/view.php?key=20180629010011929.

11) YouTube, [매일유업×EBS] "매일5분육아(48) 두뇌의 차이는 몸의 차이이기도 해요", 2019년 11월 29일. https : //www.youtube.com/watch?v=H89UfdR1PUc.

12) OHFUN, "[팁] 여자가 남자보다 술에 빨리 취하는 놀라운 이유", 2015년 12월 10일. https : //m.ohfun.net/?ac=article_view&entry_id=8779.

13) ZDNET Korea, "여성은 배아 호르몬 결핍 결과 이론 뒤집혀", 2017년 10월 2일. https://zdnet.co.kr/view/?no=20171001145957#_enliple.

14) 국가법령정보센터, "소방공무원 체력관리 규칙", 2022년 10월 5일 기준. https://www.law.go.kr/LSW/admRulInfoP.do?admRulSeq=210000019870

6#AJAX.

15) 헬스조선, "질병도 '남녀유별'… 증상·원인·치료법 다 다르다", 2018년 5월 29일. https://m.health.chosun.com/svc/news_view.html?contid=2018052803522.

16) 질병관리청 국립보건연구원, "보건의료연구 성별 영향 분석", 2015년, 6. https://library.nih.go.kr/ncmiklib/archive/rom/reportView.do?upd_yn=Y&rep_id=RP00003543.

17) Yue Yu 외, Systematic Analysis of Adverse Event Reports for Sex Differences in Adverse Drug Events, Scientific Reports, 6(1), 2016.

18) 식품의약품안전처, "의약품 임상시험 시 성별 고려사항 가이드라인", 2015년 12월 22일. https://www.mfds.go.kr/brd/m_1060/view.do?seq=12167&srchFr=&srchTo=&srchWord=&srchTp=&itm_seq_1=0&itm_seq_2=0&multi_itm_seq=0&company_cd=&company_nm=&page=116.

19) SCIENCE ON, "세포도 '남녀유별'하다", 2018년 3월 15일. https://scienceon.kisti.re.kr/srch/selectPORSrchTrend.do?cn=SCTM00175121.

20) 한국노동사회연구소, "여성과 남성의 15대 직업", 『한국노동사회연구소 이슈페이퍼』, 2018권 6호, 2018년, 2-3. https://papersearch.net/thesis/article.asp?key=3769839.

21) 위의 자료, 3.

22) 루안 브리젠딘, 『여자의 뇌』, 서울 : 웅진지식하우스, 2019, 15, 32.

23) 조선일보, "[톱클래스] 속도의 한계를 넘어, 자신의 한계를 극복한다", 2014년 9월 5일. https://www.chosun.com/site/data/html_dir/2014/09/05/2014090501490.html.

24) 뉴스다임, "전 세계 파일럿 중 여성은 100명 중 5명 꼴", 2018년 5월 3일. http://www.newsdigm.com/14360.

2부 5장 "젠더 이데올로기"

1) 나우뉴스, "3살 아이에게 '성소수자' 가르치는 英 유치원 수업 논란", 2017년 11월 13일자. https://nownews.seoul.co.kr/news/newsView.php?id=20171113601009.

2) THE CHRISTIAN POST, "University Reverses Ban on Conservative Student Who Said There Are Only 2 Genders", 2018년 3월 21일. https://www.christianpost.com/news/university-reverses-ban-on-conservative-student-who-said-there-are-only-2-genders.html.

3) LIFE SITE, "Student kicked out of class for saying there are only two genders is now expelled", 2019년 7월 5일. https : //www.lifesitenews.com/news/student-kicked-out-of-class-for-saying-there-are-only-two-genders-is-now-expelled/.

4) 국가법령정보센터, "경기도 학생인권 조례", 2022년 10월 5일 기준. https://www.law.go.kr/%EC%9E%90%EC%B9%98%EB%B2%95%EA%B7%9C/%EA%B2%BD%EA%B8%B0%EB%8F%84%ED%95%99%EC%83%9D%EC%9D%B8%EA%B6%8C%EC%A1%B0%EB%A1%80.

5) 종합법률정보 법령, "교육기본법 타법개정", 2022년 10월 5일 기준. https://glaw.scourt.go.kr/wsjo/lawod/sjo190.do?contId=3257196#0017021.

6) 2015 교육부 '국가 수준의 학교성교육표준안' 철회를 위한 연대회의, "2015 교육부 '국가 수준의 학교성교육표준안' 철회를 위한 기자간담회 및 성명서", 2015년 8월 24일. https : //ahacenter.kr/wp-content/uploads/2016/04/%E1%84%89%E1%85%A5%E1%86%BC%E1%84%80%E1%85%AD%E1%84%8B%E1%85%B2%E1%86%A8%E1%84%91%E1%85%AD%E1%84%8C%E1%85%AE%E1%86%AB%E1%84%8B%E1%85%A1%E1%86%AB%E1%84%8E%E1%85%A5%E1%86%AF%E1%84%92%E1%85%AC-%E1%84%80%E1%85%B5%E1%84%8C%E1%85%A1%E1%84%80%E1%85%A1%E1%86%AB%E1%84%83%E1%85%A1%E1%86%B7%E1%84%92%E1%85%AC%E1%84%89%E1%85%A5%E1%86%BC%E1%84%86%E1%85%A7%E1%86%BC%E1%84%89%E1%85%A5%E1%84%8C%E1%85%A1%E1%84%85%E1%85%AD-0825.pdf.

7) 경향신문, "'성적 지향'은 차별 금지 대상에서 빼겠다는 정치권", 2019년 11월 18일. https : //m.khan.co.kr/national/national-general/article/201911180600015#c2b.

8) U. S. News, "California Parents Keep Kids Out of School to Protest New Sex Ed Curriculum", 2019년 5월 17일. https : //www.usnews.com/news/politics/articles/2019-05-17/california-parents-keep-kids-out-of-school-to-protest-new-sex-ed-curriculum.

9) THE EPOCH TIMES, "Minors May Get Sex Changes Without Parental Consent, if California's Teachers Union Has Its Way", 2020년 2월 19일. https : //www.theepochtimes.com/minors-may-get-sex-changes-without-parental-consent-if-californias-teachers-union-has-its-way_3243361.html.

10) DAILY CALLER, "Michigan Schools To Let Students Choose Gender, Name And Bathroom", 2016년 3월 21일. https : //dailycaller.com/2016/03/21/michigan-schools-to-let-students-choose-gender-

name-and-bathroom/.

11) NJ.com(뉴저지 홈페이지), "N.J. schools can keep transgender kids' secret from parents, state says", 2018년 10월 7일. https : //www.nj.com/education/2018/10/nj_transgender_students_parental_notification.html.

12) THE CHRISTIAN POST, "UK Investigating Why Referrals for Gender Dysphoria in Children Have Increased Over 4,000 Percent in 10 Years", 2018년 9월 18일. https : //www.christianpost.com/news/uk-investigating-why-gender-dysphoria-children-increased-over-4000-percent-10-years.html.

13) THE DAILY SIGNAL, Commentary I Spent a Year as a Trans Man. Doctors Failed Me at Every Turn. 2019년 10월 7일. https : //www.dailysignal.com/2019/10/07/i-spent-a-year-as-a-trans-man-doctors-failed-me-at-every-turn.

14) '캘리포니아 청소년 보건법'(California Healthy Youth Act)을 가리키는 것으로, 2016년 공립학교에서 학생들에게 포괄적인 성교육을 실시하도록 제정되었다. 성교육 지침서 내용이 '포르노 실습' 수준이라는 평가를 받으며 많은 이들이 이에 반발했다. (참고. SUNDAYJournal, "[논란] 캘리포니아 공립학교 성교육 지침서 논란", 2019년 5월 23일. https : //sundayjournalusa.com/2019/05/23/%EB%85%BC%EB%9E%80-%EC%BA%98%EB%A6%AC%ED%8F%AC%EB%8B%88%EC%95%84-%EA%B3%B5%EB%A6%BD%ED%95%99%EA%B5%90-%EC%84%B1%EA%B5%90%EC%9C%A1-%EC%A7%80%EC%B9%A8%EC%84%9C-%EB%85%BC%EB%9E%80/). California Legislative Information, AB-329 Pupil instruction : sexual health education(2015-2016). https : //leginfo.legislature.ca.gov/faces/billNavClient.xhtml?bill_id=201520160AB329.

15) THE EPOCH TIMES, "영국 젊은 트랜스젠더 수백 명 '원래 성별로 돌아가고 싶다'", 2019년 10월 14일. https : //kr.theepochtimes.com/%EC%98%81%EA%B5%AD-%EC%A0%8A%EC%9D%80-%ED%8A%B8%EB%9E%9C%EC%8A%A4%EC%A0%A0%EB%8D%94-%EC%88%98%EB%B0%B1-%EB%AA%85-%EC%9B%90%EB%9E%98-%EC%84%B1%EB%B3%84%EB%A1%9C-%EB%8F%8C%EC%95%84%EA%B0%80%EA%B3%A0_501190.html.

16) The Guardian, "Jamie Shupe becomes first legally non-binary person in the US", 2016년 6월 16일. https : //www.theguardian.com/world/2016/jun/16/jamie-shupe-first-non-binary-person-oregon.

17) NewDaily, "서울퀴어 행사장에 설치된 '성 중립화장실'", 2019년 6월 1일. https : //www.newdaily.co.kr/site/data/html/2019/06/01/2019060100016.html.

18) 시사저널, "스웨덴 화장실엔 남녀 표시 없다", 2017년 7월 19일. https://www.sisajournal.com/news/articleView.html?idxno=170441.

19) FOX NEWS, "Transgender Wyoming woman convicted of sexually assaulting 10-year-old girl in bathroom", 2017년 10월 20일. https://www.foxnews.com/us/transgender-wyoming-woman-convicted-of-sexually-assaulting-10-year-old-girl-in-bathroom.

20) 동아일보, "美서 5세 여아 상대 트랜스젠더 성범죄 발생… '화장실법' 논란 재점화되나", 2018년 10월 5일. https://www.donga.com/news/Inter/article/all/20181005/92272077/1.

21) THE DAILY WIRE, "Parents Outraged After Man Who Identifies As Woman Assaults 10-Year-Old Daughter In Women's Bathroom, Gets Slap On The Wrist", 2019년 2월 16일. https://www.dailywire.com/news/parents-outraged-after-man-who-identifies-woman-paul-bois.

22) 나우뉴스, "더 저렴한 차 보험료율 받기 위해 법적으로 성별 전환한 남성", 2018년 7월 31일. https://nownews.seoul.co.kr/news/newsView.php?id=20180731601013.

23) CBC, "Alberta man changes gender on government IDs for cheaper car insurance", 2018년 7월 20일자. https://www.cbc.ca/news/canada/calgary/change-gender-identification-insurance-alberta-1.4754416.

24) 대한민국 법원 종합법률정보, "성전환자의 성별정정허가신청사건 등 사무처리지침". https://glaw.scourt.go.kr/wsjo/gchick/sjo330.do?contId=3226349&q=%EC%84%B1%EC%A0%84%ED%99%98%EC%9E%90%EC%9D%98%20%EC%84%B1%EB%B3%84%EC%A0%95%EC%A0%95%ED%97%88%EA%B0%80%EC%8B%A0%EC%B2%AD%EC%8-2%AC%EA%B1%B4%20%EB%93%B1%20%EC%82%AC%EB%AC%B4%EC%B2%98%EB%A6%AC%EC%A7%80%EC%B9%A8&nq=&w=trty&section=trty_tot&subw=&subsection=&subId=&csq=&groups=&category=&outmax=1&msort=&onlycount=&sp=&d1=&d2=&d3=&d4=&d5=&pg=0&p1=&p2=&p3=&p4=&p5=&p6=&p7=&p8=&p9=&p10=&p11=&p12=&sysCd=&tabGbnCd=&saNo=&joNo=&lawNm=&hanjaYn=N&userSrchHistNo=&poption=&srch=&range=&daewbyn=N&smpryn=N&idgJyul=&newsimyn=&trtyNm=&tabId=&dsort=#1662015357891.

25) 중앙일보, "성전환자 성별 정정 쉬워진다… 필수 서류는 '참고용'으로", 2020년 2월 22일. https://www.joongang.co.kr/article/23712687.

26) 동아일보, "'동성결혼' 네덜란드 2001년 첫 합법화", 2004년 2월 16일. https://www.donga.com/news/Inter/article/all/20040216/8030381/1.

27) HUFFPOST, "Inside Out : Portraits Of Cross-Gender Children' Beautifully Documents Transgender Kids", 2017년 12월 6일. https : //www.huffpost.com/entry/inside-out-portraits-cross-gender-children_n_7318026.

28) 한국성과학연구협회, "간성과 동성애는 서로 무관하다", 2017년 3월 14일. http : //sstudy.org/what-is-intersex/.

29) 한겨레, "남성 행세 20대 여성, 동거녀에게 들통 나자 투신해 숨져", 2015년 7월 28일. https : //www.hani.co.kr/arti/area/area_general/702121.html.

2부 6장 "결혼과 문화명령"

1) 네이버 국어사전, "연애", 2022년 10월 5일 기준. https://ko.dict.naver.com/#/entry/koko/a0c510c5de524fc0a729cab94b67307e.

2) Joseph P Allen 외, "Adolescent Peer Relationship Qualities as Predictors of Long-Term Romantic Life Satisfaction", Child Dev. 2020 Jan ; 91(1) : 327-340. https : //pubmed.ncbi.nlm.nih.gov/30675714/.

3) 법제처 국가법령정보센터, "민법, 제807조", 2022년 10월 5일 기준. https://www.law.go.kr/법령/민법/(20210126,17905,20210126)/제807조.

4) Collins, Andrew W. et al., "Adolescent Romantic Relationships", *Annual Review of Psychology*, February 2009, Vol. 60, 631-652. https://www.annualreviews.org/doi/abs/10.1146/annurev.psych.60.110707.163459.

5) Monroe, Scott M. et al., "Life events and depression in adolescence : Relationship loss as a prospective risk factor for first onset of major depressive disorder", *Journal of Abnormal Psychology*, 1999 No ; 108(4), 606-614. https : //psycnet.apa.org/doiLanding?doi=10.1037%2F0021-843X.108.4.606.

6) 법률신문, "與의원 '건강가정기본법' 개정 추진 논란 혼인·혈연·입양으로 이루어지는 '가족' 개념 삭제", 2021년 8월 9일. https : //m.lawtimes.co.kr/Content/Article?serial=171935.

7) 중앙일보, "'삶의 의미?'… 14개국은 '가족', 한국만 '물질'이라 답했다", 2021년 11월 22일, https://www.joongang.co.kr/article/25025718#home. 신동아, "'코리아 미스터리'… 한국인 19%, 가족보단 돈이 중요", 2021년 11월 28일, https://shindonga.donga.com/3/all/13/3055397/1.

2부 7장 "동성애"

1) 기미경 외, "한국 남성 동성애자들의 성 행태와 후천성면역결핍증에 대한 인

식", 『예방의학회지』, 2004, vol.37, no. 3, 220-224. https : //www.kci.go.kr/kciportal/ci/sereArticleSearch/ciSereArtiView.kci?sereArticleSearchBean.artiId=ART001096274.

2) 존 칼빈, 『기독교 강요 (하)』(제4권 제20장 14), 고양 : 크리스챤다이제스트, 2003, 602.

3) 질병관리청, 고려대학교 의과대학 산학협력단 보고서, "전국 성의식 조사", 2015년, 30. https : //scienceon.kisti.re.kr/commons/util/originalView.do?cn=TRKO201600015992&dbt=TRKO&rn=.

4) Time, "The 10 Cities With the Highest LGBT Percentage in the U.S", 2015년 3월 20일. http : //time.com/3752220/lgbt-san-francisco/.

5) Hamer DH, Hu S, Magnuson VL, Hu N, Pattatucci AM. "A linkage between DNA markers on the X chromosome and male sexual orientation", *Science*. 1993 Jul 16 ; 261(5119) : 321-7. http : //science.sciencemag.org/content/261/5119/321.long.

6) Rice G, Anderson C, Risch N, Ebers G., "Male homosexuality : Absence of Linkage to Microsatellite Markers at Xq28", *Science*. 1999 Apr 23 ; 284(5414) : 665-7. http : //science.sciencemag.org/content/284/5414/665/tab-pdf.

7) Mustanski BS, Dupree MG, Nievergelt CM, Bocklandt S, Schork NJ, Hamer DH. "A genomewide scan of male sexual orientation", *Hum Genetics*. 2005, 116(4) : 272-8. http : //beck2.med.harvard.edu/week6/Mustanski%20%20dupree%20genome%20scan%20of%20male%20sexual%20orientation%202005.pdf.

8) 길원평 외, "동성애의 선천성을 옹호하는 최근 주장들에 대한 반박", 『신앙과 학문』, 2017, vol. 22, no. 3, 통권 72호. 7-29. https : //www.kci.go.kr/kciportal/ci/sereArticleSearch/ciSereArtiView.kci?sereArticleSearchBean.artiId=ART002268355.

9) 국민일보, "[젠더 이데올로기 실체를 말한다] 동성애 유발 유전자 발견했다던 과학자, 12년 뒤 연구결과 번복", 2019년 10월 22일. https : //v.daum.net/v/20191022000707541?s=print_news.

10) LeVay S. "A difference in hypothalamic structure between heterosexual and homosexual men", *Science*. 1991 Aug 30 ; 253(5023) : 1034-7. https://pubmed.ncbi.nlm.nih.gov/1887219/.

11) Byne W, Tobet S, Mattiace LA, Lasco MS, Kemether E, Edgar MA, Morgello S, Buchsbaum MS, Jones LB. "The interstitial nuclei of the human anterior

hypothalamus : an investigation of variation with sex, sexual orientation, and HIV status", *Horm Behav.* 2001 Sep ; 40(2) : 86-92. https : //www.sciencedirect.com/science/article/pii/S0018506X01916800?via%3Dihub.

12) Laumann EO, Gagnon JH, Michael RT, Michaels S, "The Social Organization of Sexuality : Sexual Practices in the United State", Chicago : University of Chicago Press, 1994년. https://onlinelibrary.wiley.com/doi/full/10.2164/jandrol.110.012849.

13) 길원평 외, "동성애의 선천성을 옹호하는 최근 주장들에 대한 반박", 『신앙과 학문』, 2017, vol. 22, no. 3, 통권 72호. 7-29. https : //www.kci.go.kr/kciportal/ci/sereArticleSearch/ciSereArtiView.kci?sereArticleSearchBean.artiId=ART002268355.

14) 위의 자료, 18-19.

15) 미국 질병관리본부(CDC) 홈페이지, "Gay and Bisexual Men's Health-Sexually Transmitted Diseases", 2016년 3월 9일. http : //www.cdc.gov/msmhealth/std.htm.

16) Markland AD, Dunivan GC, Vaughan CP, Rogers RG. "Anal Intercourse and Fecal Incontinence : Evidence from the 2009-2010 National Health and Nutrition Examination Survey", Am J Gastroenterol, 2016 Feb, 111(2) : 269-74. https : //www.ncbi.nlm.nih.gov/pmc/articles/PMC5231615/.

17) 미국 질병관리본부(CDC) 홈페이지, "Gay and Bisexual Men's Health-Sexually Transmitted Diseases", 2016년 3월 9일. http : //www.cdc.gov/msmhealth/std.htm.

18) Canadian Institutes of Health Research, "Team Grant : Advancing Boys' and Men's Health Research(2014-2019)", 2019년 10월 28일. https : //cihr-irsc.gc.ca/e/49638.html.

19) 영국 공중보건국(PHE) 보고서, "The Resurgent Global HIV Epidemic among Men who have sex with Men", 2013년, 30. https : //www.bhiva.org/file/zkSwsEmuaKOje/KevinFenton.pdf.

20) 서울대학교병원 의학정보, "세균성 이질[shigellosis]", 2022년 9월 8일 접속. http : //www.snuh.org/health/nMedInfo/nView.do?category=DIS&medid=AA000442.

21) 영국 공중보건국(PHE), "Shigella dysentery on the rise among gay and bisexual men", 2014년 1월 30일. https : //www.gov.uk/government/news/shigella-dysentery-on-the-rise-among-gay-and-bisexual-men.

22) 미국 질병관리본부(CDC), "Shigella-Information for Specific Groups (Shigella Infections among Gay and Bisexual, and Other Men Who Have Sex with Men<MSM>)", 2022년 5월 20일. https : //www.who.int/news/item/07-06-2017-hepatitis-a-outbreaks-mostly-affecting-men-who-have-sex-with-men-european-region-and-the-americas.

23) 위의 자료.

24) 세계보건기구(WHO), "Hepatitis A outbreaks mostly affecting men who have sex with men-European Region and the Americas", 2017월 6월 7일. https : //www.who.int/news/item/07-06-2017-hepatitis-a-outbreaks-mostly-affecting-men-who-have-sex-with-men-european-region-and-the-americas.

25) 미국 질병관리본부(CDC), "Gay and Bisexual Men's Health - Viral Hepatitis", 2016년 2월 29일. https : //www.cdc.gov/msmhealth/viral-hepatitis.htm.

26) 미국 질병관리본부(CDC), "Populations and Settings-Men Who Have Sex with Men"(Men Who Have Sex with Men and Viral Hepatitis), 2020년 8월 24일. https : //www.cdc.gov/hepatitis/populations/msm.htm. 미국 질병관리본부(CDC), "Hepatitis A Questions and Answers for the Public"(Hepatitis A Questions and Answers for the Public), 2020년 7월 28일. http : //www.cdc.gov/hepatitis/hav/afaq.htm.

27) 미국 질병관리본부(CDC), "Populations and Settings-Men Who Have Sex with Men"(Men Who Have Sex with Men and Viral Hepatitis), 2020년 8월 24일. https : //www.cdc.gov/hepatitis/populations/msm.htm.

28) 영국 공중보건국(PHE), "Hepatitis A among gay and bisexual men", 2017년 6월 20일. https : //www.gov.uk/government/news/hepatitis-a-among-gay-and-bisexual-men.

29) 위의 자료.

30) 미국 질병관리본부(CDC), "About HIV", 2022년 6월 30일. https : //www.cdc.gov/hiv/basics/whatishiv.html.

31) 영국 공중보건국(PHE), "List of zoonotic diseases", 2019년 1월 21일. www.gov.uk/government/publications/list-of-zoonotic-diseases/list-of-zoonotic-diseases.

32) U.S. Department of Health and Human Services, AIDS info, HIV/AIDS News, "CDC Leading New Efforts to Fight HIV Among Gay, Bisexual Men and Transgender People", 2020년 11월 10일. https : //clinicalinfo.hiv.gov/en/news/cdc-leading-new-efforts-fight-hiv-among-gay-bisexual-men-and-transgender-people.

33) 미국 질병관리본부(CDC), "HIV Surveillance-Adolescents and Young Adults", 2016년. https : //www.cdc.gov/hiv/pdf/library/slidesets/cdc-hiv-surveillance-adolescents-young-adults-2016.pdf.

34) 연합뉴스, "男동성애자 에이즈 예방 노력 효과 없어", 2012년 7월 20일. https://www.yna.co.kr/view/AKR20120720128100009. Medscape, "Lancet Series Covers HIV/AIDS in Men Who Have Sex With Men", 2012년 7월 23일. https : //www.medscape.com/viewarticle/767922.

35) 서울신문, "샌프란시스코·실리콘밸리는 '세계 게이들의 수도'", 2014년 10월 31일. https : //www.seoul.co.kr/news/newsView.php?id=20141031800048.

36) 캘리포니아 관광청 홈페이지, "LGBTQ+Travel in San Francisco", 2022년 9월 8일 접속. https : //www.visitcalifornia.com/experience/lgbtq-travel-san-francisco/.

37) Hunt Clark Creative, "health-egrifta", 2022년 9월 7일 접속. http : //mykidsneedshoes.com/categories.html#health.

38) 보건복지부, "제4차 국민건강증진종합계획(2016-2020)", 2015년, 322. http://www.mohw.go.kr/react/jb/sjb030301vw.jsp?PAR_MENU_ID=03&MENU_ID=0319&CONT_SEQ=330479.

39) 질병관리청 질병예방센터 결핵·에이즈관리과, "2019년 HIV/AIDS 신고현황, 주간 건강과 질병", 2020년, 제13권 제35호, 2574-2579. https://kdca.go.kr/board/board.es?mid=a20602010000&bid=0034&act=view&list_no=368232.

40) 국민일보, "김준명 연세대 의대 교수 '청년·청소년 에이즈 감염 빠르게 증가'", 2016년 8월 25일. https : //m.kmib.co.kr/view.asp?arcid=0923610744.

41) 보건복지부, "제4차 국민건강증진종합계획(2016-2020)", 2015년, 323. http://www.mohw.go.kr/react/jb/sjb030301vw.jsp?PAR_MENU_ID=03&MENU_ID=0319&CONT_SEQ=330479.

42) 김준명 외, "국내 HIV 감염의 감염 경로 : 한국 HIV/AIDS 코호트 연구", 『대한내과학회지』, 2018, v. 93, no. 4, 379-389. https : //www.ekjm.org/journal/view.php?number=25545.

43) 질병관리청, "국가 에이즈관리사업 평가 및 전략 개발", 2014년. 60. https://nih.go.kr/board/board.es?mid=a40801000000&bid=0050&act=view&list_no=25711.

44) 보건복지부, "제4차 국민건강증진종합계획(2016-2020)", 2015년. 323. http://www.mohw.go.kr/react/jb/sjb030301vw.jsp?PAR_MENU_ID=03&MENU_ID=0319&CONT_SEQ=330479.

45) 김준명 외, "국내 HIV 감염의 감염 경로 : 한국 HIV/AIDS 코호트 연구", 『대한내과학회지』, 2018년, v. 93, no. 4, 379-389. https : //www.ekjm.org/journal/view.php?number=25545.

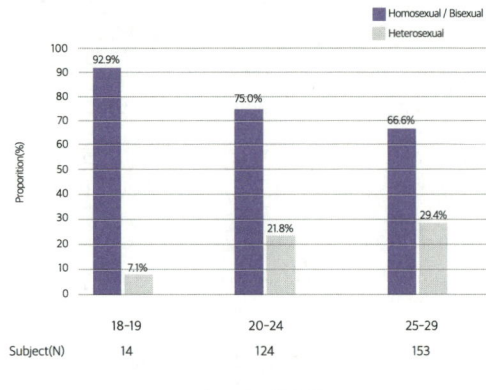

<Transmission mode of HIV in fection in 18-29 age.
HIV, human immunodeficiency virus>

46) 킴스의약정보센터, "스트리빌드", 2022년 10월 5일 기준. https : //www.kimsonline.co.kr/drugcenter/search/totalSearch?Keyword=%EC%8A%A4%ED%8A%B8%EB%A6%AC%EB%B9%8C%EB%93%9C.

47) 데일리팜, "한때 HIV 시장 1위였던 '스트리빌드' 국내 철수 왜?", 2020년 10월 26일. https : //www.dailypharm.com/Users/News/NewsView.html?ID=269857.

48) 킴스의약정보센터, "젠보야", 2022년 10월 5일 기준. https : //www.kimsonline.co.kr/drugcenter/search/totalSearch?Keyword=%EC%A0%A0%EB%B3%B4%EC%95%BC.

49) 연합뉴스, "헌혈 300만 명 넘지만 혈액 수입량↑… 연간 670억", 2015년 9월 17일. https : //www.yna.co.kr/view/AKR20150917168800017.

50) 일요시사, "혈액 부실관리 실태, 에이즈 보균자도 '헉'", 2015년 9월 21일. https : //www.ilyosisa.co.kr/mobile/article.html?no=87253.

51) 대한적십자사 혈액관리본부, "전자 문진표", 2022년 9월 8일 접속. https : //www.bloodinfo.net/emi2/login.do.

52) ElL PAIS, "Em 50 países, gays sã proibidos de doar sangue por causa da AIDS", 2014년 12월 2일. http : //brasil.elpais.com/brasil/2014/11/28/ciencia/1417191728_587426.html.

53) MetroWeekly, "FDA panel fails to reach a consensus on gay blood ban", 2014년 12월 4일. https : //www.metroweekly.com/2014/12/fda-panel-

fails-to-reach-a-consensus-on-gay-blood-ban/.

54) Glaad, "Take part in the first annual gay blood drive", 2013년 7월 3일. https : //www.glaad.org/blog/take-part-first-annual-gay-blood-drive.

55) 한국경제, "미국서 혈액 부족에 '남성 동성애자 헌혈 제약 없애야'", 2022년 1월 14일. https : //www.hankyung.com/international/article/202201149665Y.

56) 서울신문, "게이 커플, 英 최초로 제한 없는 헌혈하며 감격 '다른 생명 살릴 수 있어'", 2021년 6월 15일. https : //www.seoul.co.kr/news/newsView.php?id=20210615500005.

57) 캐나다 혈액관리국(Canadian Blood Services), "Sexual behaviour-based screening", 2022. 8. 29 접속. https : //www.blood.ca/en/blood/am-i-eligible-donate-blood/sexual-behaviour-based-screening.

58) Xtra, "Health Canada replaces gay blood ban with five-year deferral", 2013년 5월 22일. https : //xtramagazine.com/power/health-canada-replaces-gay-blood-ban-with-five-year-deferral-49673.

59) 연합뉴스, "中, 청소년 에이즈환자 급증하는 까닭… '동성애가 주요 경로'", 2016년 11월 30일. https : //www.yna.co.kr/view/AKR20161130107300083.

60) 한국경제, "中, 남성 동성애자 헌혈 금지 제도화", 2012년 7월 10일. https : //www.hankyung.com/international/article/2012071045668.

61) 보건복지부 보도자료, "수혈로 에이즈감염자 2명 발생", 2003년 8월 25일. http : //www.mohw.go.kr/react/al/sal0301vw.jsp?PAR_MENU_ID=04&MENU_ID=0403&CONT_SEQ=26458&page=1104.

62) 한겨레, "수혈로 2명 또 에이즈 걸렸다", 2003년 5월 12일. http://legacy.www.hani.co.kr/section-005100031/2003/05/005100031200305121848398.html.

63) 친구사이, "수혈을 통해 에이즈 바이러스(HIV)에 감염된 사례가 또다시 발생했다.", 2003년 8월 29일. https : //chingusai.net/xe/news/150994.

64) 보건복지부 보도자료, "수혈로 인한 에이즈 감염자 2명 발생", 2003년 5월 12일. https : //www.mohw.go.kr/react/al/sal0301vw.jsp?PAR_MENU_ID=04&MENU_ID=0403&page=1153&CONT_SEQ=24927.

65) 오마이뉴스, "남성 간 성 접촉 있을 시 '헌혈 금지?'", 2010년 2월 26일. http : //www.ohmynews.com/NWS_Web/View/at_pg.aspx?CNTN_CD=A0001329578.

66) 미국 질병관리본부(CDC), "LGBT Health, Lesbian and Bisexual Women", 2021년 4월 22일. https : //www.cdc.gov/lgbthealth/women.htm.

67) 영국 공중보건국(PHE), "Syphilis epidemiology in London Sustained high numbers of cases in MSM", version 1.1, 11, 2016년. https : //

assets.publishing.service.gov.uk/government/uploads/system/uploads/attachment_data/file/547072/london_syphilis_report.pdf.

68) 미국 질병관리본부(CDC), "Gay and Bisexual Men's Health-Sexually Transmitted Diseases", 2016년 3월 9일. https : //www.cdc.gov/msmhealth/STD.htm.

69) 미국 질병관리본부(CDC), "Sexually Transmitted Disease Surveillance : STDs 2015", 2016년. https : //www.cdc.gov/std/stats/archive/STD-Surveillance-2015-print.pdf.

70) 위의 자료, 81.

71) 위의 자료, 19.

72) 위의 자료, 106.

73) 위의 자료, 21.

74) BBC NEWS 코리아, "LGBT : 국가마다 동성애에 대한 태도가 다른 이유는?", 2019년 6월 2일. https : //www.bbc.com/korean/international-48488222. https : //history-hub.com, "동성애가 불법인 나라", 2022년 9월 8일 접속. https : //ko.history-hub.com/countries-where-homosexuality-is-illegal.

75) KBS NEWS, "동성결혼 허용 28개 국가는? … 성인 2.7% 동성애", 2019년 5월 23일. https : //news.kbs.co.kr/news/view.do?ncd=4207024. 뉴스토마토, "전 세계 30개국 '동성결혼' 합법화…'남자 며느리 안 된다' 한국은 전쟁 중", 2021년 9월 28일. https : //www.newstomato.com/ReadNews.aspx?no=1075956.

76) 위의 자료.

77) 한국일보, "[H]동성 부부는 되지만 동성 혼인은 안 된다? 단순·복잡한 동성혼 제도", 2016년 5월 20일. https : //www.hankookilbo.com/News/Read/201605202025051846.

78) 한겨레, "대만, 아시아 최초 동성결혼 합법화… '인권 큰 걸음'", 2017년 5월 24일. https : //www.hani.co.kr/arti/international/china/796099.html.

79) 법제처 국가법령정보센터, 법령, "군형법 제92조의6". 2022년 10월 5일 기준. https://www.law.go.kr/법령/군형법/(20220701,18465,20210924)/제92조의6.

80) 국민참여입법센터, 국회입법현황, "차별금지법안", 2022년 9월 8일 접속. https : //www.lawmaking.go.kr/mob/nsmLmSts/out/2101116/detailR.

81) 위의 자료, 5-6.

82) 머니투데이, "美뉴욕, 자의로 '제3의 성' 변경 가능… '의사 소견 불필요'", 2019년 1월 3일. https : //news.mt.co.kr/mtview.php?no=2019010314240020921.

83) KBS NEWS, "[글로벌24 주요뉴스] 캐나다, 아기 출생신고서 성별란에 '미정'?", 2017년 7월 4일. https : //news.kbs.co.kr/news/view.do?ncd=3509921.

84) 브런치, "사귀기 전에 확실히 말해 줘, 너의 젠더는?", 2020년 12월 21일. https : //brunch.co.kr/@kactus22/24.

85) KBS NEWS, "[7國記] 여권 성별란에 男·女 아닌 '0'… 성 소수자의 천국 네팔", 2015년 8월 16일. https : //news.kbs.co.kr/news/view.do?ncd=3130814.

86) ALAF 블로그, "여자 화장실 찾아 삼만 리", 2020년 6월 17일. https : //blog.naver.com/biblicaleducation/222003710385.

87) ATBK, "Transgender MMA Fighter Fallon Fox Breaks Opponent's Skull", 2019년 1월 31일. https : //www.attacktheback.com/transgender-mma-fighter-fallon-fox-breaks-opponents-skull/.

88) 매일경제, "美, 트랜스젠더 스포츠 출전금지법 놓고 갑론을박", 2021년 5월 8일. https : //www.mk.co.kr/news/world/9862524.

89) sportskeeda, "When transgender fighter Fallon Fox broke her opponent's skull in MMA fight", 2021년 9월 30일. https : //www.sportskeeda.com/mma/news-when-transgender-fighter-fallon-fox-broke-opponent-s-skull-mma-fight.

90) 중앙일보, "'男피지컬로 女경기출전 공정하냐' 올림픽 첫 성전환선수 논란", 2021년 8월 1일. https : //www.joongang.co.kr/article/24118619#home.

91) 이다슬 외, "기독 청년의 동성애 인식 실태조사", 『신앙과 학문』, 2019, vol. 24, no. 1, 통권 78호, 123-164. https://www.kci.go.kr/kciportal/ci/sereArticleSearch/ciSereArtiView.kci?sereArticleSearchBean.artiId=ART002451553.

92) 미국 질병관리본부(CDC), "Diagnoses of HIV Infection among Adolescents and Young Adults in the United States and 6 Dependent Areas 2011-2016", *HIV Surveillance Report*, Vol. 23, No. 3, 2018년. https : //www.cdc.gov/hiv/pdf/library/reports/surveillance/cdc-hiv-surveillance-supplemental-report-vol-23-3.pdf.

2부 8장 "생명과 낙태"

1) 임신육아종합포털 아이사랑, "임신 중 잘 지내기, 임신초기(3-12주)", 2022년 9월 15일 접속. https : //www.childcare.go.kr/cpin/contents/010201010000.jsp;jsessionid=s6ofJsEX18weg27FZENJjRLGKj5DJT897wHOo0ZaGpMBMHzLbOny0aRq3bpjYh9v.mwdawas03_servlet_pcms. 매일아이, "임신초기(1-12주) 태아변화", 2017년 6월 19일. https : //www.maeili.com/cms/contents/contentsView.do?categoryCd1=1&categoryCd2=3&categoryCd3=0&idx=4

92&reCome=1&gubn=1.

2) 신성자, 『낙태』, 서울 : 그리심, 2003, 58-63.

3) 은기수, 권태환, "한국 유배우 여성의 인공임신중절의 실태 및 결정요인", 『한국인구학』 제25권 제1호, 2002, 5-32. http : //www.koreascience.kr/article/JAKO200211921057989.pdf.

4) 한국보건사회연구원, "2012년 전국 출산력 및 가족보건·복지실태조사", 2012-54. 273-304. https://www.kihasa.re.kr/publish/report/view?searchText=%EC%B6%9C%EC%82%B0%EB%A0%A5&page=1&type=all&seq=27486. 조선일보, "[생명윤리 논쟁] 낙태/'뱃속 살인' 年150만 건", 2001년 4월 30일. https : //www.chosun.com/site/data/html_dir/2001/04/30/2001043070319.html.

5) 한국보건사회연구원, 보도자료 "인공임신중절 실태조사(2018년) 주요결과", 2019년 2월 14일. https : //www.kihasa.re.kr/news/press/view?seq=2063.

6) 한국보건사회연구원, "2012년 전국 출산력 및 가족보건·복지실태조사", 2012-54. 273-304. https://www.kihasa.re.kr/publish/report/view?searchText=%EC%B6%9C%EC%82%B0%EB%A0%A5&page=1&type=all&seq=27486. 한국보건사회연구원에서 발간한 '2012년 전국 출산력 및 가족보건·복지실태조사'를 통해 기혼 여성의 낙태 현황을 확인할 수 있다.

7) 보건복지부, "인공임신중절 실태조사", 2018년. http : //www.mohw.go.kr/react/jb/sjb030301vw.jsp?PAR_MENU_ID=03&MENU_ID=032901&CONT_SEQ=349015&page=1.

8) 이동욱, "인공임신중절 국내외 현황과 법적 처벌의 문제점"(2017년 1월 24일, 국회 의원회관에서 열린 여성의 건강과 임신·출산이 함께 지지받는 사회적 여건 조성을 위한 토론회 '불법 인공임신중절수술 논란에 대한 해결책은?' 발표 자료). https://www.rihp.re.kr/bbs/download.php?bo_table=event&wr_id=34&no=0&page=2.

9) 뉴시스, "'원치 않는 출산'… 임신 경험 청소년 85.4%가 '낙태'", 2017년 11월 27일. https : //newsis.com/view/?id=NISX20171127_0000159899.

10) 법제처 국가법령정보센터, "형법 제269조(낙태)"(법령), 2022년 10월 5일 기준. https://www.law.go.kr/법령/형법/(20211209,17571,20201208)/제269조.

11) 법제처 국가법령정보센터, "형법 제270조(의사 등의 낙태, 부동의낙태)"(법령), 2022년 10월 5일 기준. https://www.law.go.kr/법령/형법/(20211209,17571,20201208)/제270조.

12) 법제처 국가법령정보센터, "민법 제1000조(상속의 순위)"(법령), 2022년 10월 5일 기준. https://www.law.go.kr/법령/민법/(20210126,17905,20210126)/

제1000조.

13) 법제처 국가법령정보센터, "모자보건법 제14조(인공임신중절수술의 허용한계)"(법령), 2022년 10월 5일 기준. https://www.law.go.kr/법령/모자보건법/(20220622,18612,20211221)/제14조.

14) 박인호 외, "청소년기 10대 임신에서 임산부와 신생아의 주산기 문제점", 『대한신생아학회』, 2012, 19호, 127-133. https : //www.neo-med.org/upload/pdf/J%20Korean%20Soc%20Neonatol._19_3_127_133.pdf.

15) 가톨릭관동대학교 국제성모병원, 진료과 소식, "청소년임신, 각종 합병증 위험 높아… 영아사망률도↑-산부인과 김수림교수", 2021년 2월 1일. https : //www.ish.or.kr/center/department_newsview?department_seq=12&seq=242.

16) 헬스경향, "청소년 임신, 각종 합병증위험 높아… 영아사망률도↑", 2020년 9월 24일. https : //www.k-health.com/news/articleView.html?idxno=50290.

17) 이임순 외, "한국 청소년들을 대상으로 한 성 행태 조사 : 2007년 제3차 조사", 『대한산부인과학회지』, Vol. 53. No. 6. June 2010. https://www.kci.go.kr/kciportal/ci/sereArticleSearch/ciSereArtiView.kci?sereArticleSearchBean.artiId=ART001450865.

18) MBC 뉴스, "중학생 채팅서 사귄 여중생 임신 사실 알릴까봐 흉기 살해", 2002년 10월 8일. https : //imnews.imbc.com/replay/2002/nwdesk/article/1896291_30761.html.

19) 연합뉴스, "13세 미혼모 끔찍한 '영아 살해 유기'… 창 밖에 던져", 2013년 9월 13일. https : //www.yna.co.kr/view/AKR20130913043800051.

20) SBS NEWS, "집에서 혼자 낳은 아기 살해 후 베란다에 버린 여고생", 2017년 6월 5일. https : //news.sbs.co.kr/news/endPage.do?news_id=N1004230115.

21) 데일리한국, "[그땐 그랬지] '피임법 알려 드리오' 가족계획요원을 아십니까", 2014년 7월 11일. https : //daily.hankooki.com/news/articleView.html?idxno=26681.

22) 보건복지가족부 보도자료, "'아이낳기 좋은세상 만들기' 국민운동 실천 캐치프레이즈 개발, 발표", http://www.mohw.go.kr/upload/viewer/skin/doc.html?fn=1255581306223_20091015133506.hwp&rs=/upload/viewer/result/202210/. 대한민국정부 대표 블로그 정책공감, "산아제한정책부터 출산장려정책까지 인구정책의 변화!", https://m.blog.naver.com/PostView.naver?isHttpsRedirect=true&blogId=hellopolicy&logNo=150176299209.

23) 이데일리, "'하나만 낳자'던 산아제한, 인구감소 부메랑으로", 2019년 2월 27일. https : //www.edaily.co.kr/news/read?newsId=03214406622394784&mediaCodeNo=257.

24) 전광희, "한국의 출산력 변천 : 추이와 예측", 통계청 『통계연구』, 2003년, 제8권 제1호, 33-58. http : //kostat.go.kr/attach/journal/8-1-6.PDF.

25) 매일경제, "인구동태 70-94년 비교… 이혼 6만 5천여 건 6배나 늘어", 1995년 12월 15일. https : //www.mk.co.kr/news/home/view/1995/12/57462/.

26) 한국보건사회연구원, "저출산 추이와 파급효과", 2010년 7월, 제43호(2010-26). https : //repository.kihasa.re.kr/bitstream/201002/5455/1/5423.pdf.

27) 통계청, 보도자료, "장래인구추계 : 2020-2070년". 2021년 12월 8일. https : //kostat.go.kr/portal/korea/kor_nw/1/1/index.board?bmode=read&aSeq=415453.

28) 대한민국 정책브리핑, "'아이좋아 둘이좋아'… 출산 장려 캠페인", 2014년 10월 1일. https://www.korea.kr/news/policyNewsView.do?newsId=148785073.

29) 중앙일보, "지금은 상상하기 힘든 과거 '셋째 아이 성비'", 2017년 2월 2일. https : //www.joongang.co.kr/article/21203954#home.

30) 통계청, "시도/출산순위별 출생성비", 2022년 8월 24일 갱신. https : //kosis.kr/statHtml/statHtml.do?orgId=101&tblId=DT_1B81A19&conn_path=I2.

31) 위의 자료.

32) 위의 자료.

33) 위의 자료.

34) 한겨레, "470만 태아들이 사라진다… 딸이라는 이유로", 2021년 8월 10일. https : //www.hani.co.kr/arti/science/future/1007086.html.

35) GODPEOPLE.OR.KR, "가족계획연맹(Planned Parenthood) 낙태 태아 장기매매 현장 폭로", 2015년 9월 11일. https : //godpeople.or.kr/index.php?mid=board&document_srl=3015211. (참고 : 유튜브, "미국 가족계획연맹 낙태아 장기매매", 2015년 7월 17일, TV조선에서 방영, https : //www.youtube.com/watch?v=5CVGTB1BVEE)

36) 기독일보, "낙태 1건당 태아 장기로 100~200달러 이익 남겨", 2015년 7월 29일. https : //www.christiandaily.co.kr/news/62062#share.

37) Robie H. Harris, It's Perfectly Normal : Changing Bodies, Growing Up, Sex, and Sexual Health(The Family Library), 2014, CANDLEWICK PRESS.

38) G-health, "우리동네 보건소식 '인공 임신중절 수술의 후유증 및 부작용'", 2008년 5월 13일. https : //www.g-health.kr/portal/bbs/selectBoardArticle.do?bbsId=U00199&nttId=54428&menuNo=&lang=&searchCndSj=&searchCndCt=&searchWrd=&pageIndex=758.

39) FDA, "Mifeprex (mifepristone) Information", 2021년 12월 16일. https://www.fda.gov/drugs/postmarket-drug-safety-information-patients-and-

providers/mifeprex-mifepristone-information.

40) 법제처 국가법령정보센터, "건강가정기본법", 2022년 11월 22일 기준. https://www.law.go.kr/%EB%B2%95%EB%A0%B9/%EA%B1%B4%EA%B0%95%EA%B0%80%EC%A0%95%EA%B8%B0%EB%B3%B8%EB%B2%95.

2부 9장 "성매매"

1) 법제처 국가법령정보센터, "성매매 알선 등 행위의 처벌에 관한 법률(약칭 : 성매매 처벌법)"(법령), 2022년 9월 13일 기준. https : //www.law.go.kr/lsSc.do?section=&menuId=1&subMenuId=15&tabMenuId=81&eventGubun=060101&query=%EC%84%B1%EB%A7%A4%EB%A7%A4%EC%95%8C%EC%84%A0+%EB%93%B1+%ED%96%89%EC%9C%84%EC%9D%98+%EC%B2%98%EB%B2%8C%EC%97%90+%EA%B4%80%ED%95%9C+%EB%B2%95%EB%A5%A0#undefined.

2) 위의 자료.

3) 정보통신정책연구원, "어린이와 청소년의 휴대폰 보유 및 이용행태 분석", 2019, Vol. 19-18, 2-5. https : //mediasvr.egentouch.com/egentouch.media/apiFile.do?action=view&SCHOOL_ID=1007002&URL_KEY=403d303e-4f0c-43a9-b870-912049b38951.

4) 여성가족부, 보도자료, "중고생 10명 중 1명, 온라인에서 원치 않은 성적 유인 피해 경험", 2020년 6월 15일. http://www.mogef.go.kr/kor/skin/doc.html?fn=5b074f4284c44f14b7524afbc98145fc.hwp&rs=/rsfiles/202210/.

5) 위의 자료.

6) 법제처 국가법령정보센터, "인신매매 등 방지 및 피해자보호 등에 관한 법률(약칭 : 인신매매방지법)"(법령), 2022년 9월 13일 기준. https : //www.law.go.kr/lsSc.do?section=&menuId=1&subMenuId=15&tabMenuId=81&eventGubun=060101&query=%EC%9D%B8%EC%8B%A0%EB%A7%A4%EB%A7%A4%EB%93%B1%EB%B0%A9%EC%A7%80+%EB%B0%8F+#undefined.

7) BRITANNICA PROCON.ORG, "Countries and Their Prostitution Policies", 2018년 4월 23일. https : //prostitution.procon.org/countries-and-their-prostitution-policies/.

8) 중앙일보, "'성공의 비밀은 인신매매'… 독일 사창가 황제의 최후", 2019년 6월 30일. https : //www.joongang.co.kr/article/23510841#home.

9) 하경미, "네덜란드의 성매매 합법화의 배경과 딜레마 연구", 『한국교정학회』, 2019, vol. 29, no. 2, 통권 83호. 33-56. https : //www.kci.go.kr/kciportal/ci/sereArticleSearch/ciSereArtiView.kci?sereArticleSearchBean.

artiId=ART002481478.

10) 연합뉴스, "성매매특별법 7차례 헌법소원에 위헌의견은 단 1건", 2016년 3월 30일. https : //www.yna.co.kr/view/AKR20160329183100004.

11) 여성가족부, "2019 성매매 실태조사 결과 요약", http://www.mogef.go.kr/kor/skin/doc.html?fn=f339898cc5ed48bf801b19dc4d8734f5.hwp&rs=/rsfiles/202210/.

12) 동아사이언스, "한국인 기대수명 83.3년… 자살사망률, OECD 국가 중 최고", 2021년 7월 19일. https : //www.dongascience.com/news.php?idx=48074.

13) 법제처 국가법령정보센터, 법령 "대한민국헌법"(제10조 : 모든 국민은 인간으로서의 존엄과 가치를 가지며, 행복을 추구할 권리를 가진다. 국가는 개인이 가지는 불가침의 기본적 인권을 확인하고 이를 보장할 의무를 진다). https://www.law.go.kr/lsEfInfoP.do?lsiSeq=61603#.

14) Bundesministeriums für Famlie, "Prostituiertenschutzgesetz tritt in Kraft", 2017년 6월 30일. https : //www.bmfsfj.de/bmfsfj/aktuelles/presse/pressemitteilungen/prostituiertenschutzgesetz-tritt-in-kraft-117224. 한국여성정책연구원, [2017년 해외통신원 7월 원고] "독일-독일, 7월부터 '성매매 종사자 보호법' 시행", 2017년 8월 7일. https : //www.kwdi.re.kr/research/ftrandView.do?p=20&idx=110731.

15) 일다, "성매매 합법화 5년, 독일 사회가 겪는 문제", 2007년 11월 9일. https : //www.ildaro.com/4131.

16) 코넬리아 필터, "독일의 성매매 합법화, 그 이후 나타난 문제점과 대안"(2007년 11월 6일 한소리회, 한국여성재단과 프리드리히에버트재단이 공동으로 개최한 국제회의 "독일의 성 노동 합법화, 그 이후-우리는 왜 반(反)성매매인가?"에서 발표한 논문). https : //library.fes.de/pdf-files/bueros/seoul/05144.pdf.

17) 중앙일보, "'성공의 비밀은 인신매매'… 독일 사창가 황제의 최후", 2019년 6월 30일. https : //www.joongang.co.kr/article/23510841#home.

18) 코넬리아 필터, "독일의 성매매 합법화, 그 이후 나타난 문제점과 대안"(2007년 11월 6일 한소리회, 한국여성재단과 프리드리히에버트재단이 공동으로 개최한 국제회의 "독일의 성 노동 합법화, 그 이후-우리는 왜 반(反)성매매인가?"에서 발표한 논문). https : //library.fes.de/pdf-files/bueros/seoul/05144.pdf.

19) 조선일보, "獨 성매매 합법화 10년… '성매매 할인마트'가 된 사연", 2013년 6월 20일. https : //www.chosun.com/site/data/html_dir/2013/06/20/2013062004220.html.

20) 코넬리아 필터, "독일의 성매매 합법화, 그 이후 나타난 문제점과 대안"(2007년 11월 6일 한소리회, 한국여성재단과 프리드리히에버트재단이 공동으로 개최한

국제회의 "독일의 성 노동 합법화, 그 이후–우리는 왜 반(反)성매매인가?"에서 발표한 논문). https : //library.fes.de/pdf-files/bueros/seoul/05144.pdf.

21) 조선일보, "獨 성매매 합법화 10년… '성매매 할인마트'가 된 사연", 2013년 6월 20일. https : //www.chosun.com/site/data/html_dir/2013/06/20/2013062004220.html.

22) 위의 자료.

23) 머니투데이, "'좋은 일 알선해 줄게'… '성매매 합법화' 독일에선", 2019년 7월 15일. https : //news.mt.co.kr/mtview.php?no=2019070909263936949.

24) 중앙일보, "'성공의 비밀은 인신매매'… 독일 사창가 황제의 최후", 2019년 6월 30일. https : //www.joongang.co.kr/article/23510841#home.

25) 매일경제, "독일 성매매 합법화 '오히려 인신매매 늘어'", 2013년 6월 21일. https : //www.mk.co.kr/news/world/view/2013/06/489084/.

26) 정재훈, "독일 성매매 합법화 이후 실태와 정책 효과", 『이화젠더법학』 제5권 제1호(2013년 6월), 15. https : //www.dbpia.co.kr/pdf/pdfView.do?nodeId=NODE06513945.

27) 한국여성인권진흥원, "여성폭력바로알기 '성매매'", 2022년 9월 13일 접속. https : //www.stop.or.kr/modedg/contentsView.do?ucont_id=CTX000064&srch_menu_nix=QIuR8Qcp&srch_mu_site=CDIDX00005.

28) 여성신문, "감금된 업소서 화재에 숨진 여성들… 성매매 특별법 뒤엔 19명의 여성이 있었다", 2020년 1월 31일. https : //www.womennews.co.kr/news/articleView.html?idxno=195894.

29) 대한민국 정책브리핑, "「성매매특별법 10년, 성과와 과제」 각 분야 전문가 토론회 개최", 2014년 9월 30일. https : //www.korea.kr/news/pressReleaseView.do?newsId=155997143.

30) GMW연합 블로그, "성매매합법화 결사반대-헌법재판소 앞으로 다가선 학부모 단체들", 2015년 12월 10일, https://m.blog.naver.com/dreamteller/220564562588.

2부 10장 "성폭력/디지털 성범죄"

1) 생활법령정보, "성폭력의 범위", 2022년 8월 15일 기준. https : //www.easylaw.go.kr/CSP/CnpClsMain.laf?popMenu=ov&csmSeq=687&ccfNo=1&cciNo=1&cnpClsNo=1&search_put=%EC%84%B1%ED%8F%AD%EB%A0%A5%20%EA%B0%9C%EB%85%90.

2) 위의 자료.

3) 성폭력 사건을 소재로 삼을 때마다 피해자의 이름이 거론됨으로써 피해자가 수치를 당하거나 피해자를 성적 대상화하는 일까지 벌어지기도 하므로 가해자의 이름을 사건명으로 붙여야 한다는 의견이 많다. 즉, 디나 강간 사건이 아닌 세겜 성범죄 사건으로, 다말 강간 사건이 아닌 암논 성범죄 사건으로 부르는 것이 타당하다는 의견이 부상하고 있다.

4) 여성가족부 외, "디지털 성범죄 예방교육 매뉴얼(고등)", 2018년. https : //shp.mogef.go.kr/shp/front/usr/search/selectEduContentsDetail.do?menuNo=81063000&pageIndex=1&eduCtgry=00%7C00%7C00%7C00%7C00%7C00&eduTrget=00%7C00%7C00%7C00%7C00%7C00&docTy=00%7C00%7C00%7C00%7C00%7C00&viewText=&pageview=10&orderSort=&bariFrees=00%7C00%7C00&fgggSts=00%7C00%7C00&conType=1&searchCondition=01&searchKeyword=%EB%94%94%EC%A7%80%ED%84%B8&view=10&conId=631.

5) 여성가족부, "디지털 성폭력 피해지원 안내서 : 디지털 성폭력 바로보기", 2019년. https : //www.stop.or.kr/multicms/multiCmsUsrList.do?category=pd&srch_menu_nix=nFog4NJ7&pageIndex=4#download.

6) 생활법령정보, "디지털 성범죄의 범위", 2022년 8월 15일 기준. https : //www.easylaw.go.kr/CSP/CnpClsMain.laf?csmSeq=1594&ccfNo=1&cciNo=1&cnpClsNo=1.

7) 생활법령정보, "불법촬영, 유포 및 유포 협박", 2022년 8월 15일 기준. https : //www.easylaw.go.kr/CSP/CnpClsMain.laf?popMenu=ov&csmSeq=1594&ccfNo=2&cciNo=1&cnpClsNo=1&search_put=.

8) 여성가족부 외, "디지털 성범죄 예방교육 매뉴얼(고등)", 2018년. https : //shp.mogef.go.kr/shp/front/usr/search/selectEduContentsDetail.do?menuNo=81063000&pageIndex=1&eduCtgry=00%7C00%7C00%7C00%7C00%7C00&eduTrget=00%7C00%7C00%7C00%7C00%7C00&docTy=00%7C00%7C00%7C00%7C00%7C00&viewText=&pageview=10&orderSort=&bariFrees=00%7C00%7C00&fgggSts=00%7C00%7C00&conType=1&searchCondition=01&searchKeyword=%EB%94%94%EC%A7%80%ED%84%B8&view=10&conId=631.

9) 생활법령정보, "불법촬영, 유포 및 유포 협박", 2022년 8월 15일 기준. https : //www.easylaw.go.kr/CSP/CnpClsMain.laf?popMenu=ov&csmSeq=1594&ccfNo=2&cciNo=1&cnpClsNo=1&search_put=.

10) 국가법령정보센터, "성폭력범죄의 처벌 등에 관한 특례법" 제14조 제1항, 2022년 10월 5일 기준. https : //www.law.go.kr/법령/성폭력범죄의처벌등에관한특례법/(20220701,18465,20210924)/제14조.

11) "성폭력범죄의 처벌 등에 관한 특례법" 제14조 제5항 및 제15조. 위의 링크.
12) "성폭력범죄의 처벌 등에 관한 특례법" 제14조 제2항. 위의 링크.
13) "성폭력범죄의 처벌 등에 관한 특례법" 제14조의3 제1항. 위의 링크.
14) "성폭력범죄의 처벌 등에 관한 특례법" 제14조의2 제1항. 위의 링크.
15) 생활법령정보, "허위영상물 제작 및 유포·재유포", 2022년 8월 15일 기준. https : //www.easylaw.go.kr/CSP/CnpClsMain.laf?popMenu=ov&csmSeq=1594&ccfNo=2&cciNo=1&cnpClsNo=2&search_put=.
16) 국가법령정보센터, "아동·청소년의 성보호에 관한 법률" 제11조 제1항, 2022년 8월 15일 기준. https://www.law.go.kr/법령/아동·청소년의성보호에관한법률/(20220113,17893,20210112)/제11조.
17) "아동·청소년의 성보호에 관한 법률" 제11조 제7항. 위의 링크.
18) "아동·청소년의 성보호에 관한 법률" 제11조 제6항. 위의 링크.
19) "아동·청소년의 성보호에 관한 법률" 제11조 제2항. 위의 링크.
20) 국가법령정보센터, "아동·청소년의 성보호에 관한 법률" 제2조 제4호, 2022년 8월 15일 기준. https : //www.law.go.kr/법령/아동·청소년의성보호에관한법률/(20220113,17893,20210112)/제2조.
21) 국가법령정보센터, "아동·청소년의 성보호에 관한 법률" 제13조 제1항, 2022년 8월 15일 기준. https : //www.law.go.kr/법령/아동·청소년의성보호에관한법률/(20220113,17893,20210112)/제13조.
22) "아동·청소년의 성보호에 관한 법률" 제13조 제2항. 위의 링크.
23) 국가법령정보센터, "아동복지법" 제3조 제1호, 2022년 8월 15일 기준. https : //www.law.go.kr/법령/아동복지법/(20220701,17784,20201229)/제3조.
24) 국가법령정보센터, "아동복지법" 제71조 제1항 제1호의2, 2022년 8월 15일 기준. https : //www.law.go.kr/법령/아동복지법/(20220701,17784,20201229)/제71조.
25) 국가법령정보센터, "아동·청소년의 성보호에 관한 법률" 제15조의2 제1항, 2022년 8월 15일 기준. https : //www.law.go.kr/법령/아동·청소년의성보호에관한법률/(20220113,17893,20210112)/제15조의2.
26) "아동·청소년의 성보호에 관한 법률" 제15조의2 제1항. 위의 링크.
27) 생활법령정보, "성적 괴롭힘", 2022년 8월 15일 기준. https : //www.easylaw.go.kr/CSP/CnpClsMain.laf?popMenu=ov&csmSeq=1594&ccfNo=2&cciNo=3&cnpClsNo=1&search_put=%EC%84%B1%EB%B2%94%EC%A3%84%20%EC%84%B1%EC%A0%81%20%EA%B4%B4%EB%A1%AD%ED%9E%98.
28) 여성가족부, "디지털 성폭력 피해지원 안내서 : 디지털 성폭력 바로보기", 2019년, 23-25, https : //www.stop.or.kr/multicms/multiCmsUsrList.do?category=pd&

srch_menu_nix=nFog4NJ7&pageIndex=4.

29) 여성가족부, "디지털 성폭력 피해지원 안내서 : 디지털 성폭력 바로보기". 생활법령정보센터, "디지털 성범죄의 특징 및 현황", 2022년 8월 15일 기준. https : //www.easylaw.go.kr/CSP/CnpClsMain.laf?popMenu=ov&csmSeq=1594&ccfNo=1&cciNo=1&cnpClsNo=2&search_put=.

30) 여성인권진흥원, 진흥원 소식, "해바라기센터로 미투하는 여성들… 이용자 89%가 여성", 2018년 4월 9일. https : //www.stop.or.kr/brdthm/boardthmView.do?srch_menu_nix=hn8TL907&brd_id=BDIDX_mV49maYF8r081nc63vW96G&srch_mu_site=CDIDX00002&cont_idx=432.

31) 연합뉴스, "성폭력 가해자 60%가 아는 사람", 2018년 4월 9일. https : //www.yna.co.kr/view/AKR20180409136700005.

32) 여성가족부, "2019년 성폭력 안전실태조사 연구", 2019년. http : //www.mogef.go.kr/kor/skin/doc.html?fn=4ee3d24743c343d9ad7df17a5211eb0c.pdf&rs=/rsfiles/202209/. 『연합뉴스』, "성폭력 대책 1순위는… 남녀 모두 '가해자 처벌 강화' 꼽아", 2020년 5월 21일. https : //www.yna.co.kr/view/AKR20200521076900530.

33) 헬스조선, "평생 따라다니는 고통, 성폭행의 그림자", 2009년 11월 17일. https : //health.chosun.com/site/data/html_dir/2009/11/17/2009111700440.html.

34) 여성가족부 외, "디지털 성범죄 예방교육(중학생)", 2019년. http : //www.gne.go.kr/upload_data/board_data/workroom/158588963280662.pdf.

35) 여성가족부, "성폭력 피해자 지원에 관한 안내서", 2016년 12월 31일. http://www.mogef.go.kr/mp/pcd/mp_pcd_s001d.do;jsessionid=TGYqDwLLXAIA+X2vPSeMqRTf.mogef20?mid=plc504&bbtSn=704242.

부록

1) 한국경제, "5만 명 청원 있었지만… 경기도 성평등 조례 재의요구 않고 공포", 2019년 8월 6일. https : //www.hankyung.com/society/article/201908067182Y.

2) 인천일보, "[자치의정] 경기도 성평등조례의 개정 의미", 2015년 12월 17일. http : //www.incheonilbo.com/news/articleView.html?idxno=681517&replyAll=&reply_sc_order_by=I.

3) 경기도가족여성연구원, 『경기성평등백서』, 2016년, 3. https://www.gwff.kr/flexer/view.jsp?FileDir=/storage/old_board_file/wp-content/uploads/kboard_attached/4/201902&SystemFileName=5c594dfa7fb687691631.pdf&ftype=pdf&FileName=2017-22.pdf.

4) 월드뷰, "경기도 성평등 기본 조례", 2019년 12월 15일. https : //theworldview.co.kr/archives/12292.

5) 법제처 국가법령정보센터, "경기도 성평등 기본조례"(자치법규), 2022년 10월 5일 기준. https : //law.go.kr/LSW/ordinInfoP.do?ordinSeq=1360849.

6) 경기도의회 의안정보, "경기도 성평등 기본조례 전부개정조례안"(2020년 10월 23일 제안). https : //www.ggc.go.kr/site/agendaif/app/agndsrchList/DetailView/6417.

7) 미래한국, "성평등조례 반대는 정치투쟁 아닌 가족회복 운동", 2019년 9월 23일. https : //www.futurekorea.co.kr/news/articleView.html?idxno=121045.

8) NEWS WIN KOREA, "'성적 지향' 차별금지 국가인권위원위법의 제정 절차에 문제 있다", 2016년 5월 18일. http : //www.newswinkorea.com/news/article.html?no=490.

9) 국민일보, "동성애 옹호 논란, 인권위법서 '성적 지향' 삭제되나", 2019년 11월 18일. http : //news.kmib.co.kr/article/view.asp?arcid=0924108317&code=23111111.

10) 국가인권위원회 보도자료, "인권위, 차별금지법 제정을 국무총리에게 권고", 2006년 7월 24일. https : //www.humanrights.go.kr/site/program/board/basicboard/view?&boardtypeid=24&menuid=001004002001&boardid=555110.

11) 한겨레, "새 정부, 인권위 권고대로 동성군인 처벌 조항 폐지할까", 2017년 5월 26일. https : //www.hani.co.kr/arti/society/society_general/796406.html.

12) 국가인권위원회 보도자료, "인권위-한국기자협회 '인권보도준칙' 제정", 2011년 9월 22일. https : //www.humanrights.go.kr/site/program/board/%20basicboard/view?currentpage=189&menuid=001004002001&pagesize=10&boardtypeid=24&boardid=602461.

13) 미디어 오늘, "서울퀴어문화축제 '반쪽' 승인, 비판한 언론은 소수", 2022년 6월 22일. http : //www.mediatoday.co.kr/news/articleView.html?idxno=304582.

14) The Korea Herald, "아델리펭귄의 충격적인 '성적 변태성' 밝혀져!", 2012년 6월 11일. https : //www.koreaherald.com/view.php?ud=20120611001032.

성경적 성가치관 교육 커리큘럼

하나님이
지으신대로

초판발행 2022년 12월 10일
6쇄발행 2025년 4월 10일

지 은 이 김지연
기   획 차혜란
만   화 이상훈
펴 낸 이 강성훈
발 행 처 한국장로교출판사
주   소 03128 / 서울시 종로구 대학로3길 29, 신관 4층(연지동, 총회창립100주년기념관)
편 집 국 (02) 741-4381 / 팩스 741-7886
영 업 국 (031) 944-4340 / 팩스 944-2623
홈페이지 www.pckbook.co.kr
인스타그램 pckbook_insta   **카카오채널** 한국장로교출판사
등   록 No. 1-84(1951. 8. 3.)

ISBN 978-89-398-4460-5
값 28,800원

※ 이 출판물은 저작권법에 의해 보호를 받는 저작물이므로 무단전재와 무단복제를 할 수 없습니다.

차 례

별책 1 _____ 2
생애주기별 17년 성경적 성가치관 교육 커리큘럼이란?

별책 2 _____ 6
성경적 성가치관 교육 커리큘럼

별책 3 _____ 26
교회학교 양육자들을 위한 성경적 성가치관 교육 주제 :
5대 주제와 구체적인 교육 문장

생애주기별 17년 성경적 성가치관 교육 커리큘럼이란?

1. 목적

생애주기별 17년(미취학 5년, 취학 12년) 성경적 성가치관 교육 커리큘럼은 모든 연령을 그 대상으로 하지만 특별히 다음세대에 그 초점을 두고 고안되었다. 더불어 하나님의 말씀을 기준으로 가르치는 사람들(양육자)을 돕기 위한 지침서가 만들어졌다. 양육자로서 이 내용을 가르치고, 학습자로서 배우는 것에 있어 무엇보다 중요한 전제는 우리가 눈에 보이지 않는 믿음을 가졌지만 실제적인 삶 속에서 성경말씀을 기준으로 삼은 신앙에 반응하고, 영육 간 건강한 삶의 균형을 이루며 성장하는 것에 목적을 두고 있다는 사실이다.

이 세상 가운데 하나님 나라를 이루는 우리의 선교적 사명은 멀리 타국에서만 이루어지는 것이 아니다. 우리는 우리가 살고 있는 지금, 이곳에서도 하나님 나라를 세워 가야 한다. 또한 진정한 하나님 나라는 우리가 가진 신앙과 우리가 살아가는 현실이 괴리되지 않고, 이 세상 가운데 성경이 말하는 공의와 정의가 확립될 때 이루어질 수 있다. 우리는 복음의 전파와 더불어 오늘의 세태에 대한 책임 있는 행동을 취함으로써 하나님의 창조적인 사역에 동참할 수 있다.

특별히 다음세대에게는 하나님 안에서 성장할 수 있게 하는 최적의 성경적 가치관 교육 기회가 제공되어야 하며, 이 관점에서 출발한 성경적 성가치관 교육 커리큘럼은 이 사역의 매우 중요한 축이라 할 수 있다. 본 커리큘럼은 다음세대가 성경말씀에 중심을 두고, 그리스도의 소망으로 현실을 직시하며, 그리스도인으로서 분별된 삶을 살아갈 수 있게 하는 뼈대가 될 것이다.

2. 특징

17년간 학습할 수 있도록 고안된 성경적 성가치관 교육 커리큘럼의 각 단원은 양육자를 위한 지침서를 통해 쉽고 빠르게 참조할 수 있도록 만들어졌다. 각 단원의 성경말씀은 '하나님의 말씀대로' 살도록 공통의 주제로 연결된다. 모든 단원의 주제와 목표는 우리를 향하신 하나님의 사랑과 구원을 중점으로 하여 정해졌으며, 영원불변, 무소부재, 전지전능하신 하나님의 말씀이 오늘날 우리의 삶에 지속적으로 영향을 미치도록 구성되어 있다.

모든 단원은

① 우리에게 율법에 매이지 않게 하고, 우리의 죄악으로 인해 구세주 예수님이 필요함을 보여 준다.

② 우리를 죄와 죽음과 사탄의 권세에서 구속하기 위해 예수님을 보내 주신 하나님의 은혜를 보도록 이끈다.

③ 성령님의 능력으로 매일 매순간 예수 그리스도 안에 살면서, 우리와 함께하시는 보혜사 성령님에게 삶을 인도함 받게 한다.

④ 각 단원마다 하나님의 창조 섭리와 예수 그리스도의 십자가 사건이 강화되도록 하며, 하나님의 말씀에 기초한다.

⑤ 총 7단원의 주제에 집중하고, 개발 및 확장에 도움이 되도록 시작부터 마지막까지 유용한 강의 개요가 포함되어 있다. 학년별, 단계별 수업 계획은 물론, 추가 자료를 통해 예배와 공과 아이디어를 제안하기도 한다. 나이에 맞는 삶의 경험은 학생들에게 의미심장한 통찰력을 주고, 질문을 통해 대화의 풍성한 리소스를 제공할 것이다.

⑥ 각 단원의 내용은 학습자들 자신만의 것으로 내재화되고 학습자들의 필요에 맞게 조정되는 것이 중요하다. 모든 학습의 내용은 제시된 모든 자료를 다루도록 강요하는 것이 아니라 제시와 선택, 그리고 결단과 고백이 행동으로 실천하는 데까지 이어

지도록 돕는다.
⑦ 학습자들이 세상의 진화론에 노출되어 직면하게 될 문제들을 처리할 수 있는 능력을 갖출 수 있도록 세상과 교회의 서로 다른 관점을 인식하도록 영감을 주며, 분별과 식별의 능력을 갖추도록 도울 것이다.
⑧ 복음의 증인으로서의 양육자와 학습자들은 하나님의 놀라운 계획과 섭리 안에 있다. 이들이 그리스도 예수를 통해 정의와 공의로 세워진 화목한 공동체를 만들고 세워 가는 데 이바지하도록 할 것이다.
⑨ 우리가 고백하는 신앙을 중심으로 생활하고 가르치는 데 있어서 먼저 양육자들에게 동기를 부여하고 모든 정보와 자료를 제공하여 선한 목적을 위해 현명하게 대처하게 할 것이다.
⑩ 이 모든 커리큘럼은 가정통합교육에도 적용되며, 부모님들이 교사가 되어 자녀들에게 직접 가르칠 수 있도록 구성되어 있다.

3. 활용법

- 커리큘럼은 총 7개의 단원으로 구성되어 있다. 학령기의 구분에 따라 미취학부/초등저학년/초등고학년/중등학년/고등학년으로 분류되어 있음을 참조한다.
- 양육자는 커리큘럼에 제시된 각 단원별 주제와 목적, 목표를 습득한다.
- 커리큘럼 표의 '양육자 자료'의 번호를 확인하고, 본서의 'Ⅱ부 양육자를 위한 자료' 및 별책의 번호를 따라 내용을 이해한다.
  예) 6-① → 6장 결혼과 문화명령-1. 결혼의 성경적 질서
- 책에 수록된 악보, QR코드, 만화 등을 적극 활용한다.
- 교재A는 『딩동! 선물 왔어요』(김지연, 박순애 저, 두란노, 2021)를 뜻한다. (이 책은 학령기를 고려한 활동내용까지 포함하고 있다. 공과의 프레임을 구조화하여 단원의 초점, 목표, 공과를 가르치는 데 도움이 되는 정보, 성경구절, 공과 확장을 위한 제안 등

을 제공한다.)

- 양육자를 위한 자료 활용에 도움을 주는 PPT는 한국장로교출판사 홈페이지에서 다운받을 수 있다.

  www.pckbook.co.kr → 로그인 → 자료실 → 하나님이 지으신대로 PPT

  (★ PPT는 저작권법에 따라 보호를 받는 저작물이므로 무단 복제와 배포를 엄격히 금합니다.)

- 커리큘럼 표는 지속적으로 심화될 것이다. 특별히 활동내용 예시는 아동/청소년 교재의 발간 후 추가될 것이다.

성경적 성가치관 교육 커리큘럼

1단원 : 기준

"모든 성경은 하나님의 감동으로 된 것으로 교훈과 책망과 바르게 함과 의로 교육하기에 유익하니 이는 하나님의 사람으로 온전하게 하며 모든 선한 일을 행할 능력을 갖추게 하려 함이라"(딤후 3 : 16-17).

단원의 목적	단원의 목표	학령기에 따른 구분	양육자 자료
I. 창조주 하나님은 오류가 없으신 분임을 알게 한다.	1. 천지를 창조하신 분이 하나님이심을 깨닫게 한다. 2. 하나님은 모든 것을 아시며 오류가 없으심을 깨닫게 한다. 3. 하나님과는 달리 우리는 부분적으로만 알고 있음을 인정하도록 한다.	미취학부	선악송 1-① 1-③
	4. 하나님의 뜻과 나의 뜻에 차이가 있을 때 하나님의 뜻을 따라야 함을 깨닫게 한다.	초등저학년	1-③
	5. 인간은 죄 가운데 있으며 죄의 삯은 사망임을 깨닫게 한다.	초등고학년 중등학년	1-①
	6. 우리는 성경말씀을 통해 성화(sanctification)되어 감을 깨닫게 한다.	고등학년	1-① 1-②
[비고] 하나님의 말씀에 대한 경외심과 말씀의 절대성을 양육자가 강조할 수 있다.			
II. 성경이 선과 악의 기준을 제시함을 알게 한다.	1. 모든 성경은 하나님의 감동으로 쓰여진 것임을 깨닫게 하는 성경구절을 찾아보게 한다. 2. 성경은 영원히 변하지 않음을 깨닫게 한다.	미취학부 초등저학년	1-②
	3. 성경을 수정하거나 변개하는 자는 징계를 받음을 깨닫게 한다.	초등고학년	1-③
	4. 죄에 대한 유일한 해결은 예수 그리스도의 십자가 대속임을 인정하게 한다. 5. 죄를 인권이나 다양성으로 포장하려 해서는 안 됨을 깨닫게 한다.	중등학년 고등학년	1-① 1-③

	6. 인본주의적 공리주의와 포스트모더니즘에 젖은 자신의 내면을 직면하게 한다.	고등학년	1-③ 2-①
	[비고] 어린 나이일수록 성경책 실물 자체를 가까이 두고 넘겨 보고 찾아보는 습관을 붙이도록 지도할 수 있다. 인간의 합의와 존중, 타인에게 피해를 끼치지 않는 조건하에 이루어진 행동이면 죄가 아니라는 잘못된 인본주의를 직면하도록 교육할 수 있다.		
III. 성경만이 유일한 분별과 판단의 기준임을 알게 한다.	1. 선악의 분별 기준은 오직 말씀임을 깨닫게 한다. 2. 세상의 가치가 분별의 기준이 될 수 없음을 깨닫게 한다.	미취학부	1-① 1-②
	3. 사탄은 올바른 분별을 하지 못하도록 방해함을 깨닫게 한다(사회, 정치, 경제, 문화, 교육 등 모든 분야에서 영적 교란을 일으키고 있음).	초등저학년	2-①
	4. 특히 가요나 드라마 등 많은 대중문화 중에는 간음을 사랑이라고 말하고 있는 사례가 있음을 깨닫게 한다. 5. 대중가요에 심취하는 것이 성경적 분별에 방해가 될 수 있음을 깨닫게 한다.	초등고학년	3-②
	6. 사람 간의 합의 여부, 법적 처벌 여부, 양심의 가책 여부를 떠나 성경이 죄악이라고 하는 것은 죄악임을 깨닫게 한다.	중등학년	1-③
	7. 선과 악을 분별, 옳은 길을 선택하도록 인도하는 성경 말씀을 오히려 혐오로 치부하는 인권운동의 현주소를 직면하게 한다.	고등학년	2-①
	[비고] 세상의 미디어, 법, 문화, 다수결의 결정이 선악의 분별 기준이 아니라 온전히 성경만이 기준임을 강조할 수 있다.		
IV. 하나님은 선을 기뻐하시고 악을 미워하심을 알게 한다.	1. 악을 선이라고 말하고 선을 악이라고 말해서는 안 됨을 깨닫게 한다. 2. 세상의 기준이 성경의 기준을 대신할 수 없음을 깨닫게 한다.	미취학부	1-③ 2-①
	3. 하나님이 미워하는 죄악을 우리도 미워해야 함을 깨닫게 한다.	초등저학년	3-⑧
	4. 죄악을 저지른 경우 바로 회개하고 돌이키는 것만이 살길임을 깨닫게 한다.	초등고학년 중등학년	1-②
	5. 죄악과의 싸움은 혈과 육이 아닌 악한 영과의 영적 전쟁임을 깨닫게 한다.	고등학년	2-①
	[비고] 선과 악을 분별해 주심으로 옳은 길을 갈 수 있도록 도우시는 것은 하나님이 우리에게 베푸시는 사랑이며 죄악으로부터의 자유를 주시는 것임을 알도록 설명할 수 있다(많은 청소년들이 사랑한다면 선악을 분별하지 말고 다 관용해야 한다고 오인하는 경향이 크다).		

V. 우리의 진정한 회개를 받으시고 용서하시는 사랑의 하나님을 알게 한다.	1. 죄악을 행한 경우 회개하고 악한 길에서 떠나는 것이 오직 살길임을 깨닫게 한다. 2. 하나님은 진정한 회개를 기뻐 받으시며 용서하시고 사랑을 베푸시는 분임을 깨닫게 한다.	미취학부	1-②
	3. 변명과 핑계를 통해 죄악을 정당화하려고 해서는 안 됨을 깨닫게 한다.	초등저학년	1-③
	4. 돌아온 탕자의 비유를 통해 사랑의 하나님이심을 깨닫게 한다. 5. 죄를 멀리하려다가(죄책감) 하나님을 멀리해서는 안 되며 오히려 하나님께 나아가야 함을 깨닫게 한다.	초등고학년 중등학년	1-②
	6. 선악을 분별하는 것 자체가 목적이 아니라 영적 분별력을 통해 많은 영혼을 하나님께로 돌아오도록 하는 것(사랑)이 목적임을 깨닫게 한다.	고등학년	1-① 1-②
	[비고] 죄악을 저질렀다는 것을 인지한 뒤 죄책감에 머무르는 것이 아니라 하나님께로 나아가야 함을 깨닫도록 지도할 수 있다.		
VI. 우리를 옳은 길로 인도하시는 사랑의 하나님께 감사하도록 한다.	1. 성경말씀을 주신 하나님께 감사하게 한다. 2. 성경말씀을 주심은 하나님의 사랑임을 깨닫게 한다.	미취학부	선악송
	3. 성경말씀이 아닌 것을 기준으로 삼지 않도록 성령님의 도우심으로 결단하게 한다.	초등저학년	1-① 1-② 1-③ 2-①
	4. 학생인권 조례 등 죄악을 인권으로 포장하는(미혹) 내용을 담고 있는 제도들과 문화에 대해서 직면하게 하고 성경적 공의의 기준을 더욱 공고히 하도록 결단하게 한다.	초등고학년 중등학년	1-① 1-② 5-④
	[비고] 말씀을 족쇄로 여기는 청소년들이 많다. 말씀은 우리에게 죄와 사망의 권세를 이기는 참 자유를 주심을 강조할 수 있다.		

2단원 : 생명

"하나님이 자기 형상 곧 하나님의 형상대로 사람을 창조하시되"(창 1 : 27상).

단원의 목적	단원의 목표	학령기에 따른 구분	양육자 자료	활동내용 예시 (미취학부)
I. 인간만이 하나님의 형상대로 지음 받은 존재임을 알게 한다.	1. 모든 생명은 하나님이 창조하셨으며 소중함을 깨닫게 한다. 2. 인간은 하나님의 형상대로 지음 받은 유일한 존재임을 깨닫게 한다. 3. 사람의 생명과 다른 생명체(집에서 기르고 있는 동물 등)의 차이점을 깨닫게 한다.	미취학부 초등저학년 초등고학년 중등학년 고등학년	8-① 별책 3	생명송 교재A 19쪽 교재A 29쪽 교재A 34쪽
	[비고] 미취학의 경우 '낙태'라는 단어를 직접적으로 언급하지 않으면서 낙태의 문제점을 교육할 수 있다. 교재A 17쪽 QR참조			
II. 생명에 대한 구체적인 표현을 성경말씀을 통해 알게 한다.	1. 생명을 대하시는 하나님에 대한 성경 속 표현을 찾아보게 한다. - 천하 만물보다 한 사람, 한 사람의 생명을 귀하게 여기심을 느껴 본다. 2. 사람을 해치는 것이 죄악임을 알 수 있는 성경 속 표현을 찾아보게 한다. - 하나님이 살인을 미워하심을 깨닫게 한다.	미취학부	8-①	교재A 17쪽 QR 교재A 34쪽
	3. 성경은 사람이 우연히 다칠 만한 상황조차 만들지 말라고 명하심을 알게 한다.	초등저학년 초등고학년	별책 3	
	4. 한 생명을 대하시는 하나님과 한 생명을 대하는 나의 태도 간의 차이를 직면하게 한다.	중등학년 고등학년	8-① 8-⑪	
	[비고] 어린 나이일수록 성경책 실물 자체를 가까이 두고 넘겨 보고 찾아보는 습관을 붙이도록 지도할 수 있다.			
III. 태아도 사람이며 소중한 생명임을 알게 한다.	1. 태아에 대한 성경 속 표현을 찾아본다. 2. 태아에서부터 노인까지 모든 사람은 소중한 생명이며 하나님의 형상을 담고 있음을 깨닫게 한다.	미취학부	8-①	
	3. 태중에 있을 때부터 생명은 하나님의 주권 안에 있음을 깨닫게 한다.	초등저학년 초등고학년	8-①	
	4. 태아를 '세포 덩어리'라고 주장하며 낙태를 옹호하는 급진 페미니스트의 현주소를 알게 한다.	중등학년 고등학년	8-⑨ 별책 3	
	[비고] 2019년 전교조는 페미니즘 교육을 실시하겠다는 전교조 77차 결의문을 발표하고 전교조 홈페이지에 게시했다. 국내 낙태옹호 운동의 주된 흐름이 급진 페미니즘 세력에 의한 것임을 교사가 숙지하고 교육할 수 있다.			

IV. 태아가 성장하고 있음과 인간으로서의 발달과정을 거치고 있음을 알게 한다.	1. 태아의 주수별 발달 특징을 익히게 한다. 2. 임신을 한 엄마가 태아를 위해 먹는 것과 입는 것 등을 조심하는 이유를 깨닫게 한다.	미취학부	8-③ 심콩이 모형	교재A 33쪽 교재A 35쪽
	3. 특히 4~5주부터는 심장박동이 시작됨을 익히게 한다.	초등저학년	8-③ 심콩이 모형	
	4. 특히 12주에는 모든 장기가 어머니로부터 독립적인 형태로 존재하며 사지가 온전히 형성되어 각종 동작이 가능함을 익히게 한다.	초등고학년	8-③	
	5. 아기가 자궁 안에 있느냐 자궁 밖에 있느냐를 떠나 소중한 생명임을 인식하게 한다.	중등학년 고등학년	8-②	
	[비고] 태아는 임신 4~5주경이면 이미 심장이 뛰기 시작하는데, 이는 수정된 지 불과 18~22일 사이의 일임을 교사가 숙지하고 강조할 수 있다. 주수별 태아 모형 전체를 활용하는 것이 어렵다면 12주 정도의 태아 모형(심콩이) 한 가지로 설명하는 것만으로도 매우 효과적인 생명 교육이 가능하다.			
V. 태아의 생명을 경홀히 하는 것이 죄악임을 알게 한다.	1. 태아도 고통을 느낌을 깨닫게 한다. 2. 태아는 약한 존재임을 깨닫게 한다.	미취학부	8-③	심콩이 모형
	3. 태아를 죽이는 것은 사람을 죽이는 것이므로 살인에 해당함을 깨닫게 한다.	초등저학년	8-① 8-⑤	
	4. 낙태를 처벌하는 법이 2019년부터 헌법 불합치 판결을 받아 태아를 죽이는 행위를 처벌할 근거법이 사라진 심각한 상태임을 인식하게 한다.	초등고학년 중등학년	8-⑤	
	5. 낙태 시술 과정의 심각성을 인식하게 한다. 6. 산아제한정책(인구론)에 의한 낙태가 자행되었음을 인식하게 한다. 7. 남아선호사상에 의한 낙태가 자행되었음을 인식하게 한다. 8. 우생론의 죄악됨을 인식하게 한다. 9. 키우기 힘든 경우 낙태를 선택할 것이 아니라 입양을 활성화해야 함을 알게 한다.	고등학년	8-⑥ 8-⑦ 8-⑧ 8-⑨ 8-⑩ 8-⑪	
	[비고] 영화 "언플랜드"(15세 이상 관람가)를 시청하며 생명 교육 및 낙태 반대 교육을 할 수 있다.			

	10. 낙태의 부작용을 인식하게 한다.
	1) 양육자가 겪는 문제점
	 - 임산부의 각종 육체적 부작용
	 - 임산부의 각종 정신적 부작용
	 - 자녀를 죽였다는 죄책감
	2) 먹는 낙태약의 부작용과 위험성
	   (출혈, 사망, 자궁 손상, 염증, 구토, 설사,
	   두통, 현기증, 요통 등)
		고등학년	8-⑩

	[비고] 충격요법을 주기 위해 낙태 사체를 보여 주는 것 등의 교육은 지양한다. 충격적인 사진과 함께 생명주의 교육을 받다 보면 오히려 그 두 가지 이미지가 오버랩되어 생명주의 교육을 거부하거나 낙태 반대 운동을 과격하고 트라우마를 입히는 교육이라고 낙인찍기 쉽기 때문이다. 특히 심약한 아이들의 경우, 태아 사체 그림에 조기 노출되는 것은 충격을 주게 되므로 교육자들이 이를 인지해야 한다.		
VI. 생명을 주신 하나님께 감사하고 생명의 주인이 하나님이심을 알게 한다.	1. 생명의 주관자이신 하나님께 감사하게 한다. 2. 낳아 주신 부모님께 감사하게 한다.	미취학부	8-① 8-④
	3. 태아의 생명을 소중히 여기기로 결단하게 한다.	초등저학년	8-① 8-⑪
	4. 낙태를 죄라고 선포하는 법이 다시 제정되고 태중의 생명들도 보호받을 수 있는 정의로운 나라가 되도록 기도하게 한다. 5. 프로라이프 운동을 지지하게 한다	초등고학년 중등학년	8-⑪
	6. 심장이 뛰는 모든 태아를 죽이지 못하는 법인 이른바 '심장박동법'이 국내에 제정되도록 기도하게 한다. 7. 생명을 살리는 진정한 공의의 나라가 되는 데 이바지하는 사람이 되기 위해 내가 해야 할 것들을 깨닫게 한다. 8. 낙태를 지지했거나 낙태를 선택한 경험이 있다면 회개하고 죄악에서 돌이키게 한다.	고등학년	8-① 8-⑧ 8-⑪
	[비고] 미국은 1970년대 중반 낙태를 합법화한 이후 최근 '심장박동법'을 통해 심장이 뛰는 모든 태아는 죽이지 못하도록 법제화하기 위해 노력 중이다. 교사들은 이를 숙지하여 낙태처벌법이 입법 공백인 우리나라의 상황에 대해 낙망하지 말고 우리나라가 다시 낙태를 죄라고 법적으로 선포하는 나라가 될 수 있도록 소망을 심어 주는 태도로 교육해야 한다.		

교재A 34쪽
교재A 35쪽

이 단원의 참고 성경구절

신명기 5 : 17, 시편 71 : 6, 127 : 3, 139 : 13, 이사야 44 : 2, 예레미야 1 : 5, 마태복음 16 : 26, 누가복음 1 : 15

3단원 : 남녀 성별과 하나님의 창조 질서

"하나님이 자기 형상 곧 하나님의 형상대로 사람을 창조하시되 남자와 여자를 창조하시고…… 하나님이 지으신 그 모든 것을 보시니 보시기에 심히 좋았더라"(창 1 : 27, 31상).

단원의 목적	단원의 목표	학령기에 따른 구분	양육자 자료	활동내용 예시 (미취학부)
Ⅰ. 하나님이 오직 남자와 여자를 만드셨음을 알게 한다.	1. 하나님이 오직 남자와 여자 두 성별을 창조하셨음을 깨닫게 한다.	미취학부	4-① 4-②	교재A 37쪽 QR 교재A 41쪽 교재A 45쪽 교재A 47쪽 성별송
	2. 남녀를 구별하여 만드심은 하나님의 목적이 있는 창조 질서임을 깨닫게 한다.	초등저학년	4-① 4-⑤	
	3. 성별은 하나님의 특별한 선물임을 깨닫게 한다.	초등고학년 중등학년 고등학년	성별송 4-① 4-⑤	
	[비고] 미취학의 경우 '트랜스젠더리즘'을 직접적으로 언급하지는 않되, 성전환의 문제점을 교육할 수 있다.			
Ⅱ. 남녀 성별에 대한 구체적인 표현을 성경말씀을 통해 알게 한다.	1. 남녀에 대한 성경 속 표현을 찾아보게 한다. 2. 남녀의 서로 다름을 의미하는 표현을 인식하게 한다.	미취학부	4-①	교재A 37쪽 QR 교재A 39쪽 교재A 43쪽 성별송
	3. 성경 속에 나타나는 남녀 인물들의 특징을 관찰하게 한다.	초등저학년	4-② 4-④	
	4. '에제르 케 네그도'의 의미를 깨닫게 한다.	초등고학년 중등학년 고등학년	4-④	
	[비고] 어린 나이일수록 성경책 실물 자체를 가까이 두고 넘겨 보고 찾아보는 습관을 붙이도록 지도할 수 있다. '에제르 케 네그도', 돕는 배필이라는 성경 속 표현 때문에 하나님이 남녀를 차별적으로 대한다며 저항을 보이는 아이들이 의외로 많음을 숙지하고 이 단어에 대해 설명의 시간을 가지는 것을 추천한다.			
	1. 남자와 여자의 성별이 결정되는 시기를 인식하게 한다. 2. 남자와 여자의 염색체가 다름을 인식하게 한다.	미취학부	4-②	
	3. 염색체의 차이로 말미암아 파생된 여러 가지 남녀의 의과학적 차이점을 인식하게 한다.	초등저학년	4-②	

III. 남녀를 각각 다르게 만드신 하나님의 창조섭리를 알게 한다.	4. 염색체의 차이로 말미암아 파생된 여러 가지 남녀의 생물학적 차이점을 인식하게 한다. - 염색체 - 6,500개의 유전자 발현의 차이점 - 성호르몬의 차이점 - 골격의 차이점 - 근육의 차이점 - 뇌의 차이점 - 체지방의 차이점 - 체수분량의 차이점 - 임신 가능 여부의 차이점 5. 남녀의 차이점을 통해 이차성징을 인식하고 받아들이도록 한다.	초등고학년 중등학년 고등학년	4-②	교재A 38쪽 교재A 40쪽 교재A 41쪽 교재A 45쪽 교재A 46쪽 교재A 47쪽 성별송
	[비고] "태아가 보통 5개월 정도 되면 아들인지 딸인지 초음파로 알수 있다."라는 표현 때문에 많은 기독교 양육자들조차 태아의 성별이 성장 도중에 정해지는 것으로 착각하는 경우가 많다. 양육자들은 수정될 때 이미 성별이 정해짐을 숙지하고 자주 언급해 주는 것이 필요하다.			
IV. 남녀 성별을 결정하시는 분은 하나님이심과 성별은 평생 바뀔 수 없음을 알게 한다.	1. 우리 몸의 37~100조 개의 세포핵마다 있는 남녀의 성별 염색체를 인식하게 한다. 2. 개인의 성별을 결정하시는 분은 하나님 이심을 깨닫게 한다. 3. 성별은 평생 어떤 방법으로도 바꿀 수 없음을 깨닫게 한다.	미취학부	성별송 4-② 4-⑤ 별책 3	
	4. 성별이 바뀐다고 말하는 것은 거짓임을 깨닫게 한다.	초등저학년	별책 3	교재A 37쪽 QR 교재A 46쪽 성별송
	5. 성전환은 남에게 자신의 성별을 속이거나 혹은 신체를 훼손하기도 하는 죄임을 깨닫게 한다. 6. 성별을 이유로 친구를 놀리지 않기로 결단하게 한다. 7. 성별을 이유로 우월감을 가지지 않기로 결단하게 한다. 8. 성별을 이유로 열등감을 가지지 않기로 결단하게 한다. 9. 복장도착을 시도하지 않기로 결단하게 한다.	초등저학년 초등고학년 중등학년	4-⑤ 5-⑧ 별책 3	
	10. 성전환의 신체적 부작용, 사회적 폐해와 사례를 인식하게 한다. 11. 성별을 "생물학적으로 온전히 바꿀 수 있다." 혹은 "성별은 스펙트럼처럼 다양하다."라는 젠더 이데올로기 교육의 허구성을 인식하게 한다.	중등학년 고등학년	5-④ 5-⑥ 5-⑦ 5-⑧	

	12. 자신의 성별의 특징을 이해하되, 개인차도 있음을 인정하게 한다.		
	[비고] 신체에 화학적(호르몬 등), 물리적(생식기 수술 등) 변화를 주지 않고 정체성만으로 성별 정정을 해 주는 사례가 국내에도 발생했음을 양육자들이 인지하고 호르몬 요법이나 수술 요법을 해도 성별의 의과학적 정정이 불가능하며 호르몬 요법이나 수술 요법을 하지 않은 성전환도 죄악임을 양육자들이 통찰하고 반영해야 한다.		
V. 나의 성별을 정해 주신 하나님께 감사하게 한다.	1. 남녀 성별을 선물로 주신 하나님께 감사하게 한다.	미취학부	성별송 4-① 4-④
	2. 가족 구성원의 성별에 대해서 감사하게 한다.	초등저학년	4-⑤
	3. 친구의 성별을 축복하는 마음을 갖게 한다. 4. 어른이 되어 가는 이차성징에 대해 하나님께 감사하게 한다.	초등고학년	4-⑤
	5. 남성다워짐, 여성다워짐에 대하여 자연스럽게 받아들이고 하나님께 감사하게 한다.	중등학년	4-⑤
	6. 자신의 성별을 바꾸려고 시도했거나 속인 경험이 있다면 성령님의 도우심으로 회개하고 죄악에서 돌이키게 한다.	고등학년	4-⑤
	[비고] 여자와 남자의 특별함을 부인하고 두 성별의 차이점을 다루는 것조차 성차별로 몰고 가는 급진적인 성교육에 노출된 경우가 많기 때문에 여성다움과 남성다움이 개인차는 있으나 실존함을 교사는 인지하고 교육해야 한다.		

교재A 47쪽
QR
교재A 46쪽

이 단원의 참고 성경구절

창세기 1 : 27, 2 : 7, 22

4단원 : 결혼과 가정, 동성애

"이러므로 남자가 부모를 떠나 그의 아내와 합하여 둘이 한몸을 이룰지로다"(창 2 : 24).

단원의 목적	단원의 목표	학령기에 따른 구분	양육자 자료	활동내용 예시 (미취학부)
Ⅰ. 하나님이 결혼 제도를 주셨음을 알게 한다.	1. 아담이 홀로 있는 것을 하나님께서 보시기에 좋아하지 않으셨음을 깨닫게 한다. 2. 하와를 배필, 즉 배우자로 정하심으로 결혼 제도가 시작되었음을 깨닫게 한다.	미취학부	6-①	교재A 49쪽 QR 교재A 50쪽 교재A 51쪽 교재A 55쪽 결혼송
	3. 인간이 죄짓기 전에 이미 결혼 제도를 두셨음을 깨닫게 한다. (인간의 역사와 결혼 제도의 역사는 동일)	초등저학년 초등고학년 중등학년 고등학년	6-①	
	[비고] 아담이 외로움을 느껴서 하나님이 배필을 주신 것이 아니라 하나님이 보시기에 인간의 독처가 좋지 않아 배필을 창조하셨음을 교육할 수 있다.			
Ⅱ. 성경에서 말씀하시는 결혼은 한 남자와 한 여자의 연합임을 알게 한다.	1. 결혼은 한 남자와 한 여자의 연합임을 깨닫게 한다. 2. 결혼은 하나님께서 주신 복임을 깨닫게 한다.	미취학부	6-①	교재A 50쪽 교재A 51쪽 교재A 57쪽 결혼송
	3. 결혼을 통해 우리도 태어날 수 있었음을 상기시키고 깨닫게 한다.	초등저학년	6-③	
	4. 결혼을 통해 가정을 형성하게 됨을 깨닫게 한다.	초등고학년 중등학년 고등학년	6-③	
	[비고] 결혼은 하나님이 주신 복이며, 결혼의 개념이 서야 가정의 개념이 바로 서게 됨을 양육자가 먼저 통찰하고 교육에 적용할 수 있다.			
Ⅲ. 결혼에 대한 구체적인 표현을 성경말씀을 통해 알게 한다.	1. 결혼에 대한 성경 속 표현을 찾아보게 한다. 2. 결혼을 귀히 여겨야 함을 말씀하시는 성경 속 표현을 찾아보게 한다.	미취학부	6-①	교재A 51쪽 QR

	3. 번성하고 충만하라는 표현과 결혼하여 가정을 이루는 것의 관련성을 깨닫게 한다.	초등저학년 초등고학년 중등학년 고등학년	6-③	
	[비고] 어린 나이일수록 성경책 실물 자체를 가까이 두고 넘겨 보고 찾아보는 습관을 붙이도록 지도할 수 있다.			
IV. 결혼을 통해 생육, 번성, 충만, 정복, 다스림은 하나님의 명령임을 알게 한다.	1. "나는 너와 같은 존재가 많아지고 충만해지길 바란다."라는 말씀은 하나님의 문화명령이며 사랑임을 깨닫게 한다. 2. 결혼을 통해 가정이 생기고 생명이 탄생됨을 깨닫게 한다.	미취학부	6-③	교재A 58쪽 결혼송
	3. 선교의 완성(재림의 때)과 문화명령의 관련성을 깨닫게 한다.	초등저학년	6-③	
	4. 이기적 비혼주의는 반성경적인 결혼관임을 깨닫게 한다.	초등저학년 초등고학년 중등학년	6-⑤	
	[비고] 이기적 비혼주의가 난무하며 비혼주의는 남에게 피해를 주지 않으므로 죄와는 무관하다는 생각을 바로잡아 줄 수 있다.			
V. 남자끼리 여자끼리 결혼하는 것 (동성연애)은 죄악임을 알게 한다.	1. 결혼은 한 남자와 한 여자가 하는 형태만 존재함을 깨닫게 한다. 2. 남자끼리 혹은 여자끼리는 결혼할 수 없으며 형제애, 자매애를 나누는 우정의 관계임을 깨닫게 한다.	미취학부	6-① 7-① 부록 3	교재A 49쪽 교재A 50쪽 교재A 51쪽 교재A 54쪽 결혼송
	3. 결혼을 남자끼리 혹은 여자끼리 하겠다는 것은 죄악임을 깨닫게 한다.	초등저학년	7-②	
	4. 청소년 시기는 연애보다 우정을 쌓는 것이 유익함을 깨닫게 한다. 5. 동성결혼법의 문제점을 인식하게 한다. 6. 동성연애를 법제화하는 차별금지법의 문제점을 인식하게 한다.	초등고학년	6-④ 7-⑥ 7-⑦	
	7. 간음과 사랑을 분별하도록 한다. 1) 성경적으로 모든 사람이 성관계를 하는 것이 아니라 결혼한 부부만이 할 수 있음을 명료하게 인식하게 한다. 2) 합의와 상호존중하에 이루어진 성관계라 하더라도 결혼 안에서 부부간에 한 것이 아니라면 간음죄임을 깨닫게 한다. 3) 혼전에 간음하지 않는 것 못지않게 결혼 후에도 더욱 결혼을 귀히 여기고 침소를 더럽히지 않아야 함을 인식하게 한다.	초등고학년 중등학년 고등학년	6-① 6-② 6-③	

		4) 성경이 말하는 아가페 사랑의 의미를 깨닫게 한다.		
	[비고] 모든 사람에게 성관계를 허락하신 것이 아니라 결혼한 사람, 즉 배우자에게만 허락된 것이다. 성관계는 사랑을 느끼는 사람과 하는 것이 아니라 배우자와 하는 것임을 명료히 교육할 수 있다.			
		8. 동성애에 대한 열두 가지 기본적인 질의응답식 교육으로 동성애 법제화에 대해 통찰하게 한다. 1) 선악의 분별 기준은 무엇인가요? 2) 동성끼리의 사랑이 동성애인가요? 3) 동성애에 대해 성경에서는 어떻게 말씀하고 계신가요? 4) 동성애를 죄라고 말하는 것은 동성애자를 미워하자는 것이 아닌가요? 5) 동성애를 하고 있는 사람들은 우리 주변에 얼마나 있나요? 6) 동성애 유전자가 있나요? 7) 간성은 동성애와 같은 것인가요? 8) 동성 간 성관계, 어떤 의학적 결과들을 낳나요? 9) 동성애 법제화는 어떤 상황인가요? 10) 차별금지법이 통과된 각국의 모습은 어떤가요? 11) 대한민국 교육은 안심단계인가요? 12) 내 주변에 동성애를 하는 사람이 있다면?	중등학년 고등학년	5-⑧ 7-① 7-② 7-③ 7-④ 7-⑤ 7-⑥ 7-⑦ 7-⑧ 7-⑨	교재A 49쪽 QR 교재A 50쪽 교재A 51쪽 교재A 59쪽 결혼송
	[비고] 동성애 주제는 교회 안에서조차 청소년 간에 갑론을박하는 주제이다. 그러므로 동성애 주제를 중고등부에서 교육할 때는 질의응답식으로 교육하면 좀 더 효과적이다.			
VI. 결혼 제도를 주신 하나님께 감사하게 한다.	1. 결혼 제도를 주신 하나님께 감사하게 한다. 2. 결혼을 통해 가정을 이룰 수 있도록 하신 하나님께 감사하게 한다.		미취학부	6-① 6-③	교재A 49쪽 QR 교재A 50쪽 교재A 51쪽 교재A 57쪽 교재A 58쪽 결혼송
	3. 남자끼리 혹은 여자끼리 결혼을 허용하는 나라가 되지 않도록 기도하게 한다.		초등저학년	2-①	
	4. 동성결혼법, 차별금지법 등 불의한 법이 생겨나지 않도록 정의를 실현하는 것이 무엇인지 깨닫게 한다.		초등고학년	2-① 7-⑦ 7-⑧	
	5. 성경적 세계관과 성가치관이 정립되는 데 이바지할 수 있는 사람으로 쓰임받기를 소망하는 기도와 실천 목록을 적어 보게 한다.		중등학년		

	6. 동성애를 했거나 동성애를 지지, 동성애 표현 매체물을 즐긴 경험이 있다면 성령님의 도우심으로 회개하고 죄에서 돌이키게 한다.	고등학년	7-③
	[비고] 초등고학년, 중등학년, 고등학년은 동성애 차별금지법에 대해 교육을 진행해 보면 쉽게 잘 이해하고 바로 적용한다는 특징이 있다.		

이 단원의 참고 성경구절

창세기 2 : 18, 마태복음 19 : 4~6, 고린도전서 7 : 3~5, 에베소서 5 : 25, 33, 히브리서 13 : 4

5단원 : 미디어 절제

"선악을 알게 하는 나무의 열매는 먹지 말라 네가 먹는 날에는 반드시 죽으리라 하시니라"(창 2 : 17).

단원의 목적	단원의 목표	학령기에 따른 구분	양육자 자료	활동내용 예시 (미취학부)
I. 하나님이 우리에게 소중한 몸과 영혼을 주셨음을 알게 한다.	1. 하나님이 눈과 귀로 듣고 볼 수 있도록 복을 주셨음을 깨닫게 한다. 2. 우리에게 육체와 감각을 주신 분은 하나님이심을 깨닫게 한다.	미취학부	3-①	교재A 63쪽 QR 교재A 64쪽 교재A 65쪽
	3. 우리는 하나님의 것임을 깨닫게 한다.	초등저학년	8-①	
	4. 내가 나의 주인이라는 인본주의를 직면하게 한다.	초등고학년 중등학년	8-①	
	[비고] 내가 나의 주인이 아니라 하나님이 나의 주인이심을 깨닫게 한다.			
II. 우리가 눈으로 보고 귀로 듣는 것이 중요함을 알게 한다.	1. 우리가 먹고 마시는 것이 몸에 퍼지는 원리를 인식하게 한다. 2. 우리가 즐겨 보고 듣는 것이 우리 영혼에 퍼지게 됨을 인식하게 한다.	미취학부	3-①	교재A 64쪽 교재A 65쪽 교재A 66쪽 교재A 68쪽 절제송
	3. 우리의 의지와 별개로 우리는 보고 듣는 것에 영향을 받음을 인식하게 한다.	초등저학년 초등고학년 중등학년	3-①	
	[비고] 미취학일수록 우리가 직접 먹지 않은 것도 우리에게 변화를 일으킨다는 것에 놀라움을 가진다.			
III. 보고 듣는 것 (미디어)에 대한 구체적인 표현을 성경말씀을 통해 알게 한다.	1. 성경 속 미디어(눈으로 보는것)에 대한 표현을 찾아보게 한다. 2. 남을 직접 해치지 않아도 죄가 될 수 있음을 깨닫게 한다.	미취학부	3-①	교재A 67쪽 절제송
	3. 하나님을 사랑하는 사람은 죄와 싸우게 됨을 인식하게 한다.	초등저학년	3-①	
	4. 죄인을 위해서는 그를 대신하여 죽어 주실 만큼 사랑하시지만 죄와는 싸우라고 하신 하나님이심을 깨닫게 한다(죄인과 죄의 분화 개념).	초등저학년	7-③ 3-⑥	
	[비고] 우리가 보고 즐기는 것으로도 죄를 지을 수 있음을 인정하도록 할 수 있다.			

IV. 악한 것을 보고 즐기는 것이 죄악임을 알게 한다.	1. 미디어 사용에도 분별과 절제가 필요함을 인식하게 한다. 2. 게임 등 미디어 과용으로 시간을 낭비하는 것, 하나님이 기뻐하시지 않는 것을 보고 즐기는 것은 죄악임을 깨닫게 한다.	미취학부	3-① 3-②
	3. 미디어 남용은 결국 스스로를 해치는 결과를 낳음을 깨닫게 한다.	초등저학년	3-②
	4. 음란물을 즐기는 것은 죄임을 깨닫게 한다.	초등고학년	3-① 3-③
	5. 음란물의 폐해를 깨닫게 한다. 1) 음란물은 인간을 유물론적 존재로 보게 함 2) 음란물은 인간의 생명을 경시하게 만듦 3) 음란물은 인간의 뇌를 망가뜨리며 신체의 변화를 일으킴(각종 통계 제시) 4) 신경가소성(뇌가소성) 설명하기	초등고학년	3-④ 3-⑨

	6. 음란물의 구체적인 폐해를 깨닫게 한다.
	1) 음란물은 인간을 유물론적 존재로 보게 함
	  - 음란물은 사이코패스의 경향을 강화시킴
	  - 음란물은 변태적 성향을 높임
	  - 음란물은 조기 성애화를 일으킴
	  - 음란물은 성폭행, 성추행, 성희롱 등을 유발함
	2) 음란물은 인간의 폭력성을 증가시킴
	  - 음란물 시청 직후 사람 모양의 목표물을 공격하는 경향이 8배까지 증가
	3) 음란물은 학습능력을 떨어뜨림
	  - 음란물은 기억력을 떨어뜨림
	  - 음란물은 집중력을 떨어뜨림
	4) 음란물은 신체의 직접적인 변화까지 초래함(특히 뇌의 변형을 초래함)
	  - 음란물이 전두엽을 망가뜨림
	  - 음란물이 변연계를 망가뜨림
	  - 음란물이 정상적인 부부간의 사랑을 망가뜨림
	  - 음란물은 회백질의 양을 줄어들게 하여 중독자의 뇌와 유사하게 만듦
	  - 도파민, 노르에피네프린, 세로토닌 등 기분과 쾌락에 관련된 신경전달물질들을 음란물 시청에 소모하기를 반복하여 음란물 중독 뇌로 변형시킴
		중등학년
		고등학년
			교재A 63쪽
			QR
			교재A 70쪽
			
			3-④

	7. 음란물을 보고 즐긴 것에 대해 회개하고 돌이키게 한다. 　1) 하나님은 진정으로 회개하는 자를 용서하시고 품으시며 사랑으로 회복시키심 　2) 용서와 회복에 대한 성경구절 　3) 신경가소성(뇌가소성) 설명하기 　　-뇌신경은 상당한 회복을 보일 수 있음 　　-신앙생활, 건강한 독서, 보드게임(윷놀이, 체스 등), 악기 연주, 운동, 햇볕 쬐기, 가족 간의 건강한 애착 경험과 대화, 친구와 건강한 우정 쌓기 　4) 회개를 예약해 두고 죄를 상습적으로 짓는 습관(하나님을 만홀히 여기는 행위)을 가지지 않도록 지속적인 노력이 필요		3-⑨
	[비고] 음란물의 폐해를 교육하는 경우 정확한 통계를 인용하는 것이 도움이 된다. 특히 신체적 변화(뇌)를 설명할 때 더욱 그렇다.		
V. 미디어를 절제하고 죄악 된 것을 보고 듣지 않도록 우리를 도우시는 하나님께 감사하게 한다.	1. 하나님이 기뻐하시는 것만 듣고 보기로 결단하게 한다.	미취학부	3-①
	2. 게임 등 중독성 있는 미디어 이용을 중단하고 영육 간 균형 잡힌 생활을 하게 한다.	초등저학년	3-⑥
	3. 게임, 음란물, 폭력물, 공포물 등 악하고 중독성 있는 미디어 이용을 하지 않기로 결단하고 절제를 생활화하도록 돕는다. 4. 스마트폰 등 미디어 기기를 사용함에 있어서 정결의 의미를 되새기게 한다. 5. 영육 간 건강한 청소년기를 보내도록 성령님과 동행하는 삶을 배운다.	초등고학년 중등학년	3-⑥ 교재A 71쪽 절제송
	6. 음란물을 즐기거나 정당화했다면 성령님의 도우심으로 회개하고 죄에서 돌이키게 한다.	고등학년	3-⑦
	[비고] 음란물을 경험한 아이들이 많음을 전제로 교육하되 자칫 정죄로만 끝나지 않도록 주의한다. 특히 음란물을 시청한 적이 있는지 직접 묻거나 확인하지 않는 것이 중요하다. 만일 조사를 하고 싶다면 익명으로만 진행해야 한다.		

이 단원의 참고 성경구절

마태복음 5 : 29~30, 18 : 8~9, 마가복음 9 : 43, 45, 47, 누가복음 12 : 5, 요한복음 15 : 6, 빌립보서 1 : 20, 디모데전서 4 : 5, 베드로후서 2 : 4

6단원 : 성매매

"네 딸을 더럽혀 창녀가 되게 하지 말라 음행이 전국에 퍼져 죄악이 가득할까 하노라" (레 19 : 29).

단원의 목적	단원의 목표	학령기에 따른 구분	양육자 자료
Ⅰ. 성매매의 개념을 알게 한다.	1. 성매매의 개념을 인식하게 한다. 2. 성매매의 성립을 인식하게 한다.	초등학년 중등학년 고등학년	9-①
	[비고] 성매매라는 단어가 성경에는 나오지 않지만 개념적으로 성경에 죄악으로 표현되고 있다.		
Ⅱ. 성매매에 대한 성경 속 표현을 알게 한다.	1. 성매매에 대한 성경구절을 찾아보게 한다. 2. 창기를 두지 말 것을 명하심을 인식하게 한다. 3. 성매매가 합의하에 일어나도 성경이 금하는 간음죄의 하나임을 깨닫게 한다. 4. 성매매를 '성 노동'이라고 미화해서는 안 됨을 깨닫게 한다.	초등학년 중등학년 고등학년	9-① 9-②
	[비고] 어린 나이일수록 성경책 실물 자체를 가까이 두고 넘겨 보고 찾아보는 습관을 붙이도록 지도할 수 있다.		
Ⅲ. 인간의 합의하에 모든 것의 매매가 가능해지는 것의 위험성을 알게 한다.	1. 장기매매가 합의한 사람끼리 가능해져서는 안 됨을 깨닫게 한다. 2. 성매매를 적극 처벌하지 않던 기간에는 인신매매가 급증하였음을 깨닫게 한다.	초등학년 중등학년 고등학년	9-④ 9-⑥ 9-⑦
	[비고] 장기매매 합법화와 성매매 합법화는 그 부작용이 유사함을 인신매매 증가를 예로 들어 설명 가능하다.		
Ⅳ. 성매매 처벌법에 대하여 알게 한다.	1. 성매매 처벌법의 내용을 인식하게 한다. 2. 성매매 처벌법을 폐지하자는 주장의 문제점을 인식하게 한다.	초등학년 중등학년 고등학년	9-③ 9-⑥
	[비고] 우리나라에 성매매 처벌법이 있으나 폐지될 수도 있음을 양육자가 인식하고 교육에 반영해야 한다.		

V. 성매매 합법화 국가의 현실을 알게 한다.	1. 성매매 합법화 국가들이 밟은 과정을 통찰하게 한다. 　- 성매매를 추진한 세력들 　- 성매매 미화 2. 성매매 합법화 국가의 현실(독일, 네덜란드 등)을 통찰하게 한다. 　- 인신매매 위험의 증가 　- 성매매 과잉 경쟁 광고 　- 성매매 경험자 증가 　- 성매매 피해자들의 증가 　- 청소년 성매매 증가 　- 국가적 성애화 　- 뒤늦은 후회와 각성의 소리	초등학년 중등학년 고등학년	9-⑦
	3. 한국의 성매매 처벌법 폐지 시도 상황을 통찰하게 한다. 4. 성매매 처벌법을 통한 적극적 처벌 이후 변화를 통찰하게 한다 　- 인신매매 감소 등		9-⑤ 9-⑧
	[비고] 차별금지법 교육의 위험성과 성매매가 합법화된 나라의 사례 제시를 통해 성매매 합법화의 문제점을 더 확실하게 교육할 수 있다.		
VI. 우리나라에 성매매 합법화를 막아 주신 하나님께 감사하게 한다.	1. 성관계는 결혼 후 배우자와만 하는 것임을 인식하게 한다. 2. 성매매를 죄로 깨닫게 하신 하나님께 감사한다. 3. 성매매 처벌법 폐지를 막아 주신 하나님께 감사한다. 4. 성매매하지 않기로 결단하게 한다. 5. 성매매를 옹호했거나 성매매의 경험이 있다면 성령님의 도우심으로 회개하고 죄에서 돌이키게 한다.	초등학년 중등학년 고등학년	6-③ 9-② 9-⑥ 9-⑧
	[비고] 교인 중에서도 불륜이나 동성애는 죄지만 성매매는 불법화해서는 안 된다는 의견을 가진 경우가 많다. 성매매가 간음의 일종임을 청소년 시기부터 알게 해야 한다.		

이 단원의 참고 성경구절

레위기 19 : 29, 21 : 7, 잠언 5 : 3~6, 고린도전서 6 : 14~17

7단원 : 성폭력/디지털 성범죄 예방

"둘째도 그와 같으니 네 이웃을 네 자신같이 사랑하라 하셨으니"(마 22 : 39).
"하나님을 모르는 이방인과 같이 색욕을 따르지 말고"(살전 4 : 5).

단원의 목적	단원의 목표	학령기에 따른 구분	교사자료 표기
Ⅰ. 성폭력/디지털 성폭력의 개념을 알게 한다.	1. 성폭력의 개념을 인식하게 한다. 2. 디지털 성폭력의 개념을 인식하게 한다.	초등학년 중등학년 고등학년	10-① 10-③ 10-⑤
	[비고] 성폭력과 디지털 성폭력 예방 교육은 공교육에서도 진행되고 있는 부분임을 교사가 인지하고 진행하도록 한다.		
Ⅱ. 성폭력/디지털 성폭력의 종류를 알게 한다.	1. 성폭력의 분류를 인식하게 한다. - 행위유형별/관계별/대상별/법률상 분류 2 디지털 성폭력의 피해 유형을 인식하게 한다. - 불법촬영/불안 피해/성적 괴롭힘/협박 피해/유포 피해/온라인 성착취/온라인 그루밍/딥페이크	초등학년 중등학년 고등학년	10-① 10-④
	[비고] 성폭력의 개념을 교육할 때 교사 역량에 따라 미디어 남용의 문제를 추가적으로 강조할 수 있다.		
Ⅲ. 성폭력/디지털 성폭력의 관련 통계를 통해 현실의 죄악을 통찰하게 한다.	1. 성폭력 관련 통계를 인식하게 한다. 2. 디지털 성폭력 관련 통계를 인식하게 한다.	초등학년 중등학년 고등학년	10-④ 10-⑥
	[비고] 성폭력 관련 통계는 가급적 최신의 것을 사용하는 것이 좋다.		
Ⅳ. 음란물과 성폭력/디지털 성폭력의 관련성을 알고 신앙적으로 대처하게 한다.	1. 음란물과 성폭력/디지털 성폭력의 높은 관련성을 인식하게 한다. 2. 성폭력/디지털 성폭력 범죄자들과 음란물 중독의 연관성을 인식하게 한다. 3. 음란물이 성적인 충동을 정당하게 해소해 준다는 것은 오해임을 인식하게 한다.	초등학년 중등학년 고등학년	3-④ 10-④
	[비고] 오원춘, 조두순 등 엽기적인 성폭행범들의 컴퓨터에서 엄청난 음란물 영상이 나왔음을 예로 들 수 있다.		

V. 성폭력 피해자/ 가해자가 되지 않기 위한 수칙을 익히게 한다.	1. 성폭력이 발생한 경우 신고할 수 있도록 한다. - 신고처 1366 등	초등학년 중등학년 고등학년	10-㉮
	[비고] 성폭력은 전 세대에 걸쳐 예방교육이 필요하다.		

교회학교 양육자들을 위한 성경적 성가치관 교육 주제 : 5대 주제와 구체적인 교육 문장

최근 교회학교에서 핵심적으로 다루기를 원하는 기독교 성가치관 교육 주제는 기준 세우기, 낙태, 동성애, 성전환, 음란물 및 모방(성폭력) 등이다. 이와 같은 5대 주제에 대한 구체적인 교육의 내용을 다음과 같이 정리하여 교회학교 아동 및 청소년들에게 전할 수 있다. 교육을 위한 구체적인 내용은 아래와 같다.

기독교 세계관이 이 세상의 모든 현상을 '창조-타락-구속-완성'의 패러다임으로 본다는 것은?			
원래	그러나	그러므로	결국
하나님께서 선한(보시기에 좋은) 세계를 창조하심	천사와 인간의 불순종과 반역으로 더럽혀짐	하나님은 예수 그리스도를 보내셔서 십자가의 죽음과 부활을 통해 신자를 구원하심	그리스도의 재림과 죽은 자의 부활, 심판을 거쳐 온 세계를 새롭게 회복하시고 하나님 나라를 완성하심
창조	타락	구속	성화

※ 기독교 성가치관 교육을 위해 구속사적인 관점, '창조-타락-구속'의 흐름으로 대상과 현상을 파악하고 교육하도록 구조화했다.

1 기준 세우기

잘못된 공리주의와 인본주의가 죄(타락의 길)임을 함께 교육한다. 나아가 우리의 회개를 받으시고 그 죄를 사하시는 예수님의 사랑과 보혈의 능력(구속하심)을 교육한다.

❶ 창조 : 선악 간 분별의 기준은 오직 하나님의 말씀인 성경입니다. 전지전능하시며 이 세상 모든 만물을 창조하신 하나님께서는 선악 간에 분별하시며, 그 분별에는 오류가 없습니다. 우리는 보통 자신의 치아 개수도 헷갈려 합니다. 하루도 치아를 사용하지 않는 날이 없는데도 우리의 처지는 그러합니다. 성경은 이러한 우리의 상태를 두고, 부분적으로만 알고 부분적으로만 예언한다고 말씀합니다.

"우리는 부분적으로 알고 부분적으로 예언하니 온전한 것이 올 때에는 부분적으로 하던 것이 폐하리라"(고전 13 : 9-10).

그러나 하나님께서는 우리의 머리털까지 세신 바 되셨고, 우리의 중심까지도 꿰뚫어 보시는 전지하신 하나님이십니다. 성경이 이를 말하고 있습니다. 하나님의 지혜와 지식은 정확무오하며 틀림이 없습니다.

하나님께서 말씀을 통해 죄악이라고 정확하게 규정하시는 행동이 내가 보기에는 죄악이 아니라고 느껴질 때가 있다면, 오로지 성경을 근거로 하여 '내가 틀렸구나.' 하고 인정할 수 있어야 합니다. 그래야 회개의 통로로 나아가게 됩니다.

❷ 타락 : 그런데 인본주의가 지배적인 현 세대의 문화 속에서는 더 이상 선악의 구별 기준을 성경으로 받아들이지 않을 뿐 아니라, 선과 악을 구별하는 것 자체가 의미 없다는 주장이 갈수록 팽배하고 있습니다.

특히 성가치관을 논함에 있어서는 성적자기결정권에 따라 인간의 합의하에 무엇이든 가능하다는 의식이 일반화되었습니다. 그리고 인간 사이의 상호존중이 담보

되고, 공리주의적 관점에서 남에게 피해를 주지 않으며, 나의 양심에 찔리지 않고 법적 처벌이 없다면 죄가 아니라는 목소리가 날로 높아지고 있습니다. 그러나 성경은 나의 악한 주장을 관철하기 위해 성경을 수정하거나 변개하는 자는 징계를 받게 된다고 기록합니다.

"악을 선하다 하며 선을 악하다 하며 흑암으로 광명을 삼으며 광명으로 흑암을 삼으며 쓴 것으로 단 것을 삼으며 단 것으로 쓴 것을 삼는 자들은 화 있을진저"(사 5 : 20).

❸ 구속 : 하나님께서는 정확무오하시며 전지전능하신 분이기에 하나님과 나의 뜻이 충돌한다면 그것은 나의 뜻이 바르지 못한 것입니다. 세상의 인본주의는 인간이 서로 합의하여 타인의 성적결정권을 침해하지 않는 것이라면 죄가 아니라고 교육합니다. 즉, 인간 사이에 합의가 있었고, 남에게 피해를 주지 않은 행위라면 죄가 아니며 인간이 누릴 권리라는 논리가 성가치관 교육의 주류가 되었습니다. 이러한 잘못된 공리주의, 인본주의가 자리를 잡지 못하도록 미취학 시기부터 미리 말씀의 권위, 특히 모든 분별의 기준이 성경말씀임을 알려 주는 것이 중요합니다. 타인에게 끼친 피해 여부, 합의 여부, 법적 처벌, 양심의 가책 여부를 떠나 하나님께서 죄라고 하시면 죄임을 인정하도록 교육해야 합니다.

성경적 성가치관 교육을 위한 전제는 바로 모든 분별의 기준이 오로지 하나님의 말씀인 성경이라는 것입니다. 성경을 통해서 예수님을 따르는 참 제자의 길을 배우게 되고, 성령 충만한 삶을 살 수 있음을 선포하며, 어떤 세상의 기준과 가치도 이를 훼손할 수 없다는 뜻입니다.

"선악의 분별 기준은 성경!"

2 생명 소중함(창조의 원형)

낙태가 죄(타락의 길)임을 함께 교육한다. 나아가 우리의 회개를 받으시고 그 죄를 사하시는 예수님의 사랑과 보혈의 능력(구속하심)을 교육한다.

❶ **창조** : 하나님께서는 천하 만물과 모든 인류를 창조하신 분입니다. 우리는 하나님의 창조주 되심을 인정하며 찬양합니다. 우리는 하나님께서 만드신 모든 피조물에게서 하나님의 창조 솜씨와 창조 질서를 발견할 수 있습니다. 개미는 개미의 모습대로, 새는 새의 모습대로, 나무는 나무의 모습대로 만들어졌습니다. 그러나 사람은 집에서 기르는 동물과 같은 피조물과는 확연히 다르게 하나님의 형상대로 지음 받은 유일한 존재입니다. 예수님은 천하 만물보다 한 영혼의 생명이 귀하다고 말씀하십니다. 또한 하나님의 형상대로 지음 받은 유일한 존재인 우리의 이웃을 내 몸과 같이 사랑하는 것이 이 땅에 성육신하신 예수님을 사랑하는 것이라고 말씀하십니다.

"사람이 만일 온 천하를 얻고도 제 목숨을 잃으면 무엇이 유익하리요 사람이 무엇을 주고 제 목숨과 바꾸겠느냐"(마 16 : 26).

"둘째는 이것이니 네 이웃을 네 자신과 같이 사랑하라 하신 것이라 이보다 더 큰 계명이 없느니라"(막 12 : 31).

하나님께서는 사람을 창조하신 것에서 그치지 않으시고, 우리를 너무나 사랑하셔서 독생자를 내어 주심으로 우리의 영혼을 구원하셨습니다. 하나님께서는 어떤 피조물도 하나님과 우리 사이에 끼어들 수 없을 만큼 우리의 영혼을 사랑하시고 귀하게 여기십니다. 그래서 하나님께서는 하나님의 형상대로 빚어진 생명인 사람을 죽이지 말라고 명하십니다. 하나님께서는 우리를 태중에서 창조하셨습니다. 성경의 여러 곳에 이와 관련한 말씀이 나옵니다.

"내가 너를 모태에 짓기 전에 너를 알았고 네가 배에서 나오기 전에 너를 성별하였고 너를 여러 나라의 선지자로 세웠노라 하시기로"(렘 1 : 5).

"주께서 내 내장을 지으시며 나의 모태에서 나를 만드셨나이다"(시 139 : 13).

"내가 모태에서부터 주를 의지하였으며……"(시 71 : 6).

"이는 그가 주 앞에 큰 자가 되며 포도주나 독한 술을 마시지 아니하며 모태로부터 성령의 충만함을 받아"(눅 1 : 15).

위와 같은 말씀에서 알 수 있듯 태중의 자녀는 이미 온전한 생명이며, 하나님의 형상인 인간입니다. 또한 성경은 우연히 다칠 만한 상황조차 만들지 말 것을 명할 정도로 생명의 소중함을 말하고 있음을 기억해야 합니다.

"네가 새 집을 지을 때에 지붕에 난간을 만들어 사람이 떨어지지 않게 하라 그 피가 네 집에 돌아갈까 하노라"(신 22 : 8).

❷ 타락 : 그런데 안타깝게도 사람들은 이기심과 욕심으로 눈이 어두워져 하나님의 형상인 수많은 생명들을 죽이는 일을 하고 있습니다. 낙태는 태중의 자녀를 죽이는 일, 곧 살인입니다. 성경은 살인을 엄격하게 금하고 있습니다. 살인은 죄입니다.

"살인하지 말라"(출 20 : 13).

그럼에도 불구하고 세상에는 태아를 죽이는 것이 먼저 태어난 자들의 권리라고 주장하며 낙태 합법화를 위해 온갖 노력을 기울이는 사람들이 있습니다. 이들은 태아를 단순히 '세포 덩어리'라고 말합니다. 이러한 반생명주의 문화가 사회에 만연하다 보니, 크리스천 아동과 청소년들도 이 영향을 받을 위기에 처했습니다.

우리는 태중의 사람이든, 태어난 사람이든, 어린아이든, 노인이든, 청소년이든 하나님의 형상이 깃든 생명임을 다음세대가 알게 하고, 생명을 귀하게 여기신 하나님의 마음을 우리의 자녀들이 품을 수 있도록 어릴 때부터 교육해야 합니다.

2019년 4월까지는 우리나라에서도 낙태를 죄로 인정하고 처벌하는 법인 이른바 '낙태죄 처벌법'(형법 269조와 270조)이 적용되었습니다. 그러나 2019년 4월 11일 헌법재판소에서 이 조항이 헌법불합치 판결이 났고, 이로써 낙태를 행한 자를 처벌할 수 있는 법적 근거가 사라지게 되었습니다. 낙태죄 처벌법 폐지 찬성자들은 이것이 낙태 합법화라고 주장하며 임신 주수에 제한 없이 태아를 죽일 권리를 인정하라고 목소리를 높이고 있습니다. 반려견이나 반려묘를 죽이거나 괴롭히는 것에 대한 처벌은 더 강화시켜야 한다고 목소리를 높이면서도 태중의 힘없고 연약한 아기를 죽이는 것은 허용해야 한다며 목소리를 높이는 악한 현상이 만연합니다.

예수님도 태아의 모습으로 이 땅에 오셨고 동정녀의 몸에서 나셨음을 기억해야 합니다. 우리 기독교 양육자들은 일 년에 태어나는 아기의 수보다 낙태되는 아기의 수가 더 많다는 심각한 현실을 인식하는 것이 중요합니다. 그리고 편의에 따라 사람을 죽일 수도 있고 살릴 수도 있다고 주장하는 반기독교적이고 반생명주의적인 모든 법과 문화가 잘못된 것임을 깊이 깨닫고, 생명주의 기독교 성교육을 해야 합니다. 한 영혼을 대하시는 하나님과 한 영혼을 대하는 공동체의 태도에 차이가 생길수록 그 공동체의 영성은 악하고 그릇된 것임을 알아야 합니다.

❸ 구속 : 하나님께서는 우리 인간의 생명을 사망에서 구원하시고자 이 땅에 예수 그리스도를 보내셨습니다. 그만큼 한 영혼, 한 영혼을 사랑하십니다.

"우리가 아직 죄인 되었을 때에 그리스도께서 우리를 위하여 죽으심으로 하나님께서 우리에 대한 자기의 사랑을 확증하셨느니라"(롬 5 : 8).

바로 이것이 한 인간의 생명을 대하는 하나님의 마음입니다. 우리도 이 마음을 닮아 이웃을 사랑하고 태아를 사랑하며, 진정한 생명 사랑의 길로 나아가야 합니다.

"생명의 소중함"

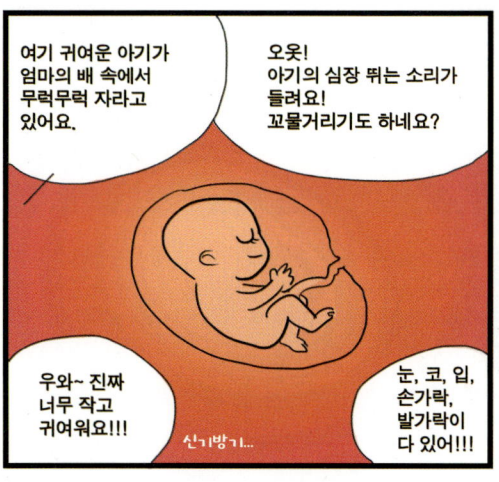

3 남자와 여자를 각각 특별한 성별로 창조하셨음(창조의 원형)

성별 교체를 통한 신체 훼손과 자신의 성별을 속이는 것이 죄(타락의 길)임을 함께 교육한다. 나아가 우리의 회개를 받으시고 그 죄를 사하시는 예수님의 사랑과 보혈의 능력(구속하심)을 교육한다.

❶ **창조** : 하나님께서는 사람을 남자와 여자로 창조하셨습니다.

"하나님이 자기 형상 곧 하나님의 형상대로 사람을 창조하시되 남자와 여자를 창조하시고"(창 1 : 27).

"창조 때로부터 사람을 남자와 여자로 지으셨으니"(막 10 : 6).

하나님께서는 구원에 있어 남자와 여자를 차별하지 않으십니다. 남자와 여자는 모두 예수님을 믿음으로 구원을 받는다는 점에서 공평합니다. 하나님의 자녀가 되는 것에는 그 어떤 차별도 없으며, 하나님께서는 남자와 여자를 모두 사랑으로 품으십니다. 이렇듯 사랑과 공의의 하나님께서 우리에게 주신 남녀평등의 개념은 바로 예수님을 통한 구원의 길을 남녀 모두에게 여셨다는 것입니다.

하나님께서는 남자와 여자에게 각 성별에 따른 차이점, 곧 각 성별에 따른 특별함을 부여하셨습니다. 남자와 여자에게 여러 가지 다른 점을 두심으로 남녀를 구별하셨으며, 그에 따른 기능적 질서를 부여해 주셨습니다. 우리는 다음세대에게 하나님께서 남녀를 어떻게 다르게 만드셨는지에 대해 잘 설명함으로써 자신의 성별에 감사하고 부부간의 화평, 형제자매 간의 화평, 남녀 간의 화평을 도모할 수 있도록 도울 수 있습니다.

하나님께서는 남자와 여자라는 성별을 태중에서 창조하실 때부터 결정하셨습니다. 즉, 남녀 성별은 수정된 때로부터 결정됩니다. 남자와 여자는 성별 염색체, 6,500개가 넘는 유전자, 체세포의 수용체, 호르몬, 근육, 뼈, 체모, 면역계, 임신 가능 여부, 목소리 등 여러 측면에서 다른 점이 나타납니다. 그러다 보니 남녀의 성비율은 직업군별로, 취미 생활별로, 교회에서 헌신하는 직분별로도 다르게 분포하고 있습니다.

남자와 여자, 각각의 특별함을 교육함에 있어서 빠뜨리지 말아야 할 것이 있습니다. 바로 남녀 성별의 차이가 보편적으로 존재함을 알리되, 성별과는 무관한 개인의 차이점도 뚜렷하게 있음을 알려 개인의 재능이나 차이점 때문에 상대방을 놀려서는 안 된다는 것을 분명하게 교육해야 합니다. 예를 들어, 남자아이가 그림 그리기나 이야기 나누기를 좋아하는 섬세한 성격이라고 해서 여자아이 같다고 놀리거나, 여자아이가 스포츠를 잘한다고 해서 남자가 될 것이라고 놀리는 행동은 하나님께서 개인에게 주신 재능을 근거로 상대방의 성별에 혼란을 주는 잘못된 행동임을 알려 주어야 합니다.

❷ **타락** : 그러나 안타깝게도 하나님의 형상을 따라 창조된 남자와 여자로서의 본질인 성별을 거부하고, 반대 성별로 교체하고 싶다며 방황하는 청소년들이 해마다 늘어 가고 있습니다. 이것은 하나님이 부여해 주신 자유의지를 잘못 사용하는 것입니다. 타고난 성별은 자유의지로 바꿀 수 있는 영역이 아니기 때문입니다.

자신의 신체를 훼손하거나 성호르몬을 주입하고, 경우에 따라서는 성형을 동반하기도 하는 성별 교체 과정은 이제 더 이상 이상하거나 은밀한 일이 아닌 것으로 여겨집니다. 미디어와 잘못된 성교육 커리큘럼이 인공적인 성별 교체를 공공연히 소개하고 있습니다.

특히 영국에서는 자신의 성별을 바꾸기 위해 상담을 받는 청소년이 10년 사이, 여자 청소년을 기준으로 4,500% 이상 증가했습니다. 젠더 이데올로기를 퍼뜨리는 성교육 교사들은 성별은 남녀 두 가지가 아니라 여러 가지이며, 휜동가리의 성별이 바뀌듯이 인간의 성별도 바뀔 수 있다고 가르칩니다. 더 나아가 "남자와 여자의 성별은 바뀔 수 없으며 성염색체 등을 기반으로 정해지는 것"이라는 표현은 이분법적 성 고정 의식을 그대로 드러내는 잘못된 표현이며, 타고난 성별과 자신의 성별 정체성이 일치하지 않는 트랜스젠더들을 향한 폭력적인 표현, 즉 혐오 표현(hate speech)이라고 주입합니다. 이러한 중에 미국에서는 자신의 성별이 다른 성별로 바뀌어 버릴까 봐 공포를 느끼는 아이들이 서서히 생겨나고 있습니다. 성전환이 가능하다고 착각하여 성급하게 자신의 몸을 훼손한 것에 후회하며 원래의 성별로 돌아가고자 하는 트랜스젠더 청소년들도 등장했습니다.

성별 교체를 위해 인위적으로 신체를 훼손하는 것은 하나님의 성전 된 몸을 훼손하는 것이므로 회개해야 할 죄입니다(참조. 고전 3 : 16). 또한 자신의 성별을 타고난 성별이 아닌 반대 성별로 법적 정정하는 것은 자신의 타고난 성별에 대한 거짓 증언에 해당되므로 이 역시 회개해야 할 죄입니다. 각 개인이 살아가는 문화 속에서 남자는 남자로, 여자는 여자로 식별되게 함으로써 상대방을 속이지 않는 것이 바람직합니다. 경찰이 아닌 자가 경찰복을 입고 다니며 경찰 행세를 하거나, 의사가 아닌 자가 의사 가운을 입고 의사 행세를 해서는 안 되듯이 남자와 여자도 하나님께서 주신 성별에 감사하며, 그 성별대로 순기능하며 살아가야 합니다.

"여자는 남자의 의복을 입지 말 것이요 남자는 여자의 의복을 입지 말 것이라 이같이 하는 자는 네 하나님 여호와께 가증한 자이니라"(신 22 : 5).

❸ 구속 : 우리는 하나님의 남녀 창조 질서를 어그러뜨리는 각종 교육과 미디어, 문화의 잘못된 점을 다음세대에게 교육해야 합니다. 그리고 은연중 이러한 거짓을 받아들인 것을 회개하고, 하나님께서 우리에게 주신 성별에 감사하며, 그 성별에 부여하신 특별함이 잘 기능하여 이웃을 구원의 길로 이끄는 일에 남자와 여자 모두 서로 잘 도우며 살아가도록 교육해야 합니다. 또한 성경은 남자든, 여자든 예수님

을 통해서만 구원받을 수 있다는 것, 즉 구원에 있어서 남녀의 공평함을 보증하심을 강조해야 합니다.

"예수께서 이르시되 내가 곧 길이요 진리요 생명이니 나로 말미암지 않고는 아버지께로 올 자가 없느니라"(요 14 : 6).

"하나님이 세상을 이처럼 사랑하사 독생자를 주셨으니 이는 그를 믿는 자마다 멸망하지 않고 영생을 얻게 하려 하심이라"(요 3 : 16).

하나님의 남녀 창조 질서를 파괴하려는 나쁜 문화와 법, 죄가 우리 가운데 거하지 않도록 기도하고, 이것에 대해 이미 지은 죄를 회개할 때는 용서하시는 예수님의 보혈에 의지하며 감사해야 합니다. 성령님이 함께하심으로 우리가 하나님의 선물인 남녀 성별에 감사하고 기뻐하도록 교육해야 합니다.

"성별은 하나님의 선물"

4 남녀 결혼의 귀중함과 생육, 번성, 충만, 정복, 다스림의 문화명령 (창조의 원형)

동성 간 성행위 등 각종 음행이 죄악(타락의 길)임을 함께 교육한다. 나아가 우리의 회개를 받으시고 그 죄를 사하시는 예수님의 사랑과 보혈의 능력(구속하심)을 교육한다.

❶ 창조 : 성경은 결혼을 귀히 여기고 침소를 더럽히지 말라고 하시며 각종 간음을 금하고 있습니다. 남자가 부모를 떠나 그의 아내와 합하여 둘이 한몸을 이루는 것은 명확한 성경적 결혼의 원칙입니다.

"이러므로 남자가 부모를 떠나 그의 아내와 합하여 둘이 한몸을 이룰지로다"(창 2 : 24).

"예수께서 대답하여 이르시되 사람을 지으신 이가 본래 그들을 남자와 여자로 지으시고 말씀하시기를 그러므로 사람이 그 부모를 떠나서 아내에게 합하여 그 둘이 한몸이 될지니라 하신 것을 읽지 못하였느냐 그런즉 이제 둘이 아니요 한몸이니 그러므로 하나님이 짝지어 주신 것을 사람이 나누지 못할지니라 하시니"(마 19 : 4-6).

남자와 여자, 즉 이성 간의 결혼이 하나님의 창조 질서에 부합하며, 이 결혼 원칙은 오늘날에도 여전히 지켜야 할 규범입니다. 결혼은 "생육하고 번성하여 땅에 충만하라, 땅을 정복하고 다스리라."는 명령(창 1 : 28) 순종의 첫 단추로 인식되고 있습니다. 하나님께서 아담과 하와를 서로 배필이 되게 하셨습니다. 사람이 죄를 짓기 전에 이미 결혼이라는 제도가 인류에게 주어진 것입니다. 하나님은 아담이 혼자 있는 것이 좋지 않다고 하셨습니다. 이는 사람이 세상을 살아감에 있어서 혼자 있는 것이 이상적인 상태가 아니라는 뜻입니다. 하나님이 여자를 지으신 것은 결혼을 통한 공동체를 이루시려는 것입니다. 하나님께서는 남자와 여자에게 결혼을 통해 남편과 아내, 서로에게 배필이 되어 상호 도움을 주는 존재가 되도록 하셨습니다. 여기에는 '돕는'(ēzer) 역할이 강조되어 있는데, 이것은 인간이 공동체를 이룰 때만 가능해집니다. 사람이 혼자 존재할 때는 공동체를 이룰 수 없기 때문에, 하나님께서 배필을 통하여 가정 공동체를 이루고, 생육하고 번성하여 충만해지는 사명을 수행하도록 하신 것이 결혼의 동기로 명백하게 제시됩니다. 성경은 이 결혼을 귀히 여기라고 명하십니다(히 13 : 4).

❷ **타락** : 그러나 최근 결혼의 개념을 왜곡하는 일들이 발생했습니다. 30여 개국에서 동성결혼 합법화가 벌어지고 있습니다. 2001년 네덜란드를 시작으로 미국, 영국, 캐나다, 호주 등 이른바 선진국들이 동성결혼을 이미 합법화했습니다. 하나님의 창조 질서에 비추어 볼 때 동성결혼은 인간에게 허용된 보편적인 관행이 아니며 죄입니다. 성경 여러 군데에서 동성 간 결혼, 동성 간 성관계를 금하고 있기 때문입니다. 남자끼리, 여자끼리의 관계는 형제애, 자매애를 나누는 우정의 관계입니다.

동성결혼은 인간이 하나님의 창조 질서를 역행하는 것으로서, 결국 인간 창조 시 하나님께서 주신 성경적 가정의 구성, 자녀의 잉태 등의 복락을 누리지 못하게 하며 죄악의 보응을 받게 합니다.

"이 때문에 하나님께서 그들을 부끄러운 욕심에 내버려 두셨으니 곧 그들의 여자들도 순리대로 쓸 것을 바꾸어 역리로 쓰며 그와 같이 남자들도 순리대로 여자 쓰기를 버리고 서로 향하여 음욕이 불 일 듯하매 남자가 남자와 더불어 부끄러운 일을 행하여 그들의 그릇됨에 상당한 보응을 그들 자신이 받았느니라"(롬 1 : 26-27).

특히 남성 간 성관계는 매독, 임질, 에이즈와 같은 성병뿐 아니라 항문암, 변실금, 이질, 바이러스성 간염 등 수많은 질병과 직결됩니다. 인간은 하나님께서 정하신 질서와 명령을 따르는 것에서 참다운 복을 누리게 됨을 다음세대에게 교육해야 합니다.

현재 우리 자녀들이 생활 속에서 쉽게 접하는 미디어 전반에 걸쳐 동성결혼을 미화하는 일이 흔히 벌어지고 있고, 국내 드라마의 소재로도 다루어질 만큼 동성결혼은 더 이상 낯선 단어가 아니며 오히려 사회적 분위기로 흐르고 있습니다.

우리는 우리나라가 예수님이 다시 오실 그날까지 성경적 결혼 제도를 유지하는 나라가 되도록 함께 기도해야 합니다. 또한 다음세대가 어릴 때부터 바른 결혼관을 갖도록 이끌어야 합니다.

❸ 구속 : 우리는 하나님이 주신 결혼 질서에 파괴를 일삼아 온 인간의 죄를 회개해야 합니다. 예수님은 십자가에서 우리의 죄를 대속하시어 우리를 사망에서 건지시고 새로운 피조물로 만들어 주셨습니다. 우리는 예수님의 보혈의 공로에 힘입어 구원과 거룩의 길로 나아갑니다. 또한 우리는 예수님이 우리에게 가르쳐 주신 성경적 결혼의 원칙을 기억해야 합니다. 우리의 다음세대가 이 말씀대로 살아가며 순종하는 길에 성령님께서 늘 역사하실 것을 소망하고 기도해야 합니다.

"하나님이 명하신 아름다운 결혼"

5 우리에게 무엇을 보고 듣고 먹고 마실지 선택할 자유의지를 주셨음(창조의 원형)

악한 미디어 특히 음란물, 게임 중독 등이 죄(타락의 길)임을 함께 교육한다. 나아가 우리의 회개를 받으시고 그 죄를 사하시는 예수님의 사랑과 보혈의 능력(구속하심)을 교육한다.

❶ 창조 : 하나님께서는 우리를 하나님의 형상대로 만드시고 자유의지를 주셨습니다. 또한 인간에게 하나님께서 창조하신 것들을 정복하고 다스리며 에덴 동산의 모든 열매를 먹을 수 있도록 위임하시며 허락하셨습니다. 그러나 하나님께서는 선악과만은 따 먹지 말 것을 명하셨습니다. 아무리 보암직하고 먹음직해도 우리가 취해서는 안 되는 것이 있습니다. 즉, 우리의 인생이 판단하기에는 가해 보이나 주님 보시기에 해서는 안 되는 것들이 있습니다. 이것은 하나님의 절대적인 주권 안에서 우리가 분명하게 순종해야 할 부분입니다.

"여호와 하나님이 그 사람에게 명하여 이르시되 동산 각종 나무의 열매는 네가 임의로 먹되 선악을 알게 하는 나무의 열매는 먹지 말라 네가 먹는 날에는 반드시 죽으리라 하시니라"(창 2 : 16-17).

어느덧 각종 디지털 기기가 우리 자녀들 곁으로 찾아왔습니다. 이러한 기기 자체가 악하거나 나쁜 것은 아닙니다. 오히려 고도의 기술력이 응집된 기기 및 SNS를 통해 지구 반대편의 예수님을 모르는 사람에게도 예수님을 전할 수 있고, 선한 교육과 전도의 기회를 만들어 갈 수 있습니다. 또한 순식간에 많은 양의 정보를 손쉽게 손에 넣을 수 있어 교회와 이웃을 섬기는 일에도 능률적이고 유용하게 사용할 수 있습니다. 이러한 모든 디지털 기기와 매스미디어를 하나님의 선하신 뜻을 자녀와 이웃에게 전하는 용도로 사용하는 것이 중요합니다.

❷ **타락** : 그러나 이것을 잘못 사용하면 독이 됩니다. 음란물, 폭력물, 공포물 등 자녀들의 심령을 악한 길로 이끄는 도구로 전락할 수 있는 것이 바로 매스미디어입니다. 우리는 자녀들에게 미디어 속에 분명히 악한 것들이 존재하며, 그것과 싸워야 함을 어릴 때부터 교육해야 합니다.

2012년 5월, 행정안전부는 전국 청소년 12,251명을 대상으로 실시한 "청소년 성인물 이용 실태조사"의 결과를 발표했습니다. 이에 따르면, 우리나라 청소년의 39.5%가 음란물을 본 적이 있는데, 그중 14.2%는 음란물을 본 뒤에 실제로 따라 해 보고 싶은 충동을 느꼈다고 합니다. 더욱 걱정스러운 것은 음란물을 본 뒤에 '변태적인 장면도 자연스럽게 여기게 되었다'(16.5%)거나 '이성 친구를 성적 대상으로 인식'(7.9%)하고, 일부는 '성추행이나 성폭행 충동을 느꼈다'(5%)고 답했다는 것입니다.

음란물을 많이 보는 청소년일수록 성범죄를 저지를 가능성이 크다는 연구 결과도 있습니다. 충북의 7개 고등학교 학생 1,537명을 대상으로 설문조사한 결과, 음란물을 매일 3시간 이상 보는 학생의 거의 절반에 해당하는 47.6%는 성추행을, 35.7%는 강간이나 준강간에 해당하는 행위를 저질렀다고 답했습니다. 즉, 음란물이 성범죄자를 양산하는 것이지요. 그에 비해 음란물을 매일 30분 이내로 보거나 전혀 보지 않는다고 답한 학생의 성범죄 비율은 2.9%에 그쳤습니다.

2012년, 독일 뒤스부르크-에센 대학교 연구진이 평균 연령 26세의 성인 남성 28명을 대상으로 음란물이 기억력에 미치는 영향을 알아보는 실험을 했습니다. 그 결과 성적인 사진을 본 그룹이 일반 사진을 본 그룹에 비해 기억력이 많이 떨어진다는 것이 밝혀졌습니다. 2014년 독일 연구진은 논문을 통해 포르노를 즐겨 보는 사람의 뇌를 연구한 결과, 포르노를 많이 볼수록 뇌가 쪼그라들 수 있다는 연구 결과를 발표했습니다. 포르노를 많이 본 사람일수록 자극과 보상 반응을 담당하는 뇌 부위, 즉 대뇌의 바닥핵 가운데 있는 선조체(striatum)가 작아져 있다는 것입니다.

음란물 시청은 뇌 손상을 불러올 수도 있습니다. 캐나다 라발 대학교의 신경과학 연구원 레이첼 앤 바르(Rachel Anne Barr) 박사의 연구에 따르면, 포르노를 정기적으로 시청한 사람들은 대뇌 피질의 29%가량을 차지하는 전전두엽 피질(prefrontal cortex)에서 손상이 발견되었습니다. 이 부분이 손상되면 충동을 조절하지 못하거나 강박적 행위, 의지력 약화, 우울증, 발기부전 등이 나타나기도 합니다. 연구진은 "포르노를 자주 시청하는 것은 정신 건강과 성생활에 치명적"이라고 지적했습니다. 유타 대학교 심리학과 빅터 클라인(Victor B. Cline) 명예교수는 음란물을 접촉한 후에 겪게 되는 4단계 변화를 발표한 바 있습니다. 그에 따르면 1단계는 호기심으로 음란물을 접하고, 강한 자극을 받는 단계입니다. 2단계에서는 자극을 느끼기 위해 반복해서 보다가 갈수록 일반적인 음란물은 싱겁고 재미없게 느껴지는 무감각 상태가 되어 좀 더 자극적인 음란물을 찾게 됩니다. 3단계에서는 음란물의 내용을 보편적인 성으로 인식하는 일반화 단계에 들어서게 됩니다. 4단계에서는 음란물에서 본 것을 직접 행동으로 옮겨 실행함으로써 성폭력 범죄자가 되거나 변태성욕자가 되어 타인에게 피해를 줄 뿐만 아니라 스스로 고통받는 삶을 살게 된다는 것입니다. 하나님의 형상대로 지음 받은 영혼을 파괴하는 강력한 사탄의 도구가 바로 음란물인 것입니다.

우리는 눈으로 저지르게 되는 간음인 음란물 시청이 죄임을 다음세대에게 가르칠 수 있어야 합니다. 죄와 싸울 때 피 흘려 싸우라 하신 말씀을 함께 읽어 봅시다.

"만일 네 오른눈이 너로 실족하게 하거든 빼어 내버리라 네 백체 중 하나가 없어지고 온몸이 지옥에 던져지지 않는 것이 유익하며 또한 만일 네 오른손이 너로 실족하게 하거든 찍어 내버리라 네 백체 중 하나가 없어지고 온몸이 지옥에 던져지지 않는 것이 유익하니라"(마 5 : 29-30).

❸ 구속 : 기독교 양육자들은 이러한 사실을 먼저 인지하고 다음세대 교육에 적절하게 반영해야 합니다. 예수님은 "너의 눈이 너에게 죄를 짓게 하면 뽑아 내버리라."고 말씀하실 정도로 단호하게 죄악과의 싸움을 명령하셨습니다. 그리고 이미 음란물로 죄를 짓고 있다면 회개기도를 하도록 도움으로써 용서하시고 사랑이 많

으신 하나님을 만나도록 도와주어야 합니다. 즉, 죄를 멀리하려다 하나님을 멀리하지 않도록 사랑과 용서의 하나님을 만나도록 이끌어 주어야 합니다. 또한 반복적인 죄를 짓지 않도록 함께 기도하며 양육해야 합니다. 음란물을 "조금만 보는 것은 괜찮다."가 아니라 딱 끊도록 교육하는 명료한 지침도 잊지 말아야 합니다.

이상은 교회학교에서 아동과 청소년을 교육할 때 양육자가 참조하여 아이들과 간단하게 나눌 수 있는 성가치관 5대 주제의 핵심적인 내용과 흐름이다. 여기에 덧붙여 『너는 내 것이라』(김지연, 두란노, 2020)와 『나의 어여쁜 자야』(김지연, 두란노, 2020), 『덮으려는 자 펼치려는 자』(김지연, 도서출판 사람, 2019) 등을 참조할 수 있다.

"음란물 예방과 미디어 절제"